Edward de Bono

Taktiken und Strategien erfolgreicher Menschen

Edward de Bono

Taktiken und Strategien erfolgreicher Menschen

Erfolgsfaktoren erkennen

Die Deutsche Bibliothek – CIP-Einheitsaufnahme

DeBono, Edward:
Taktiken und Strategien erfolgreicher Menschen :
Erfolgsfaktoren erkennen / Edward de Bono. [Aus dem Engl. übertr. von Ursula
Bischoff und Wolfgang Teichmann]. – München : mvg-Verl., 1991
   (Business-Training ; 1120)
   Einheitssacht.: Tactics – the art and science of success ‹dt.›
   ISBN 3-478-81120-1
NE: GT

© Deutschsprachige Rechte bei mvg – Moderne Verlagsgesellschaft mbH,
München
Umschlaggestaltung: Gruber & König, Augsburg
Druck- und Bindearbeiten: Presse-Druck Augsburg
Printed in Germany 081 120/791602
ISBN 3-478-81120-1

Dank und Anerkennung

Ich möchte all denjenigen erfolgreichen Leuten danken, die ihre Zeit für die Interviews geopfert haben, die den wirklichen Wert dieses Buches ausmachen. Ich weiß, daß erfolgreiche Menschen außerordentlich beschäftigt sind und ständig mit Bitten um Interviews und Kommentare geplagt werden. Daher danke ich ihnen ganz besonders für ihren Zeitaufwand und für die sehr pointierten Stellungnahmen. Ich hoffe, ihnen gerecht geworden zu sein. Ich hätte mir gewünscht, alle Interviews vollständig wiederzugeben, was jedoch praktisch undurchführbar ist. Daher entschuldige ich mich bei denen, die sich in diesem Buch vielleicht mit ihren Ansichten unterrepräsentiert fühlen. Ich möchte jedoch den Leser daran erinnern, daß ein einzelner Satz ebensoviel Aussagekraft in sich tragen kann, wie eine lange Passage.

Vielleicht hat man den Eindruck, daß in diesem Buch zu wenige Frauen vertreten sind. Wir haben einige erfolgreiche Frauen angesprochen (Barbara Walters, Billie Jean King, Jeane Kirkpatrick und andere) und um ihre Ansichten gebeten. Sie lehnten jedoch ab, wahrscheinlich aus Bescheidenheit und aus ihrem Empfinden heraus, daß Erfolg eine viel zu persönliche Angelegenheit sei, um darüber zu sprechen. In einigen Fällen waren sie auch der Meinung, daß eine kürzlich veröffentlichte Biographie alles gesagt habe.

Ganz besonders möchte ich mich bei Valerie Jennings und Piers Dudgeon bedanken, die einen Großteil der Arbeit an diesem Buch bewältigt haben. Es ist weitgehend ihrer Wesensart und ihrer Entschlossenheit zu verdanken, daß der riesige, für dieses Buch erforderliche Arbeitsaufwand bewältigt werden konnte. Mir fiel dabei die leichtere Rolle zu.

Mein Dank und meine Anerkennung gelten auch Tony Van den Bergh, der seine Energie, sein Beharrungsvermögen und seine journalistischen Talente beigesteuert hat.

Bill Kay von der „Sunday Times Business News" danke ich für seine Beiträge und seine Forschungsarbeit auf dem Gebiet der Wirtschaft.

John Graham, dem Autor und Journalisten, danke ich für seine speziellen Untersuchungen und Beiträge aus der Welt des Sports.

Major S. R. Elliot vom Internationalen Institut für Strategische Studien half mit Untersuchungen und nützlichen Ratschlägen.

Michael Cross vom Technical Change Centre, Dr. John Cobb vom St. George's Hospital und Robert Sheehan unterstützten mich mit wertvollen Ratschlägen auf den Gebieten des Managements, der Psychiatrie und der Wahrscheinlichkeitstheorie.

Paddy Hills sei dafür gedankt, daß sie unermüdlich die Kommunikation zwischen vielen Punkten der Erde herstellte.

Inhalt

Einleitung

An keiner Stelle dieses Buches werde ich den Begriff „Erfolg" definieren. Wir haben alle eine Vorstellung von der Bedeutung dieses Begriffes, es ist jedoch nicht möglich, ihn präzise zu definieren. (Dieselbe Schwierigkeit ergibt sich bei dem Wort „Kreativität"). Was gilt in den Augen der Menschen als Erfolg: Der Gewinn einer olympischen Goldmedaille oder des Turniers von Wimbledon, viel Geld zu verdienen, ein großes Unternehmen zu leiten, Dinge in Bewegung zu bringen oder den Nobelpreis zu gewinnen? Oder meint man eher den persönlichen Erfolg: Wenn also jemand gegen Ende seines Lebens das Bewußtsein hat, daß er ein glückliches, erfülltes und befriedigendes Leben geführt hat? Wer ist erfolgreicher, jemand der Millionen verdient hat, aber unglücklich und unzufrieden ist, oder der unauffällige Durchschnittsmensch, der ein glückliches Leben geführt hat? Ich möchte mich auf diese Diskussion hier nicht einlassen, weil es wirklich zu viele verschiedene Einstellungen zum Erfolg gibt, und nur durch die Unzulänglichkeit der Sprache müssen wir uns auf diesen einen Begriff beschränken. Vielleicht wäre die einfachste Definition in folgender Umschreibung enthalten: „Eine Sache in Angriff nehmen und wie vorgesehen abschließen."

Wir werden uns in diesem Buch einige Lektionen vornehmen, Beispiele einer Reihe von Leuten, die man allgemein als „erfolgreich" ansehen würde. Dabei ist dies keine von mir persönlich getroffene Auswahl in dem Sinne, daß diese Menschen meiner Ansicht nach ein Höchstmaß an Erfolg erreicht haben, denn es gibt sicherlich viele andere Menschen, die ebenso erfolgreich sind, in diesem Buch aber nicht genannt werden. Die hier getroffene Auswahl erhebt auch nicht den Anspruch, daß ich denselben Weg eingeschlagen hätte oder ihn anderen Menschen empfehlen würde. So unterscheidet sich z. B. mein eigener Unterrichtsansatz grundlegend von dem Werner Erhards. Trotzdem war Erhard mit seiner Ausbildungsmethode außergewöhnlich erfolgreich und dient so ohne Zweifel als Beispiel für Erfolg.

Um erfolgreich zu sein, muß man entweder Glück haben, ein bißchen verrückt oder sehr talentiert sein, oder sich in einem Bereich mit raschem Wachstum betätigen. Jeder dieser Standpunkte läßt sich vertreten, und ich werde dies im folgenden tun.

Der Glücksfall

Angenommen, 100 Leute streben dasselbe Ziel an. Sie haben dieselben Charaktereigenschaften und auch ihr Verhalten ist identisch. Sie handeln sogar in derselben Reihenfolge. Dennoch haben nur zwei von diesen hundert Leuten Erfolg, der Rest scheitert. Der Unterschied zwischen diesen Menschen liegt darin, daß sie zwar alle dasselbe getan haben, daß jedoch die „Zeitfaktoren" ihrer Handlungen völlig unterschiedlich waren. Beispielsweise handelte eine Reihe von Immobilien-Millionären exakt zu dem Zeitpunkt, als das bombardierte London sie am dringendsten benötigte. Sie könnten einwenden, daß dies kein Glücksfall ist, sondern Beobachtungsgabe (und ich würde Ihnen recht geben), aber es sind Situationen denkbar, wo der Eintritt unerwarteter Vorkommnisse wie die Ermordung eines Präsidenten, Änderungen der Rechtsprechung, ein Krieg im Nahen Osten oder eine unerwartete wissenschaftliche Entdeckung ein Vorhaben zu einem großen Erfolg (oder zu einer Katastrophe) machen, während es ansonsten ziemlich bedeutungslos gewesen wäre.

Manchmal steht viel „wenn und aber" einer neuen Aktivität im Wege. Zunächst muß man den geeigneten Grund und Boden finden. Der Besitzer muß zum Verkauf bereit sein, die Bank muß damit einverstanden sein, Sie zu finanzieren. Es muß einen plötzlichen Aufschwung auf dem Grundstücksmarkt geben, Sie müssen einen Käufer finden usw. Wenn alle diese Vorbedingungen stimmen, von denen viele sich vielleicht Ihrem Einfluß entziehen, dann sind Sie erfolgreich.

Wichtig ist: Wenn Sie sich nur auf die zwei von 100 Personen konzentrieren, die Erfolg gehabt haben, so könnten Sie den Erfolg Ihrer Persönlichkeit, Ihrem Stil oder Ihrer Vorgehensweise zuschreiben. Es kann jedoch auch einfach daran gelegen haben, daß die Karten gut verteilt waren.

Ich zweifle nicht daran, daß viele Menschen durch schiere Glücksfälle erfolgreich sind. In manchen Fällen werden die Leser dieses Buches derartige glückliche Umstände erkennen. Dies passiert häufig dann, wenn jemand mit einer Person zusammentrifft, die ihm eine Chance bietet. Wenn man mit einem Mädchen Tennis spielt, und es später heiratet, worauf man von ihrem Vater in eine aufstrebende Fernsehgesellschaft mit aufgenommen wird, dann muß man das schon als eine Art Glücksfall bezeichnen. In anderen Fällen bedeutet Glück nur, den richtigen Partner schon zu einem frühen Zeitpunkt zu treffen. Es ist bemerkenswert, wie viele erfolgreiche Leute auf einen sie fördernden Partner getroffen sind, der ein solides finanzielles Fundament ihrem Unternehmensgeist beigesteuert hat.

Natürlich kann es auch umgekehrt ablaufen. Manchmal hat ein sehr begabter Mensch eine schlimme Pechsträhne. Vielleicht konstruiert er beispielsweise ein benzinsparendes Fahrzeug, wenn die Ölpreise gerade fallen. Oder ein wichtiger Artikel über ihn (der für seine Karriere entscheidend gewesen wäre) wird nicht veröffentlicht, da ausgerechnet in dieser Woche ein Zeitungsstreik ausgebrochen ist.

Andere Leute vertreten die Ansicht, daß ein Glücksfall zwar die erste Möglichkeit zum Erfolg bieten könne, daß dann jedoch Merkmale wie Wahrnehmungsfähigkeit, Entschlossenheit, Umgang mit Menschen usw. dieser ersten Möglichkeit erst zum Erfolg verhelfen. Sie argumentieren weiter, daß sich beim Ausbleiben der ersten Möglichkeit eben später eine weitere Chance ergeben hätte. Ein erfolgreicher Mensch hätte stets Erfolg, unabhängig von seinen anfänglichen Möglichkeiten. Der bekannte Psychologe Professor Hans Eysenck sagte, daß er sich nur deshalb mit Psychologie befaßt habe, weil er es sich nicht erlauben konnte, noch ein weiteres Jahr darauf zu warten, um für die Zulassung zu einem anderen wissenschaftlichen Bereich qualifiziert zu sein.

Ich persönlich glaube nicht, daß man in Fragen von glücklichen Fügungen eine besonders pointierte Position beziehen sollte. Einige Leute haben außerordentlich viel Glück gehabt, andere Menschen waren ungewöhnlich vom Glück benachteiligt. Einige Menschen hatten ein gewisses Maß an Glück und haben darauf aufgebaut. Einige haben praktisch überhaupt kein Glück gehabt und waren trotzdem erfolgreich. Wir finden hier ein breites Spektrum, das von einer Anhäufung von Glücksfällen bis zu völligem Fehlen reicht.

Wie in vielen anderen Bereichen sehe ich keine allzu große Tugend darin, eine besonders exponierte Stellung zu beziehen. Was die Rolle der Glücksfälle beim Zustandekommen des Erfolges angeht, so muß man sich allerdings aus praktischen Erwägungen einen Punkt klarmachen: Falls Erfolg überwiegend auf Glück zurückzuführen ist (also auf einen Faktor außerhalb unseres Einflußbereiches), dann liegt nicht viel Sinn darin, etwas über erfolgreiche Leute zu lesen, es sei denn, um sie für ihr Glück zu bewundern.

Manchen Menschen erscheint es beruhigend, daß Erfolg völlig auf Glück zurückzuführen sein könnte. Das bedeutet nämlich, daß sie nichts weiter zu tun haben, als fortzufahren wie bisher und zu hoffen, daß das Glück – genau wie ein Lottogewinn – ihnen zum Erfolg verhilft. Sie sehen vielleicht auch keinen Sinn in großen Bemühungen, weil ohne das nötige Glück nichts passieren würde. Es ist immer tröstlich zu glauben, daß man zwar genauso talentiert und würdig wäre wie der erfolgreiche Mensch, nur nicht ganz so vom Glück begünstigt.

Vornehmlich in England läßt sich eine ganz ähnliche Einstellung beobachten, wobei dort der Erfolg viel häufiger Anlaß zu Neid und Eifersucht ist, nicht zur Bewunderung, wie in Amerika. Dieser Einstellung entsprechend wird jeglicher Erfolg auf ein Quentchen Talent mit einer gehörigen Portion Geschäftssinn zurückgeführt. Hierdurch kann sich der weniger Erfolgreiche dem Erfolgreichen ebenbürtig fühlen, außer daß er seinen Geschäftssinn (der in England häufig geringgeachtet wird) zur Vermarktung seines Talentes gebraucht hat.

Die positive Einstellung zum Glück unterscheidet sich davon völlig. Positiv eingestellt sein bedeutet, sich in die Lage zu versetzen, einen möglichst großen Vorteil aus jedem Glücksfall zu ziehen, der sich bietet. Die positive Einstellung bedeutet, daß man in der Lage ist, alles zum Erfolg zu führen, was sich durch glückliche Umstände anbietet. Die positive Einstellung bedeutet auch, daß man sehr darauf vorbereitet ist, günstige Gelegenheiten zu erkennen, und es bedeutet weiter, daß man absichtlich solche Möglichkeiten herbeizuführen sucht. Wer so eingestellt ist, erkennt den Glücksfall als möglichen Bestandteil in einigen Fällen von Erfolg an und konzentriert sich im weiteren Verlauf seines Vorgehens dann auf die anderen Bestandteile wie Entschlossenheit, Strategie und Stil.

Ein bißchen verrückt

Bei der Lektüre dieses Buches wird man feststellen, daß erfolgreiche Menschen häufig außergewöhnlich starrsinnig und entschlossen sind. Tatsächlich könnte man diese Eigenschaft als das einzige herausstellen, was nahezu allen erfolgreichen Menschen gemein ist. Es kann wie ein starker Antrieb erscheinen: wenn man etwas mit aller Kraft will, so wird man es bekommen. Es kann aussehen wie Rücksichtslosigkeit: nichts darf sich zwischen diese Person und ihr Ziel stellen. Es kann sich als außerordentliche Zielstrebigkeit darstellen: sein Ziel genau erkennen und darauf zusteuern. Es kann eine Mischung aus Entschlossenheit und Durchhaltevermögen sein: man akzeptiert ein Scheitern nur als eine Stufe auf dem Weg zum Erfolg.

Diese Art Entschlossenheit kommt dem Fanatismus nahe und könnte manchmal als „ein bißchen verrückt" bezeichnet werden. Es setzt eine ziemlich unnatürliche Einstellung zum Leben voraus, weil ein einziges Ziel Vorrang vor allen anderen erhält. Ein Mensch kann bereit sein, seine Frau, seine Kinder, seine Freunde, seine Gesundheit und selbst sein Leben für sein Ziel zu opfern. Manchmal kann dieses Ziel einer Besessenheit zum Verwechseln ähnlich sehen. Im Extremfall ist Besessenheit eine Form der Geistesgestörtheit.

Kraftvolle Entschlossenheit und ein starkes Zielbewußtsein haben viele Vorteile. Das Zielbewußtsein drängt auf Betätigung. Das Zielbewußtsein gibt dieser Betätigung die Struktur. Das Zielbewußtsein ermöglicht eine Wertschätzung der Betätigung: ist man seinem Ziel näher gekommen? Das Zielbewußtsein erleichtert jegliche Beurteilung und Entscheidung: ist ein Umstand der Erreichung der Ziele förderlich oder hinderlich? Den meisten Menschen fehlt im alltäglichen Leben ein so ausgeprägtes Urteilsvermögen beim Fällen von Entscheidungen. Die meisten Menschen müssen eine Unzahl der verschiedensten Faktoren bei ihren geplanten Entscheidungen berücksichtigen, wie etwa Familie, Gesundheit, Freizeitvergnügen, Karriere usw. Der stark erfolgsorientierte Mensch berücksichtigt bei seinen Entscheidungsprozessen jedoch nur eines: den Weg zum Erfolg.

Ebenso wie bei den Glücksfällen gibt es natürlich auch hier ein breites Spektrum. Am einen Ende befindet sich der rücksichtslose, besessene Tyrann, den man ohne weiteres als verrückt bezeichnen könnte. Am anderen Ende dieses Spektrums befindet sich der Mensch, der an dem, was er tut, Freude empfindet, das Leben genießt und seine Freunde schätzt, und anscheinend nur so in den Erfolg hineinstolpert (wie etwa bei Nolan Bushnell, Norman Lear oder bei Sir Clive Sinclair). Vielleicht überrascht es den Leser, wenn er feststellt, daß die meisten in diesem Buch genannten Personen offenbar zur letztgenannten Gruppe gehören.

Entschlossenheit und Rücksichtslosigkeit scheinen zumeist auf einen Menschen hinzuweisen, der nach Erfolg und Macht um ihrer selbst Willen strebt, um seiner eigenen Persönlichkeit mehr Gewicht zu verleihen. Es gibt natürlich auch eine andere Art der Besessenheit. Sie besteht darin, daß jemand von einer Idee gefangen gehalten wird. Dieser Mensch möchte seine Idee funktionieren sehen, er möchte sie in die Tat umsetzen. Macht, Reichtum und Ruhm haben damit grundsätzlich nichts zu tun. Entschlossenheit kann aus dieser Art Besessenheit herrühren.

Es gibt noch eine andere Art der Entschlossenheit. Sie äußert sich darin, daß jemand sich eine Aufgabe stellt und die ersten Schritte dazu unternimmt. Einmal angefangen, hat man sich entschlossen, die Sache auch zu Ende zu bringen. Wurde erst einmal ein Blockstein auf den anderen gesetzt, so gibt es einen Zwang, das Gebäude zu vollenden. Diese Eigenschaften werden auch an Hand der Beispiele einiger der in diesem Buch erwähnten Menschen deutlich.

Alle diese Merkmale sind insofern leicht von der Norm abweichend, als der Durchschnittsmensch eher zu Passivität und zu einer Aufteilung seiner

Aktivitäten in viele Richtungen neigt. Daher ist es auch zu erklären, wenn ich gesagt habe, daß erfolgreiche Menschen ein „bißchen verrückt" erscheinen.

Aus praktischen Erwägungen ist es von Bedeutung, ob wir den Erfolg einem bestimmten Persönlichkeitstyp zuschreiben. Einigen Leuten mag es so vorkommen, daß sie angesichts des vollkommen anders gearteten Aufbaus ihrer eigenen Persönlichkeitsstruktur nur wenig daraus lernen können, wenn sie etwas über erfolgreiche Leute und deren spezifischer Persönlichkeitsstruktur lesen. Ähnlich wie bei der Erklärung des Erfolges aus „Glücksfällen" ist diese Einstellung von Schicksalsergebenheit und Passivität gekennzeichnet.

Ich würde mich auf kein Streitgespräch darüber einlassen, ob Menschen ihre Persönlichkeit ändern können oder nicht (sei es durch Bewußtmachung, Übung, Beratung oder Änderungen in der Umwelt). Es fällt niemandem leicht, allein dadurch rücksichtslos zu werden, daß man rücksichtslos werden will. Im weiteren Verlauf der Ausführungen wird der Leser erkennen, wie einige sehr erfolgreiche Spitzenkräfte immer noch Probleme damit haben, rücksichtslos zu sein (Lord Forte sagte beispielsweise, daß er es haßt, Leute hinauszuwerfen). Jedoch kann jeder Leser sich darum bemühen, zielbewußter und konzentrierter zu werden.

Stellt der Leser erst einmal fest, daß ein hochentwickeltes Zielbewußtsein zu den Bestandteilen des Erfolges gehört, so kann er etwas dafür tun (indem er beispielsweise andere Projekte fallen läßt). Jemand, der ein „Nein" nicht als Antwort akzeptieren kann und zehn Briefe schreibt, läuft Gefahr, als lästig und als Nervensäge angesehen zu werden, kann dabei jedoch erfolgreicher sein, als jemand, der schon nach seiner ersten Ablehnung von seinem Ziel abläßt. Diese Verhaltensweisen können natürlich ebenso in der Persönlichkeit begründet sein, wie sie auch bewußt zu einer Strategie gemacht werden können. Man kann sich nicht dazu zwingen, vom Naturell her ein unangenehmer Zeitgenosse zu sein (auch wenn dies häufig für den Erfolg sehr nützlich erscheint), jedoch kann man Fortschritte darin erzielen, sein Mißfallen nicht zu verhehlen und zu sagen, was einem nicht gefällt. Vielleicht ist es viel wirksamer, erfolgsorientierte Eigenschaften schon in seiner Persönlichkeitsstruktur mitzubringen, trotzdem kann die bewußte Annahme einiger dieser Eigenschaften in Form von Strategien ebenfalls sehr nützlich sein.

Besonders begabt

Schachgenies, Athleten, Tennisspieler, Pianisten, Architekten, Modeschöpfer, „Creative Directors" der Werbebranche – sie alle verdanken offenbar einen großen Teil ihres Erfolges ihrem Talent. Ihr Talent wird zum Zeitpunkt ihres Erfolges offenkundig. War es stets vorhanden – zumindest latent? Gleichgültig, ob dies immer zutrifft, wir können hier ein Ja als Antwort akzeptieren. Aber dies ist erst der Ausgangspunkt für unsere Überlegungen.

Das Talent kann vorhanden sein, aber vielleicht könnte sich dieses Talent erst durch harte Arbeit und durch Training gegenüber anderen durchsetzen. Talent mag vorliegen, aber es bedarf auch der Strategie. Für Björn Borg war beispielsweise seine „Strategie der niedrigen Fehlerquoten" von größter Wichtigkeit. Auch wenn man das Talent hat, braucht man noch die richtige geistige Einstellung: Hierzu gehört beispielsweise der „Jagdinstinkt", der Virginia Wade offensichtlich fehlt.

Vielleicht muß das Talent nur entdeckt und freigesetzt werden, oder die Ansätze der Begabung müssen optimal entwickelt und zur Grundlage der weiteren Bemühungen gemacht werden. Maria Callas unternahm größere Anstrengungen, um ihre Fähigkeiten auf den höchsten Stand zu bringen. Es kommt vor, daß ein phänomenales Naturtalent sich weit über alle anderen erhebt, und so sollte es auch sein. Zumeist besteht jedoch ein Wettbewerb zwischen Talenten, die nicht so ausgeprägt und phänomenal sind und in diesem Wettbewerb kommt es häufig letztlich auf die unternommenen Bemühungen und Anstrengungen an, die natürliche Begabung optimal weiterzuentwickeln.

Welches wäre also in der Praxis die nützlichste Einstellung gegenüber einer natürlichen Begabung? Menschen mit großer natürlicher Begabung tun wohl am besten daran, diese weitestgehend zu nutzen und zu entwickeln. Dasselbe gilt für Leute mit etwas bescheidenerer natürlicher Begabung. Wer überhaupt kein spezielles Talent hat, sollte sich auf ein Betätigungsfeld konzentrieren, wo der Erfolg nicht so entscheidend vom Faktor der natürlichen Begabung abhängig ist. Allerdings ist es auch in den beiden erstgenannten Fällen kaum ausreichend, sich bequem zurückzulehnen und alles seiner „natürlichen Begabung" zu überlassen. Daher ist es auch bei der Lektüre dieses Buches nützlich festzustellen, was die talentierten Menschen unternommen haben, um ihr Talent möglichst nutzbringend einzusetzen.

Wo offensichtlich keine natürliche Begabung vorliegt, ist es sinnvoll, möglichst Ersatz für die Begabung zu finden (vorzugsweise in einem Bereich, wo das Talent nicht die entscheidende Rolle spielt), indem man beispielsweise hart arbeitet, übt, Erfahrungen sammelt und Strategien einsetzt. Wenn

Sie beispielsweise komplizierteste mathematische Rechnungen im Kopf anstellen können, so beweist dies eine große Begabung. Können Sie es nicht, dann benutzen Sie Bleistift und Papier. Noch besser wäre es, die mathematischen Berechnungen an einen Computer zu delegieren. Man sagt, daß es Detektive gibt, die ihre Arbeit mit dem Flair eines Sherlock Holmes verrichten. Es gibt aber auch andere, die es nur durch harte Arbeit und besonders viel Kleinarbeit schaffen.

Die entscheidende Frage lautet, ob harte Arbeit und Übung tatsächlich eine Zeitverschwendung sind, wenn nur wenig Talent vorhanden ist. Die einzige brauchbare Antwort darauf findet man, indem man es versucht und dann abwartet, was passiert. Wenn man durch harte Arbeit wirklich nicht weiterkommt (wie beispielsweise in einem talentbetonten Arbeitsbereich), dann kann diese Arbeit sehr wohl eine Zeitverschwendung sein. Viel häufiger ist jedoch der Fall, daß harte Arbeit zwar zu großen Verbesserungen der Leistung führt, jedoch nicht allein den Aufstieg an die Spitze ermöglicht.

Hieraus ergibt sich für uns die nächste Frage: Gibt es unterschiedliche Ebenen des Erfolgs oder lohnt es sich nur, nach dem absoluten Spitzenerfolg zu streben? Glaubt wirklich jeder Tennisspieler, der sich am Wimbledon-Turnier beteiligt, daß er die Meisterschaft gewinnen wird – oder ist es schon ein ausreichendes Zeichen von Erfolg, dort zu spielen?

Abschließend bleibt festzustellen, daß auch hier, genau wie in den beschriebenen Glücksfällen und im Abschnitt „Ein bißchen verrückt", Unterschiede zwischen der passiven und negativen Einstellung und der positiven Haltung bestehen. Der passive Typ sagt, daß man nichts ändern könne, entweder man hat das Talent oder nicht. Ein Mensch mit positiver Einstellung glaubt jedoch, daß ein natürliches Talent optimal entwickelt werden kann, und daß eine natürliche Begabung andererseits ohne zusätzliche Anstrengungen nutzlos verschwendet würde.

Bereiche schnellen Wachstums

Die Computerbranche ist eine Wachstumsindustrie und innerhalb dieser Branche ist wiederum die Software ein sich besonders rasch ausdehnender Bereich. Die Stahlindustrie ist keine Wachstumsbranche, daher ist es für ein Unternehmen eindeutig leichter, in der Computerindustrie erfolgreich zu sein, als in der Stahlindustrie. Es gibt Bereiche, wo es für einen Menschen leichter ist, ein Vermögen zu machen, als in anderen Bereichen. Hierzu gehörte schon immer der Immobilienbereich (Erschließung und Entwicklung von Grund und Boden). Das gleiche gilt für das Versicherungswesen.

Die Ölindustrie ist zwar Schwankungen nach oben und unten unterworfen, war jedoch stets ein Bereich, in dem man ein Vermögen machen konnte. Es kommt sowohl auf die Wachstumstendenz innerhalb eines Bereiches an, als auch auf das Wesen der Geschäftsabschlüsse innerhalb dieses Feldes. Man kann sich leichter einen Namen im Bereich der Investitionsfinanzierungen machen, als am Bankschalter. Ein Journalist kann sich leichter einen Ruf erwerben als ein Lehrer.

Es ist also klar, daß es einige Bereiche gibt, in denen es wirklich einfacher ist, Erfolg zu haben, als in anderen. Für einen General ist es leichter, im Krieg Erfolge zu erringen, während ihm dies zu Friedenszeiten erheblich schwerer fällt. Die nächstliegende Möglichkeit, sich mit kreativer Phantasie den Lebensunterhalt zu verdienen, besteht in einer Tätigkeit in der Werbebranche. Mit dem Begriff „Bereiche schnellen Wachstums" wollte ich jedoch noch auf einen weiteren Punkt hinweisen.

Falls dieser Bereich wirklich rasch wächst, so wird jede in diesem Bereich tätige Person vielleicht einfach in diesem Wachstum mitschwimmen und muß zu ihrem eigenen Erfolg nicht sehr viel beitragen. Im Kielwasser zu schwimmen war schon immer ein bequemer Weg zum Erfolg. Gewöhnlich können sich gleich mehrere Leute einer solchen Strömung anschließen. Gleichgültig, ob der richtungsweisende Pionier in diesem Bereich erfolgreich ist oder nicht, die in seinem Kielwasser schwimmenden Leute können unmittelbar nach Etablierung des entsprechenden Betätigungsfeldes durch dessen Wachstumsdynamik in entscheidende Positionen gelangen.

Der Zugang zu einem Bereich raschen Wachstums kann die Folge eines Glücksfalls oder einer bewußten Entscheidung sein. Vielleicht befindet man sich gerade zufälligerweise in einem Bereich, der dynamisch zu wachsen beginnt. Sie können sich jedoch auch für ein Feld entscheiden, das Ihrer Ansicht nach gerade zu wachsen beginnt. Sie können beschließen, in kluger Voraussicht in einen Bereich vorzudringen, sobald Sie Anzeichen dafür entdecken, daß dieses Feld in Bewegung geraten ist. Beim Rodeo-Schaureiten können Sie ein ausgezeichneter Reiter sein, der das Beste aus einem schwierigen Pferd herausholt. Oder Sie können dafür sorgen, daß Sie das für Sie am besten geeignete Pferd aus allen verfügbaren Tieren aussuchen, dann halten Sie sich nur fest und lassen das Pferd die restliche Arbeit für Sie tun. In der erstgenannten Vorgehensweise steckt ein gewisses Heldentum, in der zweiten erheblich mehr Vernunft.

Was tun Sie aber, wenn Ihr Temperament und Ihre Talente sich für einen Bereich eignen, der nicht zu den Wachstumsbranchen gehört? Was tun Sie, falls der Wachstumsbereich Ihnen Begabungen abverlangt, die Sie nicht haben? Wenn Sie keine Begabung dafür haben, Software zu verfassen, sollten

Sie sich mit diesem Bereich befassen? Sie könnten immer noch die Software absetzen, oder Software-Firmen finanzieren, oder Leute einstellen, die die Software für Ihre Firma verfassen. Es lohnt sich immer, sich umzusehen, auf welche verschiedenen Arten man sich innerhalb eines Bereiches betätigen kann. In der Immobilienbranche gibt es beispielsweise die Makler, Landerschließungsfachleute, Finanziers, Anwälte, Vertragsunternehmer usw.

Manchmal hat man es mit einer Art „Talentfalle" zu tun. Wenn beispielsweise ein junger Mensch in der Schule sein Talent für Mathematik zeigt, so wird ihm womöglich eine Karriere vorgezeichnet, in der es um Mathematik geht. Vielleicht ist dieser junge Mensch jedoch ebenso gut in organisatorischen Bereichen und hätte daher Vorstandsmitglied eines großen Unternehmens werden können, statt Mathematikprofessor. Eine Begabung in einer bestimmten Richtung hat nicht unbedingt zur Folge, daß keine Talente in anderen Richtungen vorhanden sind. Wenn Sie Ihren Platz in einem sich nur träge entwickelnden Bereich gefunden haben, so könnten Sie sich nur zu leicht dem Gefühl hingeben, daß Sie nicht die Möglichkeit haben, in einen Bereich raschen Wachstums überzuwechseln. Es gibt viel zu viele junge Menschen, die in der Schule eine gewisse Neigung zu künstlerischen Ausdrucksformen gezeigt haben und anschließend ihr Leben durch dieses kleine Talent ruiniert haben, weil sie in einen Bereich geraten sind, der selbst für die größten Talente besonders schwierig zu meistern ist.

Ich glaube nicht, daß der persönliche Erfolg voraussetzt, daß man besonders viel Glück hat, ein wenig verrückt oder besonders talentiert ist, oder daß man sich in einem Bereich schnellen Wachstums befinden muß.

Ich habe diese Betrachtungen nur angestellt, weil ähnliche Überlegungen von vielen Leuten vertreten werden. Vielmehr glaube ich – und habe versucht, das zu zeigen – daß alle diese Dinge Bestandteile des Erfolgs sein könnten. Bei jeder beliebigen Person könnten einer oder mehrere dieser Faktoren eine wesentliche Rolle gespielt haben. In anderen Fällen kann es dagegen schwierig sein, einem dieser Faktoren eine wesentliche Rolle zuzuschreiben. Die zur Erklärung des Erfolgs einer Person heranzuziehenden Gesichtspunkte können einfach oder auch sehr komplex sein. Entschlossenes Vorgehen in einem rasch wachsendem Bereich kann dafür schon ausreichen. Auch Talent und ein wenig Glück können schon genügen. Es gibt aber auch Fälle, wo der Erfolg aus einer komplexen Mischung nicht nur der vorstehend erwähnten Faktoren, sondern aus noch vielen anderen zusätzlichen Faktoren besteht. Beispielsweise kann Sinn für Humor ein wesentlicher Bestandteil sein, der eine Person vor den Depressionen schützt, die häufig mit einem Scheitern einhergehen. Die Fähigkeit, Menschen beurteilen zu können, kann eine sehr wichtige Rolle spielen, wenn der Erfolg davon abhängt, die richtigen Leute auszuwählen und ihnen den Fortgang der Arbeit zu überlassen. Daher lohnt es sich, dieses Buch zu lesen.

Dieses Buch enthält vieles, was ganz selbstverständlich und eindeutig ist. Es enthält Dinge, zu denen ich Anmerkungen und nähere Erläuterungen geben werde – auch wenn sie manchmal so selbstverständlich erscheinen, daß sie kaum näherer Erläuterung bedürfen. Vieles ist so verborgen und spitzfindig, daß man es nur beim Lesen zwischen den Zeilen entdeckt. Es gibt auch sehr komplexe Anordnungen und Querverbindungen zwischen den einzelnen Faktoren und Merkmalen, die Sie sich selbst in jeder gewünschten Art und Weise zusammenstellen und interpretieren können. Sie haben stets das Vorrecht, selbst herauszufinden, was ich festgestellt habe, und es noch zu vertiefen. Es ist unerheblich, ob man mit meinen Ansichten übereinstimmt oder nicht, da dieses Buch weniger ein Thesenpapier darstellen soll, sondern vielmehr zur weiteren Forschung angeboten wird. Lesen, untersuchen und benutzen Sie meine Schlußfolgerungen als Hilfsmittel, um Ihre eigenen Schlüsse zu ziehen. Wenn Sie mit meiner Schlußfolgerung nicht einverstanden sind, so entwickeln Sie eine, die Ihnen richtiger erscheint.

Erfolgstaktik

1. *Sie müssen sich den Erfolg nicht unbedingt wünschen. Sie brauchen Erfolg nicht als besonders erstrebenswert anzusehen. Aber falls Sie erfolgreich sein möchten, dann gibt es zwei Grundhaltungen dafür. Die erste ist die passive Einstellung, die Ihnen eingibt, daß Sie nichts tun können, außer auf einen Glücksfall zu warten oder für das richtige Talent und Temperament zu beten. Die zweite ist die positive Grundhaltung, unter deren Einfluß Sie erkennen, daß Sie etwas tun können, was Sinn hat. Dazu gehört beispielsweise, dieses Buch zu lesen und das festzuhalten, was Ihnen wichtig erscheint.*

2. *Die positive Einstellung gegenüber dem Glück ist die Aufgeschlossenheit, die Fähigkeit, einen Glücksfall zu erkennen und den bestmöglichen Nutzen daraus zu ziehen – jedoch nicht, nur herumzusitzen und darauf zu warten.*

3. *Wenn Sie wissen, was Sie möchten, so sind Entschlossenheit und Durchhaltevermögen von großer Wichtigkeit. Entweder besitzen Sie diese Eigenschaften schon von Ihrer Veranlagung her, oder Sie machen sie zum Bestandteil Ihrer Strategie.*

4. *Machen Sie stets das Beste aus Ihrem Talent, erwarten Sie jedoch nicht, daß das Talent allein schon ausreicht. Lassen Sie sich nicht durch ein bestimmtes Talent in einem Bereich ausnahmslos auf diesen Bereich festlegen.*

5. *In einigen Bereichen ist es schlicht gesagt einfacher, Erfolg zu haben, als in anderen. Der Effekt des „Das-kann-ich-auch“ oder auch der „Kielwasser-Effekt“ ist schon immer sehr wirkungsvoll gewesen; also wählen Sie sich nicht nur einen Tätigkeitsbereich mit guten Erfolgsaussichten, sondern nach Möglichkeit einen Wachstumsbereich.*

6. *Lesen Sie dieses Buch wie eine Studienanleitung. Verdeutlichen Sie sich meine Feststellungen und entwickeln Sie Ihr Wissen daran weiter.*

Liste der Befragten

William Agee Agee war Direktor und Vorstandsmitglied der Bendix Corp., eines Unternehmens für Automatisierung und Raumfahrtbedarf mit einem Umsatz von vier Milliarden Dollar. Er war der Ansicht, daß in einer konjunkturell rückläufigen Lage den Interessen der Aktionäre am besten durch Investitionen in neuartigen und breiter gefächerten Unternehmen gedient sei, und daß man sich weniger auf Ertragssteigerungen innerhalb der eigenen Firma verlassen sollte. Daher unternahm er Anstrengungen, die einflußreiche Martin Marietta Corporation zu übernehmen. Die Firma Marietta verteidigte ihre Position mit allen Mitteln und brachte einige der einflußreichsten Experten der Wallstreet mit ins Spiel, auf deren Ratschlag hin Marietta versuchte, das Unternehmen Bendix zu übernehmen. Die beiden Firmengiganten begannen, sich gegenseitig zu schlucken, was dann als der sogenannte „Pac-Man-Gegenschlag" bekannt wurde. Agee verlor sein Unternehmen und seine Position, jedoch waren seine eigenen Aktien bei seinem Ausscheiden 60 Prozent mehr wert, und man bereitete ihm einen goldenen Abschied in Form von Übergangsbezügen in Höhe von 850 000 Pfund jährlich für eine Dauer von sechs Jahren.

Sir Ove Arup Sir Ove ist Gründungsdirektor der Ove Arup Associates, einer der größten Architektengemeinschaften und Baugesellschaften Großbritanniens. Eines seiner vielen Projekte war das Opernhaus von Sydney.

Jarvis Astaire Astaires Vermögen gründet fest und solide auf der Wahrnehmung geschäftlicher Möglichkeiten zu kritischen Zeitpunkten in den Bereichen des Boxsports und des Immobiliengeschäftes. Sein Unternehmungsgeist war jedoch am deutlichsten erkennbar geworden, als er den richtigen Augenblick wahrnahm, um seine damals noch völlig neuartige Idee der Bildschirm-Direktübertragung von Boxmeisterschaften, zunächst zwischen einzelnen Städten und dann über Kontinente hinweg, durchzusetzen.

David Bailey Bailey gelangte als Fotograf für Kunst, Mode und Werbung zu großer Bekanntheit. Ab 1960 war er mit Jean Shrimpton und dem Vogue Magazin an der Gestaltung der Mode-Vorstellung einer ganzen Generation wesentlich beteiligt und trug insbesondere zur Verbreitung der Minirockes bei. Was sein enger Freund Mick Jagger damals für die Rockmusik bedeutete, verkörperte Bailey im Bereich der Fotografie. Das Besondere an Baileys Stil? „Eine Art Existentialismus . . . Wenn ich könnte, so ließe ich es in Flaschen abfüllen und würde es ‚Focus' nennen, und eine Firma damit beauftragen, es für mich herzustellen."

Chris Bonington, CBE (CBE = Komtur des Ordens des Britischen Empires). Als Bergsteiger, Abenteurer, Journalist und Fotograf zählen die Besteigung des Annapurna II, der Eiger Nordwand, des Kangur, Ogre, der Südwand des Annapurna, der Südwestwand des Mount Everest zu den vielen Höchstleistungen von Bonington. Ohne eine spezielle Begabgung für die Auswahl seines Teams, für Planung und Management eines solchen Unternehmens und für Logistik hätte er trotz seiner überragenden bergsteigerischen Fähigkeiten diese Erfolge nicht erzielen können. Er glaubt, daß man von erfolgreichem Management sprechen kann, „wenn die Leute am Ende des Tages sagen: ‚Ja, dies war eine gute Sache'".

Mike Brearley In der Spielzeit 1978/79 führte Brearley das englische Cricketteam gegen die Australier und erreichte das jemals beste von Engländern in Australien erzielte Resultat. An der Universität Cambridge war Brearley Dozent für klassische Literatur und Philosophie und schraubte nebenbei den Schlag-Rekord im Cricket auf 4068 Läufe. 1964 wurde er Nachwuchs-Cricketspieler des Jahres. 1967 war er Mannschaftskapitän der Junioren (unter 25 Jahren) in einem Turnier in Pakistan und erzielte die persönliche Bestleistung von erstklassigen 312 „Nicht-Aus". In den Jahren 1976/77 und 1980 führte er die Mannschaft von Middlesex zur Bezirksmeisterschaft. Als zeitweiliger Kapitän der englischen Nationalmannschaft hatte er ein einzigartiges Gespür für Strategie und dafür, wie man mit einem Team die höchstmögliche Leistung erzielte. 1982 zog er sich aus dem Cricket zurück und wurde Psychoanalytiker. Diese Entscheidung kann ungewöhnlich erscheinen, läßt jedoch Rückschlüsse auf die Art seiner Fähigkeiten als Mannschaftskapitän zu: „Mannschaftskapitäne müssen auch in den Hintergrund treten können und sich nicht nur als ein beliebiges Mitglied der Mannschaft fühlen – soviel steht fest."

Nolan Bushnell Bushnells Vermögen wird gegenwärtig auf 70 Millionen Pfund geschätzt, die er innerhalb von zehn Jahren nach Gründung eines Unternehmens mit einer Anfangsinvestition von nur 500 Pfund erworben hatte. Dieser Unternehmer und Erfinder schuf eine Industrie von Videospielen mit Umsätzen von Milliarden Dollars aufgrund einer Idee, die ihm in einem Vergnügungspark kam, während er Menschen dabei beobachtete, wie sie die Tennisbälle gegen Milchflaschen warfen. Seine Firma hieß Atari, das erste Videospiel hieß „Pong". Nachdem er Atari an die Firma Warners nur vier Jahre später für 28 Millionen Dollar verkauft hatte, hat er seither den ersten „intelligenten" Roboter, Androbot, auf den Markt gebracht, nachdem er einen Vertrag unterschrieben hatte, sich für einen bestimmten, fest vereinbarten Zeitraum nicht im Bereich der Videospiele zu betätigen. Bushnell schreibt seinen persönlichen Erfolg seiner „Es-geht-Haltung" zu: „Ich meine damit, ich habe immer das Gefühl, daß es eine Lösung gibt."

Roy Cohn Vom Esquire-Magazin wurde er als „legaler Scharfrichter . . .

der zäheste, gemeinste, schändlichste und dabei als einer der brillantesten Rechtsanwälte Amerikas" bezeichnet. Cohn hat Klienten, die von Benson Ford über Warren Avis zu Carmine Galante (dem berühmten Boß aller Bosse), von Bianca Jagger bis zum Erben von Cullen-Öl und Staatsmann, dem Baron Enrica diPortanova reichen, vom Studio 54 zum katholischen Bistum von New York. Schon mit 15 Jahren verdiente er 100 000 Dollar als Makler beim Verkauf einer Radiostation und er teilte diese Summe auf, um sich Aktienanteile an den New York Giants zu kaufen und seine Ausbildung sicherzustellen (die bis zu seiner Ernennung als stellvertretender U. S.-Staatsanwalt der USA im Alter von 21 Jahren führte). Cohn hat mehr Krisen überlebt als Richard Nixon, wurde viermal angeklagt und wieder freigesprochen. In ihm vereinigen sich eindrucksvoll natürliche Intelligenz und eine starke Persönlichkeit mit der bewußten Wertschätzung der zusätzlichen Fähigkeiten seines Partners Tom Bolan. Diese Kombination ermöglichte es Cohn, seinen offensichtlich völlig unerhörten Ruf zum Vorteil seiner Firma einzusetzen.

Sir Terence Conran In den sechziger Jahren erlangte Sir Terence, ein gewerblicher Designer und Geschäftsmann, im Bereich der Wohnungsinneneinrichtungen dieselbe Bedeutung wie Mary Quant in der Kosmetik. Die Firma Conrans and Habitat kreierte den Stil, von dem Conran genau wußte, daß er bei der neuen Mittelklasse gut ankommen würde. Seine ungewöhnliche Kombination von Fähigkeiten und sein Talent, seine Mitarbeiter zu motivieren („Begeisterung färbt auf Menschen ab wie Pollen auf Bienen"), machten es möglich, daß sein Erfolg sich auf die verschiedensten Branchen erstreckte. Eine seiner Maximen lautet: „Die Menschen sind glücklicher, wenn sie das Gefühl haben, daß man den bestmöglichen Nutzen aus ihren Talenten und Qualitäten zieht." Nach der kürzlich erfolgten Übernahme der Firma Mothercare stellen seine Unternehmungen heute einen Wert von rund 350 Millionen Pfund dar.

Mickey Duff Er ist immer noch der jüngste Boxpromoter von Weltrang (nach seinen Worten ist dies „ein Geschäft für alte Leute"), dabei jedoch der erfolgreichste internationale Boxpromoter und Boxveranstalter aus Großbritannien. Sein sicherlich instinktives und weithin geachtetes Urteilsvermögen für Dinge, die er selbst als „Starqualitäten . . . Machoeigenschaften . . . Riecher für Kassenschlager" bezeichnet, wird durch starkes Bewußtsein für den richtigen Zeitpunkt bei der Suche nach Möglichkeiten ergänzt.

Werner Erhard Eigentlich wurde er als Jack Rosenberg geboren und betätigte sich vorübergehend als Verkäufer von Gebrauchtwagen und Enzyklopädien. Nachdem er einen Artikel in der Zeitschrift Esquire über bedeutende Deutsche gelesen hatte, darunter auch Werner Heisenberg und Ludwig

Erhard, änderte er seinen Namen. Elf Jahre später gründete er „est" – eine enorm wohlhabende und einflußreiche Bewegung (dem Zen nicht ganz unähnlich), die sich das Ziel gesetzt hatte, die Menschen bei der Umgestaltung der spirituellen und materiellen Wesensmerkmale ihrer Lebensführung zu unterstützen. („Meiner Ansicht nach wird die Frage, ob man wirklich etwas zustande gebracht hat, dadurch entschieden, woher man kommt.") Für einige Menschen ist er eine beunruhigende Mischung aus einem Spitzenverkäufer und einem Philosophen. Für andere verschmelzen in seiner Person der amerikanische Willen mit dem orientalischen Intellekt.

Harold Evans   Evans wurde 1967 zum Chefredakteur der „Sunday Times" berufen und entwickelte einen Redaktionsstil, der dem Blatt eine neue und größere Leserschaft gewann. Dies verschaffte ihm die Ehrung als „Redakteur des Jahres" 1975. Durch aktuelle und tiefgreifende Untersuchungen löste er Kontroversen aus, besonders durch die äußerst erfolgreiche Thalidomid-Kampagne („Ein blutendes Herz, mit dem ich mich zu technischer Stärke zu verbünden suche"). 1981 wurde er Chefredakteur der „Times" und versuchte erfolglos, seinen Stil dem konservativsten britischen Blatt aufzuprägen, und wurde im folgenden Jahr von Rupert Murdoch entlassen. 1983 veröffentlichte er seine Version der Auseinandersetzungen mit Murdoch unter dem Titel „Good Times, Bad Times", womit ihm auf Anhieb ein Bestseller gelang.

Hans Eysenck   Der sehr kontroverse und erfolgreiche Psychologe Professor Eysenck wurde in Deutschland, Frankreich und England ausgebildet. Er hatte Lehrstühle an den Universitäten London, Pennsylvania und Californien inne und ist seit 1946 Leiter der psychologischen Abteilung am Maudsley Hospital in London. Seine Theorien, denen zufolge der Intelligenzquotient durch Gene bestimmt wird, führten zu Vermutungen, daß Farbige einen niedrigeren Intelligenzquotienten hätten als die Weißen, und daß ein bestimmter Anteil der Männer einen höheren Intelligenzquotienten besitze als Frauen. In einem weithin auf Theorien und Spekulationen angewiesenen Bereich hat Eysenck einen individuellen Stil geprägt, der genaueste Messungen und Resultate auf statistischen Grundlagen verlangt.

Alan Fine   Ebenso wie die Inner Game Organisation, für die Fine als Ausbilder tätig ist, glaubt er, daß der Erfolg in sportlichen und unternehmerischen Bereichen sehr eng damit zusammenhängt, daß wir unsere eigenen, unbewußten Barrieren überwinden, die der Erreichung eines Ziels im Wege stehen. Ziel der Organisation ist es, unseren Blick für das Vorhandensein dieser Barrieren zu schärfen und es dem einzelnen zu erlauben, sein persönliches Entwicklungsprogramm festzulegen. „Nicht unsere Einschätzung dieser Hindernisse zählt", erläutert Fine. „Wichtig ist die Einschätzung durch den

Betroffenen selbst. Der Betroffene selbst muß den Großteil des Programmes erarbeiten. Meine Rolle dabei ist die eines Hilfsmittels."

Malcolm Forbes 1947 wurde Malcolm Forbes Mitherausgeber des „Forbes Magazine", das noch von seinem Vater gegründet wurde. Im nachfolgenden Jahr brachte er ohne Erfolg eine Zeitschrift mit dem Titel „Nation's Heritage" heraus. 1954, mit dem Tode seines Vaters, wurde er zum Chefredakteur und Herausgeber des „Forbes Magazine" gewählt. Dieses Ereignis markierte den Beginn einer außergewöhnlichen Wachstumsphase, die seither ununterbrochen anhält und Forbes zum Multimillionär machte. Forbes, der auch als der „glücklichste Millionär" bezeichnet wird, besitzt einen Palast in Marokko, eine Copra-Pflanzung auf den Fidschi-Inseln und einen DC-9-Privatjet in goldfarbener Lackierung. Er ist ein international berühmter Ballonfahrer und überquerte 1973 als erster die Vereinigten Staaten von Amerika mit dem Fesselballon. Zu seinen sonstigen Interessengebieten gehört das Motorradfahren (er fährt Motorrad-Rallyes in der ganzen Welt) und die Sammelleidenschaft (er hat eine erlesene Sammlung viktorianischer Kunst sowie eine Sammlung von Faberǵe-Eiern, wie es sie sonst nur noch im Kreml gibt). Seine Abenteuerlust, die er in keiner Weise als Risikofreudigkeit ansieht (diesen Wunsch nach Risiko teilt er keineswegs mit anderen Sportlern), charakterisiert auch seinen Unternehmungsgeist. Gleichzeitig ist ihm klar, daß „man auf dem Weg zum Erfolg nicht zimperlich sein darf".

Lord Forte Lord Charles Forte of Ripley wurde 1908 als Sohn einer der Mittelklasse angehörigen schottisch-italienischen Familie geboren. Er tritt selten in der Öffentlichkeit auf und zieht es vor, das öffentliche Leben zu meiden. Dabei hat der Vorstandsvorsitzende der einflußreichen Hotel- und Restaurationsgruppe „Trusthouse Forte" es fertiggebracht, eine Organisation zu schaffen, deren Wert gegenwärtig bei schätzungsweise einer Milliarde Pfund liegt. Sein Stil ist weniger durch detaillierte Strategien als von gesunden Geschäftsprinzipien gekennzeichnet. Auf die Frage, was er seinem Sohn Rocco geraten hätte, wenn er jetzt noch jünger wäre, antwortete Forte: „Du mußt – gleich wo auf der Welt – einen Raum betreten können, ohne daß jemand mit dem Finger auf dich zeigt und Dir vorwirft, Du hättest ihn ruiniert!"

Diana von Fürstenberg Sie begann 1972 mit einem Kredit von 30 000 Dollar als Modeschöpferin. Zum Ende der siebziger Jahre war ihr Unternehmen 30 Millionen Dollar wert, und sie erschien auf dem Titelbild der „Newsweek" als die „Prinzessin der Mode". Gegenwärtig hat sie die uneingeschränkte finanzielle und unternehmerische Kontrolle über ein Mode-, Schönheits- und Inneneinrichtungs-Imperium im Wert von 250 Millionen Dollar. Auf die Frage, warum sie das tut, antwortete Frau von Fürstenberg:

„Wissen Sie, es ist ein Gefühl der Wärme, das man aus den Früchten der Arbeit bezieht, aus den Früchten seiner Anstrengungen."

Harry Helmsley Helmsley ist seit mehr als einem halben Jahrhundert in der Immobilienbranche tätig und schätzt seinen Besitz auf einen Marktwert von fünf Milliarden Dollar. Über ihre Tochtergesellschaften beziehen die Helmsley Enterprises allein an Miete mehr als 445 Millionen Dollar jährlich. Helmsley besitzt nicht nur die absoluten Spitzenlagen der New Yorker Immobilien (einschließlich des Empire State Buildings), sondern noch 30 Hotels (beispielsweise das Park Lane und das Carlton Haus), zahlreiche Besitzungen außerhalb von New York sowie Grundstücksmakler- und Managementfirmen. „Den größten Spaß machen die Geschäftsvorhaben", sagt Helmsley. „Wenn man die Teile wie Puzzles durcheinanderschüttelt und dann wieder zusammensetzt."

Antonio Herrara Herrara gilt als einer der weltbesten Polospieler (neun Tore). Zu den Erfolgen dieses Mexikaners gehört der Coronation Cup in England und der Silver Cup der USA. Neun Monate im Jahr spielt er für die Teams Rolex-Abercrombie und Kent.

Robert Holmes à Court Der brilliante und unkonventionelle Geschäftsmann und Millionär Holmes à Court meidet den Ruhm und die Medien sichtlich. Er zieht es vor, seine Energie gezielt in sorgfältig geplante Übernahmestrategien zu investieren: Er ist ein Schachspieler, ein Geschäftsmann, für den nur die Züge zählen: „Mein Ziel sind Geschäfte – für mich ist es nicht wichtig, welcher Art diese Geschäfte sind, oder um welchen Kunden es sich handelt." Er ist eigentlich Rechtsanwalt (in Südafrika geboren) und hat sein Geschäftsimperium von Australien aus aufgebaut. Dazu gehören Fernsehstationen, Zeitungen, Reifenhandel, Transportgeschäfte, Steinbrüche und Ölunternehmungen auf dem Festland. Durch seine Erfahrungen wurde ihm ganz besonders der Unterschied zwischen der romantischen Vorstellung und der Realität des „Big Business" deutlich: „Big Business ist nichts anderes als ein kleines Geschäft mit einer zusätzlichen Null am Ende ... Es ist nur etwas zusätzlich getrocknete Tinte auf dem Papier."

Margery Hurst, OBE (Ordensträgerin des britischen Empires) Nach dem Scheitern ihrer ersten Ehe (als sie der Armee angehörte), begann Margery Hurst mit Schreibarbeiten in Heimarbeit, um sich ihren Lebensunterhalt zu verdienen. Die Ein-Frau-Firma expandierte, als sie freiberufliche Hilfskräfte beschäftigte. Ein Freund ihres Vaters entdeckte ihr kleines Büro in London und Margery Hurst vollzog den kleinen aber entscheidenden Wechsel, indem ihr Büro zur ersten Arbeitsvermittlungsagentur wurde – das „Brook Street Bureau", eine jetzt international arbeitende Gesellschaft mit Umsätzen von vielen Millionen Pfund.

Tony Jacklin Als Großbritanniens führender internationaler Golfspieler der Neuzeit sicherte sich Jacklin einen Platz in der Geschichte des Golfsports, indem er die Open Championship und die U. S. Open innerhalb von nur zwölf Monaten gewann. Von diesem Augenblick an spürte Jacklin den Druck, an der Spitze zu bleiben: „Ich hatte das Gefühl, daß nach meinem Gewinn der U. S. Open und der British Open Championship innerhalb eines Jahres das Publikum von mir erwartete, daß ich auch alle anderen Wettbewerbe gewinnen müßte." Die Tatsache, daß er nicht jeden anderen Wettbewerb gewann, stellte für ihn eine persönliche Herausforderung dar, wodurch beispielhaft demonstriert wurde, daß geistige Willensstärke und Durchhaltevermögen für den Erfolg in jedem beliebigen Bereich ebenso wichtig sind, wie die technischen Fähigkeiten.

Heather Jenner Frau Jenner hat seit der Gründung ihres ersten Heiratsinstitutes mehr als 15 000 Ehen vermittelt. In ihrer Jugend lebte sie mit ihrer Familie mehrere Jahre in Indien und beobachtete dabei die großen Schwierigkeiten junger Teepflanzer, die kaum Aussicht auf eine Eheschließung hatten, und die daher planten, auf der Suche nach geeigneten Ehefrauen nach Großbritannien zu reisen. Ursprünglich wurde ihre Idee als „völlig empörendes Konzept" verspottet und stieß auf härtesten Widerstand.

Rafer Johnson 1955 wurde Johnson Zehnkampf-Weltrekordler, was man noch sieben Jahre zuvor für völlig unmöglich gehalten hatte, als er sich bei einem Unfall mit einem Förderband eine ernsthafte Fußverletzung zugezogen hatte. Als wir mit ihm darüber sprachen, wie wir herausfinden könnten, was einen Gewinner ausmacht, sagte Johnson: „Die großen Champions sind diejenigen, deren Verteidigungsreaktionen konstruktiv sind . . . Ich möchte viel lieber genau wissen, was im Kopf von jemandem vorgeht, der verloren hat, und dann, wie der Betreffende es schafft zurückzukommen und zu gewinnen; und natürlich möchte ich in den Kopf eines Gewinners schauen können und sehen, was diese Person so sicher machte, daß sie gewinnen würde." 1960 gewann Rafer Johnson in Rom die olympische Zehnkampf-Goldmedaille. Heute ist er Betreuer bei der Behinderten-Olympiade.

Herman Kahn Der ehemalige Vorstandsvorsitzende und Direktor des Hudson Institute, der Präsidentenberater und führende Pionier moderner Zukunftsstudien Herman Kahn (der 1983 kurz nach Abschluß dieses Interviews verstarb) wurde für sein „Denken des Undenkbaren" heftig kritisiert, wie er es 1960 in seinem Buch „Über den thermonuklearen Krieg" veröffentlichte. Und unmittelbar bis zu seinem Tode provozierte er die Anhänger konventionellen Denkens – im Jahre 1982 mit dem Buch „Der kommende Wirtschaftsaufschwung", welches er während der schlimmsten wirtschaftlichen Rezession seit den dreißiger Jahren veröffentlichte. Die Quelle seines eigenen Erfolges charakterisierte er selbst so: „Zwei Drittel Inspiration, ein Drittel Beharrungsvermögen; ohne Beharrungsvermögen funktioniert gar nichts."

Dr. Nathan Kline Kline brachte die ersten modernen Beruhigungsmittel 1953 und 1954 in den USA heraus. Zwei Jahre später verwendete er erstmals „stimmungsaufhellende" Medikamente zur Behandlung von Psychiatrie-Patienten. Zweimal wurde ihm der Albert-Lasker-Preis zuerkannt. Bis zu seinem Tode im Jahre 1983 war er Direktor des Rockland Institute of Research. Außerdem war er ordentlicher Professor an der Columbia University und an der University of California, San Diego. Seinem Selbstverständnis nach war er „von Natur aus" ein lateraler Denker. Kline behauptete (nicht ausschließlich im Scherz), daß Ignoranz, Faulheit und ein schlechtes Gedächtnis die wesentlichen Bestandteile seines Erfolges gewesen seien. Neben einer ganzen Reihe von Mitgliedschaften in Organisationen gehörte Kline auch zum Gründungskuratorium des Royal College of Psychiatrists in England.

Alex Kroll Er leitete die nach eigenen Angaben weltgrößte Werbeagentur, „Young and Rubicam". Als ehemaliger Star im Profifußball (bei den New York Titans, später in Jets umbenannt) ist Kroll 1,89 m groß und wiegt gut 100 Kilogramm. Er ist eine von sich aus stark motivierte Persönlichkeit: „Ich pflege mir sehr unbequeme Ziele zu setzen. Ich habe mir selbst immer wieder gesagt, ‚was stellt eine wirkliche Anstrengung dar?'" So hat er die Fähigkeit, wie ein kreativer Katalysator zu wirken, indem er seinen Mitarbeitern dadurch völlig neue Ideen entlockt, daß auf spielerische Art und Weise die Betrachtungsweise komplexer Sachverhalte immer wieder gedreht und verändert wird. Zwischen Mitte 1977 und Ende 1982 war es ihm persönlich zuzuschreiben, daß er „Young and Rubicam" neue Aufträge im Werte von 400 Millionen Dollar einbrachte.

Verity Lambert Frau Lambert gehört zu der recht kleinen Gruppe britischer Filmemacher, die sich dem kommerziellen Erfolg auf der Grundlage neuartiger und origineller Produkte verschrieben haben. Sie hat sich, vom Fernsehen kommend, hochgearbeitet, indem sie als Sekretärin anfing und dann gefeuert wurde. Als Leiterin der dramatischen Abteilung bei Thames Television und Vorstandsmitglied von Euston Films erreichte sie in ihrer Arbeit eine Mischung von zeitgenössischer Aussagekraft, Unterhaltungswert und Produktionsqualität, die in diesem Bereich ihresgleichen sucht. 1982 übertrug man ihr die Produktionsleitung bei Thorn EMI Films.

Norman Lear Er ist einer der erfolgreichsten Fernseh-Drehbuchautoren Amerikas („All in the Family" usw.), der grundsätzlich die Zusammenarbeit sucht und den Anreiz der Arbeit im Team mit anderen braucht. Er hat ebenfalls eine Fähigkeit entwickelt, in der Zusammenarbeit als Katalysator zu wirken. Für diesen erfolgreichen Autor bedeutet der Begriff Macht: „Die Fähigkeit, Leute zu überzeugen, zu kommunizieren ... und sie zu erreichen; es kann keine größere Macht geben."

Paul MacCready Präsident und Vorstandsmitglied der AeroVironment Inc. Er widmet sich ganz der Bereitstellung von Erzeugnissen und Dienstleistungen in den Bereichen Energie und der atmosphärischen Umwelt. Als Kind war er ein ebenso begeisterter wie ernsthafter Anhänger des Flugzeug-Modellbaus. Mit 16 Jahren konzentrierte er sich allein auf angetriebene Flugzeuge. Mit 21 errang er mit einem Gleiter den zweiten Platz bei den nationalen Segelmeisterschaften. Mit 23, 24 und 25 Jahren gewann er diese und wurde dann zum Pionier des Höhen-Wellensegelns der USA. 1956 wurde er internationaler Gleitflugmeister. 1977 gewann er den Henry-Kremer-Preis, als sein Gossamer Condor den ersten längeren, gesteuerten Flug einer nur durch Muskelkraft angetriebenen Flugmaschine zeigte, die schwerer war als Luft. 1979 gewann er den neuen Henry-Kremer-Preis in Höhe von 215 000 Dollar, als sein muskelgetriebener Gossamer Albatross den Ärmelkanal überquerte. 1980 schaffte sein Gossamer Penguin den ersten Steigflug eines Fluggerätes, das allein durch Sonnenstrahlen angetrieben wurde, und 1981 flog sein Solar Challenger 162 Meilen von Paris bis Großbritannien in einer Höhe von 11 000 Fuß.

David Mahoney Das Fortune Magazine bezeichnete ihn als einen der „zehn härtesten Bosse" in Amerika. Bis vor kurzem war Mahoney Direktor und Vorstandsmitglied von Norton Simon, eines bedeutenden nationalen Konsumgüter-Marketing-Unternehmens. Mahoney schied 1983 bei Norton Simon aus, als er versucht hatte, das Unternehmen über ein geradezu lächerlich niedriges Preisangebot für die Firma zu privatisieren. Dieser Schritt ermutigte sofort viele andere Interessenten, ebenfalls zu bieten und die Folge davon war, daß Mahoneys eigene Aktien eine phänomenale Wertsteigerung erfuhren. Er wurde zum Multimillionär. Bevor er sich am Aufbau der Firma Norton Simon beteiligt hatte, war er Vizepräsident und Vorstandsmitglied bei Colgate-Palmolive und davor Präsident der Good Humor Corporation, die seit dem Jahre 1951 Kunde bei Mahoney gewesen war, als er noch seine eigene Werbeagentur leitete.

A. Morgan Maree Morgan Marees Management-Unternehmen spezialisiert sich auf Steuerfragen, Firmengründungen, Wertpapieranalysen, Immobilien und Versicherungen, hauptsächlich für Kunden aus der Film- und Fernsehbranche. Zu diesen Kunden gehören und gehörten die folgenden Berühmtheiten: Stewart Granger, Cary Grant, Clark Gable, William Wyler, Tyrone Power, Robert Wagner, David O. Selznick, Hanna-Barbera, Robert

Taylor, Humphrey Bogart, Rock Hudson, Lauren Bacall, Carol Baker, Tony Curtis und Elliott Gould.

Robert Maxwell Maxwell wurde in Osteuropa geboren und kam mit 16 Jahren nach Großbritannien, wo er Vorstandsvorsitzender eines der größten Verlagskonzerne für Schulbücher und wissenschaftliche Literatur, Pergamon Press, sowie der British Printing and Communication Corporation wurde. Während des Krieges wurde er für Tapferkeit ausgezeichnet und erhielt das Militärkreuz, weil er sich einem Rückzugsbefehl widersetzte. Ein Jahr vor Maxwells Übernahme der BPCC erlitt das Unternehmen einen Verlust von 11,3 Millionen Pfund. 1983, also nur zwei Jahre später, betrug der Erlös auf der Gewinnseite bereits 22,1 Millionen Pfund. Am Freitag, dem 13. Juli 1984 kaufte Maxwell die Zeitschriftengruppe Mirror von der Firma Reed International für insgesamt 113 Millionen Pfund.

Mark McCormack Chef und Gründer der International Management Group, die die meisten Spitzensportler der Welt und viele bekannte Persönlichkeiten betreut. Sein Unternehmen repräsentiert einen Wert von rund 100 Millionen Pfund. Zu einer Zeit, als die Medien unersättlich auf der Suche nach neuen Helden waren, konnte er den Spitzenstars der Welt seine Dienste als Manager, Agent, Buchführungshelfer, Promoter anbieten – alles in einem Servicepaket inbegriffen. Innerhalb von nur einem Jahr steigerte er die Einkünfte von Arnold Palmer von 60 000 auf 500 000 Dollar. Abgesehen von Sportlern hat er auch den Papst betreut und war im Zusammenhang mit dem Nobelpreis und für Miss World beratend tätig. Sein Ratschlag für andere lautet: „Nur weil eine bestimmte Sache immer auf eine bestimmte Art und Weise erledigt wurde, soll man nicht akzeptieren, daß es immer so sein muß."

Lionel (Len) Murray, OBE (Orden des britischen Empires) Generalsekretär des britischen Gewerkschaftsbundes von 1973 bis 1984. Bereits seit 1954 bekleidet Murray Gewerkschaftsämter. 1966 wurde ihm der Orden des britischen Empire verliehen, er wurde Gastmitglied des Kuratoriums des Nuffield College in Oxford im Jahr 1974, wurde 1976 Mitglied des Privaten Königlichen Rates (Privy Council) und Ehrenmitglied des Kuratoriums der Fachhochschule von Sheffield City im Jahre 1979. Erst ein Herzinfarkt konnte Murray davon überzeugen, daß „man seine Zeit sehr unrationell einsetzt, wenn man ein arbeitswütiger ‚Workaholic' ist".

Jerald Newman Seit 1982 ist Newman Präsident und Verwaltungsratsmitglied sowie Treuhänder der Bowery Savings Bank in New York. Das Anlagevermögen der Bowery Savings Bank beträgt fünf Milliarden Dollar, und man verpflichtete Newman wegen seiner Erfahrung im Bankhandel, um das schwache Verhältnis des Nettowertes zu den Anlagen der Bank zu verbessern (Eigenvermögen/Anlagevermögen-Quote). Newman war seit 1976 stellvertretender Vorstandsvorsitzender der Bank Leumi Trust Company of New York und wirkte mit, die Leumi-Bank von ihren damaligen drei Filialen auf ein Unternehmen mit 25 Filialen und 2 Milliarden Dollar Anlagevermögen zu vergrößern.

Sir Peter Parker   Sir Peter „trat geradezu mit einer Art Reformeifer in die Industrie ein" und setzte sich erst kürzlich als Aufsichtsratsvorsitzender der British Rail zur Ruhe. Seitdem er 1954 in die Firma Booker McConnell eingetreten war, hat er auf zahlreichen Direktorenposten in den verschiedensten Bereichen gearbeitet und war Aufsichtsratmitglied der British Airways. Zwischen 1943 und 1947 diente er als Major im Militär-Nachrichtendienst, spielte Rugby für die Mannschaften von Bedford und die East Midlands, und trat am Broadway als Hamlet auf. Gegenwärtig ist er Vorsitzender von Rockware, einem Glas- und Plastikkonzern.

Lord Pennock   Als ehemaliger Präsident des britischen Industrieverbandes und früherer stellvertretender Vorsitzender der ICI glaubt Lord Pennock, daß es überaus wichtig ist, eine Gelegenheit zu ergreifen: „Greift man einem Wandel zu weit vor, so kann man ein großes Durcheinander verursachen und verliert dabei seinen Kopf. Wenn man aber auf einen Wandel nicht reagiert, so kann das ebenfalls den Kopf kosten." Er stand bei der Entwicklung des Kabelfernsehens in Großbritannien als Vorsitzender der BICC bis zu seinem Ausscheiden am 31. Dezember 1984 in vorderster Front. BICC bedeutet eigentlich British Insulated Callendars Cables (britische Gesellschaft für Kabel mit Isolierschicht), jedoch ist das Kürzel jetzt der offizielle Firmenname. Es handelt sich dabei um die bedeutendsten Kabelhersteller in Großbritannien, die jetzt von der neuen Technologie profitieren werden.

Ron Pickering   Pickering ist der weithin bekannte Leichtathletik-Trainer und Rundfunkjournalist, dessen Weltruf sich auf seinen Erfolg mit der Weitspringerin Lynn Davies gründete, die die erste olympische Goldmedaille errang, die jemals von einem Leichtathleten aus Wales gewonnen wurde (im Weitsprung 1964), und die es erstmals schaffte, drei Goldmedaillen hintereinander zu gewinnen, indem sie sich auch die Europameisterschaft und die Commonwealth-Meisterschaften sicherte. Im Jahre 1968 verbesserte Lynn Davies den Rekord von Großbritannien auf 27 Fuß (= ca. 8,23 Meter). Pickering betreute auch Mary Rand, die Weitspringerin, Hürdenläuferin, Sprinterin und Fünfkämpferin für Großbritannien, die unbestritten bis zu ihrem Rückzug aus dem Wettkampfgeschehen im Jahre 1968 die beste Leichtathletin überhaupt war. Sie war die erste britische Leichtathletin, die eine olympische Goldmedaille gewann (ebenfalls bei den Spielen von 1964 mit einem Weitsprung von knapp 6,77 Meter). Obwohl er selbst andere stets dazu angespornt hat, Erster zu werden, kritisiert Pickering an der

amerikanischen Gesellschaft, daß „deren große Ausfallquote und ein Großteil ihrer erheblichen Talentverluste auf den Umstand zurückzuführen ist,
daß die amerikanische Gesellschaft keine Rolle und keinen Platz für den
jeweils Zweitbesten bereithält. Das ist absoluter Unsinn!"

Sir Mark Prescott Als Geschäftsmann und Trainer von Rennpferden
basiert die Management-Strategie von Sir Mark auf einer peinlich genauen
Analyse der Konkurrenz. Anderen gibt er den Rat mit, daß „man herausfinden soll, was man am liebsten tut, und dann jemanden finden sollte, der
einen dafür bezahlt, daß man es tut". Er plant die Karrieren seiner Pferde
zum Zwecke der Gewinnerzielung, dabei mißt er sie sorgfältig bei Rennver-
anstaltungen, anstatt sie für die Gesellschaftsnachrichten in Magazinen
laufen zu lassen. Als starker, rücksichtsloser Macher und Manager pflegt er
außerdem das Hobby, Kampfhähne zu züchten.

Lord Robens Robens saß vorübergehend als Labour-Abgeordneter im
Parlament, stieg zum parlamentarischen Staatssekretär für den Verkehrsmini-
ster auf und galt als Geheimtip für den Posten des künftigen Premiermini-
sters. Zwischen 1945 und 1947 wurde er privater parlamentarischer Staatssekretär für den Minister für Brennstoff- und Stromversorgung, später Minister
für Arbeit und öffentliche Dienstleistungen. 1961 wurde er Vorsitzender der
nationalen Kohlebehörde und es gelang ihm, die Beschäftigtenzahl in einer
notleidenden Industrie um rund eine Viertelmillion Arbeitskräfte zu verringern, ohne dabei eine Flut von Streiks auszulösen.

Jim Rogers James B. Rogers Jr., der sich selbst als „armer Junge aus Alabama" bezeichnet, schaffte es innerhalb von nur zwölf Jahren, sein persönliches Vermögen von 600 Dollar auf 14 Millionen Dollar anwachsen zu lassen.
1973 gründeten er und George Soros eine Offshore-Deckungsfonds-Finanz-
verwaltungsgesellschaft. Durch die eigenwillige Persönlichkeit von Rogers
gelang es, aus den ursprünglich vom Unternehmen investierten 12 Millionen
Dollar bis 1980 250 Millionen Dollar zu machen. Ähnlich wie Lynn Murray
war er ein von der Arbeit Besessener („das wichtigste in meinem Leben war
stets meine Arbeit; ich konnte nichts anderes tun, bis meine Arbeit erledigt
war"); Rogers erlitt dabei keinen Herzinfarkt, wahrscheinlich weil er seine
Lebensarbeitszeit auf ganze zwölf Jahre beschränkte! Genau wie Forbes ist er
ein begeisterter Abenteurer und Motorradfan. Im Unterschied zu allen
anderen war jedoch gerade sein Urteilsvermögen sein größter Vorteil, obwohl
„alle anderen dieselben Tatsachen kannten, wie ich. Es war nicht so, als ob
ich einen heißen Draht zum Himmel gehabt hätte!" Für Jim Rogers ist das
instinktive Urteilsvermögen keine Gottesgabe, vielmehr „wurde es in zwölf
Jahren mit täglich 20 Arbeitsstunden ganz fein ausgebildet."

Baroness Seear Baroness Seear von Paddington gehörte zu den Vorreitern der modernen Managementtechniken, wo die Verantwortung für die Mitarbeitermotivation als fester Aufgabenbereich den zuständigen Fachleuten übertragen wird und nicht von Vorarbeitern während deren Freizeit wahrgenommen wird. 32 Jahre lang dozierte sie an der London School of Economics.

Sir Clive Sinclair Ein Self-Made-Multimillionär, Erfinder und Geschäftsmann. 1979 scheiterte Sir Clives erste Firma, obwohl er eine so unglaublich erfolgreiche Erfindung gemacht hatte, wie den elektronischen Taschenrechner. Der Chef von Sinclair Research (Sinclair-Forschung) ist jetzt Mitte 40 und zu seinen neueren Entwicklungen gehören Flachbild-Fernseher, eine äußerst ertragreiche Produktreihe von Personal-Computern und demnächst, bisher erst in der Planung, das Elektroauto. 1983 wurde Sinclair zum Ritter geschlagen.

Jackie Stewart Stewart begann 1961 mit dem Rennsport. In der Rennsaison 1969 gewann er so viele Punkte, daß sein Titel als Welt-Champion während zwei Drittel des gesamten Jahres unangefochten war. Er war dreimal Weltmeister in der Formel Eins. Obwohl er von den insgesamt 99 Grand-Prix-Rennen, an denen er sich beteiligt hatte, 27 für sich entscheiden konnte, ist der Begriff Risiko für Stewart ein absolutes Tabu-Thema: „Ich hasse die Angst. Ich hasse sie. Ich hasse sie wirklich . . . Ich habe eine Menge Artisten gesehen, die ohne Netz und doppelten Boden arbeiten, wie sie in schwindelerregende Situationen geraten sind, und sich wieder daraus befreit haben – man kann sagen, daß dies einige Male der Fall war, aber die Leute merken so etwas." Jetzt verdient er außerhalb der Rennstrecke riesige Summen durch Promotions-Veranstaltungen und persönliche Auftritte. Sich erinnernd, wie er lernte, andere Fahrer auf der Strecke zu manipulieren, erzählt Stewart: „Es lief unwahrscheinlich gut, bis einige der jungen, unerschrockenen Fahrer auftauchten, und ich mußte meine Autorität ihnen gegenüber ausspielen, bevor sie auf den richtigen Dreh kamen."

Sting Mit der Rockgruppe Police hat Sting mehr als zehn Millionen Platten verkauft und während der Tournee durch die Vereinigten Staaten im Jahre 1983 trat er vor mehr als einer Million Fans auf – „Es ist schon recht beeindruckend zu sehen, wie 20 000 Leute in genau derselben Weise auf diesen musikalischen Code reagieren!" Police wurde zur größten Rock-Schau in der Welt, was teilweise auf die Stimme und das Kompositionstalent von Sting zurückzuführen ist, und teilweise auf eine sorgfältig arrangierte Strategie. „Fünf Jahre habe ich damit verbracht, ein Image auszufeilen und aufzupolieren . . . Bis zu einem gewissen Grad richtet man seine Kreativität nach einem bestimmten Modell aus." Bevor Sting alias Gordon Sumner Rockstar wurde, war er Lehrer. Davor war er Bezirksmeister auf den 100-Yard und 200-Yard-Sprintstrecken, gab die Leichtathletik jedoch auf, als er bei den englischen Meisterschaften Dritter wurde.

Virginia Wade Sie wurde in England geboren, wuchs in Südafrika auf und machte New York zu ihrer Wahlheimat. Sie gewann 1968 die ersten offenen U. S.-Meisterschaften im Tennis und 1977 in Wimbledon (zum 100-jährigen Bestehen vom Wimbledon). In zehn aufeinanderfolgenden Jahren nahm sie in England den Ranglistenplatz eins ein und gehörte 1967 und 1979 ununterbrochen zu den besten zehn Tennisspielerinnen der Welt. Seit dem 1. Januar 1981 hat Virginia Wade mehr als eine Million Dollar in Tennisturnieren verdient. 1982 wurde sie die erste Frau, die jemals in den Ausschuß von Wimbledon gewählt wurde. Das Geheimnis ihres Erfolges? „Der Trick ist, ganz aus sich heraus zu gehen und von außen an sich selbst zu arbeiten und sich dabei selbst als Beobachter zuzuschauen."

Mark Weinberg Der heutige Millionenunternehmer Weinberg gründete fast mittellos eine Versicherungsgesellschaft mit dem Namen Abbey Life. Es wurde ein Erfolg, aber er stellte das Projekt ein und gründete die Hambro Life, die von der Hambros Bank unterstützt wurde. An der Börse wird ihr Wert gegenwärtig auf rund 500 Millionen Pfund geschätzt. Außerdem finanziert Weinberg Erfindungen und Innovationen und hat beispielsweise den Mikroschreiber, eine geniale „Taschen"-Schreibmaschine mit sechs Tasten auf den Markt gebracht. Trotz seines vollständigen Engagements für Unternehmensstrategien und Zukunftsideen bekennt Weinberg: „Ich spiele im Geschäftsleben nicht gern Poker."

Sir Huw Wheldon Rundfunkjournalist und seit 1975 Vorsitzender des Senates der London School of Economics. 1952, zum Beginn der Fernsehepoche, kam er zur BBC. Er arbeitete dort als Produzent, Direktor, Kommentator und Autor und wurde 1965 Programmleiter, 1968 Verwaltungsdirektor und 1975 Sonderberater.

Charles Williams, CBE (Komtur des Ordens des britischen Empires) Seit 1980 geschäftsführender Vorstand der Henry Ansbacher & Co., einer Handelsbank mit Hauptsitz in London. 1955 war er Mannschaftskapitän des Oxford University Cricket Club. Zwischen 1953 und 1959 spielte er für Essex County. Seine Bankkarriere verlief parallel zu seinen politischen Aktivitäten: Er wurde Vorsitzender der Preiskommission unter Premierminister Harold Wilson, Kandidat der Labour-Party für Colchester im Jahre 1964 und stellvertretender Vorsitzender und Gründungsmitglied der Labour Economic Finance und Taxation Association im Jahre 1975 (Wirtschafts-, Finanz- und Steuerverband der Labour-Party). Unternehmensstragie ist nach Auffassung von Williams, und das gilt auch für seine Handelsbank, unauflöslich mit der Persönlichkeit ihres Schöpfers verbunden und ist insofern instinktiv: „Ich bin psychologisch gesehen mit unstrukturierten Situationen sehr unzufrieden."

TEIL I

ERFOLG

1.
Jeder Erfolg hat seinen Stil

Die Beiträge:

Vereinigte Staaten: Alex Kroll, John Nieman.

Großbritannien und übrige Länder: Sir Terence Conran, Sir Clive Sinclair, Robert Holmes à Court, Jack Gallagher.

Oberflächlich betrachtet besteht der augenfälligste Wesenszug erfolgreicher Menschen darin, daß jeder einen individuellen, unverwechselbaren und persönlichen Erfolgsstil hat. Stellen Sie sich einen riesigen Saal vor, der voll lärmender Hunde jeder Art und Rasse ist. Stellen Sie sich vielleicht die berühmte Cruft's-Hundeshow in London vor. Große dänische Doggen, elegante, langmähnige, russische Barsoi-Hunde, freche kleine Yorkshire-Terrier, kaiserliche Pekinesen, freundliche Beagles und die düsteren Dobermänner. Jede dieser Rassen hat ihre Eigenarten. Jede findet ihre Anhänger und Bewunderer. Jede wird gemäß ihrer eigenen Rassenmerkmale beurteilt.

Was ist Stil? Es ist ein Zusammentreffen von Elementen und Aktionen, die unterscheidbare Muster bilden, die danach in sich selbst geschlossen sind. Es gibt Philosophen, die erklärt haben, daß ein Mann nichts anderes ist, als sein Stil darstellt. Es gibt Frauen, Maler, Dekorateure und Politiker, die nur existieren, um ihrem Stil zu dienen.

Gibt es einen bestimmten Verhaltensstil, der zum Erfolg führt? Offensichtlich gibt es dies nicht. Es gibt bei den für dieses Buch befragten Menschen eine große Palette unterschiedlichster Stile. Bedeutet das, daß jede Art Stil ausreichend ist? Wahrscheinlich nicht. Es kann viele erfolgreiche Stile geben und ebenfalls viele, die nicht zum Erfolg führen. Ein erfolgreicher Mensch liebt es vielleicht, Risiken einzugehen oder er zieht es vor, diese zu vermeiden. Vorsichtig zu sein bedeutet jedoch nicht dasselbe wie Ängstlichkeit. Eine ängstliche Person ist wahrscheinlich nicht erfolgreich.

Auch wenn erfolgreiche Leute eine Vielzahl stilistischer Merkmale aufweisen, gibt es dann vielleicht einen bestimmten Stil der – wenn man ihn sich zu eigen macht – mit großer Wahrscheinlichkeit zum Erfolg führen würde? Der herkömmlichen Vorstellung entsprechend handelte es sich dabei um Personen, die willensstark, rücksichtslos und hart arbeitend sind. Es ist überraschend, wie wenige der in diesem Buch beschriebenen Menschen dieser Vorstellung entsprechen.

Tennis ist ein Spiel, welches sich besonders gut für die Beobachtung verschiedener Spielweisen eignet, weil in diesem Spiel die unterschiedlichen Stile unentwegt sichtbar gemacht werden. Björn Borg hat einen Spielstil, der Fehlern einen großen Spielraum bietet. Seine Aufschläge erfolgen stets mit ganz erheblichem Topspin, was bedeutet, daß der Ball hoch über das Netz fliegen und trotzdem vor der Grundlinie im Flug stark abknicken und herunterkommen kann. Ein Spieler wie Jimmy Connors schlägt den Ball viel dichter über den Netzrand und läuft daher viel größere Gefahr, Fehler zu machen.

Der Makro-Stil im Geschäftsleben

Unter Makro-Stil versteht man die umfassenden Verhaltensweisen im Zusammenhang mit breit angelegten Strategien und folgenreichen Entscheidungen, wenn auch eine gewisse Unberechenbarkeit in der Schlacht oder auf dem Tennisplatz ebenso wie am Verhandlungstisch ein wichtiger Faktor sein kann, so kann man doch feststellen, daß viele legendäre Magnaten stets ihrem grundsätzlichen Stil treu geblieben sind, den man als Grundstock ihres Vermögens angesehen hat.

Paul Getty betrieb seine Geschäfte getreu dem Prinzip, nicht einen Pfennig mehr auszugeben, als absolut unvermeidbar war. Rein unternehmerisch ausgedrückt kann man an diesem Stil kaum etwas aussetzen: Falls man die Kosten auf ein Minimum beschränkt, so kann man sich um so leichter darauf konzentrieren, Gewinne zu erwirtschaften. Als Lord Thomson nach London kam, um die „Sunday Times" zu kaufen, wohnte er im Savoy Hotel, um seine Verhandlungspartner zu beeindrucken, jedoch nahm er sein Frühstück in einem nahegelegenen Arbeiter-Cafe ein. Umgekehrt erinnert sich Jack Gallagher, Vorstandsvorsitzender der Dome Petroleum, einer der zehn größten Firmen Kanadas: „Ich begann mit 250 000 Dollar Aktienkapital und mehr als sieben Millionen Dollar Schulden, und seither habe ich stets versucht, dieses Verhältnis beizubehalten."

Mikro-Stile

In manchen Fällen muß der umfassende Makro-Stil in den Makro-Bereich übersetzt werden. Wie verhält sich jemand gegenüber seinem Mitarbeiterteam? Wie geht man mit Verhandlungsgegnern um? Es gibt Leute, die in Makro-Strategien sehr erfolgreich sind und nur Unzulängliches im Bereich der Mikro-Strategien zustande bringen. Es wäre beispielsweise ein einflußreicher Filmemacher denkbar, der nicht in der Lage ist, eine schlichte Familienaufnahme anzufertigen. Napoleon sagte einmal, daß er vielmehr Schwierigkeiten gehabt hätte, die Bulldogge seines Kochs loszuwerden (die ständig Josephines Schoßhunde terrorisierte), als die Österreicher bei Austerlitz zu schlagen.

Typische Stile des Unternehmers

Der Katalysator

Betrachten wir einmal, wie der Präsident der weltgrößten Werbeagentur, Alex Kroll, Höchstleistungen aus seinem Kreativteam herausholt. Im „New York"-Magazin beschrieb John Nieman, wie dieses Team während eines speziellen Projektes für Ford Probleme mit einem Verkaufsslogan löste. Das Problem wurde nicht dadurch gelöst, daß Alex Kroll die endgültige Antwort fand, sondern durch seine Mitwirkung als Katalysator. Er stellte ein geistiges Gerüst zusammen, auf das die Antwort zugeschnitten werden konnte.

„Unsere Automobilspezialisten in New York hatten ihre Lexika seit Wochen gewälzt. Dabei waren sie auf mehr als 100 verschiedene Möglichkeiten gestoßen, aber nichts sah nach einem erfolgreichen Durchbruch aus. Yong & Rubicam Detroit hatte ebenfalls mehr als 100 verschiedene Vorschläge beigesteuert. Die Art-Direktoren hatten ihre Listen. Auch darunter war nichts Überzeugendes. Jeder wußte es. Jeder wußte auch, daß um 15.00 Uhr eine Konferenz in Alex' Büro über diesen Slogan angesetzt war. Vor der Zusammenkunft strichen die Abteilungsleiter die Liste zusammen und konzentrierten sich auf drei Vorschläge.

Alex sah sie sich an. Auch diese überzeugten nicht. Dann erläuterte er uns, was seiner Ansicht nach dieser Slogan aussagen sollte. Nicht den genauen Wortlaut, nur den Tenor und die Aussage der Zeile. Jemand anders unterstützte die Idee. Wieder ein anderer steuerte das erste Wort für die Zeile bei. Jemand anders vervollständigte den Satz. Irgendjemand verbesserte die

Wortstellung. Dann sagte Alex: ‚Das ist es!‘ Nach dreiwöchiger Arbeit und Unmengen von verbrauchtem Papier wurde die Zeile innerhalb von fünf Minuten geschrieben. Dabei hatte jeder das Gefühl, es sei sein Slogan."

Krolls Stil liegt darin, seine Mitarbeiter durch Begeisterung anzustecken, ihre Vorstellungskraft anzuregen, indem er sie in ein Problem miteinbezieht: „Erinnert euch an Raymond Rubicams Maxime!" pflegte er auszurufen, „widersetzt euch dem Gewöhnlichen". Die einzige Möglichkeit, dies zu erreichen, liegt darin, daß ein Individuum in die gewünschte Strategie so in sich aufnimmt, daß daraus ganz persönliche Resultate hervorgehen.

„Es gibt eine ganze Reihe von Dingen, die ich gut bewältigen kann. Dazu gehört auch, daß ich Spiele besser konzipieren kann, als jeder andere . . . Dabei könnte es sich um ein neues Spiel handeln. Es könnte aber auch eine Variation irgendeines andern Spieles sein. Aber ich könnte ein Spiel erfinden, in welchem Ziele und Hindernisse in ausreichender Zahl vorkommen. Vor allem in der Leitung und Koordination schöpferischer Tätigkeiten, also in der Position eines Artdirektors, ist eine solche Fähigkeit von hohem Nutzen. Ich habe dabei herausgefunden, daß sich eine komplexe Situation im Bereich von Handel und Gewerbe, wie beispielsweise eine Werbestrategie für das Produkt X, auf den Maßstab eines Spieles reduzieren läßt, und daß man dabei einen Wandel in der Haltung und Einstellung hervorruft. Dementsprechend würde man dann sagen, also paßt auf, dies ist unser Ziel: dies ist es, was wir erreichen wollen. Indem wir dies jetzt in gewisser Weise zu einem Spiel umfunktionieren, etwa nach dem Muster: hier ist das Objekt, hier sind die Leute, mit denen wir zu tun haben, dies ist es, was Sie bisher glaubten; und wir möchten, daß Sie künftig von diesem Produkt diese oder jene Vorstellung haben; und so sieht jetzt die Realität aus – auf diese Weise also weckt man die Begeisterung der Mitarbeiter an der Arbeit in Form eines Spiels.

Es ist natürlich niemals wirklich ganz und gar ein Spiel, denn es geht dabei um zuviel Geld. Wenn man aber den Grad der Anspannung herabsetzen kann (den Grad von Bedrohung oder Gefahr, der jeder geschäftlichen Situation innewohnt), indem man das Problem nur mittelbar anspricht, indem man Analogien dafür findet und von Henry Miller bis zu Papst Johannes jedes vorstellbare Gedankengut miteinbezieht, so beginnt man, innerhalb des Teams ein Gefühl der Begeisterung zu wecken, das gesetzte Ziel zu erreichen – dabei wird eine nützliche Spannung aufgebaut, die von der Aussicht auf das Erreichen eines Zieles oder die Möglichkeit des Scheiterns getragen wird, und nicht auf der ängstlichen Anspannung eines Versagens im gestellten Aufgabenbereich beruht. Schafft man diesen Einstellungswandel, so werden die Mitarbeiter (Artdirektoren, Texter, Produzenten usw.) eine

Lösung finden, die bei weitem origineller, unverwechselbarer und interessanter ist als meine eigene.

Auf dem Wege dorthin werde ich stark miteinbezogen und mache dann auch Fehler. Das ist jedoch kein Problem. Während der Arbeit werde auch ich als fehlbar bloßgestellt, ich werde mir die Hände schmutzig machen und riskante Vorschläge vorbringen. Man muß da einfach durch, man muß wieder aufhören, derjenige zu sein, der in Fettnäpfchen herumrührt, und so übernehme ich dann wieder die andere Rolle: ‚Okay, wir haben jetzt lange genug herumgewurschtelt, dies und dies wird jetzt gemacht.' Irgendjemand muß schließlich a, b oder c sagen."

Managementstil

Auch für einen anderen Geschäftsmann war die Fähigkeit, das beste aus den Leuten herauszuholen, für seinen Erfolg entscheidend: Im Jahre 1982 kaufte Sir Terence Conran, Geschäftsmann und Designer, der Vorstandsvorsitzende von Habitat und Mothercare über die Firma Hepworths (wo er eine Direktorenstelle innehat) eine Kette von 70 Damenmodegeschäften mit dem Namen „Next". Er erweiterte diese Kette auf rund 100 Geschäfte und verschaffte dem Unternehmen große Erfolge. Er behauptet jetzt zwar, daß die Grundidee sehr einfach war, und daß der Markt bereits vorhanden war: Eine Käufergruppe im Alter zwischen 25 und 40 Jahren wünschte sich modisch attraktive Kleidung zu wettbewerbsfähigen Preisen. Wenn dies jedoch wirklich die Patentlösung des Problems dargestellt hätte, so hätten auch andere Leute es fertiggebracht, die offenbar einfache Gleichung zu lösen. „Es gelang ihnen nicht", sagte Conran, „weil sie es nicht mit Überzeugung taten. Darin liegt der Unterschied".

Leute, die beispielsweise von der Manchester Business School kamen, sahen sich um und sagten: ‚Es ist ein enormes Risiko.' Genauso gut hätte man mit einem Rechtsanwalt sprechen können! Aber gerade die Überzeugung eines jeden, der für dieses Projekt arbeitete – vom Modedesigner bis zum Verkaufspersonal im Geschäft, von den Werbeleuten bis hin zu den Textilherstellern – stellten eine völlig überzeugende Teamleistung auf die Beine. Diese absolute Überzeugung, bei welcher jede Einzelheit und jedes Detail einfach stimmte, teilte sich dem Publikum einfach mit. Alles ergänzte sich und die Summe der Details vermittelte der Kundschaft ein Gefühl des Vertrauens . . . Ich glaube, Begeisterung färbt auf die Menschen ab, wie Blütenstaub auf die Bienen."

Wir können hier einige interessante Feststellungen treffen. Manchmal färben Überzeugung und Begeisterung einer Führungspersönlichkeit auf jedermann ab – wie es auch hier der Fall zu sein scheint (dies traf auch zu, als Lee Iacocca in aufsehenerregender Weise die Firma Chrysler rettete). Es gibt auch andere Fälle, wo Teamgeist und eine Vertrauensbasis weniger durch einen charismatischen Ansteckungseffekt aufgebaut werden, als vielmehr durch sorgfältige Pflege und den vernünftigen Einsatz von Leuten. Auf die englische Politik übertragen entspräche dieser Unterschied dem gegensätzlichen Stil Churchills einerseits und Attlees andererseits.

Der unternehmerische Stil

Der Erfinder

Sir Clive Sinclair, der einzigartige Neuerungen verwirklichte, gibt zu, daß ihm ein solcher Management-Stil fehlt. Sein Erfolg liegt darin, sich etwas Neues auszudenken – den Taschenrechner, die Digitaluhr, den eigenen Heimcomputer (von dem mehr verkauft wurden, als von jedem anderen), das Fernsehgerät mit Flachbildschirm und (hoffentlich) das neue Elektroauto – und darin liegt ein völlig anderes Konzept: „Der Erfolg und das Scheitern des Unternehmens sind gleichermaßen auf meine Persönlichkeit zurückzuführen. Wir leisten gute Arbeit bei der Entwicklung neuer Ideen und können diese wirkungsvoll auf dem Markt absetzen (manchmal benötigt man ebensoviel Kreativität für die Vermarktung eines neuen Konzeptes wie für das Erzeugnis selbst. Häufig kann man eine neue Idee nicht in derselben Weise verkaufen wie eine herkömmliche). Jedoch sind dann auch die Mißerfolge des Unternehmens insofern mit meiner Persönlichkeit verknüpft, daß ich weder nach Neigung noch Ausbildung ein Manager bin. Ich bin in gewisser Beziehung ein ziemlich zurückhaltender Mensch und finde es daher sehr schwierig, mit Hunderten von Leuten zurechtzukommen." Das Scheitern seines ersten Unternehmens Sinclair Radionics im Jahre 1979 war vielleicht auf eine ganze Reihe unterschiedlicher Faktoren zurückzuführen, jedoch ist sich Clive Sinclair über die Grenzen seines persönlichen Stils im klaren: „Ich versuche, den Anforderungen des allgemeinen Managements so weit wie möglich auszuweichen."

Es gibt keinen Zweifel darüber, daß Sir Clive Sinclair ein brillantes Elektronikgenie ist. Er ist auch ein Unternehmer, der für sich alleine arbeiten muß und in einer großen Organisation nicht glücklich werden könnte. Die Kühnheit seiner Ideen und im Geschäftsleben ist die überraschende Verwegenheit, die man häufig bei jemandem vorfindet, der relativ schüchtern ist. Sein Erfolg hängt von seinem Willen ab, kühne Ideen zu entwickeln und sie zu erstaunlichen Preisen zu vermarkten (erstaunlich niedrig, heißt das). Fast alle seine Ideen wären unverzüglich von jedem beliebigen Produktentwicklungsteam verworfen worden, welches in einem großen Konzern fest etabliert wäre, um Vorschläge zu prüfen. Seine gesamten Preisvorstellungen wären sicherlich noch schneller abgelehnt worden.

Der Eroberer

Der Stil von Robert Holmes à Court ist dem von Sir Clive Sinclair beinahe völlig entgegengesetzt, aber dennoch erfolgreich. Er wurde in Südafrika geboren, ging nach Australien und richtete sich eine Rechtsanwaltspraxis ein. Schon bald stieg er ins Geschäftsleben ein.

„Einer meiner Klienten interessierte sich für den Erwerb einer Aktiengesellschaft, jedoch ging er schließlich von seiner Idee ab . . . was wahrscheinlich klug war. Es war die kleinste und erfolgloseste Aktiengesellschaft an der gesamten Börse. Ich hatte mir die Firma nicht angesehen, kaufte jedoch für 75 000 Dollar eine Mehrheitsbeteiligung. Nach sechs Monaten ging es der Firma noch erheblich schlechter als zuvor – die Lage war hoffnungslos – also nahm ich mir einen Monat Urlaub von meiner Anwaltskanzlei um zu sehen, was ich gekauft hatte, und wie man die Sache in Ordnung bringen könnte. Ich bin nicht in meine Kanzlei zurückgekehrt!"

Heute erstrecken sich seine Beteiligungen von Fernsehsendern über Tageszeitungen bis zu Transportgeschäften und Ölfirmen. Er hat sein Imperium mit ganz bewußter, peinlich genau eingehaltener Strategie aufgebaut und dabei nicht die Spur von Selbstdarstellung gezeigt oder Reklamerummel betrieben. Im Gespräch stellt er diesen Prozeß als in sich selbst schlüssig und einsehbar dar, als logische Konsequenz seines ersten Geschäftes. Tatsächlich handelt es sich um die Logik des Schachspiels. Robert Holmes à Court ist ein begeisterter Schachspieler und Geschäftsstratege. Seiner Überzeugung nach muß jedem Schachzug eine Bedeutung zukommen.

Im Jahre 1982 übernahm er die ACC (Associated Communications Corporation) von Lord Grade, eine Film- und Fernsehgesellschaft mit weltweiten Beteiligungen, die ihre Triebkraft aus dem spektakulären und glamourhaften Hollywood-Stil ihres Vorstandsvorsitzenden bezog. Holmes à Court erkannte dies als die wesentliche Schwäche und schaltete sich ein: Als leiser und zurückhaltender Verhandlungspartner und heimlicher Eroberer schien er einen hypnotischen Effekt auf seine Jagdbeute zu haben.

Wenn wir in dem Machtspiel, wie Holmes à Court es selbst beschreibt, einige der Schachzüge beobachten, so stellen wir den Unterschied zwischen jemandem fest, der eine Idee hat und diese bis zum Erfolg konsequent durchsetzt (wie Sir Clive Sinclair) und jemandem, dessen Erfolg in der Art und Weise liegt, wie er auf die Züge und Bewegungen anderer reagiert.

Die Übernahme der Associated Communications Corporation (ACC)

„Eigentlich war ich damals wegen anderer Geschäfte nach London gekommen. Ich befand mich auf dem Weg nach Amerika, um mich um Investitionen im Kabelbereich zu kümmern. Zu der Zeit herrschte aber gerade ein starker Kurs des australischen Dollars gegenüber einer schwachen Position des Pfundes, so daß ich in dieser Währung etwas investieren wollte. Ich reichte ein Angebot für das Blatt ‚The Times‘ ein, jedoch gab gerade zu dem Zeitpunkt ACC ihre katastrophalen Ergebnisse bekannt – und das war das erste, worauf ich aufmerksam wurde, der vollständige Zusammenbruch dieses Managements – ein Chaos.“

Zum damaligen Zeitpunkt bemühte die ACC sich nicht um eine Sanierung durch einen Aufkäufer, und mit der Firmenübernahme durch Holmes à Court waren noch verschiedene grundlegende Probleme verknüpft:

„Die erste faszinierende Tatsache war, daß niemand daran zweifelte, daß die ACC gegen jegliche Übernahme gesichert war. Es gab eine kleine Anzahl stimmberechtigter Aktien im Besitz des Aufsichtsrates, und die IBA (Unabhängige Rundfunkbehörde) würde es niemandem gestatten (schon gar keinem Ausländer), eine Fernsehstation in Großbritannien zu übernehmen. Daher erschien die ACC sicher. Jedoch brach der Aktienkurs völlig zusammen, und ich kaufte 50 % der nicht-stimmberechtigten Aktien in einem Zeitraum von 9 Monaten. ‚Lex‘ von der ‚Financial Times‘ erläuterte die Situation ziemlich gut: Wahrscheinlich war es darauf zurückzuführen, daß ich Australier war, daß ich nicht verstand, daß eine Übernahme unmöglich sei – ganz offensichtlich hatte ich einen schlimmen Fehler begangen.“

Die erste größere Akquisition von Holmes à Court im öffentlichen Bereich war die Übernahme von Bell. Bei der Gelegenheit war er schrittweise vorgegangen. Bei der ACC wiederholte er im wesentlichen diese Zweistufen-Strategie, wobei der Abschluß der ersten Stufe ihm einen Sitz im Aufsichtsrat verschaffte.

Der unbestrittene Charme dieses Mannes überzeugte Lord Grade nicht nur davon, ihm seine Aktien zu verkaufen, sondern Lord Grade gab auch eine Reihe öffentlicher Erklärungen ab, denen zufolge er erfreut war, an ihn zu verkaufen.

Daraufhin beantragte die Heron Corporation unter Gerald Ronson beim Übernahme-Kontrollausschuß (der Kartellbehörde vergleichbar), Robert Holmes à Court öffentlich wegen angeblicher Verletzungen der kartellrechtlichen Vorschriften des „Fusionsgesetzes" zu sanktionieren. Holmes à Courts Darstellung berichtet darüber folgendes:

„Ronson bezahlte sehr viel Geld an PR-Firmen, um diesen Gedanken nach Möglichkeit weiterzuverbreiten. Ich kann mich nicht mehr an die Namen dieser Firmen erinnern, jedoch zahlte er sehr hohe Gebühren, und sie sorgten dementsprechend für Aufsehen und veranlaßten ihre australische Niederlassung, es ihnen gleich zu tun. Ich verklagte die australische Niederlassung wegen Rufschädigung und erhielt als Schadenersatz eine Summe, die sie eben noch bezahlen konnten, ohne zahlungsunfähig zu werden."

In Großbritannien verfolgten die Zeitungen aufmerksam die geringste Bewegung in dieser undurchschaubaren Auseinandersetzung. Dies ist ein sehr wichtiger Faktor. Es gibt Verhandlungen und Aktionen, die sehr gut laufen, wenn außer den beteiligten Parteien niemand anders sich darum kümmert. Wenn aber jeder Schritt der Prüfung, Interpretation und spekulierenden Deutung der Presse unterliegt, so ist vielleicht ein völlig anderer Stil und eine andere Strategie erforderlich. Täuschungsmanöver durch das Auslegen einer falschen Spur (mit dem berühmten „blutigen Hering") funktionieren im privaten Bereich meist nicht allzu gut, jedoch können sie bei einer öffentlich geführten Auseinandersetzung sehr nützlich sein. Die Schritte brauchen dabei nicht über die Presse vorgenommen zu werden (obwohl diese Möglichkeit sich stets anbietet), der Unterschied liegt vielmehr darin, daß die Presse ständig aufmerksam ist. Wenn man beispielsweise von Ihnen erwartet, etwas Bestimmtes zu sagen, und Sie tun dies nicht, so kann dies bei öffentlich geführten Auseinandersetzungen ein sehr wirksamer Zug sein. Holmes à Court fährt fort:

„Ronson ging sehr geschickt mit der Presse um, und ich entschied mich dafür, mit Schweigen zu reagieren. Ich wollte ihm weder zu Glaubwürdigkeit verhelfen noch mit ihm argumentieren. Ich fuhr mit meiner Arbeit fort." Für die britische Öffentlichkeit blieb Holmes à Court ein nicht greifbarer Schatten. „In Wirklichkeit war ich Aufsichtsratsvorsitzender – die Situation änderte sich überhaupt nicht, außer in der Öffentlichkeit. Das Unternehmen gehörte mir, und ich leitete es."

Und wie lief der kritische Schritt der Aktienverhandlungen mit Lord Grade selbst ab? „Ich verfolge (in den Verhandlungen) eine bestimmte Geschäftspolitik, und die ist sehr einfach. Sie ist offen und eindeutig. Sie ist genau so, wie sie sich darstellt. Es gibt keine große Taktik dabei. Es steckt nicht mehr dahinter, als man vordergründig erkennt. Ich habe keinen Sinn für komplizierte Paarungsrituale oder für Finten, die meiner Ansicht nach nie funktionieren."

„Ich ging sehr hart mit ihm um. Ich schenkte ihm nichts. Ich bot ihm nur einen Preis für seine Aktien, den ich auch allen anderen geboten hatte. Ich konnte ihn sogar dazu veranlassen, von seinem Vertrag zurückzutreten. Er hatte nämlich einen Vertrag für seine weitere Mitarbeit in der Firma, der über zwei Jahre lief, und ihm 200 000 Pfund jährlich zusicherte. Ich sagte ihm, daß dies maßlos übertrieben sei und daß ich ihm überhaupt kein Angebot machen würde."

Man kann sich der zwingenden Logik dieses Vorgehens nicht entziehen, seiner Fähigkeit, eine Gelegenheit wahrzunehmen und dann unter Einsatz von Strategie und kühler Entschlossenheit die grundlegenden Tatsachen eines solchen Handels herauszuschälen. Seiner Ansicht nach war es Lord Grades Stil – der aus einer Kurzfassung aller in Holmes à Courts Qualitäten enthaltenen Schwächen bestand – den man in hohem Maße für das Chaos bei der ACC verantwortlich machen müßte:

„Er (Lord Grade) sah sich selbst als Celluloid-Fürst der 50-er Jahre und er mußte sich seinem eigenen Image gemäß verhalten. Er mußte dem Oberkellner in Amerika ein Trinkgeld von 100 Dollar geben, und er mußte dementsprechend leben. Er mußte sagen: ,Ja, Sie sind mit dabei, wir werden es machen, und wir stecken noch mehr hinein.' So mußte er einfach das tun, was er als eine Verpflichtung gegenüber diesem Image ansah und gegenüber dem, was er war, oder was er zu sein glaubte, damit er im Einklang mit diesem Image lebte. Tatsächlich spielte sich etwas ganz anderes ab: Grade trug diese Fassade nur für die Öffentlichkeit, nicht im Privatleben. Privat war er ein trauriger, furchtsamer, besorgter Mann. Und hinter der Fassade rauften sich die Leute die Haare, weil sie sich dem Zusammenbruch gegenübersahen.

Die Ideen, die man sich wünscht, sind reale Ideen. Sie sind keine Phantasien. Es gibt dabei einen Unterschied. Reale Ideen lassen sich in die Tat umsetzen. Sie sind keine Träume, sie sind etwas Reales. Und Selbstvertrauen gewinnt ein Team dadurch, daß das gesamte Team, die gesamte Firma, erfolgreich ist.

Die Bankiers der ACC waren schon ein Jahr zuvor sehr besorgt und begannen, dem Unternehmen ihre Unterstützung zu entziehen. Ich habe ihre volle Unterstützung. Von meinen Buchhaltern bekommen sie echte Auskünfte. Ihnen wird alles offengelegt – das gehört einfach zu den Dingen, an die ich glaube. Ich würde sieben Achtel der gesamten Handelsgesetzgebung, die das Verhalten von Firmen reguliert, einfach abschaffen und durch ein vollständiges Offenlegungsgebot ersetzen.

Wissen Sie, die Allgemeinheit wird von den Finanz- und Wirtschaftszeitungen dazu gebracht, das ‚Big Business' für ein romantisches Spiel zu halten, und diese Romantik wird gesucht. Es gibt sie aber nicht. ‚Big Business' ist nichts weiter, als das Kleinunternehmertum mit einer zusätzlichen Null vor dem Komma ... In Wirklichkeit bedeutet es nur etwas mehr trockene Tinte auf dem Papier. Ich werde nur dadurch motiviert, daß ich alles, was ich tue, so gut tue, wie ich kann ... Ich könnte mit Ihnen Schach spielen und werde dann ebenso motiviert. Es kommt darauf an, daß man jedem Zug einen Sinn gibt."

In diesem scharfen Gegensatz unterschiedlicher Stile schwingt ein wenig Traurigkeit mit. Die Gazelle hat ihren eigenen Stil, jedoch wird am Ende der Löwe gewinnen. Lord Grade hatte den Stil eines Unternehmers, der Risiken auf sich nahm und den Aufbau seines Unterhaltungsimperiums genoß. Holmes à Court hatte den Stil eines Verhandlungsexperten und Geschäftemachers. Der Triumph des letztgenannten Stiles hat etwas unvermeidliches an sich. Jedoch würde ohne den erstgenannten Typ nichts jemals wirklich aufgebaut werden. Und doch trägt der unternehmerische Stil bereits den Keim zu seiner eigenen Vernichtung in sich, weil er auf Wandel und Expansion gedeiht. Früher oder später kommt dann der Punkt des relativen Scheiterns, und dieser bringt die Verwundbarkeit des „realistischen Stils" mit sich. Der Hirsch mag ein kapitaler Bursche sein, letztendlich gewinnt gewöhnlich der Pirschjäger – durch Geduld und durch richtiges Verhalten.

2.
Typische Merkmale
des erfolgreichen Stils

Die Beiträge:

Vereinigte Staaten: William Agee, Nolan Bushnell, Roy Cohn, Werner Erhard, Bobby Fischer, Malcolm Forbes, Rafer Johnson, Dr. Nathan Kline, Alex Kroll, David Mahoney, Paul MacCready, Morgan Maree, Mark McCormack, James B. Rogers, Jr.

Großbritannien und übrige Länder: Christian Bonington, Robert Holmes à Court, Tony Jacklin, Miyomoto Musashi, Sting, Virginia Wade.

Energie, Antriebskraft und Richtung

Als Jugendlicher entwickelte Alex Kroll eine Reihe fixer Ideen: „Dabei konnte es sich um alles mögliche handeln . . . Es gab eine Zeit, wo ich völlig auf Baseball versessen war, oder auf russische Romanschriftsteller, Gewichtheben, das zwanghafte Einnehmen von Protein-Aufbaupillen (ich war damals sehr dünn, sehr mager und ziemlich schwerfällig . . . aber je mehr ich bewerkstelligte, um so besser fühlte ich mich, denn um so schneller würde ich stärker werden). Von bestimmten Zielvorstellungen war ich besessen und was ich dabei wohl wirklich lernte, war, wie schwer es tatsächlich ist zu gewinnen, besonders für mich. Und ich lernte, wie überwältigend es war zu gewinnen. So gewöhnte ich es mir an, mir Ziele zu setzen, die unbequem waren. (Ich war eigentlich stets davon überzeugt, daß ich im Grunde meines Herzens sehr faul bin, und um mich selbst aus meiner Lethargie zu lösen, damit ich nicht meinem natürlichen Drang nachgab, ein Faulenzer zu sein, mußte ich mir unbequeme Ziele setzen)."

David Mahoney wurde von der Zeitschrift „Fortune" als einer der „härtesten zehn Chefs von Amerika" vorgestellt.

„Ich versuche nur, mich jeden Tag so intensiv und schnell zu bewegen, wie ich kann. Hohe Intensität und Hochspannung. Daraus entsteht Licht. Nicht aus Passivität. Ich bestehe darauf, daß wir alle jeden Tag unser Bestes geben sollten. Ich bin bei allem, was ich tue, sehr intensiv, und ich erwarte dasselbe von anderen. Dabei können Zeitfaktoren, etwas Glück und Vermögen eine Rolle spielen, die Frage ist jedoch, nutzt man dies aus? Einige von diesen Dingen kann man nicht steuern – einige wenden sich gegen einen – diese Faktoren wirken in beide Richtungen.

Man bewegt sich auf das Tageslicht zu – wo man den Tag anbrechen sieht, dorthin geht man. Die meisten Leute nehmen nicht einmal wahr, was um sie herum geschieht. Zwei Drittel der Menschen wissen nicht einmal, was ihnen persönlich alles geschieht.

Ich vergesse nicht, worin meine Rolle besteht. Meine Rolle ist es, dieses Unternehmen nach besten Kräften finanziell und materiell zu führen, die richtigen Leute dafür auszusuchen, die korrekten Ziele zu setzen und zuzusehen, daß sie erreicht werden ... Hat sich dies als richtig erwiesen? Hundertprozentig! Seit 1968 hat sich das Unternehmen verdreifacht. Das ist nicht schlecht ... Es kümmert mich ehrlich gesagt jetzt viel weniger als früher, was andere Menschen denken ... Ich glaube, dies trifft auf viele Vorstandsvorsitzende zu, nachdem man sie herumgestoßen und getreten hat."

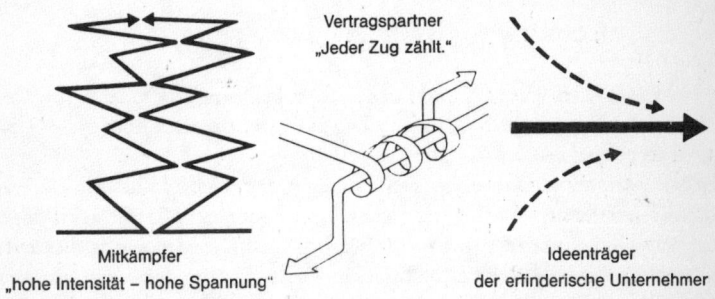

Vertragspartner
„Jeder Zug zählt."

Mitkämpfer   Ideenträger
„hohe Intensität – hohe Spannung"   der erfinderische Unternehmer

Manchmal verliert man die eigentliche „Richtung", nur um dann eine andere Chaussee für ungehindertes und anhaltendes Fortkommen zu finden. „Beim Erwerb von Max Factor erlebten wir eine Krise. Wir kauften die Firma und hatten sofort zahlreiche Probleme. Wir hatten gedacht, das Unternehmen besser führen zu können, als unsere Vorgänger. In den sechziger Jahren gab es eine wundervolle, synergistische Zeit, wo jedermann dachte, man könnte alles zustandebringen. ‚Synergie' (‚Zusammenwirken') – das schlimmste Wort, daß der amerikanischen Industrie jemals zustoßen konnte ... Alle Welt glaubte, man könnte jegliche Fähigkeit auf jeden Bereich übertragen. Wir kauften ein Unternehmen, und es gab dafür wirklich keinen Absatzmarkt. Aber wir dachten, wir könnten das schon hinkriegen. Wir sind immer noch dabei, uns langsam davon zu erholen. Ich glaube aber, daß wir uns schließlich da herausarbeiten werden.

Eines Abends kam eine Dame zu uns und sagte: ‚Dies ist Ihr Vietnam.‘ Darauf sagte ich: ‚Augenblick bitte, aus Vietnam sind alle abgerückt, aber wir sind hier immer noch am Ball, und wir werden schließlich gewinnen.‘ Darin liegt der Unterschied.“

Auf den ersten Blick kann es so scheinen, als bestünde Mahoneys Stil in einer intensiven Antriebskraft, Energie und aus Positivismus. Das stimmt zwar alles, kann jedoch zu einem falschen Eindruck führen. Das Element des Realismus’ ist hier besonders einflußreich. Will man unterschiedliche unternehmerische Stilrichtungen bewerten, so kann man sich leicht durch die offensichtlichsten Merkmale in die Irre leiten lassen und dabei die anderen Faktoren vernachlässigen, von denen der Erfolg ebenfalls abhängt. Grenzenlose Energie ist zwar nützlich, sie stellt für sich allein genommen jedoch noch keinen vollständigen Stil dar.

Ego

Ist das Ego nur ein starkes Gefühl der eigenen Persönlichkeit oder schon ein Ziel in sich? Tut man etwas, um sein Ego zufriedenzustellen oder um es erst zu schaffen?

Chris Bonington: „Der erfolgreiche Bergsteiger hat gewöhnlich ein starkes Ego und er möchte entweder der erste sein, der auf einem Gipfel steht, oder er möchte einen neuen Aufstieg in diesen Berg finden, jedoch ist dies mit einer intellektuellen Neugier verbunden. Dieser Drang, der erste auf dem Berg zu sein, will nicht etwa nur besagen, daß man rufen kann ‚hurra, ich bin ein großartiger Bursche!‘, vielmehr ist damit auch der starke Drang verbunden, etwas in sich selbst zu finden, oder es ist die Neugier herauszufinden, ob so ein Aufstieg machbar ist. Also hat man es hier mit diesen beiden Dingen zu tun. Man hat ein Ego, welches meiner Ansicht nach die meisten Bergsteiger mit der Genugtuung erfüllt, sagen zu können ‚ich habe dies geschafft‘, und darin besteht das Ego. Jedoch ist dies nicht der einzige Grund, warum sie die selbstgestellte Aufgabe vollbracht haben.“

„Das kann ich"

Manchmal fassen wir das, was eigentlich eine Herausforderung und schließlich die Besessenheit von einer Idee ist, fälschlich als eine ich-bezogene Antriebskraft auf: „Dies erscheint unmöglich, aber ich kann es tun."

Paul MacCready, der zwar mit einigen Freunden zusammenarbeitete, dem jedoch die Unterstützung durch ein großes Konstruktionslaboratorium fehlte, baute völlig selbständig das erste Fluggerät, welches durch Muskelkraft angetrieben wurde. Viele Mathematiker hatten behauptet, beweisen zu können, daß die menschlichen Muskeln niemals dafür ausreichen würden, ihm das Fliegen ohne jegliche Fremdenergiequelle zu ermöglichen. Verschiedene Teams hatten versucht, Fluggeräte zu bauen, die allein durch menschliche Energie angetrieben werden sollten. Alle waren gescheitert. Die Aufgabe bestand darin, ein Flugzeug zu bauen, das auf einer Strecke von nur einer halben Meile eine Flugfigur in Form einer Acht ausführen könnte. Die Aufgabe erschien unlösbar. Aber, „ich konzentrierte mich völlig und mit erheblicher Zuversicht ganz auf dieses Ziel. Ich wußte, daß ich es schaffen könnte. Es gab keine Barriere, die sich mir in den Weg stellen konnte. Wir drängten nur vorwärts, und alles entwickelte sich planmäßig". Es gelang MacCready und seiner Gruppe, den Kremer-Preis zu erringen, indem sie ihr Fluggerät 24 Meilen quer über den Ärmelkanal steuerten. Dies stellt eine geradezu unglaubliche Leistung dar. Später sollte Paul MacCready ein Flugzeug bauen, das den Ärmelkanal überquerte, wobei es nur durch Sonnenenergie angetrieben wurde.

Nolan Bushnell, der Mann der das erste Elektronikspiel „Pong" schuf, und der kürzlich den ersten „intelligenten" Roboter, den Androbot, vorstellte, erklärt: „Ich glaube, daß wir es hierbei in hohem Maße mit einer ‚es-geht-Einstellung' zu tun haben. Ich meine damit, daß ich stets fühle, daß es eine Lösung geben muß. Ich glaube, daß es irgendwo eine Wahrheit gibt. Es ist nicht immer leicht zu erkennen, worin diese Wahrheit besteht, und es ist nicht immer klar, wie man dorthin gelangt, aber wenn man weitersucht, so kann man es herausfinden."

Selbstvertrauen

„Ich glaube, daß eines der größten Probleme der meisten Leute darin besteht, daß sie zu schüchtern sind. Während der für das Leben entscheidenden Vorbereitungsjahre sollte die Antriebskraft durch ein Bedürfnis nach Anerkennung ergänzt werden. Und erst dann, wenn man anerkannt wird, ist man auf diese Anerkennung nicht mehr angewiesen."

– Morgan Maree

Selbstvertrauen und das Bewußtsein, sein Gebiet zu beherrschen, sind wesentliche Bestandteile jedes erfolgreichen Stils, und wir haben Beispiele dafür in der Überzeugung MacCreadys und Nolan Bushnells gefunden, wonach diese alle von ihnen in Angriff genommenen Probleme lösen könnten. Es ist außerordentlich schwer, die Bedeutung des Selbstvertrauens zu verstehen. Gründet es sich auf Wissen oder auf Ignoranz? Ist es nur (wie ich vermute) ein chemischer Zustand in unserem Gehirn, der sich bei verschiedenen Menschen aufgrund verschiedener Begleitumstände einstellt? Einige Menschen sind nervös, andere sind es nicht. Dieser Satz läßt sich auch umkehren, und der Begriff „nervös" durch das Wort „selbstbewußt" ersetzen. Ich bin mir ganz und gar nicht sicher, daß das Selbstvertrauen etwas Logisches an sich hat. Wenn man seine Materie beherrscht, so geht man selbstbewußt in eine Prüfung. Wenn man seinen Gegner geschlagen hat, so kann man zuversichtlich sein, daß man es wieder schaffen wird. Perfekte Beherrschung eines Gebietes kann zwar Selbstbewußtsein schaffen, jedoch kann die Selbstsicherheit auch ohne diese Perfektion existieren.

Die hervorragende Charaktereigenschaft des 21 Jahre alten Schachmeisters Paul Morphy war unter anderem eine nahezu unglaublich überlegene Selbstsicherheit. Er wußte einfach, als wäre es ein schlichtes Naturgesetz, daß er gewinnen mußte, und in diesem Bewußtsein handelte er still und sicher. Dies ermöglichte es ihm, mit überragender Kühnheit zu spielen, wobei er scheinbar aus purem Leichtsinn eine Figur nach der anderen opferte. Jedoch war dies das Ergebnis präziser Berechnungen. Dasselbe Selbstbewußtsein legt der erst jüngst zum neuen Schachstar aufgestiegene Gary Kasparov an den Tag. Während der Schacholympiade von Luzern 1982 spielte der erst 19-jährige Kasparov eine ganz erstaunliche Partie gegen Viktor Kortschnoi, den offiziellen Weltmeisterschafts-Herausforderer. Er bot eine Figur über sieben Züge dem Gegner zum Schlagen an und zog dabei seine Dame bis auf die hintere gegnerische Linie, wo sie offensichtlich völlig ungesichert stand. Ein in der Times erschiener Bericht von David Spanier beschrieb diese Szene folgendermaßen:

Er schlug die Zuschauer, die das Spiel am Schachbrett und auf den Monitoren verfolgten, in seinen Bann. Dabei waren seine Spielideen so komplex, daß nicht einmal die Experten analysieren konnten, ob und wie Kasparov gewinnen würde. Man spürte jedoch den überwältigenden Eindruck völliger Spielbeherrschung. Es war wie ein unentrinnbares Schicksal. Vielleicht hätte Kortschnoi noch einen Ausweg gefunden. Nachdem aber sein König isoliert war, gab es einen raschen Abtausch von Figuren, in dessen Verlauf Kortschnoi seine Dame verlor. Nach 36 Zügen war alles vorbei.

Damals stand Kasparov auf Platz zwei der Weltrangliste. 20 Jahre vorher hatte Bobby Fischer (der damals ebenfalls 19 Jahre alt war) die Maßstäbe für unschlagbares Selbstbewußtsein gesetzt. „Es gibt keinen lebenden Menschen, den ich nicht schlagen könnte", rühmte er sich ständig. Und wenn man ihn fragte, ob er der größte Schachspieler wäre, der jemals gelebt hätte, so antwortete er: „Nun, ich sehe solche Dinge nicht gerne gedruckt. Es klingt so egozentrisch. Aber, um Ihre Frage zu beantworten, ja." Champions stellen solche allumfassenden Behauptungen auf und rechtfertigen sie auch. Sie können sie rechtfertigen, weil sie tatsächlich in ihrem Spiel sehr, sehr gut sind. Es liegt im Wesen einiger Menschen, nicht nur ihre eigenen Qualitäten zu unterschätzen, sondern auch, um es mit den Worten des Millionärs und Verlegers Malcolm Forbes auszudrücken, „die Menschen zu bewundern, deren Qualitäten den ihren entgegengesetzt sind. Ich wünschte mir die Geduld eines Hiob. Ich sehe andere Menschen um mich herum, die weniger in Bewegung sind, und ich glaube, ich wäre auch gerne so ruhig, kühl und jederzeit gesammelt". Nichts untergräbt das Selbstvertrauen oder die Fähigkeit, Ehrgeiz zum Erfolg umzuwandeln, mehr, als das Gefühl, daß andere in höheren und besseren sozialen Positionen schon alle Antworten haben. David Mahoney, ehemals bei Norton Simon: „Als ich jung war, glaubte ich, daß die Leute an der Spitze wirklich verstünden, was zum Kuckuck in der Welt vor sich ginge . . . unabhängig davon, ob sie Kardinäle, Bischöfe, Generäle, Politiker oder führende Geschäftsleute waren. Sie wußten eben alles. Nun, ich bin jetzt selbst oben, und jetzt weiß ich, daß auch sie es nicht wissen!" Der Erfinder Nolan Bushnell kommt zu derselben Feststellung: „Ich glaubte unbeirrt, daß es Menschen gibt, die Experten sind, und daß andere dies nicht sind. Immer dann, wenn ich einen Weihnachtsmann um seinen Rat und seine Beurteilung gebeten habe, wurde ich enttäuscht."

Durchhaltevermögen – harte Arbeit

Durchhaltevermögen und hartes Arbeiten sind nicht ein und dasselbe. Harte Arbeit kann an der Schulung und Ausbildung stecken oder Voraussetzung für das Zustandekommen eines Geschäftes sein. Durchhaltevermögen ist die Fähigkeit, während der gesamten „Konfrontations-" bzw. „Bearbeitungszeit" einen hohen Grad von Priorität zu wahren. Einige hart arbeitende Menschen haben kein Durchhaltevermögen, einige Leute mit Durchhaltevermögen hassen harte Arbeit. Wie groß ist die Bedeutung harter Arbeit für den Erfolg?

„Ich bin mir nicht sicher, ob ich ausreichend Abstand, Urteilsvermögen und Ausgewogenheit besitze, um Irrtümern vorzubeugen", sagt James B. Rogers Jr., ein wenig bekannter Finanzmanager, der innerhalb von nur zwölf Jahren aus 600 Dollar ein Vermögen von 14 Millionen Pfund machte. „Allerdings schreibe ich meinen Erfolg in erster Linie enorm harter Arbeit zu. Wissen Sie, meine Arbeit war stets das Wichtigste in meinem Leben. Bis ich mit meiner Arbeit fertig war, tat ich nie etwas anderes. Darauf kam es an. Damit fing alles an, und damit endete alles. Darauf konzentrierte ich mich, das war mein Antrieb. Das war es, was ich tun mußte. Ich weiß auch, daß ich in dem Sinne erfolgreich gewesen sein könnte, wie die Durchschnittsmenschen den Erfolg verstehen, ohne zu hart zu arbeiten, jedoch unterscheidet sich meine eigene Definition des Erfolges von dem Verständnis der Durchschnittsmenschen, und darin liegt das Problem. Zu dem Zeitpunkt, als ich am intensivsten arbeitete, wußte ich wirklich ungeheuer viel über alles, was in der Welt passierte. Ich wußte beinahe alles bis zu dem Grad, den ein einzelnes menschliches Wesen in dieser Beziehung erreichen kann. Auf diese Weise wurde ich in die Lage versetzt, Sachverhalte beurteilen zu können. Ich leistete die Arbeit von acht oder zehn Leuten. Ich war so völlig konzentriert, ich war nahezu besessen und ging völlig in meiner Arbeit auf."

„Effizienz ergibt sich aus dem Verhältnis zwischen Aufwand und Ergebnis", stellt Robert Holmes à Court mit der für ihn typischen Deutlichkeit fest, als er erfährt, daß Lord Grade in dem Ruf steht, seine Arbeit jeden Morgen um sieben Uhr zu beginnen und 20 Stunden täglich zu arbeiten. „Dabei schlief er den ganzen Tag auf dem Sofa! Ich versuche dagegen aus allem eine leichte Arbeit zu machen. Ich setze dafür meine gesamte Zeit ein, jedoch ziehe ich es in jedem einzelnen Falle vor, mir die Arbeit weitgehend zu erleichtern, damit ich zur nächsten Aufgabe übergehen kann, oder die vorliegende Arbeit in das nächste Stadium voranbringe. Allerdings ist für mich jede Stunde, die ich nicht schlafe, Arbeitszeit."

Len Murray, der bis vor kurzem Generalsekretär des Gewerkschaftsbundes war, erlitt wegen Überarbeitung einen Herzanfall. „Ich mußte aufhören – das war die Folge davon (der Herzanfall). Ich stellte fest, daß man als arbeitswütiger ,Workaholic' seine Zeit überhaupt nicht nutzbringend einsetzte. Je mehr ich rotierte, um so nutzloser wurde ich. Wenn man etwas wirklich mit aller Kraft will, so kann man losgehen und es beschaffen. Nur die Zeit kann man nicht anhäufen. Und daher muß man die Zeit wirklich nutzen. Es ist eine Gottesgabe. Man muß daraus das Beste machen. Es besteht eine Verpflichtung, seine Zeit zu nutzen."

Wie lautet also unser Urteil? Kommt es allein auf die harte Arbeit an? Erfolgreiche Leute lieben ihre Arbeit häufig so, daß es ihnen gar nicht wie Arbeit erscheint. Ziehen sie sich dann aus dem Arbeitsleben zurück, so bauen sie wegen des fehlenden Anreizes der Arbeit schnell ab. Es kommt vor, daß einige Aspekte der Arbeit recht erfreulich sind (beispielsweise das Zustandekommen eines Geschäftsabschlusses), jedoch gibt es wieder andere Aspekte, die nur harte und ermüdende Arbeit bedeuten (wie beispielsweise das Reisen und die Erledigung des Papierkrams für einen Abschluß). Sicherlich gibt es Menschen, die offenbar glauben, daß harte Arbeit auch ihre Vorzüge haben muß, und daß harte Arbeit als Ersatz für Strategie funktionieren kann. Seine Zeit auszufüllen darf man jedoch nicht mit gezielter Zeitplanung verwechseln. Beschäftigt zu sein ist nicht dasselbe wie arbeiten. Sich mit dem Notwendigen zu beschäftigen ist nicht dasselbe wie die Beschäftigung mit dem Wichtigen.

Dann gibt es noch etwas, was wir als die Notwendigkeit der Trägheit bezeichnen könnten. Dies erscheint offensichtlich paradox, weil Trägheit und Notwendigkeit sich offensichtlich genau widersprechen. In der Praxis kann jedoch Trägheit ein ganz erheblicher Ansporn für richtiges Nachdenken sein. Dr. Nathan Kline macht diesen Punkt sehr klar: „Ich versuche immer, die Dinge auf möglichst einfache Art und Weise zu erledigen. Und ich glaube, daß Trägheit eine Tugend ist. Wenn man seine Arbeit tun muß, eigentlich aber faul ist, so wird man eine bessere Möglichkeit finden, die Arbeit zu erledigen. Diese Möglichkeit würde weniger Anstrengungen und weniger Zeit erfordern, also ist Faulheit eine Tugend, wenn man sie mit ausreichender Zielstrebigkeit kombiniert, um seinen Zweck mit Sicherheit zu erreichen."

Effizienz

Man könnte von Mark McCormack behaupten, daß er seinen Erfolg nur einer einzigen guten Idee verdankt, mit welcher er noch dazu den absolut perfekten Zeitpunkt traf. Er hatte die Idee, bekannte Sportler zu einem Zeitpunkt zu vermarkten, als die Medien dringend neue Helden suchten.

„Nachdem ich mir Arnold Palmer, Gary Player und Jack Nicklaus als Klienten gesichert hatte und sie als die ersten strahlenden Stars an das Firmament des Sports projiziert hatte (Palmers Einnahmen stiegen innerhalb eines Jahres von 60 000 Dollar auf 500 000 Dollar), bildete sich eine Strategie heraus. Wir bewegten uns dann in dieser sportlichen Disziplin senkrecht entlang der Rangliste nach unten, und daraus entstand IMG. In anderen sportlichen Disziplinen gingen wir in gleicher Weise vor. Jackie Stewart war unser erster Rennfahrer, und er war Weltmeister. Killy war unser erster Skifahrer . . . Mit dieser Methode drangen wir in die sportlichen Bereiche vor. Wir nahmen unsere Ergebnisse aus anderen sportlichen Disziplinen (was gut, einmalig war), und sprachen andere Leute in anderen Sportarten an: ‚Sehen Sie, was wir in dieser Sportart geleistet haben, wir könnten das auch in Ihrer Disziplin tun.‘“

Vielleicht liegt aber das Geheimnis von McCormacks Erfolg ebenso in seiner kontrollierten, computerartigen Effizienz, die ihm den Spitznamen „Mark die Maschine“ eintrug. Seine Vorliebe für Pünktlichkeit gibt er als beinahe natürlichen Wesenszug aus: „Etwas davon hatte ich schon in mir, bevor ich meine Firma aufbaute. Zum größten Teil rührt meine Vorliebe für Pünktlichkeit jedoch daher, daß ich nicht jederzeit vollkommen von der Arbeit beansprucht werden wollte. Das Streben nach Pünktlichkeit bezieht sich daher zumindest ebenso darauf, daß ich rechtzeitig Schluß machen möchte, wie ich auch rechtzeitig beginnen will. ‚Rechtzeitig Schluß machen‘ bezieht sich ebenso auf das Ende des Arbeitstages wie auch darauf, dieses Interview etwa um neun Uhr vormittags abzuschließen. Noch wichtiger ist, daß ich beispielsweise spätestens um sieben Feierabend haben will, wenn mein letzter Termin an einem beliebigen Tag für sechs Uhr angesetzt ist (falls der Feierabend auf sieben Uhr angesetzt ist). Wenn ich dann Schluß gemacht habe, möchte ich mich entspannen und auf völlig andere Gedanken kommen. Dadurch läuft es für mich besser. So kann ich als Geschäftsmann effizienter sein und gleichzeitig bin ich nach meinem Arbeitstag entspannter.“

In manchen Dingen ist McCormack ein Pedant. Er registriert seinen nächtlichen Schlafbedarf (wobei er auf einen Durchschnitt von etwa sieben Stunden achtet), wieviele Tage er monatlich beim Jogging im Freien verbringt, wieviele Meilen er jährlich fliegt, und wieviel Prozent seiner Zeit er jeweils für seine Familie in Cleveland, Ohio, erübrigen konnte. „Außerdem bin ich ein eifriger Anhänger der Notizzettelwirtschaft. Der eigentliche Nutzen dieser Notizblocks liegt darin, daß ich im Laufe des Tages kurze Notizen machen kann, und die aufgeschriebenen Dinge normalerweise am nächsten Morgen als erstes erledige – ich brauche vielleicht eine halbe Stunde dafür, mir ein paar kleine Notizen zu machen und kann dann entscheiden, was damit geschehen soll. Dabei ist es mir besonders wichtig, daß ich beim Durchsehen dieser Notizen in keiner Weise ans Geschäft denke. Wenn ich morgens aufwache, habe ich dieses Blatt zur Hand, welches beide Enden miteinander vereint – es beginnt am Morgen, und zieht sich bis in den Abend. Da gibt es Dinge zu erledigen und Termine einzuhalten, und so sehe ich mir die Notizen an und weiß, daß ich zwischen neun Uhr und halb zehn vier Telefonanrufe erledigen muß, und ich weiß, in welcher Reihenfolge ich sie erledigen werde. Dann gehe ich um halb zehn auf den Golfplatz und dann werde ich für den Fernsehsender BBC eine Stellungnahme abgeben. Ich brauche mir über nichts mehr Sorgen zu machen, und am folgenden Morgen blättere ich die Notizzettel um und finde auf dem nächsten Blatt, was ich am nächsten Tag tun werde. Gewöhnlich erstrecken sich diese Notizen über die nächsten 1 bis 2 Monate."

Durch seine kühle und methodische Effizienz konnte er dem Skifahrer Jean-Claude Killy ohne mit der Wimper zu zucken klarmachen, daß eine Heirat seinen Marktwert beeinträchtigen könnte. Bis dahin wurde er von jedem als der unverheiratete Jet-Set-Superstar des Skisports gefördert und begünstigt. „Er kam zu mir, um mich zu fragen, was passieren würde, wenn er heiratete", bemerkte McCormack in einem Interview mit der Zeitschrift ‚Sunday Times'. „Ich machte ihm klar, daß meiner Ansicht nach sein Image besser wäre, wenn er unverheiratet bliebe. Daraufhin wartete er noch mehrere Jahre mit der Hochzeit."

Rücksichtslosigkeit

Wo Zielstrebigkeit und Effizienz aufeinandertreffen, bedarf es der Rücksichtslosigkeit. „Im Nahkampf kommt es darauf an", rät der Samurai-Krieger Miyamoto Musashi in seinem ‚Buch der fünf Ringe' (Overlook Press), „daß man seinen Gegner, sobald er aus dem Rhythmus geraten ist oder Ausweich- und Rückzugsmanöver einleitet, ohne zu zögern und ohne Rücksicht auf seine Anwesenheit vernichtet, ohne ihm noch Zeit zum Luftholen zu lassen.

Es ist von größter Bedeutung, ihn sofort und vollständig zu vernichten. Vor allem kommt es darauf an, daß er seine Position auch nicht im mindesten wiedererlangen kann." In einer Arena anderer Art, die jedoch einige bemerkenswerte Ähnlichkeiten mit dem Nahkampf im 17. Jahrhundert in Japan aufweist, stellte die Tennisspielerin Virginia Wade fest, daß ihre besondere Achillesferse in mangelnder Rücksichtslosigkeit besteht.

„Ich glaube, eines meiner Probleme war, daß ich Angst hatte zu gewinnen. Ich habe nicht annähernd so viele Siege errungen, wie ich eigentlich sollte.

Ich glaube, ich fürchte mich deshalb vor dem Gewinnen, weil man im Augenblick des Sieges einen viel höheren Druck zu ertragen hat, und diese Belastung beginnt, an einem zu zehren. Es ist immer härter, Gewinner des Turniers zu sein und seinen Titel im folgenden Jahr zu verteidigen, als der Herausforderer zu sein. Ich konnte mir Positionen mit Aussichten auf Sieg erkämpfen und stolperte dann über Kleinigkeiten. Es bedeutet einen enormen Schritt, die Courage aufzubringen, um auch das letzte kleine Stück bis zum Sieg zu schaffen. Man muß daran denken, wie fürchterlich man sich fühlen wird, wenn man verliert. Man muß einfach daran denken. Es ist so leicht sich vorzustellen: nun gut, ich habe in diesem Turnier mein Spiel gemacht, und im Finale weiß ich genau, was ich tun werde, und ich werde so glücklich sein, wenn ich es gewinne. Man spielt, weil man gewinnen will, und dann kommt plötzlich der entscheidende Tag, und wenn dieser Moment kommt, so ist es viel schwieriger, damit fertigzuwerden. Das ist der Augenblick, wo man denkt: mein Gott, was bin ich heute müde. Ich fühle mich schrecklich. Mir ist überhaupt nicht nach Spielen zumute. Und in diesem Moment verlassen einen alle Wünsche, genau dann, wenn alle diese Dinge – der große Druck des Augenblicks – schließlich auf einen zukommen. Wenn man gewinnen will, so wäre es natürlich völlig kindisch, dieses letzte kleine Stückchen nicht zu bewältigen, weil man sonst, wenn man verloren hat, dieses Riesendrama durchmachen muß und viele Tränen verschüttet und sich wegen des Mißerfolgs miserabel fühlt, und das ist wirklich masochistisch. Deswegen sollte man vor solchen Spielern wie Björn Borg und Chris Everts, die ständig gewinnen, den Hut ziehen. Ihre Siege sind zu einem großen Teil auf geistige Fähigkeiten zurückzuführen. Andererseits respektiere ich jemanden wie Martina Navratilova nicht halb soviel, weil sie über so große Fähigkeit verfügt und es für sie leichter ist, zu gewinnen. Es ist nur eine logische Folge der Stärke und der Fähigkeiten, die sie besitzt, wenn sie gewinnt."

Wir erleben hier ein hohes Maß an Selbsterkenntnis (vergleiche Seite 115 ff.) und die Erkenntnis, daß jemand an sich selbst einen gewissen stilistischen Mangel entdeckt. Klar ist, daß es unter den Erfolgreichen niemanden gibt, der einen absolut perfekten Stil hat. Häufig finden diese Menschen aber Ausgleichsmöglichkeiten für diese Mängel, oder sie versuchen, diese zu überwinden. Manchmal sind diese Schwächen völlig unvermutet und treten nur zutage, wenn sie unmittelbar auf die Probe gestellt werden. Es gibt Generäle, die brillante Rückzugsmanöver beherrschen und andere, die sich besser auf den Vormarsch verstehen. Nur selten findet man einen Stil, der unter allen denkbaren Umständen erfolgreich ist. Natürlich unterscheidet sich dies völlig von einer erkannten und zugegebenen Schwäche in dem jeweiligen Hauptbetätigungsfeld.

Auseinandersetzungen sportlicher, gerichtlicher oder kriegerischer Art erfordern einen Stil, der sich von dem des ideenbezogenen oder abschlußorientierten Typs unterscheidet. Hierbei findet man das Element der Rücksichtslosigkeit, an der es Virginia Wade offensichtlich manchmal mangelt. Rücksichtslosigkeit steht in einem üblen Ruf, einfach deshalb, weil es nahezu unmöglich ist zu entscheiden, wieviel davon erforderlich ist, und wann man es damit übertreibt.

Rücksichtslosigkeit zieht Kritik auf sich, wenn sie faires Verhalten verhindert und die Verhältnismäßigkeit der Mittel außer Kraft setzt. Im Spätsommer des Jahres 1938 trafen die Mannschaften von England und Australien im Oval-Stadion von London aufeinander, um eine Entscheidung der Testspiele herbeizuführen. Die ersten vier Spiele waren unentschieden ausgegangen und für dieses fünfte Testspiel hatte man das Zeitlimit aufgehoben. Das Spiel konnte so lange dauern, bis eine Entscheidung gefallen war.

England gewann den Anstoß (ein Vorteil zum Spielbeginn) und war dabei, eine hohe Punktzahl zu erreichen. Sie schlugen Treffer auf Treffer, weit mehr, als normalerweise erforderlich gewesen wäre, um die Schlagphase für abgeschlossen zu erklären. Schließlich, gegen Abend des dritten Tages, wurde das bisher nie erreichte Gesamtergebnis von 903 für sieben Wickets (Kricket-Tore) bekanntgegeben. Während einer Kricket-Testspielserie war niemals ein derartiges Gesamtergebnis erreicht worden, und, was noch wichtiger ist, ein derart hohes Resultat war auch noch nie erforderlich gewesen.

Schließlich waren die Australier durch das höchste jemals verzeichnete Resultat geschlagen worden, was einen klassischen Fall von Unverhältnismäßigkeit („Overkill") auf Betreiben des englischen Mannschaftskapitäns darstellte. Dennoch besteht nicht der geringste Zweifel an der Wirksamkeit seiner Taktik. Der Verfasser eines Artikels in der „Times" stellte fest, daß Walter Hammond (der englische Mannschaftskapitän) das Spiel nicht einmal beim Stand von 903 für beendet erklärt hätte, wenn nicht das Schicksal eingegriffen und für den Ausfall des einzigen Menschen gesorgt hätte, der das Spiel noch hätte verlängern können, nämlich des Australiers Don Bradman. Bradman hatte sich verletzt und konnte nicht mehr für seine Mannschaft schlagen.

Dieses rücksichtslose Gewaltspiel hinterließ einen unangenehmen Nachgeschmack. Wegen des Ausbruchs des Zweiten Weltkrieges konnten die Australier erst zehn Jahre später nach Großbritannien zurückkehren, um sich für ihre Erniedrigung zu revanchieren. Diese Revanche glückte ihnen 1948 in der Tat, wobei Bradman selbst die Initiative als Racheengel ergriff. Dabei war er ebenso rücksichtslos wie Hammond.

Roy Cohn ist Anfang 50 und hat eine eigene Anwaltskanzlei, Saxe, Bacon und Bolan. Ein in der Zeitschrift „Esquire" erschienener Artikel hielt in seiner Einschätzung der Person Cohns nicht hinter den Berg. „Er ist der zäheste, gemeinste, skrupelloseste und dabei einer der brillantesten Rechtsanwälte Amerikas." Die Liste seiner Klienten reicht von Carmine „Lilö Galante („dem berüchtigten Boß aller Bosse") bis zum katholischen Erzbistum von New York, von Bianca Jagger bis zu den bekanntesten Namen im Immobilienhandel von New York, von Warren Avis (von der Firma Avis Rent-a-Car) bis zu Thomas und Joseph Gambino (die Söhne des verstorbenen Carlo Gambino). Seine Klientenkartei nimmt proportional zu der Publicity zu, die Roy Cohn verursacht. „Je mehr Leute sagen, daß er ein rücksichtsloser Schurke ist", meint sein Partner, „desto mehr hilft es uns".

Tatsächlich besteht Cohns Stil aus einer Mischung von Widersprüchen. Jeder Bezichtigung als Bösewicht steht ein Bekenntnis der Wertschätzung seiner Freundschaft und Loyalität gegenüber. „Um einen Klienten zu akzeptieren, muß ich ihn entweder mögen oder das Gefühl haben, daß man ihm übel mitspielt. Genauso hat man mir übel mitgespielt (es gab erfolglose Anklagen gegen Cohn wegen Justizbehinderung, Bestechung, Verschwörung, Nötigung, Erpressung und Verletzung der Bank- und Kreditgesetze). Ich muß eine Gleichung aufstellen, eine Gemeinsamkeit von Interessen mit dem Klienten." Niemals würde er den Interessen eines Freundes schaden. „Ich kann mir keinerlei Umstände vorstellen, unter denen ich gegen einen Freund aussagen würde ... Ich würde alles innerhalb der gesetzlichen Schranken tun, um niemandem zu schaden, dessen Freundschaft ich akzeptiert habe."

Rücksichtslosigkeit, unnachgiebige Loyalität und der Wunsch, selbst dann den Sieg davonzutragen, wenn man dazu die Grundprinzipien manchmal etwas zynisch auslegen muß („ich betrachte mich nicht als Ein-Personen-Schiedsgericht und Beschwerdestelle") verstellen den Blick auf eine Technik, die die Zeugen der Anklage, Staatsanwälte, Schöffen und Geschworenen ihrer Wirkung beraubt, einschüchtert und beeindruckt.

„Ich habe mir für den Umgang mit Rechtsfällen und für das Verhalten in bestimmten juristischen Situationen eine Strategie zusammengestellt. Es ist, einfach ausgedrückt, eine Strategie der Beschränkung auf das Wesentliche, auf eine Grundlinie. Ich verschwende nicht gern Zeit. Wenn beispielsweise eine Klientin in einem Scheidungsverfahren ihre Lebensgeschichte im Jahre 1935 beginnen will, dann kann sie das vergessen. Ich will dann nichts weiter hören, als die Antworten auf meine Fragen. Sie soll mir nicht meine Lebensgeschichte erzählen. Wenn ich alle Fragen gestellt habe, und es gibt noch irgendetwas, was sie ihrer Ansicht nach wissen sollte, so kann sie es mir sagen.

Wenn ich dann etwa fünf bis zehn Minuten meine Fragen gestellt habe –

‚Besteht die Möglichkeit, wieder zurückzukehren und zusammenzuleben? Worum geht es Ihnen, um eine Scheidung oder eine Trennung? Gibt es Sorgerechtsfragen? Wieviele Kinder haben Sie? Wieviel Geld haben Sie zur Verfügung? Wieviel Geld besitzt er? Wieviel benötigen Sie?‘ – gewöhnlich habe ich dann schon die ganze Geschichte zusammen und kann dann eine Grundlinie ziehen und von da aus feststellen, wie ich vorgehen möchte.“

Für Cohn gibt es zwischen den ersten Stufen der Konfrontation mit seinem Klienten und dem entscheidenden Angriff im Gerichtssaal selbst keinerlei Unterbrechung in der weiteren Entwicklung. Wenn er den bevorstehenden Sieg erst einmal gespürt hat, so bewegt er sich in einer einzigen, vernichtenden Bewegung darauf zu, die nach den Worten von Musashi „jede Möglichkeit zum Luftholen ausschließt“.

„Für mich läuft das Leben so schnell ab, daß ich nahezu instinktiv arbeite und nicht darüber nachdenke, wohin ich mich gerade wende. Ich werde nur vorwärtsgetrieben . . . Ich entschließe mich zu etwas und tue es dann.“

Während des Kreuzverhöres weckt er unter Umständen Furcht und Schrecken bei einem Zeugen und bedient sich dabei seiner Fähigkeit, die wichtigsten Faktoren des von ihm vertretenen Falles aus dem Stegreif in sich aufzunehmen und zu verarbeiten, wobei er niemals Notizen benötigt oder einen Vortrag vom Blatt ablesen müßte. „Das wäre einfach nicht mein Stil. Ich bin auf einige Fälle gestoßen, wo ich so gut vorbereitet war, daß ich die Spontaneität verloren habe. Ich vertrete meine Fälle besonders gern in Anwesenheit von Geschworenen, weil es hierbei zu einer unmittelbaren Kommunikation über den Blickkontakt Auge in Auge kommt. Wenn ich mich keinerlei Notizen bediene und den Geschworenen nichts vorlese, so kann ich mit jedem einzelnen der Geschworenen während der Zusammenfassung meiner Argumente einen Blickkontakt herstellen.“

Cohn schöpft Kraft aus Krisen, er liebt die Herausforderung und das Dramatische im Gerichtssaal. Sein Erfolg ist seiner Ansicht nach sowohl auf seine Persönlichkeit und seine Erscheinung als auch auf seine Ausbildung und Schulung und darauf zurückzuführen, wie er durch persönliche Einflüsse seiner Freunde und starker Persönlichkeiten geformt wurde. Jedoch betrachtet er Ausbildung, Schulung, Antriebskraft, Energie und rücksichtslosen Ehrgeiz nicht als die einzigen Faktoren, auf die sich der Erfolg gründet: „Man benötigt auch eine gehörige Portion Eitelkeit und Einbildung, wodurch man zu der Überzeugung gelangt, der einzige zu sein, der die Sache voranbringen kann.“

Der Stil des Scheiterns

Jeder Erfolgsstil muß auch sein Gegenstück im Falle des Scheiterns haben. Wie wird ein erfolgreicher Mensch mit einer Niederlage fertig? Niederlagen gibt es immer. Niederlagen wirken auf verschiedene Menschen auch unterschiedlich. Sie können das Selbstvertrauen einer Person restlos zerstören oder auch aufbauen. Sie können zu einer endlosen Folge von Depressionen führen oder als Anreiz wirken. Der Golfspieler Tony Jacklin hat, wie die meisten erfolgreichen Menschen, Rückschläge in seiner Karriere hinnehmen müssen. „Zwar verabscheute ich das, jedoch wurde ich eine ganze Zeitlang in eine Situation gedrängt, in die ich nicht kommen wollte. Eine ganze Zeitlang konnte ich mir nicht einmal Gedanken darüber machen, wie ich mich fühlte. Im Laufe der Zeit erkannte ich allmählich die Ursachen dafür, warum sich bei mir alles so entwickelte. Ich überforderte mich und verlangte von mir zuviel, um alles zu gewinnen. Ich hatte das Gefühl, daß ich nach dem Gewinn der U. S.-Meisterschaft und des British-Open-Turniers innerhalb eines Jahres die Erwartungen des Publikums nicht enttäuschen durfte. Hatte ich einmal einen schlechten Tag, so schrieben die Zeitungen darüber. Hatte ich einen guten Tag, so schrieben sie ebenfalls darüber. Sie schrieben über alles, ganz gleichgültig, was ich tat. Bohrte ich in der Nase, so schrieben sie darüber, und ich gelangte allmählich zu dem Punkt, wo ich immer weiter geschoben und geschoben wurde – und ich konnte so nicht weitermachen. Es beeinträchtigte schon meine Spielweise. Seelisch baute ich immer mehr ab. Es mag übertrieben klingen, aber vor ungefähr drei Jahren war ich drauf und dran, einen seelischen . . . Sie wissen schon, irgendetwas brach zusammen. Aber dann wehrte ich mich und sagte: ,He, was soll das ganze Theater? Golf ist ein Spiel, und man kann damit seinen Lebensunterhalt verdienen, und deshalb ist es völlig unvernünftig, sich davon völlig zerstören zu lassen. Ich sollte jetzt lieber versuchen, die Dinge nüchterner und rationeller zu betrachten.' Bis zu einem gewissen Punkt habe ich das getan, jedoch, wie ich befürchte, nicht gut genug." Während dieses Buch verfaßt wurde, ernannte man Tony Jacklin zum Mannschaftskapitän des europäischen Ryder-Cup-Teams für die Teilnahme in Amerika.

Aus Niederlagen lernen

Wenn man aus einer Diskussion als Sieger hervorgeht, so verspürt man vor allem Genugtuung. Erfolg ist eine Bestätigung, jedoch kein Lernprozeß. Es kommt vor, daß Niederlagen einen pädagogischen Wert haben.

Der olympische Zehnkampf-Goldmedaillengewinner Rafer Johnson führt diesen Punkt noch näher aus: „Meine größte Befriedigung habe ich nicht immer aus Siegen gewonnen (obwohl ich Niederlagen überhaupt nicht mag). Was mich aber völlig elektrisierte und verblüffte, war meine eigene Reaktion auf eine Niederlage – das, worüber ich nachdachte, als ich geschlagen war, und wie ich mich von dieser Niederlage erholte. Meiner Ansicht nach sind die wirklich großen Spitzensportler diejenigen, die es verstehen, auf eine Niederlage positiv zu reagieren. Ich würde am liebsten einmal in den Kopf von jemanden sehen, der verloren hat, um festzustellen, wodurch der Betreffende es geschafft hat, als Sieger zurückzukehren. Dann möchte ich einen Blick in den Kopf eines Gewinners werfen. Wahrscheinlich kann man aus Niederlagen mehr lernen. Daß jemand stets gewinnt bedeutet nicht notwendigerweise, daß er erfolgreich ist."

Reaktion bei Mißerfolg

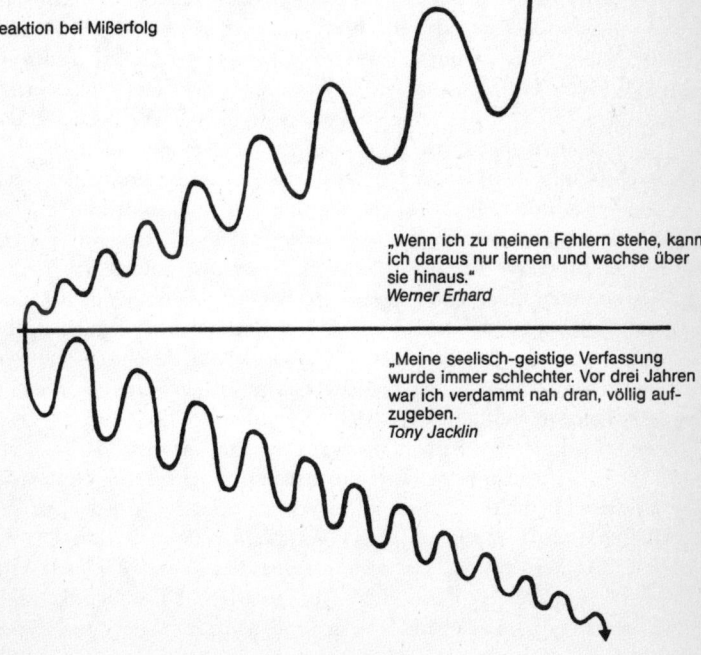

„Wenn ich zu meinen Fehlern stehe, kann ich daraus nur lernen und wachse über sie hinaus."
Werner Erhard

„Meine seelisch-geistige Verfassung wurde immer schlechter. Vor drei Jahren war ich verdammt nah dran, völlig aufzugeben.
Tony Jacklin

Man könnte also argumentieren, daß einer Nation mehr damit gedient wäre, die Militärgeschichte unter dem Aspekt der Niederlagen zu studieren, als aus dem Blickwinkel der Siege eine Militärausbildung zu vermitteln. Ginge man so vor, so würde man die Schwachstellen erkennen und durch Analyse einen Maßnahmenkatalog erstellen, um künftig entweder solche Schwächen zu vermeiden oder ihnen wirksam zu begegnen.

Dabei ist allerdings zu bedenken, daß Generäle es zumeist vorziehen, die letzte Schlacht noch einmal zu durchleben (wobei sie eine Niederlage zu vermeiden suchen), und daß Wirtschaftsfachleute eher dazu neigen, die letzte Krise nochmal zu lösen, als daß sie sich auf die Zukunft vorbereiten würden. Wir können einmal gemachte Fehler heil überstehen und aus ihnen lernen; aus der Vergangenheit zu lernen ist vergleichbar mit der Vorbereitung auf ein Abenteuer in der Zukunft. Wenn wir die Vergangenheit als ein Experiment ansehen, dann versuchen wir für die Zukunft ein besseres Experiment zu konzipieren.

„Ich habe immer wieder zurückgeblickt", sagt Johnson: „Ich habe mir wirklich ganz genau angesehen, welche Leistungen ich gebracht habe, und wie ich bei allem vorgegangen bin, was ich tat. Danach begab ich mich einfach wieder an meine Arbeit, versuchte physisch stärker zu werden und meine seelische Widerstandskraft aufzubauen. Ich hätte den Grundansatz auch ein wenig ändern können. Sagen wir beispielsweise, daß ich die Strecke von 1500 Metern in 60 Sekunden je Viertelmeile gelaufen wäre, und ich könnte diese Zeit vielleicht auf 58 Sekunden je Viertelmeile herabdrücken, nur um einmal zu sehen, wie ich körperlich und seelisch darauf reagieren würde. Ich könnte etwas länger verhalten laufen und gegen Ende einen Spurt einlegen. Ich würde vielleicht kleine taktische Änderungen einführen."

„Als ich meine Arbeit in der Wall Street aufnahm", erinnert sich Jim Rogers, der Manager für Verlustsicherungsgeschäfte, „suchte ich einmal einen bestimmten Mann auf. Ich war 26 Jahre und er wahrscheinlich 42 oder 43 Jahre alt. Ich weiß nicht mehr genau, warum ich zu ihm ging. Ich glaube, daß irgend jemand sagte, wir sollten uns kennenlernen, da ich ein intelligenter junger Mann war und noch etwas feucht hinter den Ohren, während er ein vermögender, einflußreicher Mann war, der intelligente junge Leute förderte. Ich erinnere mich noch, wie er zu mir sagte: ‚Sie wissen ja, das Beste, das Ihnen und jedem anderen jungen Menschen passieren kann, der anfängt, sich in dieser Branche zu beschäftigen, oder überhaupt in jeder Art von Geschäften, ist es, bankrott zu gehen.' ‚Was! Bankrott!' rief ich aus. Das war meine größte Befürchtung. Das wäre die unangenehmste Lage. Wie kann man nur jemandem sagen, er soll bankrott gehen? Wie hätte ich die Miete bezahlen sollen? Und was hätte ich essen sollen? Daher sagte ich: ‚Ich kann mit dem, was Sie da sagen, nichts anfangen. Wie können Sie es nur jemandem wünschen, bankrott zu gehen?' Er antwortete: ,Es wäre nicht nur am Besten für Sie, bankrott zu gehen, viel besser wäre noch, wenn Sie zweimal bankrott gingen!' Ein oder zwei Jahre später verlor ich tatsächlich alles, was ich hatte. Es war tatsächlich etwas sehr, sehr Gutes für mich. Jahre später verstand ich, daß man eine ganze Menge über sich selbst erfährt, wenn man etwas darüber lernt, wie Fehler gemacht werden. Eines der nützlichsten Dinge, was man lernen kann ist, daß man Fehler machen kann.

Daß ich alles verlor geschah deshalb, weil ich einige Monate zuvor alles, was ich besaß, zusammengesucht und in einer Weise investiert hatte, daß ich sehr viel verdienen würde, vorausgesetzt, daß die Börse zusammenbrach (ich unternahm eine Baissespekulation). Und man höre und staune, die Börse brach tatsächlich zusammen (ein Ereignis, auf das niemand gesetzt hätte, der seine fünf Sinne beisammen hat). Ich verdreifachte mein Nettovermögen, als jeder andere sein letztes Hemd verlor. Dies geschah 1970, als Amerika die schlimmste Baisse seit 32 Jahren erlebte, und da stand ich nun und verdreifachte mein Geld, und die Leute waren wütend auf mich. Ich dachte bei mir, so einfach ist das also. Genau an dem Tag, als die Börse ihren Tiefststand erreichte, kehrte ich meine Position um (ich deckte meine Baissespekulation ab, wie man sagt), und ich sagte mir, ,jetzt warten wir einmal ab, bis der Kurs für einige Zeit anzieht, und dann verkaufe ich wieder leer'. Ich wartete ungefähr zwei Monate lang (und tatsächlich zogen die Kurse dramatisch an) und sagte mir dann, ,Junge, das ist ja wirklich einfach. Jetzt spekuliere ich nochmal auf den Baissemarkt und dann werde ich wirklich reich'. Also führte ich diese Baissespekulation nochmals durch, und zwei Monate später war ich absolut erledigt. Offenbar teilte der Markt meine Ansichten nicht, und ich hatte mich wohl geirrt. Ich war völlig erledigt, ich hatte alles verloren."

"Zunächst einmal hatte ich gelernt, daß ich nicht so schlau war, wie ich mir eingebildet hatte, und zweitens mußte ich feststellen, daß auf dem Markt die seltsamsten Dinge geschehen konnten, ganz gleich, wie ich darüber dachte. Im Börsenjargon ausgedrückt, ich wußte nicht, daß der Markt die unmittelbare Zukunft völlig ignorieren konnte (bzw. viel weiter in die Zukunft blickte), und daß die Börse auch dann noch kräftig anziehen konnte, wenn gegenwärtig schlimme Zustände herrschten, weil sie wußte, daß die Situation sich in Zukunft erheblich verbessern würde. Natürlich hatte ich das alles in Büchern gelesen, aber Bücher unterscheiden sich nun einmal sehr von der wirklichen Welt!"

Werner Erhard glaubt, daß es im Falle einer Niederlage am wichtigsten ist, sie zu akzeptieren: "Meiner Ansicht nach entscheidet die Haltung in einer Niederlage darüber, ob diese Niederlage jemanden endgültig aus dem Rennen wirft, und nicht allein die Tatsache, ob jemand eine Niederlage erleidet oder nicht. Erfolg schließt Rückschläge mit ein. Es gibt nur noch eins, was meiner Ansicht nach wert ist, über Niederlagen zu sagen, und zwar die Tatsache, daß jeder selbst für seine Niederlage verantwortlich ist. Damit meine ich nicht, daß derjenige deshalb zu tadeln oder anzuklagen ist, sondern nur, daß er sich als die Ursache dafür erkennen muß. Wenn ich eine Niederlage erkläre und sie rechtfertige, selbst wenn ich mich deshalb sehr schlecht fühle, so habe ich meine Verantwortung dafür verloren. Kann ich meine Niederlagen jedoch ertragen, so wachse ich über sie hinaus."

Stings Gedankengänge folgen einer ähnlichen Richtung: „Ich sehe mich der Möglichkeit des Scheiterns als soziales Wesen gegenüber, als die Kehrseite des Erfolges. Ich mag das keineswegs, jedoch akzeptiere ich es. Ich beziehe diese Möglichkeit gefühlsmäßig und logisch in mein Denken ein. Es ist ganz klar, daß die Leute sich irgendwann einmal nicht mehr dafür interessieren, wie meine Stimme klingt, und daß sie dann meine Platten nicht mehr kaufen. Aus diesem Grunde versuche ich auch die Skala meiner Ausdrucksmöglichkeiten zu erweitern und Schauspieler zu werden." Während dieses Buch geschrieben wurde, spielte Sting eine Rolle in Frank Herberts Film „Dune – Der Wüstenplanet".

Neuinterpretation einer Niederlage

Ungefähr zwei Jahre lang hatte William Agee, damaliger Chef der Firma Bendix, eines der größten amerikanischen Handelsunternehmen, einen Teil der Geschäftsbereiche des Unternehmens veräußert, um die Barmittel für eine geplante Akquisition großen Umfanges zu beschaffen. Agee rechtfertigte diese Strategie unter Bezug auf das Grundprinzip, daß angesichts einer rückläufigen Konjunkturentwicklung die Expansion des Unternehmens von innen heraus undurchführbar sei. Seiner Ansicht nach lag es damals im Interesse der Aktionäre, eine Erwerbsstrategie zu verfolgen, um für die Investitionen der Aktionäre eine höchstmögliche Rendite zu erzielen. Im Jahre 1982 waren seine Vorbereitungen soweit gediehen – ihm standen inzwischen mehr als eine halbe Milliarde Dollars für Investitionen zur Verfügung – daß er die Strategie in Angriff nahm, die er und sein Schützling Mary Cunningham entwickelt hatten. Das von ihm anvisierte Zielobjekt, die riesige Martin Marietta Corporation, leistete Widerstand gegen seine Übernahmeversuche. Agee hatte die Finanzkraft dieses Unternehmens erheblich unterschätzt. Wem auch immer daran die Schuld zukam, die Auskundschaftung der damaligen Situation ließ viel zu wünschen übrig, und als der Trubel erst einmal losging, mischten sich einige der einflußreichsten Wall-Street-Persönlichkeiten in die Angelegenheit ein, darunter auch Harry Grey, der gewiefteste Börsenspekulant von allen, der ungekrönte König der Fusionsspezialisten. Agee geriet aus dem Fahrwasser. Grey, Vorstandsvorsitzender der United Technologies Corporation, der in dem Ruf steht, ständig eine Liste von 50 potentiellen Übernahmeobjekten in seinem Schreibtisch aufzubewahren, schlug sich auf die Seite von Marietta. Wie sollte das Geschäft aussehen? UT würde sich durch den Kauf von Bendix-Aktien revanchieren, und Marietta würde dasselbe tun. Das war eine sehr aggressive Gegenoffensive, besonders deshalb, weil die beiden vereinbarten, daß, ganz gleich, wer letztes Endes Bendix übernehmen würde, die Firmen UT und Marietta sich anschließend die Beute teilen würden. Was auch passierte, die Firma Marietta würde ihre Unabhängigkeit wahren, und Grey konnte dabei nur gewinnen. Der Fall wurde unter dem Namen „Pac-Man-Verteidigung" bekannt.

Später behauptete der Vorstand von Marietta, daß ihre Gegenstrategie nur darauf ausgelegt gewesen sei, Agee zum Rückzug zu bewegen, und daß man ihm hierfür dreimal Gelegenheit gegeben habe. Aus welchen Gründen auch immer, Agee fuhr fort, Aktien der Firma Marietta für Bendix aufzukaufen, was zu dem Ergebnis führte, daß die beiden Unternehmen sich in einem Anfall unternehmerischen Wahnsinns gegenseitig zu schlucken begannen. Schließlich wandte er sich, zu seiner eigenen Rettung allerdings schon zu spät, an die Allied Corporation mit der Bitte um Hilfe, die dann mit der Firma Marietta über deren Bendix-Aktien verhandelte. Das Ergebnis: Bendix gehört jetzt der Allied Corporation. Agee hatte nicht nur mit seinem Übernahmeangebot Schiffbruch erlitten, sondern war selbst im Strudel dieser Ereignisse untergegangen.

William Agee beurteilte seine damalige Zwangslage folgendermaßen: „Ist das nicht furchtbar. Leute, die sich mit dem Erwerb von Beteiligungen beschäftigen, betrachten es als ‚einen Verlust', falls ihre Firma von einer anderen übernommen wird – nur weil man selbst nicht die Oberhand behalten hat. Dabei übersehen sie etwas, was ich vom ersten Augenblick an, als ich ins Geschäftsleben eintrat, deutlich gespürt habe, und das ist, daß meine Position als geschäftsführendes Vorstandsmitglied mich nicht notwendigerweise dazu verpflichtet, meine eigene Rolle beizubehalten oder alle Dinge auf Dauer festzuschreiben, die vielleicht nur für mich als Individuum einen Sinn ergeben. Beim Wert von Aktienbeteiligungen geht es schließlich um etwas ganz anderes. Viele Firmenleitungen verwechseln den Wert von Aktienbeteiligungen mit ihren eigenen persönlichen Interessen. Wissen Sie, so funktionieren diese Leute eben. Also haben sie das Gefühl, falls sie selbst nicht alles kontrollieren, daß auch der Wert der Aktienbeteiligungen nicht gesteigert wird. Angesichts der Alternativen, die wir nach Lage der Entwicklung dieser Dinge noch hatten, gab es keine Wahl ... So sieht die amerikanische Art und Weise aus, an die Spitze zu gelangen. Es ist der kämpferische Weg des ‚Macho', an die Spitze zu kommen. Natürlich kann nur die Zeit darüber entscheiden, wer letztlich die Oberhand behält. Im Augenblick läßt sich das noch nicht beurteilen."

Wenn man den taktischen Hintergrund dessen nachvollzieht, was als „Bendix-Krieg" bekannt wurde, so kann man sich eines gewissen Gefühls der Sympathie für die Kritik nicht erwehren, die Agee gegen den „American Way, die kämpferische ‚Macho'-Taktik auf dem Weg an die Spitze", richtet. Hierbei handelt es sich um einen Gesichtspunkt der amerikanischen Kultur, die von einigen als Quelle der Dynamik betrachtet wird, und von anderen, wie beispielsweise Ron Pickering es ausdrückt, als „der schädlichste Faktor im amerikanischen Sport, in der amerikanischen Gesellschaft bezeichnet wird. Dabei ist in Amerika der Erfolg von überragender Bedeutung. Der Sieg ist das einzige Ziel, und es bleibt kein Platz für Niederlagen, und ich glaube, daß eine Vielzahl der psychologischen Probleme der Amerikaner, ihre große Ausfallquote und ein Großteil ihrer erheblichen Talentverluste auf den Umstand zurückzuführen ist, daß die amerikanische Gesellschaft keine Rolle und keinen Platz für den jeweils Zweitbesten bereithält. Das ist absoluter Unsinn! Es ist zwangsweise paradox. Unter diesen Umständen läßt sich absolut keine Möglichkeit zum Überleben finden. Ich glaube, es gibt in Amerika die größten Talentreserven der Welt, und doch werden sie dort so schlecht genutzt, daß andere Länder daherkommen und die Amerikaner schlagen können. Als Lehrer, Betreuer, Trainer und Philosophen müssen wir die jungen Leute davon überzeugen, daß es immer noch etwas Großartiges ist, unter einer Vielzahl von Teilnehmern Zweiter zu werden. Ich will damit folgendes sagen: Hätte man Daley Thompson mit 17 Jahren gesagt, daß er an seinem 18. Geburtstag die olympische Goldmedaille im Zehnkampf gewinnen müsse, und hätte man ihm gesagt, daß das einzige Kriterium für den Erfolg darin bestünde, ob er sie gewinnt oder nicht (wenn er beispielsweise keine Chance hätte, zu gewinnen), so würde man den Athlet zerstören. Könnte er andererseits vier persönliche Bestleistungen bei zehn Disziplinen erreichen, so würde das mit Sicherheit einen erheblichen Schritt nach oben bedeuten. Wenn er beispielsweise 7300 Punkte erreicht, so wäre das schon etwas, was kein Siebzehnjähriger vor ihm geschafft hätte.

Erfolgstaktik

1. Es ist tröstlich zu wissen, daß es für den Erfolg die verschiedensten Stilrichtungen gibt. Denjenigen, die stets der Ansicht waren, daß es sich bei ihrem persönlichen Stil nicht um den Erfolgsstil im herkömmlichen Sinne handelt, sollte dies Auftrieb geben.

2. Versuchen Sie, Ihren eigenen Stil so genau zu ermitteln, daß Sie ihn in Worte fassen oder schriftlich formulieren können. Sie könnten selbst Ihre Kollegen danach fragen, wie diese Ihren Stil beschreiben würden. Glauben Sie aber nicht immer, was sie sagen. Lassen Sie sich durch die Einschätzungen Ihres Stiles durch Dritte nicht verunsichern.

3. Bemühen Sie sich lieber, die Stärken und Vorzüge Ihres Stiles auszubauen, als ihn zu einem völlig anderen Stil abwandeln zu wollen.

4. Legen Sie Ihren Stil als Maßstab beim Fällen von Entscheidungen, bei der Erstellung von Plänen und beim Treffen einer Wahl an. Paßt dies oder jenes zu meinem Stil?

5. Machen Sie sich die Nachteile Ihres Stils bewußt, lassen Sie sich aber dadurch nicht entmutigen, und lassen Sie diese Schwächen auch nicht als Ausrede gelten.

6. Wählen Sie alle Begleitumstände so aus, wie sie am besten zu Ihrem Stil passen.

7. Seien Sie mutig, zuversichtlich, egozentrisch – aber erwarten Sie nicht von mir, daß ich Ihnen sage, wie.

8. Betrachten Sie Niederlagen als den Schatten, der dem Gesamtbild den richtigen Kontrast vermittelt.

9. Ein aufgeblasener Ballon ist verletzlich, aber das ist die einzige Art und Weise, ihn zum Fliegen zu bringen.

3.
Was gibt den Anstoß zum Erfolg?

Die Beiträge:

Vereinigte Staaten: William Agee, Nolan Bushnell, Malcolm Forbes, Harry Helmsley, Herman Kahn, Jeane Kirkpatrick, Norman Lear, Mark McCormack, Jerald Newman, James B. Rogers, Jr., Diana von Fürstenberg.

Großbritannien und übrige Länder: Christian Bonington, Sir Terence Conran, Alan Fine, Robert Holmes à Court, Robert Maxwell, Lionel Murray, John Ritblat, Sir Clive Sinclair, Jackie Stewart, Sting, Virginia Wade, Mark Weinberg, Charles Williams.

Welcher Traum spielt sich im Kopf von jemandem ab, der hinauszieht, um Erfolg zu haben? Welche Vision schwebt ihm vor, die ihn vorantreibt? Oder handelt es sich eher um Pflichtbewußtsein als um einen Traum?

Formel-I-Champion Jackie Stewart: „Ich weiß noch, wie ich davon träumte, eines Tages berühmt zu sein (wie jedes Mädchen davon träumt, daß sie eines Tages eine Prinzessin ist)... Es steht außer Frage, daß es ein wundervolles Gefühl ist, wenn 10, 20, 40 oder 200 000 Menschen für einen aufstehen, wenn man auf die Rennstrecke kommt. Sie respektieren einen, und man spürt eine große Wärme – ‚Mein Gott, ich habe etwas geschafft'. Das ist ein wunderbares Gefühl."

Jeane Kirkpatrick, die zur Botschafterin der Vereinigten Staaten bei den Vereinten Nationen berufen wurde, während dieses Buch entstand, sagte: „Es gibt wirklich nur einen einzigen Grund, warum ich diese Arbeit tue. Mich reizt dabei nicht der besondere Status oder das hohe Prestige. Ich halte es für meine Pflicht. Meine Vorstellung von Staatsbürgerschaft beruht auf Verpflichtung. Ich habe die Pflicht, ernsthaften Problemen zu begegnen und alle mir zur Verfügung stehenden Mittel dafür einzusetzen, um unsere Demokratie zu stärken."

Rockstar Sting: „Der Gedanke, ausschließlich als Musiker meinen Lebensunterhalt zu verdienen, zeichnete mir diesen speziellen Weg vor. Erfolg und Ruhm waren dabei eine Nebenwirkung, wenn man so will, aber nicht die Antriebskraft, bis mir klar wurde, was auf dem Spiel stand. Erfolg im künstlerischen Bereich ist etwas Einzigartiges. Man wird von den Medien den verschiedensten Arten von Druck ausgesetzt – die eigentliche künstlerische Tätigkeit tritt hinter die Nebenwirkungen wie Ruhm und Geld zurück ..."

Wir werden in diesem Abschnitt einige herkömmliche Vorstellungen von Motivation näher untersuchen, um festzustellen, ob sie noch stimmen. Geht es dabei um Geld? Ist Macht im Spiel? Oder ist es Angst? Analytiker pflegen gewöhnlich den erfolgreichen Menschen diese Motivationen zuzuschreiben. Da diese Dinge den Erfolg häufig begleiten, ist es nur natürlich anzunehmen, daß sie das Gesuchte darstellen. Ein Spieler kann vielleicht Geld gewinnen, also nimmt man an, daß er spielt, um Geld zu gewinnen. Dies scheint jedoch gar nicht der Fall zu sein. Er spielt vielmehr, um den kitzelnden Reiz der Vorfreude zu spüren, während er auf den Ausgang seines riskanten Einsatzes wartet. Geld zu gewinnen ist dabei relativ unerheblich – abgesehen davon, daß das Spielen sinnlos wäre, wenn man dabei kein Geld gewinnen oder verlieren könnte.

Zunächst einmal bedarf es also der Motivation, um etwas in Angriff zu nehmen. Was veranlaßt einen erfolgreichen Menschen, den allerersten Schritt oder kühnen Vorstoß in eine bestimmte Richtung zu unternehmen? Warum gründet der unternehmerische Mensch sein erstes Geschäft? Warum schließt der Grundstücksmakler seinen ersten Handel ab? Hierin könnte durchaus der interessanteste Aspekt jeder Motivation liegen.

Zweitens muß die Motivation aufrechterhalten werden. Viele erfolgreiche Leute besitzen mehr als genug, um davon leben zu können, und könnten ihre Tätigkeit jederzeit aufgeben. Warum machen sie weiter? Besteht eine Scheu davor, Menschen im Stich zu lassen, oder gibt es die Furcht, als Versager angesehen zu werden, wenn man aussteigt? Oder ist es das zunehmende Vergnügen an dem ganzen Spiel, das immer leichter und leichter wird? Ist es die Suche nach immer größeren und interessanteren Herausforderungen? Ist der Erfolg vielleicht so mühelos geworden, daß es widersinnig wäre, aufzuhören? Oder fehlt es nur an Betätigungsalternativen, die ebenfalls Freude machen?

Und drittens gibt es das Element der Motivation, sich auf ein ganz bestimmtes Gebiet zu konzentrieren, das die Grundlage des späteren Erfolges wird. Warum zieht jemand einen bestimmten Bereich einem anderen Gebiet vor? Es kann reiner Zufall oder ein zufälliges Zusammentreffen sein. Es kann ebensogut eine günstige Gelegenheit wie auch eine Familientradition sein.

Der negative Anreiz

„Wenn Sie mich nach der Furcht vor dem Scheitern fragen, so lautet meine Antwort, daß diese sicherlich vorhanden war, insbesondere während der Anlaufzeit der Abbey Life." Abbey Life stellte Mark Weinbergs erste Erfahrung bei der Gründung einer Versicherungsgesellschaft dar. Sie bildete das Fundament für seinen späteren, außerordentlichen Erfolg mit der Versicherung Hambro Life. „Im Falle Hambro spielte die Erregung angesichts des großen Potentials eine Rolle. Ich hatte davor Angst, womit zu leben ich bereit war, weil ich selbst die Kosten-Nutzen-Rechnung erstellt hatte und zu dem Schluß gekommen war, daß es sich lohnte. Ich war bereit, mit der Angst zu leben." Weinberg erinnert sich immer noch gern an „den Nervenkitzel in der Anlaufphase" und weigerte sich zunächst, die Angst als primären Motivationsfaktor zu akzeptieren: „Angst kann mich zwar motivieren, etwas zu tun, jedoch suche ich sie nicht unbedingt. Ich hege keine Befürchtungen, persönlich, oder wenn Sie so wollen, finanziell erledigt zu werden." Später fügte er jedoch hinzu: „Es gibt schon die Angst, daß Hambro Life möglicherweise unter Druck gerät und ins Abrutschen kommt, was finanziell sehr unangenehm, aber nicht von entscheidender Bedeutung wäre. Viel wichtiger ist, daß ich in der Öffentlichkeit einen gewissen Ruf genieße, daß ich gute Kollegen bei der Hambro Life habe, Hunderte von Niederlassungsleitern, buchstäblich Tausende von Außendienstlern, mit denen man persönlich und mit Vornamen bekannt ist, die mich völlig zu Unrecht als die Person betrachten, der es zuzuschreiben ist, wenn die Dinge sich zufriedenstellend entwickeln, und der es anzukreiden ist, falls alles aus den Fugen gerät. Hierin besteht eine sehr große Angst, und insofern stellt es eine starke Motivation dar, und wahrscheinlich ist es auch für sich genommen der gewichtigste Grund, warum ich nicht alles hinwerfe und nicht einfach sage, ich mache jetzt schon seit 20 Jahren dieselbe Arbeit (in zwei Unternehmen, aber immer dieselbe Arbeit) und überlasse sie jetzt jemand anders; daß ich mir nicht selbst sage, ich konzentriere mich jetzt lieber auf die Landwirtschaft oder irgendeine andere Unternehmung (was ich wahrscheinlich tatsächlich vorziehen würde)."

Ängste

Sicherheit hilft als wirksames Serum gegen Ängste. In manchen Fällen scheinen Unternehmer jedoch einfach über alle Befürchtungen hinauszuwachsen. Selten findet man einen Unternehmer, der überhaupt niemals Ängste und Befürchtungen kennengelernt hat.

Robert Holmes à Court: „Meine wirtschaftliche Sicherheit besteht darin, daß mir das halbe Unternehmen gehört. Ich kann nicht von einem dahergelaufenen Grünschnabel aus Australien oder von sonst irgend jemandem hinausgeworfen werden. Also habe ich diese Sicherheit."

In den Anfangsjahren erfolgreicher Unternehmer gibt es aber diese Ängste,

Zwang und Druck. Interessant ist, daß diese Ängste den erfolgreichen Menschen eher beflügeln als bremsen. Die Ängste drängen den Unternehmer nach vorn, anstatt ihn zurückzuhalten. Dabei scheint niemand nach einem einfachen Ausweg oder nach Sicherheit als solche zu suchen.

„Ich überarbeite mich zwar noch manchmal, aber ich bekomme keine Angst mehr", sagt Sir Terence Conran. „Ich schlafe gut. Ich glaube nicht, daß ich mir zur Zeit noch viele Sorgen mache. Früher hatte ich Befürchtungen. Ich erinnere mich an eine Zeit während der ersten Aufbaujahre meines Geschäftes, daß mein Buchhalter zu mir sagte: ‚Sehen Sie, ich glaube wirklich, daß es besser wäre, wenn Sie das Liquidationsverfahren für ihre Firma beantragen würden, denn Sie haben nicht mehr genug Geld, um Ihre Schulden zu bezahlen‘, und dies veranlaßte mich zu dem Entschluß, daß dies das Letzte wäre, was ich zulassen würde. Irgendwie würde ich da schon hindurchkommen. Ich würde durchaus sagen, daß ich zwischen meinem 20. und 30. Lebensjahr eine außerordentlich harte Zeit durchgemacht habe. Zehn wirklich harte Lebensjahre lehrten mich alles, was man als Geschäftsmann wissen muß, sie lehrten mich wirklich, wie hart dies für den Menschen sein kann. Aber jetzt habe ich mir ein wirklich gutes Team zusammengestellt. Wir sind jetzt eine Firma, die etwa 240 Millionen Pfund wert ist, grob geschätzt. Wenn man erst einmal so weit gekommen ist, nun gut, man kann immer noch ein schlechtes Jahr haben, aber wenn man nicht extreme Managementfehler in seiner Firma macht, so ist es sehr unwahrscheinlich, daß man noch bankrott geht. Dies ist einer der wichtigen Punkte im Zusammenhang mit Mothercare – in einer bestimmten Weise weitete sich die Firma aus und stellte das Geschäft auf eine noch viel gesündere Grundlage, als es vorher der Fall war, weil in diesem Zusammenhang eine größere internationale Expansion möglich war. Wir gewannen dadurch weit mehr an Anlagevermögen, und mit Sicherheit an Immobilienwerten. Unsere Kundschaft wuchs beträchtlich an. Wir erzielten einen phantastischen Kapitalfluß. Im Grunde genommen ist alles das, was man auf Wirtschaftsakademien lernt, gut fürs Geschäft."

Jim Rogers, Unternehmer und Finanzmanager: „Meine Hauptangst war immer, daß ich eine Arbeit niemals fertigstellen könnte. Daß ich überhaupt nichts fertigstellen könnte. Ich würde niemals genug wissen. Ich könnte nie hart genug arbeiten. Ich hatte auch Ängste, die mir durch äußere Einflüsse, beispielsweise durch Frauen, auferlegt wurden. Frauen sagten immer, ‚warum kommst du nicht nach Hause‘, oder ‚warum gehen wir nicht ins Kino‘, oder irgend etwas anderes, und die meisten Leute verstanden mich nie. Ich hatte einfach durch äußere Einflüsse verursachte Ängste. Aber ich hatte nie Befürchtungen darüber, ob wir das Richtige taten oder nicht. Ich ging stets beruhigt schlafen. Andere Leute können nachts nicht schlafen. Mir fallen schon die Augen zu, bevor mein Kopf auf dem Kissen liegt."

Bei erfahrenen Geschäftsleuten können die Ängste, die in den frühen Jahren als Impuls und Antrieb wirken, manchmal durch etwas ersetzt werden, was der Grundstücksmakler John Ritblat als eine „natürliche Nervosität" beschreibt. „Damit meine ich die nicht greifbare Unbeständigkeit des Devisenmarktes, die stete Bewegung und Flüchtigkeit der Weltwirtschaft, die unvorsehbaren Ereignisse in anderen Teilen der Welt, die über Nacht eine nach bestem Wissen getroffene Entscheidung nichtig machen können.

Dies ist, glaube ich, ein wenig erschreckend. „Vielleicht hat man eine umfangreiche Kapitalmarktinvestition getätigt, und es mag dabei um ein Geschäft gehen, an dem beteiligt zu sein völlig normal und vernünftig ist ... wenn man aber dabei an die Situation von Bankgeschäften zwischen dem Ostblock und Südamerika denkt, wenn man sich überlegt, was buchstäblich innerhalb eines einzigen Wochenendes passieren kann, und wie sehr man dabei in eine exponierte Lage kommen kann – die sich den eigenen Einflußmöglichkeiten völlig entzieht – so bedeutet es für mich keinerlei Trost oder Befriedigung zu sagen, ‚was soll's, wir sitzen alle in einem Boot'."

Herman Kahn greift diesen Punkt auf: „Bis vor wenigen Jahren habe ich niemals so etwas wie Angst verspürt. Bei der Art Arbeit, wie wir sie tun – wir beschäftigen uns mit Fragen von Krieg und Frieden und mit dem Problem, welche Politik unser Land vernünftigerweise verfolgen sollte – macht man sich beispielsweise einige Sorgen über einen geplanten, kurzen Informationsaustausch. Möglicherweise erhält man nämlich nur eine einzige Gelegenheit, um einer höhergestellten Persönlichkeit kurz seine Gedankengänge zu einem wichtigen Thema klarzumachen. Wenn es dann nicht funktioniert, so ist die Sache gelaufen. Man hatte seine Chance. Über diese Informationstermine machen wir uns sehr viel Gedanken, jedoch sind diese Sorgen konstruktiver Natur. Ich habe es in der Vergangenheit immer wieder erlebt, daß der eine oder andere Gedankenaustausch oder ein von mir geführtes Gespräch ziemlich ergebnislos blieb. Darüber machte ich mir dann niemals Gedanken. Ich war eigentlich völlig zuversichtlich. Daher versuche ich es ganz bewußt, mir wirklich Sorgen über solche Besprechungen zu machen, und wenn ich mir diese Gedanken nicht mache, so habe ich Anlaß zur Sorge.

Ich mache mir auch Sorgen über die Welt. In meinem Buch „The Coming Boom", heißt es, daß die wirtschaftliche und technologische Gesamtsituation recht gut ist. Es ist jedoch nicht ganz so klar, ob auch die politische und intellektuelle Zukunft ebenso gut ist. Die Leute, die dieses Land ganz zu Anfang führten, waren in der Weltgeschichte tatsächlich einmalig. Die Mitglieder der Verfassungsgebenden Versammlung stellten eine Gruppe ganz außergewöhnlich begabter Menschen dar. Es wäre sicherlich schwierig, ihresgleichen zu irgendeinem Zeitpunkt der Geschichte der letzten 1000 oder vielleicht 2000 Jahre, möglicherweise ab der griechischen Antike, zu finden. Es waren sehr beeindruckende Menschen. Heutzutage gibt es dergleichen einfach nicht mehr."

Positive Anreize

Macht und Geld

Jedermann ist klar, daß alle Politiker durch den Faktor „Macht" motiviert werden. Macht hat für verschiedene Menschen unterschiedliche Bedeutung. All diesen unterschiedlichen Definitionen liegt aber zugrunde, daß „man mit Macht etwas herbeiführen kann". Im Falle des berühmten Fernsehproduzenten Norman Lear scheint es sich dabei um die Macht der Kommunikation zu handeln.

Norman Lear: „Helen Gurley Brown von der Zeitschrift ‚Cosmopolitan' fragte mich einmal, was meiner Ansicht nach Macht sei, und ich antwortete sinngemäß, daß ‚Macht die Fähigkeit ist zu überzeugen, und wenn man es nicht schafft zu überzeugen, so wird man durch den vergeblichen Versuch noch nicht disqualifiziert'. Wenn es mir gelang, großartig! Das ist Macht. Gelang es mir nicht, so ist es auch Macht, wenn der andere nicht denkt: ‚Was für ein Dummkopf.' Vielmehr würde der andere dann denken: ‚Seine Idee gefällt mir zwar nicht, aber er ist doch in Ordnung.' Meiner Ansicht nach kann es keine größere Macht geben, als die Fähigkeit, Menschen zu überzeugen, mit ihnen zu kommunizieren . . . und sie zu erreichen."

Das Handelsbankgeschäft bietet eine Grundlage zur Erzielung riesiger Gewinne und für die Ausübung erheblicher Macht über andere Unternehmen. Charles Williams von der Ansbacher-Bank war gleichzeitig Vorsitzender der Preiskommission unter der letzten Labour-Regierung. „Wenn ich auf meinen schulischen und beruflichen Werdegang zurückblicke, so war ich stets an Macht gewöhnt. Ich war bei allem der Anführer, Sprecher, Mannschaftskapitän. Ich werde sehr unzufrieden, wenn ich meinem eigenen Image nicht gerecht werden kann, jemand zu sein, der die Dinge leitet. Ich sitze zwar nicht da und sage ‚haha – jetzt übe ich Macht aus', aber ich glaube, meine persönliche Vorstellung von mir selbst würde darunter leiden, wenn ich nicht in der Lage wäre, zumindest theoretisch genau das zu tun." Viele der Befragten führten als ihre wichtigste Motivation an, „Dinge in Bewegung zu setzen", jedoch weist Williams darauf hin, „daß man diese beiden Dinge nicht trennen darf. Man kann das eine nicht ohne das andere haben. Wenn man Vorsitzender der Preiskommission ist, so kann man Dinge in Bewegung setzen, man kann es jedoch nur deswegen tun, weil man Vorsitzender der Preiskommission ist, wodurch man eine gewisse Macht ausübt."

Und Geld? „Mein Lebensstil sieht so aus, daß er einen bestimmten, relativ begrenzten Geldbetrag erfordert. Darüber hinaus interessiert mich Geld nicht. Ich möchte nicht unbedingt dreifacher Millionär sein. Das motiviert mich nicht. Wenn jemand zu mir sagt, ,Sehen Sie, ich biete Ihnen zwar einen äußerst unangenehmen Job an, aber dafür zahle ich Ihnen auch drei Millionen Pfund jährlich', so würde ich antworten, ,nein, danke'. Das wäre für mich kein motivierendes Element."

Macht ist ein sehr kompliziertes Thema. Macht kann bedeuten, das große Tier an der Spitze zu sein, oder auch der erste zu sein. Handelt es sich dabei einfach um die Überschreitung der Ziellinie in einem Rennen, in dem der Wettbewerb das Hauptelement war – bedeutet es also, daß es wichtiger ist, anderen überlegen zu sein, als selbst ans Ziel zu gelangen? Macht kann bedeuten, wichtig zu sein, beachtet und ernst genommen zu werden. Unter Macht kann man die Befähigung verstehen, Anweisungen zu erteilen und sie durch andere Leute durchführen zu lassen. Macht kann ein einfacher Maßstab des Erreichten sein: eine Skala, auf der sich der Selbstwert messen läßt.

Beziehen Sie Befriedigung aus der Macht? Robert Maxwell: „Es verschafft mir höchstens Befriedigung, ein Auto und einen Chauffeur zu haben, so daß ich mich nicht mit Parkplatzproblemen herumschlagen muß!"

Jackie Stewart: „Am Flughafen abgeholt zu werden und sich zum Einkaufen fahren zu lassen, zu geschäftlichen Verabredungen gebracht zu werden und dabei das Auto nicht selbst parken zu müssen: Für mich bedeutet dies eine Segnung des Erfolges."

Malcolm Forbes: „Eine Führungsposition beinhaltet Macht. Man ist nicht an der Spitze, wenn man nicht die Macht dazu hat – wenn man nicht die Entscheidungsbefugnis besitzt. Menschen, die die Autorität um ihrer selbst willen mögen, sind niemals erfolgreich. Die Ausübung von Autorität ist ein Bestandteil dessen, was von jedermann in einer verantwortlichen Position gefordert wird. Man muß in der Lage sein, dies zu tun, wenn es jedoch zu einem Ziel und Zweck an sich gemacht wird, so ist man gewöhnlich nicht erfolgreich."

William Agee: „Ich wollte immer an der Spitze stehen. Ich meine, als ich in der ersten Klasse war, reinigte ich die Radiergummis. Wir hatten eines von diesen komischen kleinen Geräten, über die man die Radiergummis zog – und irgendwie war diese Aufgabe ziemlich begehrt, weil man dadurch die

Klasse verlassen konnte. Ich wollte diese Arbeit machen, und ich wollte Kapitän der Sportmannschaft sein, und ich wollte die besten Noten haben. Mein erstes Amt übernahm ich bei den Schülerlotsen. Der Captain der Schülerlotsen hatte ein blaues Abzeichen und trug einen weißen Gürtel. Der Leutnant hatte ein rotes Abzeichen und einen blauen Gürtel. Für meine Jahrgangsstufe war der Captain der Schülerlotsen das höchste erreichbare Amt. Und ich schaffte es. Und als ich in die Mittelstufe kam, wurde ich Sprecher für die siebten Klassen – das war damals das höchste Amt, weil man von den Schülern gewählt wurde usw. Dann wurde ich Vorsitzender des Schülerausschusses und dergleichen. Ich sagte mir, ‚Welches ist hier der beste Job, was würde ich als führende Position ansehen?‘ Ich wünschte mir wirklich, bei den anderen geachtet und geschätzt zu sein . . .“

Macht und Geld werden häufig zur Karikatur dessen verzerrt, was den Großkapitalisten ausmacht. Harry Helmsley, der es ja wissen sollte, sagt folgendes: „Ich kümmere mich nicht um Macht. Das kann man vergessen – ein Immobilienmakler hat keine Macht. Er hat Geld, aber er verfügt nicht über die geringste Macht. Und Geld gibt einem keine Macht. Es ist hilfreich, es ist angenehm, aber meiner Ansicht nach verwende ich Geld nicht, um damit Macht auszuüben. Wenn man halbwegs erfolgreich ist, so verdient man 50 000 Dollar – fügt man eine weitere Null hinzu und verdient dann 500 000 Dollar, so bleiben die Prinzipien doch die gleichen. Hier gibt es gar keine Unterschiede. Man kann auch genauso schlau sein wie andere und niemals das große Geld verdienen, und dennoch vielleicht bessere Arbeit leisten, als jemand anders, der wirklich viel verdient. Es liegt eben daran, daß derjenige den großen Erfolg erntet, der weiß, wie man die letzte Null anhängt. Zufriedenheit bezieht man aus den Geschäftsabschlüssen. Die Befriedigung liegt darin, das Puzzle durcheinanderzuschütteln und es dann richtig zusammenzusetzen.“

Robert Maxwell: „Ich bin Industrieller. Ich stelle etwas her. Und wenn ich als Ergebnis dieser Herstellertätigkeit Geld verdiene . . . dann soll es wohl so sein!“

Robert Holmes à Court: „Geld ist ein Maßstab. Es ist wie eine Anzeigetafel im Sport, es ist der Gradmesser dafür, wie erfolgreich man seine Leistung erbringt. Es ist kein Ziel und Zweck in sich, und das Privatvermögen ist eine reine Illusion. Man braucht im Grunde genommen überhaupt nicht viel, niemand braucht viel. Das klingt vielleicht banal, aber es ist die reine Wahrheit. Ich glaube, daß viele Menschen der Ansicht sind, daß sie nur deshalb viel Geld verdienen möchten, weil sie mehr materiellen Besitz haben wollen als ich. Ich halte aber das Geldverdienen selbst nicht für etwas Erfolgreiches – es ist ein Nebenprodukt des Erfolges.“

Künstler malen mit Öl auf Leinwand. Komponisten arbeiten mit den Noten und der Notenschrift. In ähnlicher Weise arbeitet der Unternehmer mit Geld. Der Unternehmer hat dabei den Vorteil, daß das Geld sowohl sein Instrument ist, mit dem er arbeitet, und gleichzeitig den unmittelbaren Maßstab für seinen Erfolg darstellt. Hierbei genießt der Mann, dessen Erfolg sich in Geld ausdrücken läßt, den Vorzug eines Systems von Anerkennung, welches fast allen anderen überlegen ist (außer vielleicht der Art von Lohn, den erfolgreiche Athleten nach der Aufstellung neuer Rekorde erfahren). Der Erfolg kann dabei schrittweise in einer Art gemessen werden, die im Bereich der Wissenschaft oder der Kunst unmöglich ist, wo die Ansichten Dritter von so großer Bedeutung sind und häufig nicht einmal objektiv und fair sind. Wer Geld verdient, kann sein Geld zählen, ohne sich im geringsten darum zu kümmern, was andere Leute darüber denken. Geld als Hilfsmittel eingesetzt macht aus dem Erfolg eine Art Spiel, da sich der Ausgang unterschiedlicher Spiele vorherberechnen läßt. Über einen bestimmten Punkt hinaus ist es äußerst unwahrscheinlich, daß Geld als solches nur noch wegen seiner Kaufkraft angehäuft wird.

Imageverbesserung

Hierbei würde ich die Vorstellung von sich selbst als wesentlichste Motivation nennen. Man betrachtet sich dabei selbst als jemand, der wichtig ist, der sich von anderen unterscheidet, der sich besonders auszeichnen kann und Dinge in Gang setzt. Ich will damit nicht unterstellen, daß sich jemand darum bemüht, wichtig zu werden (obwohl dies im Falle von Politikern durchaus der Fall sein kann), sondern ich meine, daß das Selbst-Image eine

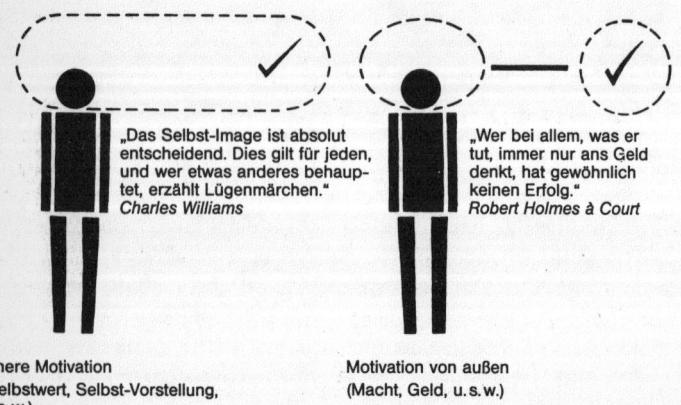

„Das Selbst-Image ist absolut entscheidend. Dies gilt für jeden, und wer etwas anderes behauptet, erzählt Lügenmärchen."
Charles Williams

„Wer bei allem, was er tut, immer nur ans Geld denkt, hat gewöhnlich keinen Erfolg."
Robert Holmes à Court

innere Motivation
(Selbstwert, Selbst-Vorstellung, u.s.w.)

Motivation von außen
(Macht, Geld, u.s.w.)

Person dazu motivieren kann, Dinge in Angriff zu nehmen und etwas zu wagen.

Charles Williams: „Das Selbst-Image ist absolut entscheidend. Dies gilt für jeden, und wer etwas anderes behauptet, erzählt Lügenmärchen. Entweder hat derjenige nicht richtig darüber nachgedacht oder er sagt die Unwahrheit beziehungsweise ist unaufrichtig, oder er ist psychologisch zu einfach strukturiert.

Bergsteiger Chris Bonington: „Stimmt, es ist die Befriedigung, etwas geschafft zu haben, ein Gefühl des Selbstwertes. Ich glaube aber, es ist noch mehr als das. Es ist etwas Faszinierendes und Fesselndes in der Frage, ob man es tun *kann*, ob etwas möglich ist. Wenn man sich eine neue Route ansieht, gleichgültig, ob man irgendeinen Felsbrocken in unserem Lande besteigen will, oder ob es sich um so etwas wie die Südwestwand des Mount Everest handelt, es stellt sich immer die faszinierende, intellektuelle Frage, ob eine Besteigung möglich ist. Die Lösung von Problemen hat etwas Faszinierendes, und wenn man es sich näher betrachtet, so legt man sich im Geiste einen Weg zurecht, auf dem man es schaffen kann – man plant die Route und alles, was mit der Besteigung zusammenhängt. Dann geht man tatsächlich hin und versucht es, seine Pläne in die Tat umzusetzen. Das ist für mich das größte Gefühl der Genugtuung. Wenn man dann auf dem Gipfel steht, so ist es etwas körperlich Greifbares, tatsächlich selbst dort oben angelangt zu sein."

Die meisten erfolgreichen Menschen werden durch die Herausforderung motiviert, um zu entdecken, ob sie ihr gewachsen sind. Virginia Wade: „Ich glaube, die Befriedigung liegt darin zu wissen, worüber man wirklich verfügt – alle die technischen, physischen und geistigen Elemente – und dann loszugehen und sich mit jemand anders zu messen. Nur um zu sehen, ob man es schafft, ob man über genügend Kraft und Entschlossenheit verfügt, um Hindernisse zu überwinden."

Der Wert der Herausforderung liegt darin, daß alle Energie und jeder Gedanke konzentriert darauf gerichtet werden. Manchen Menschen erscheint diese gebündelte Konzentration als etwas Wünschenswertes. Statt sich treiben zu lassen, hat man etwas Definitives, was es zu tun gilt. Auf diese Weise auf etwas abzuzielen ist fast wie eine Therapie. Es gibt ein Ziel und einen Zweck, und auch einen Gradmesser für das Erreichte. Die komplexe und umfassende Welt wird auf diese spezifische Herausforderung reduziert, und wenn man das geschafft hat, so wird man auch in der Welt zurechtkommen. Die Annahme der Herausforderung wird somit Bestandteil des persönlichen Images eines Individuums: „Ich kann es schaffen."

Alan Fine von der IGO meint jedoch, daß in der Gleichsetzung sportlicher oder geschäftlicher Leistungen mit dem Selbstwertgefühl ein davon nicht zu trennendes Problem steckt: „Stellen Sie sich vor, was passiert, wenn Sie die

Firma, die Sie leiten, zum Spiegelbild Ihres Selbstwertgefühles machen, und die Konjunktur geht zurück, so daß Ihre Firma in Schwierigkeiten gerät. Wollen Sie mir erzählen, daß Ihr Selbstwertgefühl jetzt über Nacht ebenfalls zusammenbricht? Die Firma ist einfach kein Spiegelbild dieses Wertes. Selbst dann, wenn man wegen Fehlern in der Geschäftsleitung in Schwierigkeiten gerät, so hat dies immer noch nichts mit Ihrem Wert als menschliches Wesen zu tun. Es gibt nur die Fähigkeiten wieder, die Sie bis dahin entwickelt haben, um Ihr Geschäft zu leiten. Das ist im Grunde dasselbe, wie Squash spielen zu lernen. Man muß das völlig voneinander trennen: Man ist auf dem Holzweg, wenn man glaubt, daß dies ein Spiegelbild seines Selbstwertes wäre. Oder nehmen wir Tennis – wenn Sie dieses flauschige Knäuel nicht über das Netz schlagen können, sind Sie dann wertlos? Gehen Sie dann nach Hause und verprügeln Ihre Frau?"

Status

Als das amerikanische Stromversorgungsunternehmen General Electric einmal untersuchte, welche Motivation ihre Forschungsmitarbeiter hatten, fanden sie heraus, daß „Anerkennung" ganz oben auf der Liste stand. Jemand, der gute Arbeit geleistet hatte, möchte, daß dies auch anerkannt wird. Bekanntlich sind Status und Anerkennung sehr einflußreiche Motivationsfaktoren, weil sie eine Form von Lohn darstellen, der unmittelbar zur Hebung des Selbst-Image beiträgt. Bei manchen ist das Selbst-Image nur schwach entwickelt und bedarf der Förderung. Andere haben ein aufgeblähtes Selbstbild und benötigen deshalb sogar noch mehr Bestätigung. Status darf man nicht mit Wichtigkeit verwechseln. Viele japanische Vorstandsmitglieder haben vielleicht einen hohen Status, jedoch nur geringe Bedeutung. Wichtigkeit und Bedeutung stehen im Zusammenhang mit Macht. Status ist dagegen eher eine Form der Anerkennung. Die Vergabe von Ehrungen und Medaillen ist die praktische Ausnutzung dieses einflußreichen Motivationsfaktors.

Dinge in Bewegung bringen

Sollte ich mich für einen Motivationsfaktor entscheiden, der meiner Ansicht nach bei den meisten erfolgreichen Menschen eine Rolle spielt, so ist es wohl der Wunsch, „Dinge in Bewegung zu bringen". Dabei handelt es sich um die unmittelbare Fortsetzung des kindlichen Wunsches, einen Bauklotz auf einen anderen zu setzen, damit irgend etwas passiert. Ich glaube, daß derselbe Drang den Künstler dazu anspornt, Kunst zu schaffen. Erfolgreiche Menschen betrachten ein Leben, in dem sich nichts tut, als reinen Zeit-vertreib.

„Ich habe gelernt, daß das Geld nicht der Anfang und das Ende aller Dinge ist. Ich glaube, am Anfang strebt jeder nur nach Geld", sagte Mark McCor-mack. „Seine ursprünglichen finanziellen Ansprüche – seine konkreten Bedürfnisse – beziehen sich auf die Familie, und ich glaube, nachdem man ein bestimmtes Niveau überschritten hat, ist dies nicht länger der ausschlag-gebende Faktor. Ich glaube, etwas fertigstellen zu wollen, das einmalig ist, was bisher noch nie gemacht worden war, das war sehr herausfordernd und ungeheuer aufregend."

Diana von Fürstenberg: „Es ist ein Gefühl der Wärme, was man aus den Früchten seiner Arbeit oder seinen Bemühungen heraus empfindet. Es füllt einen mit einer Wärme an und man zwinkert sich selbst zu, man lächelt sich an. Man braucht dieses Gefühl mit niemandem zu teilen, und es hat auch nichts von ‚haha' an sich. Es ist nur die Wärme."

Jerald Newman: „Die größte Genugtuung liegt darin, einen Plan oder ein Programm funktionieren zu sehen, den mein Mitarbeiter und ich entwerfen – zu sehen, daß es wirklich passiert. Das wichtigste einzelne Element dabei ist es, eine Idee zu haben und sie in die Praxis umzusetzen und zu sehen, wie sie Früchte trägt."

„Die größte Erregung spürt man, wenn man plötzlich einen Weg herausfin-det, etwas zu tun, das noch nie vorher gemacht wurde. Das ist der Augenblick der Lösung. Was ebenfalls sehr angenehm ist, ist die Erkenntnis, daß es eine Lösung gibt; daß man diese Lösung gefunden hat", meint Sir Clive Sinclair.

„Ich glaube, der wichtigste Faktor in meinem Leben ist die Langeweile", gibt Nolan Bushnell zu. „Ich hasse nämlich die Langeweile. Ich hasse Weitschwei-figes und Überflüssiges. Ich hasse die Wiederholungen. Ich halte dies für eine starke Motivationskraft. Ich kann eine Idee nicht bloß eine Idee sein lassen. Ich muß irgendwie darauf drängen, bis ich herausgefunden habe, wie sie sich realisieren läßt – wie stelle ich es an, daß eine bestimmte Sache passiert?"

Herman Kahn: „Etwas zu verstehen, was man bisher nicht verstanden hat, einen wirklich nützlichen Einblick zu gewinnen, in gewisser Weise eine intellektuelle Explosion zu erleben – wobei man etwas erkennt, was man vorher noch nie gesehen hat. Wenn ich so etwas einmal erlebe, so freue ich mich wirklich darüber, selbst wenn es dabei eine Enttäuschung gibt. Es ist ein enormes Vergnügen."

Falls die wahre Schlüsselmotivation darin liegt, „Dinge in Bewegung zu setzen", dann wäre eine ganz entscheidende Frage zu stellen: „Würde es Ihnen genügen, völlig anonym Dinge in Gang zu bringen – so daß die Sache zwar passieren würde, Sie jedoch dafür nicht die Lorbeeren bekämen?" Ich habe den Verdacht, daß die meisten erfolgreichen Leute diese etwas verdrehte Sicht zwar akzeptieren würden, jedoch mit einem gewissen Widerstreben, da auch das Ego Bestandteil des Erfolgsprofils ist. Vielleicht sollten wir die Frage neu formulieren: „Wäre es Ihnen lieber, eine erfolgreich Sache wird mit Ihrem Namen bekannt oder ist dies weniger wichtig für Sie?"

Etwas Lohnendes tun

Wir wissen, wie wichtig Antriebskräfte für den Erfolg sind, „getrieben zu sein" ist jedoch etwas ganz anderes. Der Wunsch nach Rache oder das Verlangen, eine Ungerechtigkeit wieder gut zu machen, kann einen Menschen zu großen Leistungen und zum Erfolg antreiben. Die wichtige Frage ist, ob diese Person wirklich zum Erfolg getrieben wird, oder ob die Wahl des Betätigungsfeldes durch dieses Ereignis erst bestimmt wird, und ob der sich daraus ergebende Erfolg wiederum aus dem Erfolgsprofil dieser Person entsteht. Ich habe stets Schwierigkeiten gehabt zu glauben, daß jemand auf Dauer zum Erfolg angetrieben wird.

„Die erste Form von Gewerkschaftswesen, die ich erlebt habe", erinnert sich der ehemalige Gewerkschaftsvorsitzende Len Murray, „war das völlige Fehlen des Gewerkschaftswesens! Dabei wurde beispielsweise ein Mann aus seinem kleinen Haus vertrieben, das dem Arbeitgeber gehörte. Diesem Mann fehlte ein Bein, und er konnte nicht mehr gut genug arbeiten. Ich kannte seine Kinder. Und ich sah, wie sie dann unter einer Plane neben einer Hecke lebten. Nur wußte ich damals noch nicht, daß es sich hierbei um das Fehlen des Gewerkschaftswesens handelte. Dennoch war es meine erste bewußte Wahrnehmung dessen, was Menschen zustoßen kann. Als ich später etwas von Gewerkschaften erfuhr – und das war erheblich später – da bekam diese Erfahrung ihren Sinn, und ich erkannte, daß hier eine umfassende, kollektive Organisation fehlte, die solche Dinge verhindern würde."

. . . Handel und Gewerbe

„Jetzt werde ich allein dadurch motiviert, was ich tue, so gut zu tun, wie ich kann. Genauso stark war ich motiviert, als ich noch als Jurist tätig war. Der Unterschied zwischen diesen beiden Tätigkeiten ist kaum wahrnehmbar. Ich könnte mit Ihnen Schach spielen, und in gleicher Weise motiviert sein. Es kommt darauf an, daß jeder Zug zählt. Man muß daran glauben, daß es sich lohnt, aber zu gegebener Zeit an einem gegebenen Ort kann man schon glauben, daß ein Spiel wie Schach sich lohnt. Es muß nicht in einem realistischen Sinn lohnend sein, sondern nur insofern, als es sich lohnt, dies zu tun, und es gut zu machen. Diesen Maßstab kann nun jeder Mitarbeiter eines Unternehmens an seine Tätigkeit anlegen. Es kann darauf ankommen, die Buchführung gut zu erledigen. Ich kann dies auf die Probe stellen, indem ich mich frage, ob es anhand meiner eigenen Kriterien gut gemacht wird. Ich muß damit zufrieden sein. Leute, die ihre Tätigkeit nur für Geld ausüben, scheitern gewöhnlich." Soweit die Ansicht von Robert Holmes à Court.

Im letzten Zitat scheint eine eher allgemeine Empfindung vieler erfolgreicher Menschen zusammengefaßt worden zu sein. Es gibt ein Vergnügen daran, das zu tun, was sich zu tun lohnt. Der immer wiederkehrende, etwas irritierende Punkt ist, daß „der Wunsch, erfolgreich zu sein" so lange überhaupt nicht als Motivationsfaktor in Erscheinung tritt, wie er nicht bereits von vornherein im Selbstbild der jeweiligen Person als fester Bestandteil integriert ist. Entweder geben erfolgreiche Menschen nicht gern zu, daß der Erfolg an sich schon ein erstrebenswertes Ziel sein kann, oder aber der Erfolg ist nur ein Nebenprodukt dessen, was sie jeweils gerade tun und dabei noch gut sind. Diese Schlußfolgerung könnte natürlich für die Leser dieses Buches ein wenig deprimierend sein.

Erfolgstaktik

1. *Es gibt wohl kaum so etwas wie eine Allzweck-Motivation mit dem Ziel „erfolgreich zu sein". Wenn Sie also eine derart auf den Erfolg gerichtete Motivation haben, so ändern Sie diese schnellstmöglich in ein Betätigungsfeld Ihrer Wahl und in eine bestimmte Richtung. Es kann eine Motivation geben, ganz speziell mit einer ganz bestimmten Sache Erfolg zu haben.*

2. *Die Motivation scheint natürlicher Bestandteil der Erwartungen und des Selbstbildes der erfolgreichen Person zu sein. Seien Sie positiv und pflegen Sie eine solche Erwartungshaltung. Gehen Sie davon aus, daß Sie Erfolg haben werden.*

3. *Bedienen Sie sich der Herausforderungen, und stellen Sie sich diese selbst, um dann etwas ganz Spezielles anzuvisieren.*

4. *Bedienen Sie sich Ihrer Ängste aktiv, indem Sie sich dadurch vorantreiben lassen, anstatt sich von ihnen zurückhalten zu lassen.*

5. *Betrachten Sie Geld nicht als einen Selbstzweck, sondern als Mittel und Methode, um am Spiel um den Erfolg teilzunehmen (zumindest bei einer bestimmten Form des Erfolges).*

6. *Falls Sie kein Vergnügen daran finden, Dinge in Gang zu setzen, so sollten Sie sich nochmals Gedanken darüber machen, ob Sie sich nur den Endpunkt des Erfolges wünschen (und all dessen, was damit in Zusammenhang steht), oder ob Sie der Ablauf der Dinge auf dem Wege dorthin mehr interessiert. Wenn Sie sich nur den Endpunkt wünschen, dann vergessen Sie es – es sei denn, Sie können irgendeinen Weg finden, um sehr schnell dorthin zu gelangen.*

7. *Wenn Ihre eigene Motivation unzulänglich ist, dann heiraten Sie jemanden, der Sie energisch fördern kann.*

4.

Talent, Training und Erwartungen: Bis zu welchem Punkt bestimmen Sie selbst über Ihren Erfolg?

Die Beiträge:

Vereinigte Staaten: Nolan Bushnell, Werner Erhard, Harry Helmsley, Jeane Kirkpatrick, Herman Kahn, Norman Lear, David Mahoney, Morgan Maree.

Großbritannien und übrige Länder: David Bailey, Prof. Hans Eysenck, Alan Fine, Tony Jacklin, Lord Pennock, Ron Pickering, Sting.

Wie erfolgreich waren Sie darin, Ihre Eltern auszuwählen? Kann man auch dann noch erfolgreich sein, wenn man bei der Auswahl seiner Eltern ziemlich leichtsinnig gewesen ist? Ist Erfolg angeboren oder ist er eine Frage der Übung?

Man gebe mir ein Dutzend gesunder Kinder, gut ausgebildet, und meine eigene spezielle Welt, in der ich sie aufziehen kann, und ich garantiere, ein beliebiges Kind von diesen auszuwählen und zu jeder Art Fachmann auszubilden, für die ich mich gerade entscheide: sei es Doktor, Rechtsanwalt, Künstler, Unternehmensleiter oder sogar Bettler oder Dieb, unabhängig von den speziellen Talenten dieses Kindes, von seinen Neigungen, Abhängigkeiten, Fähigkeiten, Berufungen und der Rasse seiner Vorfahren.

Dieses bekannte Zitat stammt von John B. Watson, dem Gründer des Behaviorismus in der Verhaltenspsychologie. Im Behaviorismus geht man davon aus, daß sämtliches Verhalten tatsächlich nur auf einer Reihe von Konditionierungen durch Stimulus (Reiz) und Reaktion aufgebaut ist.

Folgen wir den Grundsätzen dieser verhaltenspsychologischen Schule, so wäre Erfolg ohne Zweifel ein erlerntes Verhalten. In unserer frühkindlichen Umwelt und Umgebung (und möglicherweise auch noch später) werden bestimmte Verhaltensformen, die wir zeigen, belohnt: entweder durch unsere Eltern oder durch unsere Umwelt. Wenn ein Säugling sehr häufig weint und jedesmal von seiner Mutter belohnt wird, dann ließe sich dieses

Lernen in zweierlei Weise auslegen: „Es reicht schon, etwas zu fordern, dann wird man es auch erhalten" (genau entgegengesetzt zur unternehmerischen Geisteshaltung), oder „wenn man etwas möchte, so muß man Schritte unternehmen, um es herbeizuführen" (und dies entspricht der unternehmerischen Haltung). Ich halte allerdings die erste Erklärung für wahrscheinlicher: ein häufig gescholtenes Kind wird sich der bekannten und unbekannten Grenzen der Handlungsfähigkeit bewußt und wagt demzufolge wenig. Als Reaktion hierauf vertrat der berühmte Dr. Benjamin Spock die Ansicht, daß Beschränkungen möglichst vermieden werden müßten, was nach Auffassung einiger Menschen unsere Gesellschaft degeneriert haben soll. Allerdings kann Freiheit von Beschränkungen auch zu Mangel an Disziplin und Antriebskräften führen, die für den Erfolg notwendig sind. Burton L. White ging sogar so weit zu behaupten, daß diese drei Lebensjahre des Kindes alle temperamentsbezogenen, emitionellen und verhaltensprägenden Muster bereits festlegen, die später als dominierend zum Ausdruck kommen. Sicherlich scheint die frühkindliche Umwelt auf viele erfolgreiche Leute einen zukunftsbestimmenden Effekt gehabt zu haben, obwohl Verhaltensmuster, wie in den künstlich konstruierten, vorstehenden Beispielen, nicht nur durch das Wesen des Stimulus allein bestimmt werden (beispielsweise ließe sich ein Aufwachsen unter ärmsten Bedingungen auch als vorteilhaft interpretieren).

„Meine Familie hat mir als Kind wirklich sehr viel Spielraum und Freiheiten gelassen und gab mir Gelegenheit, mich ungehindert zu verwirklichen – als ich elf oder zwölf Jahre alt war, hatten wir eine mehr als 13 m hohe Antenne auf unserem Dach", sagte Nolan Bushnell, der Gründer von Atari.

Jeane Kirkpatrick, Botschafterin der Vereinigten Staaten bei den Vereinten Nationen: „Ich hatte eine wunderbare Kindheit in Oklahoma. Meine Familie flößte mir den Pioniergeist ein. Was das ist? Nun, es ist die geistige Haltung des ‚es geht'. Es ist die Ethik der Pioniere, daß man alles und jedes tun kann. Ich hörte immer wieder: ‚Jeane, du kannst das!' Man sagte mir immer wieder, daß etwas wirklich gut zu tun, nur eine Frage dessen war, wie intensiv man es immer wieder versuchte."

Norman Lear: „Ich habe häufig gedacht, daß die Anforderungen meines Vaters gegen mich irgendetwas damit zu tun gehabt haben mußten, daß ich dann meine eigenen Sachen machen wollte."

Kein Einfluß

Viele erfolgreiche Leute behaupten, daß ganz besonders in ihrem Falle, die Eltern sehr wenig mit dem künftigen Erfolg ihrer Nachkommen zu tun hatten.

„Vater war ein ungelernter, nicht ausgebildeter Bauarbeiter", erinnert sich David Mahoney. Meine Mutter war ebenfalls ungelernt, nicht ausgebildet, und arbeitete bei der Telefongesellschaft ... Ich war das erste Kind in der Familie (also in der ganzen Organisation!), das zum College ging. Ich brachte das völlig selbständig zuwege."

Wogegen Herman Kahn, Werner Erhard und der Milliardär Harry Helmsley ihre ursprünglichen ärmlichen Verhältnisse als einen positiven Einfluß auffaßten.

Herman Kahn: „Es zwang mich einfach zu etwas, was ich für eine praktische Haltung ansah. Ich arbeitete mein ganzes Leben, seit dem zehnten Lebensjahr – als junger Schuhputzer, als Verkäufer von irgendwelchen Dingen usw... Normalerweise werden die Kinder aus der oberen Mittelklasse in einer ziemlich beschützten Umgebung aufgezogen. Sie werden auf eine Art und Weise aufgezogen, in der sie nicht viel Kontakt mit der Wirklichkeit bekommen."

„Meine Mutter und mein Vater waren für mich ebenso wertlos wie die Art, in der sie mich erzogen", überlegt Werner Erhard. „Was ich also machte war, den ganzen Lebenszusammenhang so zu ändern, daß ich meinen Eltern und meiner Kindheit weiterhalf, so daß die ursprüngliche Problemquelle in meinem Leben zu einer Quelle der Kraft wurde."

Harry Helmsley lacht: „Woraus ich meine Antriebskraft bezog? – Wenn man kein Geld hat, so hat man eine ganze Menge Antriebskraft!"

Für den Erfolg geboren

Die genetische Betrachtungsweise kommt mit ihrem Denkansatz offenbar aus der entgegengesetzten Richtung zum Behaviorismus. Sie macht geltend, daß unsere Verhaltensmuster ebenso angeboren und ererbt sind wie die Farbe unserer Augen und die Form unserer Nase. Diese angeborenen Verhaltensweisen würden im Endeffekt unser Verhalten bestimmen.

Beispielsweise wird anhand von Studien über die bei Intelligenztests erbrachten Leistungen gezeigt, wie groß der Anteil dieser Leistungen ist, der auf genetische Faktoren zurückgeht, und wieviel auf sonstige Faktoren zurückzuführen ist. Die daraus gezogene Schlußfolgerung besagt, daß der größte Teil auf genetische Faktoren zurückzuführen ist.

Es ist nicht schwierig sich vorzustellen, daß das chemische Profil des Gehirns genetisch vorherbestimmt wird: Wir gelangen langsam zu der Überzeugung, daß chemische Wechselwirkungen zwischen den Nervenenden, die durch die jeweiligen relativen Kräfte verschiedener Enzyme bestimmt werden, noch weitaus wichtiger sind als die eigentlichen Nervenverbindungen innerhalb des Gehirns. Demnach könnte beispielsweise ein Kind ein chemi-

Zwei Extreme stehen sich gegenüber: Die außergewöhnlich Begabten und jene, deren Fähigkeiten weit unter dem Durchschnitt liegen.

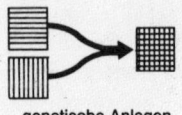

genetische Anlagen

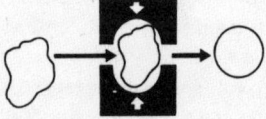

umgebungsbedingter Einfluß

Inwiefern hängt Erfolg von der Umgebung oder dem bewußt unternommenen Versuch ab – unabhängig von den genetischen Anlagen?

genetische Anlagen und Umgebung

sches Profil ererben, durch welches die nervlichen (neuralen) Aktivitäten häufiger wechseln. Ein solches Profil würde einen besseren Gesamtüberblick ermöglichen und dadurch folglich zu einem besseren Abschneiden während eines Intelligenztests führen, während in einem Falle das chemische Profil in der Hypothalamus-Drüse zu Ängstlichkeit und neurotischem Verhalten führen könnte.

Es liegt nicht allzu fern, daß diese Art Faktoren Einstellungen und Verhaltensweisen ändern können, und somit auch die Erfolgschancen beeinflussen.

Ist das aber schon die ganze Wahrheit? Ich habe lange Zeit die Arbeiten der medizinischen Abschlußkandidaten der Universität Cambridge korrigiert. Ein kleiner Prozentsatz der Studenten war brillant. Ein kleiner Prozentsatz war so schlecht, daß man sich nur wundern mußte, wie sie so weit gekommen waren. Den Rest bildete eine große Mittelgruppe, zwischen deren einzelnen Mitgliedern man nur sehr schwer Unterschiede machen konnte.

An den extremen Enden stehen sich hinsichtlich des Erbguts die außergewöhnlich Begabten und die außergewöhnlich Begabungslosen gegenüber.

In der Mitte findet man die große Menge der durchschnittlichen Begabungen. Die Frage ist, ob der Erfolg innerhalb der mittleren Hauptgruppe immer noch eine Frage der Genetik ist oder davon abhängt, was durch Umgebungseinflüsse oder bewußte Anstrengung dieser genetischen Grundausstattung noch hinzugefügt werden kann.

Wenn wir die Frage des Erfolges aus diesem Ansatz betrachten, so führt das zu einer Betrachtungsweise anhand von Schlüsselfaktoren. Alles andere könnte also ruhig ziemlich durchschnittlich sein, jedoch besteht bei einem Schlüsselfaktor ein erheblicher Unterschied. Dieser Schlüsselfaktor könnte beispielsweise die Fähigkeit sein, extrem hart zu arbeiten, oder es könnte die Entschlossenheit sein, Gelegenheiten zu finden und weiterzuentwickeln.

Es könnte ganz bestimmte Aktivitäten geben, die in hohem Maße ein angeborenes Talent erfordern, und wiederum andere, die eher von der Weiterentwicklung dieser Art Fähigkeiten abhängen. Dies gilt beispielsweise im Bereich der Leichtathletik, wie es der Trainer Ron Pickering beobachtet hat:

„75 Prozent aller Athleten gelangen deshalb an die Spitze, weil sie ganz besonders talentiert sind . . . Wenn man beispielsweise mit einer Lynn Davies oder einer Mary Rand keine guten Ergebnisse erzielen kann, so ist man wohl kein besonders guter Trainer, denn diese Athleten sind außergewöhnlich talentiert. Der Grund, warum ich hier nicht von Sebastian Coe und Steve Ovett spreche ist der, daß die Leichtathletik im Mittelstreckenrennen – bei allem Respekt – nicht so typisch repräsentiert wird, wie bei anderen Disziplinen. Bei den Läufern der Mittelstreckenrennen (die in der Gunst und im Stolz der Bevölkerung von Großbritannien den ersten Rang einnehmen) wird vor allem die Leistungsfähigkeit der Kreislauforgane (des cardiovascularen Systems) widergespiegelt, welches in diesem Falle überdurchschnittlich gut trainiert ist. Man kann einen 10 000-Meter-Weltklasseläufer wie David Bedford auch aus einem völlig untalentierten Athleten formen."

Sting, der an anderer Stelle davon spricht, wie er „seine Kreativität nach einem bestimmten Modell ausgerichtet hat", erkennt auch, daß sein Erfolg als Leichtathlet und auch als Sänger sehr viel miteinander gemein haben: „Das Laufen war eine Begabung. Wegen der Ausformung der Muskeln in meinen Beinen und ganz allgemein im Körper, war ich in der Lage, schnell zu laufen. (Er war Bezirksmeister über 100 und 200 Meter.) Als Läufer über eine lange Entfernung muß man an der Taktik arbeiten, man muß sein Durchhaltevermögen ausbilden usw. Man wird zum Langstreckenläufer nicht geboren. Ich könnte eine Parallele zu meinem Gesang ziehen. Meine Stimme ist nicht etwas, das ich jemals entwickelt oder trainiert habe. Und dennoch betrachten einige Leute mich als einen der besten Vertreter einer bestimmten Stilrichtung in diesem Lande."

Setzen Sie Ihren Erfolg voraus

In der Geschäftswelt scheint der Erfolg viel weniger auf ererbtem Talent, dafür aber um so mehr auf Nachdenken und den die Persönlichkeit bestimmenden Faktoren zu beruhen. Gewiß scheint der geschäftliche Erfolg häufig auch einfach dem Wunsch zu entstammen, Dinge in Bewegung zu setzen. Haben Sie schon einmal festgestellt, daß es Fälle gibt, wo ein erfolgreicher Mensch offenbar ganz unterschiedliche Vorstellungen und Ideen hat? In einer bestimmten Weise handelt es sich hierbei um Erwartungen, die das Verhalten dieses Menschen beeinflussen. Die meisten Menschen sind damit zufrieden, wöchentlich ihr Gehalt zu beziehen und an einen genau vorherbestimmten Platz zu passen, der ihnen von einer Organisation zugewiesen wird. Dabei steht nicht im Vordergrund, daß sie die Sicherheit dieses Platzes so sehr lieben, sondern daß sie eigentlich überhaupt keinen Ehrgeiz haben, sich auf eigene Füße zu stellen.

Nolan Bushnell, als Sohn von Mormonen in Utah geboren, beschreibt, wie seine „Erwartungen" sehr rasch und schon kurz nach dem Tode seines Vaters, eines Massivbau-Unternehmers, ausgeprägt wurden: „Mein Vater starb im August, und schon mit 15 Jahren war ich Leiter der Bauarbeitermannschaft, um die Bauprojekte fertigzustellen, die mein Vater noch begonnen hatte. Ich wurde dadurch gezwungen, erwachsen zu werden, jedoch erkannte ich gleichzeitig einige Gesichtspunkte dieses Geschäftes und wie es funktionierte, wie man die Arbeitseinheiten durch Preisangebote rentabel machen kann, wieviel die Materialien kosten, und als ich dann sah, zu welchem Preis er dies alles verkaufte, dachte ich: ‚Dies ist ein gutes Geschäft. Man muß nicht für jemand anders arbeiten, um eine Menge Geld zu verdienen. Man muß es nur organisieren, die Leute dafür einstellen und es dann tun.'"

An diesem Punkt stehen uns offenbar drei Möglichkeiten zur Wahl. Ehrgeiz (Antrieb usw.) könnte ein genetischer Faktor sein. Es könnte auch das Ergebnis der Lernvorgänge sein, die man in einer früheren Umgebung miterlebt hat. Schließlich könnte es auch ein „Konzept" sein. Wir haben eine bestimmte Vorstellung von „einem Stuhl", weil wir oft genug Erfahrungen mit einem Stuhl gehabt haben. „Die Fähigkeit, Dinge in Bewegung zu setzen", könnte ein Konzept und eine Vorstellung werden und gleichzeitig eine Erwartung bedeuten. Demzufolge müßte die Möglichkeit, Dinge in Bewegung zu setzen, denjenigen als etwas Natürliches erscheinen, die diese Vorstellung ebenso in sich aufgenommen haben wie die Vorstellung, auf einem Stuhl zu sitzen.

Es heißt, daß in vielen Ländern ein Großteil der Armut psychologisch bedingt sei: Man erwartet einfach, daß man gar nichts tun kann. Selbsthilfeprogramme (bei relativ geringem finanziellen Aufwand) haben gezeigt, daß schon viel dadurch geholfen ist, daß man diese Erwartungshaltung ändert.

Hierin liegt einer der Gründe für mein Projekt in Venezuela, wo ich mit der Regierung zusammengearbeitet habe, um jedem Schulkind das Denken beizubringen. Das Ziel besteht darin, das Selbst-Image eines Kindes so zu verändern, daß es sich Dinge ausdenken und diese in die Tat umsetzen kann. Kinder können diese „Spielregeln" sehr schnell begreifen.

Derartige Erwartungen werden von den örtlichen und nationalen kulturellen Verhältnissen gefördert. Wie dies auch in Unternehmen geschehen kann, wird in Teil III, Kapitel 10 untersucht. Ron Pickering beschreibt, wie Erwartungen in einer völlig anderen Umgebung durch etwas bestimmt werden, was er als „die überragende Kraft des Anpassungsdruckes in einer Gruppe" beschreibt. „Es ist eine wirklich überwältigende Kraft. In unserem Club (Haringay Athletic) haben wir 85 Prozent schwarzer Jugendlicher, und wir haben bisher keinerlei Schwierigkeiten oder Spannungen durch die Rassenfrage gehabt – aber wenn plötzlich eine gleichartige Gruppe rufen würde ‚Hey, Freunde, wir gehen heute abend nach Brixton und räumen da mal richtig auf‘, – so könnte diese gleichartige Gruppe entscheiden, was die Jugendlichen tun. Man kann einen jungen Burschen haben, der von allen bewundert wird (weil er beispielsweise sehr gut Gitarre spielt), und er sagt vielleicht plötzlich, ‚Mist, Leute vergeßt diesen Quatsch, ziehen wir lieber los und rauchen etwas Gras . . .‘"

Die kulturbedingten Verhaltensweisen gegenüber dem Erfolg innerhalb einer Nation sind die gleichen wie die örtlichen Verhaltensweisen, nur in größerem Maßstab. Beispielsweise gibt es einen krassen Unterschied zwischen der kulturbedingten Einstellung gegenüber dem Erfolg in den Vereinigten Staaten und in Großbritannien.

In den Vereinigten Staaten herrscht viel Bereitschaft zur Bewunderung und ein bemerkenswerter Mangel an Neid. Erfolgreiche Leute werden beinahe als nationale Denkmäler hochgeschätzt. Sie sind die Aristokratie der Gesellschaft, mit Sicherheit die Aristokratie für die Medien.

In Großbritannien hat die historisch gewachsene Struktur der Klassenge-
sellschaft die gegenteilige Wirkung hervorgerufen. Eine Klasse ist hier ein
Club, der auch dann noch überlebt, wenn seine Mitglieder ihren Platz in der
Gesellschaft nicht aufgrund persönlicher Anstrengungen erworben haben,
sondern eben aus der Mitgliedschaft in diesem Club. Hebt man sich davon
ab – und man spielt dabei den Großfürsten – so zerstört man die Einheitlich-
keit dieses Clubs. Hervorragendes zu leisten ist in bestimmten Bereichen
gestattet, wie beispielsweise im Sport und in der Unterhaltung, jedoch nicht
in wirklich ernsten Bereichen. Der Satz „um die Hälfte zu schlau" hätte
niemals seinen Ursprung in den USA haben können. In Großbritannien ist
beispielsweise das einzig akzeptable Deckmäntelchen für intellektuellen
Erfolg nur die Verschrobenheit. Erfolg im Sinne von Reichtum gilt als vulgär
und demonstriert schlechten Geschmack. In den Vereinigten Staaten reagieren die Menschen auf Erfolg mit dem Wunsch, diesem nachzueifern. In
Großbritannien wird diese Bewunderung durch Neid ersetzt, der dann diesen
Erfolg irgendwo einem nicht akzeptablen Verhalten und Betragen zuschreibt
(der Junge legt nur so gute Prüfungen ab, weil er ein ‚Bücherwurm' ist und zu
intensiv lernt).

Der Sinn dieses Buches liegt darin, eine Plattform zu schaffen, in der
erfolgreiche Leute einige ihrer eigenen Erfahrungen miteinander austauschen
können. Der Grundvorstellung vom Erfolg kann man durch Kontakt mit
erfolgreichen Kulturen näherkommen. Bedenken Sie dabei, daß das Wort
„Kultur" sich völlig von „Erlernen" unterscheidet, da die Kulturen jemanden
dazu ermutigen, Vorstellungen in sich aufzunehmen und Erwartungen
festzulegen, wogegen das Erlernen einfach nur Reaktionsmuster vorgibt.

Kann man einen Stil kopieren und dabei erfolgreich werden?

„Ich habe fünf Jahre damit verbracht, ein Image zu pflegen und fein zu
polieren. Ich bin imagebewußt", gibt Sting zu. „Zunächst einmal war es
außerordentlich wichtig, sich ein ‚richtiges' Aussehen zu schaffen. Dann
mußte man die richtigen Dinge sagen, zusammenhängende Antworten auf
intelligente Fragen geben, auch wenn es mir ziemlich seltsam vorkam, daß
ich in einem meiner ersten ernsthaften Interviews sogar meine Ansicht über
die Kernfusion darlegen sollte."

Ich möchte einmal eine ziemlich kontroverse Feststellung treffen, die die
meisten Leser instinktiv ablehnen werden:

„Wenn man die Rolle eines Denkers spielt, so wird man ein Denker."

Eigentlich ist diese Feststellung gar nicht wirklich kontrovers, weil diejenigen, die sie ablehnen, ihre Einwände auf semantische Überlegungen, Emotionen und Vorurteile über das Wesen des Denkens gründen werden. In meinem Falle beruht diese Feststellung aber auf Tausenden von Stunden unmittelbaren Denkunterrichts, wobei das Denken als Fähigkeit sowohl Erwachsenen als auch Jugendlichen in einer Vielzahl von Ländern, Kulturen, Altersklassen und Befähigungen beigebracht wurde. Ich arbeite mit dem als Schulfach wahrscheinlich weltweit meistbenutzten Denk-Programm.

„Denken" wird ebenso wie Erdkunde, Geschichte oder Mathematik als spezifisches Schulfach unterrichtet. Die erste Lektion nennt sich „P.M.I.". Hierbei handelt es sich um eine einfache Rasterstruktur, die der jeweilige Schüler ziemlich formal und mit relativ großem Ermessensspielraum anwenden kann. Er oder sie betrachtet zunächst die *P*luspunkte der jeweiligen Situation, dann die *M*inuspunkte und schließlich die *i*nteressanten Punkte (P.M.I.). Nach dieser Strukturermittlung trifft die jeweilige Person eine Entscheidung, die durchaus emotional geprägt sein kann. Die Formel kann dabei ganz bewußt und nach freiem Ermessen angewandt werden. Obwohl das Hilfsmittel sehr einfach ist, gibt es für seine Zusammenstellung viele komplexe Grundbedingungen. Einige von diesen entstammen der Überlegung, daß der menschliche Geist ein sich selbst organisierendes Informationssystem ist (wie es in „The Mechanism of Mind" beschrieben wurde, dem 1969 veröffentlichten Buch, welches eines der ersten Beispiele der „Selbstorganisation" gab). Viele hochintelligente Leute sitzen in einer „Intelligenzfalle". Sie nehmen zu einem bestimmten Thema eine bestimmte Haltung ein, und verwenden dann ihre Denkfähigkeiten ausschließlich dafür, diese Haltung zu verteidigen.

Je mehr sie dazu in der Lage sind, diese Position zu verteidigen, um so weniger sehen sie von dem eigentlichen Thema, und um so weniger brauchen sie es auch tatsächlich weiter zu erforschen: also bleiben sie in einer bestimmten Ansicht befangen. Die P.M.I.-Formel zwingt zu einer Überprüfung. Wenn die Wahrnehmungsfähigkeit erst einmal auf diese Art und Weise ausgedehnt wurde, so kann der Denkende nicht mehr wegdenken, was jetzt vor ihm liegt. Wir lassen Erwachsene und Kinder die P.M.I.-Methode anwenden, um wichtige Entscheidungen in deren eigenen Lebensumständen zu beeinflussen. Wir lassen Kinder ihre Eltern um den Küchentisch versammeln, um die Eltern einmal mit diesen und ähnlichen Hilfsinstrumenten des Denkens vertraut zu machen.

Hierbei ist also die P.M.I.-Methode ein sehr einfaches Hilfsmittel, und sie

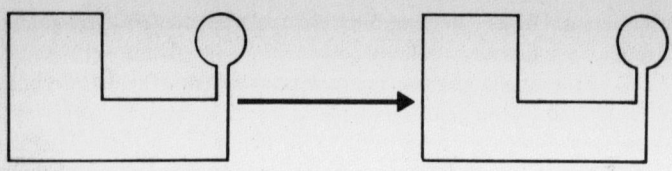

Kopieren

Björn Borgs Spiel-Stil zu kopieren wird Ihnen kaum gelingen, wenn Ihnen der Sinn für sein Timing fehlt.

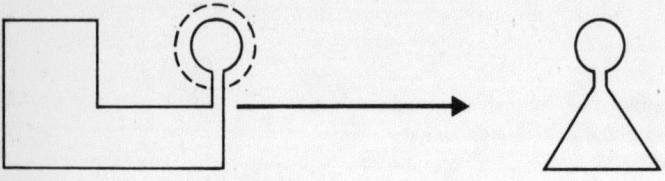

Lernen

Es kann von Vorteil sein, Lektionen anderer zu lernen.

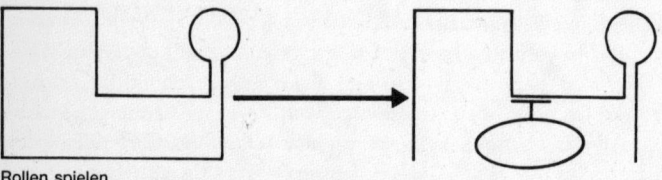

Rollen spielen

Man kopiert nicht Hamlet oder Charlie's Tante; man nimmt die Rolle dieser Person vorübergehend an.

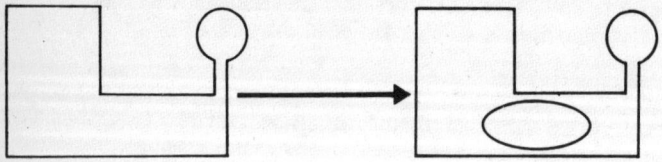

Rollen annehmen

Man kann sich in unterschiedliche Richtungen zugleich entwickeln; hinter jeder verbirgt sich eine andere Person.

ist leicht anzuwenden. Wenn man sie einsetzt, so *spielt* der Lernende *die Rolle* eines Denkenden, er spielt das Spiel des Denkens, gemäß den vor ihm liegenden, aufgeschriebenen Regeln. Wenn er diese Rolle ausführt (auch wenn der Lernende überhaupt nicht daran glaubt), so wird er seinen Horizont erweitern. Dieses erweiterte Blickfeld wird wiederum das Verhalten des Lernenden beeinflussen.

Die Wechselbeziehung dieses Beispieles zum Erfolg ist sehr wichtig. Was können wir von anderen Menschen kopieren?

Lernen durch Kopieren

Die Imitation und das Kopieren sind äußerst wirksame Lernmethoden. Wir neigen manchmal dazu zu glauben, daß die Menschen sich alles selbst erarbeitet haben. Dabei kann das Kopieren äußerst effektiv sein, wie es Tony Jacklin vorschlägt. Tony Jacklin: „Als ich jung war, lernte ich mehr als durch jede andere Methode allein durch das Kopieren – die Nachahmung ist das größte Hilfsmittel, das ein Jugendlicher hat. Es ist ein Hilfsmittel, das wir unser ganzes Leben lang haben. Wenn wir jedoch noch jünger sind, so neigen wir dazu, es häufiger einzusetzen. Wenn wir älter werden, so wird unser Denken analytischer. Unsere Kopierfähigkeit verstauen wir irgendwo in der hintersten Schublade unseres Denkens. Ich glaube aber, das Nachahmen ist wahrscheinlich das einzige, was unserem Lernfortschritt am meisten hilft – besonders beim Golf. Man sieht einen guten Spieler, und nimmt etwas davon an. Dies ist vielen Leuten natürlich nicht genug. Sie gehen weiter, sie werden 16 oder 18 Jahre alt, und möchten dann selbst herausfinden, warum etwas so oder so funktioniert. Sie durchforschen ihren Geist, und in Wahrheit gibt es bestimmte Dinge, die man besser in Ruhe läßt. Es ist genug, daß man A oder B tut, unglücklicherweise reicht dies den meisten Menschen jedoch nicht, besonders dann, wenn sie analytisch denken."

Junge Menschen können durch einen Lehrer, durch ihre Eltern oder durch einen Mentor beeinflußt werden und können dann bewußt oder unbewußt deren Stil kopieren. Es kann allerdings nur zu leicht passieren, das „Lernen von anderen" mit dem „Nachahmen von anderen" zu verwechseln. Als Björn Borg auf dem Höhepunkt seiner Karriere war, so schienen sehr viele junge schwedische Tennisspieler seinen Stil in der Hoffnung zu kopieren, daß ihr Spiel ebenso erfolgreich sein würde, wie das von Borg. Sie scheiterten dabei, weil sie versuchten, den Stil eines anderen zu kopieren, statt ihre eigene Richtung zu entwickeln. So erfordern beispielsweise Borgs Topspin-Schläge ein außergewöhnlich hoch entwickeltes Gespür für den richtigen Zeitpunkt, während flache Schläge weniger kritisch sind. Fehlt einem Spieler dieses feine Zeitgespür, so muß er beim Nachahmen von Björn Borg scheitern. Kopieren wir jemand anders, so versuchen wir, dieser andere zu *werden*, jedoch beruht der Stil auf den eigenen, speziellen Qualitäten einer Person und läßt sich nicht übertragen, ohne daß man auch diese Qualitäten übertragen würde.

„Auch wenn ich versuche, jemand anders nachzuahmen", sagt David Bailey, „und manchmal kopiere ich tatsächlich verstorbene Fotografen(die von ihnen geschaffene Atmosphäre), so funktioniert es nicht. Einmal versuchte ich das mit Bellocq. Er fotografierte Prostituierte in New Orleans um die Jahrhundertwende, und ich machte einige Modefotos, in denen ich versuchte, den Mädchen genau dieses Aussehen zu geben. Aber das Ergebnis dieser Bilder war, daß sie überhaupt nicht nach Bellocq aussahen. Sie blieben meine Bilder. Manchmal gebe ich mir sehr viel Mühe, das Aussehen meiner Mädchen zu ändern, aber ich kann es nicht. Was ich mit ihrem Make-up auch mache, das Ergebnis der Bilder sieht aus wie von Bailey (oder nach irgend jemandem, der ein Bailey-Foto gemacht hat). Das hasse ich. Ich habe mein ganzes Leben lang versucht, keinen Stil anzunehmen, da ich niemals unentrinnbar auf einen Stil festgelegt werden wollte. Ich versuche, meine Fotos so weit wie möglich zu variieren, jedoch sehen am Ende die Mädchen alle genau aus, wie eben bei mir."

Doch können wir natürlich von anderen lernen. Wir können unsere Lektionen lernen. Wir können neue Perspektiven für uns erschließen. Wir können lernen, was bei den anderen funktioniert, und was für uns funktioniert oder nicht funktioniert. Wir können lernen, was wir anvisieren müssen. Wir können breiter angelegte Strategien erlernen, deren beabsichtigte Wirksamkeit nicht vom persönlichen Stil unseres Lehrers abhängt (wie zum Beispiel die Ausnutzung der Schwächen einer anderen Person in einer Verhandlungsposition). Der Zweck dieses Buches liegt darin, ein Umfeld für diese Art des Lernens zu schaffen.

Rollenspiele für den Erfolg

Im Unterschied zum Nachahmen handeln wir beim Rollenspiel zeitweilig genau wie die andere Person. Es ist dabei dasselbe wie ein Schauspieler auf einer Bühne, der Hamlet oder Charlies Tante spielt.

„Stellen wir uns vor, Sie spielen McEnroe, und Sie wären eigentlich ein Spielertyp, der in Streitfällen ständig nachgibt", schlägt Allan Fine vor. „Um McEnroe selbst widerstehen zu können, könnte man beispielsweise so zu handeln beginnen, wie sein exaktes Gegenstück. Wenn man sich als Geschäftsmann als sehr ruhigen Menschen versteht (irgend jemand anders spricht immer zuerst, Sie sind niemals der Dynamische), dann werden Sie immer dann, wenn sich für Sie eine Gelegenheit bietet, dynamisch zu sein, sagen ‚nein, das ist nicht meine Art‘. Wenn Sie aber ein Rollenspiel durchführen und so tun ‚als ob‘, dann könnten Sie beispielsweise sagen: ‚Nun gut, eigentlich bin ich ja nicht so, aber einmal werde ich aus mir herausgehen und so spielen‘; so könnten Sie es versuchen und herausfinden, daß Sie dabei Ergebnisse erzielen, die normalerweise jemandem zufallen, der wirklich dynamisch handelt.“

„Tatsächlich habe ich einmal die McEnroe-Taktik verwendet, und es hat sich gelohnt. Ich wurde plötzlich von weitaus weniger Leuten herumgestoßen – ich brauche nur meine Mc-Enroe-Nummer abzuziehen und ein bißchen den Berserker spielen. Allerdings könnte ich dabei auch unversehens wegen schlechten Betragens disqualifiziert werden, und ich müßte damit rechnen, daß man mich nicht mehr mag, also könnte es mir auch schaden. Es kommt darauf an, daß man seinen verhaltensmäßigen Ansatz gegenüber einem anderen Spielertyp umformen *kann*. Man kann es durch Taktik machen, indem man bis ans Netz geht. Borg versuchte dies gegen McEnroe. Er versuchte, häufiger zum Netz zu gehen. Man muß jedoch so tief in diese Rolle hineingehen, daß man zumindest eine Zeitlang beinahe selbst glaubt, es zu sein.

Es ist das berühmte Spiel namens ‚tun wir mal so‘. Einige Leute sind dabei sehr gut, andere können es nicht. Ursprünglich, während unseres Anfängerkurses, zeigen wir ihnen nur eine Reihe von Tricks, nur um diese Dinge einmal zu verdeutlichen. Dadurch erhalten wir die Chance zu sehen, wie sie ihre Vorstellungskraft einsetzen können. Einige Leute können direkt drauflosspielen, andere finden es sehr schwierig.

Das Problem ist, daß wir diese Rolle nicht wirklich mit Überzeugung wahrnehmen, und wenn man nicht mit seiner ganzen Überzeugung dahintersteht, so funktioniert es nicht.

Wahrscheinlich wissen Sie, daß Sie nach einer Sportsendung im Fernsehen, die Sie sich angesehen haben, hinausgehen können und unmittelbar danach, vielleicht fünf Minuten lang, großartig spielen können, und dann verläßt Sie wieder der Elan. Wahrscheinlich lernen wir den Bewegungsablauf durch Bilder, durch Gefühl, und wir sollten die Bedeutung von Bildern und Beispielen nicht verleugnen.“

Was können wir aus Bildern lernen?

David Bailey: „Ich erinnere mich noch daran, wie ich das erste Mal bewußt eine Frau wahrgenommen habe. Das war, als meine Mutter einen Mantel des ‚New-Look' anprobierte. War es 1948 oder 1949? Ich war sehr jung. Es war bei C & A (ein Geschäft im West-End von London), und mir schwebt immer noch diese Vorstellung vor, wie meine Mutter sich schwungvoll vor dem hellen Hintergrund herumdrehte. Diese Vorstellung ist mir stets erhalten geblieben. Sie sah so wundervoll aus, so zauberhaft. Irgendwie habe ich seither immer wieder versucht, diesen Eindruck bei den von mir fotografierten Mädchen neu einzufangen. Das habe ich noch niemandem erzählt."

Wir erleben hier, wie ein ganz bestimmter, bildhafter Eindruck die Leistung beeinflußt. Nicht in der subtilen, komplexen Art, wie wir es aufgrund vergangener Erfahrungen erwarten, sondern in sehr direkter und kraftvoller Weise. Das Bild ist ein Bezugspunkt geworden. In der Welt der Kunst kann der durch ein Bildnis festgelegte Stil den Unterschied zwischen Erfolg und Niederlage ausmachen. Aller Ehrgeiz und alles Talent der Welt brauchen nicht dafür auszureichen, diese Art eines bemerkenswerten Stiles zu schaffen, wie er für den künstlerischen Erfolg in der Gegenwart nötig ist. Man sagte, daß Modiglianis Stil von seiner Liebe zur primitiven Kunst der Afrikaner geprägt wurde, den man zur damaligen Zeit gerade neu entdeckte. Schlichter Ehrgeiz kann eine Antriebskraft darstellen, aber Glück und Vorstellungsvermögen können von ganz bestimmten Erfahrungen abhängen.

Rollenleben und Erfolg

Es gibt noch eine andere Nachahmungstaktik: Die japanische Kultur kennt nicht die westliche Vorstellung des Ego (das durch religiöse Vorstellungen von Lohn und Strafe noch weiter verstärkt wird). Statt dessen gibt es dort fein säuberlich aufgeteilte Abteilungen oder Fächer, innerhalb derer verschiedene Persönlichkeitsmerkmale sich entwickeln. Zwischen 9 Uhr morgens und 17 Uhr nachmittags haben wir es mit dem Geschäftsmann westlichen Zuschnitts zu tun, mit der entsprechenden Kleidung, mehr oder weniger passenden Witzen und dem sonstigen Gebaren. Zwischen 17 Uhr nachmittags bis 9 Uhr abends haben wir es dann mit dem japanischen Typ eines Geschäftsmanns zu tun, der gern einiges trinkt, viel herumalbert und sich amüsiert. Zwischen 21 Uhr abends bis 8 Uhr morgens übernimmt diese Person dann die Rolle des traditionellen japanischen Familienvaters, der nach Hause geht und tut, was seine Frau ihm sagt. Dies alles sind klar abgegrenzte und sehr verschiedenartige Rollen. Jedoch spielt der Japaner diese Rollen nicht bewußt, wie etwa ein Schauspieler.

Wir können also das Nachahmen, das Rollenspiel und das Rollenleben nach japanischer Art voneinander unterscheiden. Bringt man durcheinander, was eigentlich gerade vor sich geht, so kann dies katastrophale Folgen haben, wie Morgan Maree feststellen mußte: „Ich galt als ‚der Geschäftsmanager‘, der ‚stabilisierende Einfluß‘, der ‚Vertraute‘, der ‚Bewahrer von Geheimnissen‘, der ‚Freund, der wußte, daß Sie sich Ihr neuestes Auto gar nicht leisten konnten‘. Dann wurde ich Präsident eines Unternehmens, machte die Midlife-Krise durch und sagte mir: ‚Also gut, als nächste Stufe werde ich wohl selbst Klient sein.‘ So wurde ich schließlich geschieden – und heiratete interessanterweise eine Klientin! Dann wurde mir klar, daß diese beiden Lebensweisen sich sehr voneinander unterscheiden. Das eine ist eine künstlerische Lebensweise, die andere ist das Leben eines Geschäftsmannes.“

Das Problem bei vielen Managern im künstlerischen, geschäftlichen oder persönlichen Bereich ist, daß sie auf das Niveau ihrer Klienten zustreben, und statt der geschäftliche Stabilisierungsfaktor zu sein, werden sie dann zu einem flatterhaften Produzenten . . . Wer versucht, sich von einer Raupe in einen Schmetterling zu verwandeln, versengt sich die Flügel.“

Echt kontra künstlich: Decken Sie den Stil-Schwindel auf!

„Der Mißerfolg ist garantiert, wenn man bei den Leuten als unecht gilt“, sagt Lord Pennock. „Deshalb habe ich einige Bedenken gegen Ihre Formulierung ‚eine Taktik übernehmen‘. Was man in sich aufnimmt, ist etwas Instinktives. Wenn ich mich bewußt anschicke und zu mir sagen sollte, ‚also paßt auf, so und so verhält es sich mit diesem Menschen, was ich also machen muß, ist dies und das‘ – und ich mache mir diese Sache wirklich bewußt – so wird er anfangen, dieses Spiel zu durchschauen, und ich habe es verloren.“

Einerseits gibt es also Taktiken, die unecht sind, künstlich, überanalysiert und zu sehr durch das Bewußtsein gehemmt. Andererseits gibt es auch das Image, Rollenspiele, vollständige, äußerliche Nachahmung. Es gibt eine bestimmte Emotion, die uns dazu ermutigt zu glauben, daß die uns echt und natürlich erscheinenden Dinge besser sein müssen als die geschaffenen, durch Kultivierung entstandenen. Es gibt sogar Länder, wo der Amateur gegenüber dem professionellen Spezialisten bevorzugt wird (beispielsweise in

Großbritannien). Natürliche Nahrung ist besser als künstliche Nahrung usw. Dennoch bewundern wir Kunst und Architektur, die auf sorgfältiger Auswahl, Kultur und Anstrengung beruhen.

Es gibt viele geborene Verkäufer. Verkaufstechniken erfordern auch in hohem Maße fachliche Fähigkeiten. Es besteht kein Zweifel daran, daß bewußtes Training die Effektivität eines Verkäufers steigern kann. Ist der durch Training zum Verkäufer gewordene Mensch deshalb „unecht"? Die Antwort darauf lautet, daß er unecht ist, wenn man ihn als solchen entlarven kann. Wenn man ihn beobachten kann, wie er mechanisch seine Routinearbeiten erledigt, dann ist er unecht und wird wahrscheinlich nicht sehr erfolgreich arbeiten. Ein schlechter Schauspieler bleibt ein schlechter Schauspieler. Wenn man ihm jedoch nicht nachweisen kann, daß er nur eine Routinevorstellung abspult (weil es entweder ein Teil seiner selbst geworden ist, oder weil er es so besonders gut spielt), dann ist er nicht nachgemacht oder unecht, und er wird Erfolg haben. Vielleicht ist dies eine zynische Ansicht, aber es ist die Grundlage jeder Ausbildung und jeder Entwicklung durch Kultivierung. Eine absorbierte Kultur hört auf, eine künstliche Kultur zu sein – sie ist jedoch so lange künstlich, bis sie absorbiert wird.

Manchmal fehlt dem natürlichen Stil nur noch die eine oder andere Kleinigkeit, die man sich von jemand anders aneignen kann. Dann handelt es sich nicht mehr um das Leben einer Rolle, sondern um die Übernahme der letzten Feinheiten einer Rolle, eines Oberflächen-Erscheinungsbildes, das man durch Übung annehmen kann.

Die Grundidee von Ausbildung als einem Mittel, das Vorhandene an die Oberfläche zu bringen, ist völlig in Ordnung. Darin lag stets das klassische Ziel jeder Ausbildung. Aber was hat es damit wirklich auf sich? Viel häufiger gibt es ein vorgegebenes Rollenmodell, in das ein Mensch hineinwächst. Das System der englischen Privatschulen wurde entwickelt, um die Jungen für ein Rollenmodell zu erziehen, wie man es für Verantwortungsträger in einem großen Weltreich benötigte. Zu diesem Rollenbild gehörten keinerlei gewerbliche oder industrielle Tätigkeiten. Ich glaube, es mag „echte Persönlichkeiten" geben (was durch die chemischen Profile im Gehirn bestimmt wird), jedoch werden Rollenmodelle durch die Gesellschaft oder die Familie vorgegeben.

Nach Freud orientierte sich die westliche Gesellschaft sehr stark in Richtung „wahres Ich", „verborgene Tiefen" und „innerer Mensch". Die vorherrschende Meinung ist dabei, daß unterhalb des unwahren Äußeren ein besserer Kern im Menschen steckt. Frühere Kulturen und die Gesellschaften östlicher Länder haben manchmal den entgegengesetzten Kurs eingeschlagen: Der Mensch ist roh und primitiv, und das wahre Ich ist etwas sehr

Armseliges. Die Zivilisation besteht darin, die Menschheit in zivilisierte Rollenmodelle hineinzuformen und den Menschen dazu zu bringen, sich in natürlicher Weise bestimmter Formen der zwischenmenschlichen Beziehungen zu bedienen. Es gibt zwei Arten des „Natürlichen". Im ersten Falle meint man das Fehlen des Künstlichen. Im zweiten Falle ist das Künstliche so vollständig verinnerlicht worden, daß es völlig natürlich erscheint. Ursprünglich galten die Gemälde der Impressionisten als ganz besonders künstlich, bis wir begannen, sie als noch natürlicher anzusehen als die gegenständliche Malerei (Ingres, David usw.).

Einem Erfolgsuchenden fehlen manchmal nur ein oder zwei Bestandteile, die er sich vom Stil einer anderen Person aneignen kann. Warum sollte ein Wissenschaftler Talent zum Kommunizieren haben? Die Antwort könnte lauten, daß sein Erfolg davon abhängt.

„Man neigt dazu, bestimmte Posen und ganz bestimmte Verhaltensweisen anzunehmen. Hat man damit Erfolg, so prägen sie sich einem auf", sagte Prof. Eysenck. „Dann übertreibt man sie vermutlich."

Schon vor sehr langer Zeit empfand ich es als wichtig für einen Wissenschaftler, erfolgreiche Vorlesungen und Berichte über seine Arbeit bei Konferenzen und anderen Gelegenheiten abhalten zu können. Also begann ich, darauf zu achten, wodurch ein Wissenschaftler in diesem Sinne wirklich erfolgreich wird. Die meisten sind in diesen Dingen sehr schlecht. Sie schreiben etwas und dann lesen sie es in fast unhörbarer Lautstärke vor. Sie zeigen ganz unmögliche Dias die niemand versteht und die sowieso kaum erkennbar sind. Und dabei machen sie noch alle Arten von Fehlern, die sich so leicht vermeiden ließen. Um erfolgreich zu sein, müßte man ein wenig darüber hinaus tun – und dieses kleine Bißchen ist eine Art Show-Geschäft.

Beispielsweise mußte ich mich einmal an ein großes Fachpublikum von Geschäftsleuten wenden, um ihnen zu erläutern, was Persönlichkeit bedeutet – in gewisser Weise ein sehr trockenes Thema. Wir sprachen dabei über ‚Faktorenanalyse' usw., jedoch lag das Problem darin, wie ich ihr Interesse erwecken und sie am Einschlafen hindern konnte. Also lieh ich mir von meiner Tochter (die, glaube ich, damals fünf Jahre alt war) einen kleinen Papierschirm aus und nahm ihn mit. Als ich an der Reihe war, stellte ich ihn so vor mir auf dem Rednerpult auf, daß ihn jeder sehen konnte. Zunächst einmal bewirkte dies eine gewisse unruhige Bewegung. Also wartete ich noch, bis ich in meinem Vortrag ziemlich weit fortgeschritten war und dann, als ich über Faktoren – ‚Faktorenanalyse' – sprach, sagte ich: ‚Also, die Faktorenanalyse ist diesem Schirm sehr ähnlich . . .' Ich nahm ihn und öffnete ihn. ‚Dabei sind die Speichen die Faktoren, die Mitte ist . . .' usw. Auf diese Art läßt sich vieles tun – indem man ganz bewußt kleine Show-Effekte einbaut."

Erfolgstaktik

1. *Wenn man versucht, jemand anders zu sein, so wird dies kaum funktionieren. Es ruiniert Ihren eigenen, natürlichen Stil, der auf Ihren eigenen Qualitäten beruht.*

2. *Aus dem Verhalten anderer kann man wichtige Lektionen und Strategien lernen, die man dann zum Bestandteil seines eigenen Stils macht.*

3. *Unter bestimmten Umständen und für begrenzte Zeit eine aktive Rolle bewußt zu übernehmen und zu spielen, kann eine nützliche Strategie sein. Besonders wertvoll kann es dabei sein, einige grundlegende Mängel zu überwinden.*

4. *Es spricht nichts gegen künstliche Ausbildung, vorausgesetzt, daß man sie so lange ernsthaft betreibt, bis es zum natürlichen Wesenszug wird.*

5. *Einige menschliche Aspekte lassen sich verbessern, indem man tiefer in sein Inneres vordringt (Emotionen und Temperament), andere Aspekte verbessert man jedoch nur, indem man sich entgegengesetzt auf Rollenmodelle und Verhaltensweisen zubewegt.*

6. *Bis man eine Rolle wirklich gut gelernt hat, gibt es immer eine schwierige Zeit, in der sie so schlecht funktioniert, daß man sie gewöhnlich aufgibt. Die Schwierigkeit liegt darin zu entscheiden, ob man damit fortfahren oder es aufgeben soll.*

5.
Wie weit hängt Erfolg von Glück ab?

Die Beiträge:

Vereinigte Staaten: Werner Erhard, Dr. Nathan Kline, Norman Lear, David Mahoney, Morgan Maree.

Großbritannien und übrige Länder: David Bailey, Mickey Duff, Margery Hurst, Robert Maxwell, Jackie Stewart.

„Wie kommt es, daß es innerhalb einer Familie für eine Person gut läuft, und nicht für die anderen?" fragt David Mahoney. „Man kann dabei über alles mögliche diskutieren, angefangen bei den Genen, dem sozialen Hintergrund, den Antriebskräften, der Intensität, der Intelligenz, dem IQ – ‚sein Analverhalten wurde richtig eingeübt . . . So war er eben'. Wissen Sie, ich frage mich, ob wir nicht versuchen, unmeßbare Dinge zu messen. Ich bin mir nicht sicher, aber ich glaube, daß auch Zeitfaktoren eine Rolle spielen. Ich glaube, daß darin auch die Faktoren Glück und günstiger Zufall eine Rolle spielen. Ich meine, wenn jemand sagt, ‚woran liegt es?', so frage ich mich nur . . . Dieses Wochenende fanden vier Profiliga-Fußballspiele statt, und wenn diese vier Spiele morgen stattfinden würden, so könnten sie ganz anders ausgehen. Also, worin liegt der Unterschied?"

Glück kann direkten oder indirekten Einfluß auf die Dinge haben, beispielsweise durch seine Auswirkung auf das Selbstvertrauen. So kann beispielsweise Erfolg beim Billard davon abhängen, wie man auf etwas reagiert, was in Wirklichkeit vielleicht nur eine zufällige Plazierung oder Position der Kugeln durch den Gegenspieler ist. Dieser Situation sah sich Dennis Taylor während der Billard-Weltmeisterschaft von 1983 gegenüber. Taylor führte in einer Hängepartie vom Vortage mit vier zu drei Punkten gegen Steve Davis, und dann beobachtete er, wie Davis die gelbe Kugel durch einen Fehlstoß einlochte und dann die schwarze genau traf. Irgendwie war Taylor durch Davis' Glück erstarrt. Etwas später, nachdem Taylor anscheinend schon eine Ewigkeit am Hotelfahrstuhl gewartet hatte, sah er immer noch völlig verblüfft zu, wie Davis herankam, den Knopf betätigte und in den Fahrstuhl stieg, alles in einer fließenden, ununterbrochenen Bewegung. „Verstehen Sie, was ich meine?" lächelte Taylor. „Wenn ich ganz allein dort gestanden hätte, würde ich wahrscheinlich immer noch warten."

Margery Hurst, Vorstandsvorsitzende des Brook Street Bureau: „Jeder erhält einmal seine Chance, aber nur dann, wenn man sie nutzt, kann man damit etwas anfangen. Ein erfolgreicher Mensch nutzt einen glücklichen Zufall gut. Ich gebe Ihnen ein Beispiel. Eines Tages kam mein Vater zu mir und sagte, daß er jemanden kenne, einen gewissen Ivor Field. Der habe ein kleines Büro in der Brook Street in Mayfair. Die Miete sei sehr gering, und dies war genau die Chance, die mich nach London brachte, wo ich das aufbaute, was später das Brook Street Bureau wurde. Hätte sich diese Chance jedoch nicht ergeben, so hätte irgendein anderer Glücksfall genügt. Man gestaltet sein eigenes Schicksal. Man trifft seine eigenen Entscheidungen. Das Geheimnis des Erfolges ist es, aus seinen Chancen das Beste zu machen."

Dr. Nathan Kline, Pionier der Psychiatrie: „Glück kann etwas sein, was wir selbst schaffen. Es braucht nicht unbedingt auf Einflüsse aus dem äußeren Weltall zurückzugehen, jedoch glaube ich, daß es auch außerordentlich vom Glück begünstigte Menschen gibt. Natürlich kann es einfach sein, daß sie nur besser aufpassen!"

Als Gary Player einmal einen ans Wunderbare grenzenden Schlag führte, wobei er den Golfball aus seiner Lage unterhalb eines überhängenden Bunkers bis in eine Entfernung von drei bis vier Zentimetern vor das Loch trieb, sagte ein Zuschauer zu ihm: „Mein Gott, was für ein Glück". Player antwortete: „Stimmt, aber ich will Ihnen eins sagen: je mehr ich übe, umso mehr Glück habe ich."

Gibt es so etwas wie Glück?

Der Einfluß reiner Glücksfälle ist im Geschäftsleben – schon von der Definition her – genauso selten, wie auch sonst überall. Gelegentlich hört man von einer aufsehenerregenden Glücksbegebenheit. Colin Forseyth fand in einem Verzeichnis ein Unternehmen mit dem Namen Hampton Gold Mining Areas. Der Firma gehörte Land in Australien und die Aktien lagen unterhalb von einem Penny je Stück. Er kaufte genügend Anteile, um in den Aufsichtsrat aufgenommen zu werden und versuchte vergeblich, das Land zu entwikkeln. Da fand das riesige Unternehmen Western Mining in der Nähe Nickel. Die Hampton-Aktien stiegen sprunghaft auf sechs Pfund an. Das war so gut wie ein Lottogewinn – und ebenso unwahrscheinlich, selbst im Glücksspiel des Bergbaus, wo derartige Geschichten häufiger auftauchen, wie in anderen Branchen.

Ein Glücksfall in etwas gewöhnlicherer Erscheinungsform war es, der Selim Zilkha dazu veranlaßte, eine Bankfiliale in demselben Gebäude in Paris einzurichten, wo der Vater von Jimmy Goldsmith ein Büro besaß. Zilkha und der Goldsmith-Sohn trafen sich und gründeten schließlich die Kette von Geschäften in Großbritannien, die als Mothercare bekannt wurde. Genau dieser Zufall machte Zilkha zum vielfachen Millionär. Für Goldsmith war es nur eine ausgezeichnete Idee, die er selbst nicht bis zum Ende verfolgen konnte, weil er nicht das Geld hatte, um in einem rasch expandierenden Geschäft finanziell mit seinem Partner gleichziehen zu können. Da dies für Goldsmith untragbar war, zahlte er seinen Partner aus und sah sich anderweitig um. Was für ihn ein großer Glücksfall war, war für den anderen nichts weiter als ein Geschäftsabschluß, der nicht völlig zufriedenstellend verlief.

Werner Erhard: „Menschliche Wesen rennen blindlings durchs Leben, wenn sie sich von dieser Vorstellung eines Glückfalles nicht lösen können. Ich will damit nicht sagen, daß es so etwas wie Glück nicht gibt. Ich meine nur, daß eine der Formen, die Vorgänge des Lebens zu interpretieren, im Glauben an das Glück besteht. (Eine weitere Auslegung könnte man vielleicht in der Alchemie finden!) Wenn man aber versucht, etwas über den Erfolg herauszufinden, indem man untersucht, wieviel Glück manche Menschen gehabt haben, und wenn man diese Untersuchungen abgeschlossen hat und diese Informationen erhalten hat, so weiß man damit nichts, was auch nur einen Pfennig wert wäre. Wenn man einen Menschen durch das Rasterschema des Glücks betrachtet, so könnte man wohl eine Antwort erhalten (man wird sagen ‚oh ja, sie haben Glück gehabt‘ oder ‚nein, sie hatten überhaupt kein Glück‘), jedoch ist diese Antwort purer Unsinn, weil schon die Frage unsinnig ist."

Die Wahl des richtigen Zeitpunktes

Glücksfall oder Urteilsvermögen?

Der Definition zufolge waren alle erfolgreichen Leute zur richtigen Zeit am richtigen Ort. Ganz gleich was sie getan haben, es hat funktioniert. Das bedeutet, daß Zeitwahl und Ort richtig gewesen sein müssen. Dies ist zwar ein nutzloses Argument, nichtsdestoweniger stimmt es. Genau wie in der biblischen Geschichte müssen die Bedingungen für das Keimen der Saat eben stimmen.

Norman Lear: „Nein, ich fühle mich sehr vom Glück bevorzugt. Zeitpunkt, Ort und Begleitumstände, die außerhalb der eigenen Einflußmöglichkeiten liegen, dies alles hat mit Glück oder Pech zu tun. Ich meine damit, ich wurde zu einer Zeit geboren, als die Kommunikationsindustrie durch die Einführung des Fernsehens ganz neu auflebte, und zufälligerweise ist jetzt interessant zu beobachten, wie die Entwicklung mit Kabeln und der neuen Technologie weitergeht. Wir sehen die zweite oder dritte Generation dieser Technik. Zuerst war es das Radio, dann das Fernsehen und nun dieses . . . Satellitenkommunikation. Ich habe zwei dieser völlig neuartigen Umwälzungen selbst miterlebt."

Jackie Stewart: „Ich glaube, daß man viel Glück braucht, um zur richtigen Zeit am richtigen Ort zu sein. Die Zeitwahl bedeutet im Leben alles. Ich begann zu einer Zeit, als alle Dinge für mich vorbereitet waren. Mein Bruder begann, bevor seine Zeit als Rennfahrer gekommen war und hat deshalb nie viel Freude am Leben gehabt. Die Beatles kamen zu einer Zeit, die für die Welt genau richtig war, aber sie machten ihre Sache auch sehr gut. Niemand ist aus purem Zufall und Glück aufgetreten und hat dabei einen riesigen Erfolg erlebt. Die Erfolgreichen sind immer zum richtigen Zeitpunkt gekommen. Aber sie haben ihn mitgeschaffen. Die Beatles schufen Musik in einer unverwechselbaren, modernen Sprache, und es gibt sie noch heute."

David Bailey, Fotograf: „Ich schätze, ich war zum richtigen Zeitpunkt am richtigen Ort. Ich glaube, jeder Erfolgreiche (welcher Art dieser Erfolg auch immer ist) muß im richtigen Augenblick am richtigen Ort sein. Wäre ich dreißig Jahre früher geboren, so wäre ich vielleicht etwas anderes geworden. Aber ich glaube, das gilt für viele andere auch. Ich sage immer, falls Jesus Christus heute leben würde, so befände er sich in ernsthaften Schwierigkeiten, weil die Todesstrafe inzwischen abgeschafft wurde!"

Suche nach Gelegenheiten

Morgan Maree: „Zum richtigen Zeitpunkt am richtigen Ort zu sein ist Bestandteil dessen, was wir unter Antrieb verstehen. Der Antrieb muß darin bestehen, jeden Ort jederzeit genau zu überprüfen, um dann zu entscheiden, welches der richtige Ort ist, und ob der Zeitpunkt stimmt."

Sir Alec Issigonis' brillantes Originaldesign – der Mini-Morris – wurde in England zu einer festen Einrichtung, ebenso wie Roastbeef und Yorkshire-Pudding. Von diesem Modell wurden mehr Autos verkauft, als von jeder anderen britischen Marke. Der Schlüssel zum Erfolg lag in seiner „Wirtschaftlichkeit", und die Rationierung des Benzins im Anschluß an die Suez-Krise zwischen 1956 und 1957 verhalf ihm zu einem erfolgreichen Start. Die lange Lebensspanne wurde seither durch mehrere weitere Ölkrisen unterstützt. Außerdem kam dieser Wagen zu einem Zeitpunkt auf den Markt, als die beengten Verkehrsverhältnisse den Bedarf für ein Modell unausweichlich machten, das im Verkehr sehr wendig war und leicht zu parken. Issigonis Geniestreich, der damals in der Öffentlichkeit sehr gerühmt wurde, lag darin, den Motor quer zu lagern, das Getriebe darunter anzubringen und einen Frontantrieb zu konstruieren, um auf den Kardantunnel verzichten zu können. Es war die perfekte Antwort auf das, was zum damaligen Zeitpunkt erforderlich war.

Robert Maxwell: „Die Zeitwahl ist äußerst wichtig, und nicht nur für einen Mann wie mich. Es ist für jedermann wichtig, selbst für die normale Hausfrau. Beispielsweise zu welcher Zeit man die Mahlzeit aufsetzt, damit sie rechtzeitig zur Ankunft der Familie zum Mittagessen oder Abendessen fertig ist; ganz gleich um welche Mahlzeit es geht – das ist für die Hausfrau wichtig. Und dasselbe gilt im Kleinen wie im Großen. Und um auf das von Ihnen angesprochene Monopoly zurückzukommen, als Sie mein Kaufangebot für Waddingtons ansprachen: Das war kein plötzlicher Entschluß. Vor zwei Jahren hatte ich mich an den Vorstandsvorsitzenden von Waddingtons mit dem Vorschlag gewandt, daß es seiner Firma besser ginge, wenn sie sich der British Printing Corporation anschlösse. Er sagte jedoch nein. Er zog es vor, unabhängig zu bleiben. Und wir sagten, ‚gut!' Aber dann kam vor kurzem jemand anders und unterbreitete ihm ein Angebot, und es sah so aus, als ob sie die Firma schlucken könnten . . . Und Waddingtons Kunden sagten zu mir: ‚Wir dürfen dies nicht zulassen. Wir möchten nicht in die Hände von Leuten fallen, die nicht die geringste Erfahrung in den Bereichen Druck und Verpackung haben'. . . Dann stellten wir selbst noch einmal ein Angebot für die Firma zusammen, weil es Bestandteil unseres Planes war."

Also im Geschäftsleben ist die richtige Zeitwahl nicht immer vom Glück abhängig. Es ist ein wichtiger Faktor, sogar eine Überlegung von ganz entscheidender Bedeutung, stets eine mögliche Expansion zu verfolgen. Der Boxveranstalter Mickey Duff erklärt, wie sich dies auf sein Geschäft auswirkte. „John Stracey, der Weltergewicht-Weltmeister wurde, war nur etwa zwei Jahre lang der Herausforderer Nummer eins. Sämtliche Zeitungen schrieben in riesiger Aufmachung: ‚Warum bekommt er nicht seine Chance? Er ist der Boxer Nummer eins!' Aber weder Terry Lawless (sein Manager) noch ich selbst (sein Promoter) wollten diese Chance haben, bevor ich nach Mexiko ging, um den John Conteh-Weltmeisterschaftskampf zu veranstalten. Alle führenden Köpfe des World Boxing Council waren anwesend. Es boxten Jo Napoles, der Weltergewicht-Weltmeister, der seinen Titel gegen Mumiz Emundo verteidigte. Es war ein Revanche-Kampf, und sie hatten zuvor bereits einen sehr harten Kampf hinter sich gebracht, den Napoles nach einer sehr umstrittenen Entscheidung gewonnen hatte. Jetzt kämpften sie wiederum und diesmal gewann Napoles erheblich leichter ... was jedoch seinen Preis forderte. Ich sah ihn in der Garderobe. Er hatte zwei schlimme Platzwunden. Und ich sah ihn unter der Dusche, und plötzlich sah er aus wie ein alter Mann. Ich ging direkt zu einer Telefonzelle im Stadion und rief Terry Lawless in London an. Ich sagte ihm: ,Terry, es ist soweit. Wir würden auf gar keinen Fall diese Chance verpassen.' Und wir gingen nach Mexiko. Niemand gab uns eine Chance. Wir versuchten alles, um den Kampf in England zu veranstalten, aber wir wurden durch den Einfluß anderer Leute und durch viele andere Dinge einfach kaltgestellt. In Mexiko schafften wir es, einigermaßen unparteiische Sportfunktionäre zu gewinnen – so gut man es unter diesen Umständen erwarten konnte. Wir gewannen."

Etwas tun, was man möchte, und feststellen, daß die Zeitwahl zufälligerweise genau richtig ist, ist eine Quelle für Glücksfälle und auch eine Quelle des Erfolges.

Zu fühlen, daß die Zeit richtig ist, und etwas zu tun, was genau in diesem Augenblick erforderlich ist, ist eine weitere Quelle des Erfolges. Wie bei so vielen in diesem Abschnitt behandelten Aspekten haben wir es auch hier mit der wichtigen Frage zu tun, ob eine Einzelperson sehr viel Einfluß darauf nehmen kann. Kann ein Individuum sich seine Eltern auswählen, die frühkindliche Umgebung, wichtige Vorbilder, zufällige Ereignisse, glückliche Zeitwahl und eine „erfolgreiche" kulturelle Umgebung? Im Endeffekt gibt es wahrscheinlich drei Wege zum Erfolg. Der erste hängt von Faktoren außerhalb des individuellen Einflußvermögens ab (Gene, Hintergrund, Glück, großes Talent). Der zweite Weg besteht aus einer Mischung von Faktoren außerhalb der Einflußnahme des Individuums und den Bemühungen, diese durch bewußte Anstrengungen bis zu einem Maximum auszuschöpfen und zu entwickeln (Talent/Training, Gelegenheiten/harte Arbeit). Der dritte Weg hängt fast ausschließlich vom persönlichen Einsatz ab (Aufmerksamkeit, Strategie, Gelegenheiten schaffen, Taktiken). Natürlich können wir niemals beweisen, daß dieser dritte Weg auch existiert, weil wir immer sagen können, daß jeder, der sich aufmacht, diesen dritten Weg zu beschreiten, bereits unter dem Einfluß von Ehrgeiz und vom Wunsch nach Erfolg stehen muß, die durch seine Gene und seine frühkindliche Umgebung hervorgerufen wurden. Natürlich läßt sich dieses Argument auch wieder umkehren. Die einzig praktische Frage, die letztlich interessiert, ist die, ob man es sich zutraut. Auch wenn der freie Wille nur eine Illusion des freien Willens ist, so ist diese Illusion so gut, daß es darauf schon nicht mehr ankommt.

Erfolgstaktik

1. *Ob es nun stimmt oder nicht, nehmen wir einmal an, daß Sie durch ihre Gene und Ihre frühkindliche Umgebung mit allem ausgestattet sind, was für einen bestimmten Erfolgsstil benötigt wird. Schon dieser Glaube kann einen gewissen Ausgleich für die tatsächlich vorhandenen Mängel in einem dieser beiden Bereiche schaffen.*

2. *Beachten Sie, daß einer der Schlüsselfaktoren wie etwa Ehrgeiz, Durchhaltevermögen oder Zielstrebigkeit Ihre übrigen Fähigkeiten gegebenenfalls intensivieren kann. Stellen Sie fest, ob Sie irgendwo in Ihrer Persönlichkeit eine derartige „Antriebskraft" finden können. Bauen Sie sie aus, und bauen Sie darauf.*

3. *Der wichtigste Faktor ist wahrscheinlich die „Erwartungshaltung". Diese kann innerhalb Ihrer Umgebung oder innerhalb Ihres Denkens als Ihr „Selbst-Image" vorhanden sein. Der Grundgedanke dabei ist, daß der Erfolg ebensosehr Teil Ihrer Erwartungen an das Leben sein soll wie die Erwartung, zu heiraten und Kinder zu bekommen. Wenn Sie selbst Kinder haben, so ist diese Erwartung eigentlich das Wichtigste, was Sie Ihren Kindern mitgeben können. Die Erwartung ist, daß ein Individuum sich zum Erfolg voranarbeiten kann – nicht, daß man den Erfolg mit Recht beanspruchen kann.*

4. *Begeben Sie sich in eine Umgebung, die erfolgsorientiert ist.*

5. *Bewahren und pflegen Sie bestimmte Schlüssel-Imagevorstellungen, auf die Sie Ihren Stil gründen.*

6. *Warten Sie nicht darauf, daß Sie sich zufällig irgendwann zur richtigen Zeit am richtigen Ort befinden, sondern entwickeln Sie ein Gespür für Ort und Zeit, und bringen Sie die richtige Saat zur richtigen Zeit am richtigen Ort in den Boden.*

TEIL II

VORBEREITUNG
AUF DEN ERFOLG

6.

Im Brennpunkt

Die Beiträge:

Vereinigte Staaten: Malcolm Forbes, Mark McCormack, James B. Rogers, Jr.

Großbritannien und übrige Länder: Jarvis Astaire, Mike Brearley, Nigel Broackes, Prof. Hans Eysenck, Alan Fine, Heather Jenner, Robert Holmes à Court, Verity Lambert, Sir Peter Parker, Sir Mark Prescott, John Ritblat, Sting, Jackie Stewart, Virginia Wade.

Was tun: Die Selbsterkenntnis

Dieses Buch handelt von Erfolg, und in diesem Zusammenhang erscheint es wichtig, daß ein Mensch über ein gewisses Maß an Selbsterkenntnis verfügen soll, in welche Richtung er oder sie streben möchte. Dieser Aspekt der Selbsterkenntnis bezieht sich auf die Person als eine „Erfolgsmaschine", was völlig wertfrei gemeint ist.

Aber Selbsterkenntnis, Selbsterfahrung, Selbstbewußtsein und Selbstanalyse unterscheiden sich alle voneinander. Meine Vorbehalte hinsichtlich ihrer Bedeutung stammen daher, daß wir so häufig tun, als ob diese Begriffe alle dasselbe wären.

Wir betrachten es als selbstverständlich, daß Wissen und Kenntnis etwas Gutes sind. Je mehr wir wissen, um so besser muß das sein. Das muß sicherlich für uns gelten. Sehr viele Philosophen und Gurus haben gesagt: „Erkenne zuerst Dich selbst." Demnach muß es einfach sinnvoll sein, dies ganz eifrig zu tun.

Ich bin mir da nicht so sicher. Die Analyse ist das beste Hilfsmittel der Erkenntnis, also muß Selbsterkenntnis auch durch Selbstanalyse geschehen. Um herauszufinden, wie etwas funktioniert, muß man es auseinandernehmen. Das ist sowohl in der Psychologie als auch in der Selbsthilfe eine unbezweifelte Tradition. Warum benehmen wir uns so, wie wir es tun? Wie ticken wir?

Bei Dinner-Parties ziehen es manche vor, nicht direkt neben einem Psychologen zu sitzen, weil sie das Gefühl haben, der Psychologe will sie analysieren. Anderen wieder macht es Spaß, analysiert zu werden, und sie drängen auf weitere Einzelheiten.

Das Problem ist, daß unsere Tradition der Analyse schon lange vorher festgeschrieben wurde, bevor wir sehr viel über Systemverhalten wußten. Dennoch gab es schon immer Leute, die fühlten, daß viel Ursprüngliches verloren geht, wenn eine Sache analysiert und in die Teile zerlegt wird. Es gibt bestimmte Merkmale und Qualitäten, die nur dann vorliegen, wenn alle Einzelteile als System zusammenwirken. Wenn man einen Menschen analysiert und herausfindet, daß er schüchtern ist, so muß es sich wohl lohnen, diese Schüchternheit zu überwinden. Dennoch kann genau aus dieser Schüchternheit und Zurückgezogenheit die Art kühner Neuerungen entspringen, wie wir sie bereits bei Paul McCready und Clive Sinclair erlebt haben. Schüchternheit plus ein Verstand mit viel Vorstellungsvermögen können zu Neuerungen führen. Es liegt eigentlich klar auf der Hand, daß in den meisten Fällen das Ganze größer ist als die Summe der Einzelteile. Wenn wir also etwas durch Analyse in die Einzelteile zerlegen, so gewinnen wir vielleicht Erkenntnisse, jedoch riskieren wir auch, viel zu verlieren.

In meinem Denkprogramm habe ich versucht, dieses Problem des Ganzen und der Einzelteile dadurch zu überwinden, daß ich zwei Formen der Analyse vorgeschlagen habe. Bei der ersten Form handelt es sich um eine Analyse derjenigen Aspekte, die nur sichtbar werden, wenn das Ganze zusammenwirkt. Ich war kürzlich auf der Insel Malta, wo ich ein Pilotprogramm für den Denkunterricht in Schulen aufgestellt habe. Sämtliche Lektionen mußten in das Maltesische übersetzt werden. Diese spezielle Lektion wurde übersetzt als „gebel u bini" (‚Steine und Gebäude') wiedergegeben. Der Grundgedanke ist, daß es Bausteine gibt, die zusammen ein Gebäude ergeben. Existiert dieses Gebäude einmal, so kommen jedoch andere Gesichtspunkte hinzu, wie z. B. Schutz, Geborgenheit, Bequemlichkeit, Lebensraum usw., die den zweiten Teil der Analyse ausmachen. In der Fachsprache ausgedrückt könnten wir sagen, daß die erste Form der Analyse sich mit den Komponenten des Systems beschäftigt und die zweite Form die Merkmale des Systems behandelt.

Was mich immer stört, wenn wir über Selbstanalyse sprechen ist, daß wir damit fast immer die Systembestandteile meinen und nicht die Systemmerkmale.

Der unter Selbstzweifel leidende Tausendfüßler, der „verzweifelt im Straßengraben lag", weil er nicht wußte, welches Bein auf welches folgte, litt unter Überanalyse. Ich glaube, daß die pauschale Anwendung der Selbstanalyse genau diesen Effekt haben kann.

Das andere Problem der Selbstanalyse liegt darin, daß sie unter der pseudowissenschaftlichen Pose leidet, mit der die Psychologie sich selbst ein Bein zu stellen pflegt. Wissenschaft sucht nach analytischen Wahrheiten. Psychologie versucht, etwas als analytische Wahrheit einzufangen, was in Wirklichkeit nichts weiter ist, als eine plausibel klingende Geschichte. Gefährlicher Dogmatismus kann in einer Erklärung folgender Art stecken: „Hier haben wir Ihr Problem. Hier ist es, wo der Fehler liegt."

Behandeln wir solche Feststellungen als nützliche Legenden (sie können wahr sein, müssen es aber nicht), so ist das eine Sache und es ist dann ebenso wertvoll, wie die antiken Mythen. Behandeln wir solche Erklärungen aber als etwas, dem derselbe Wahrheitsgehalt zukommt wie der Beziehung zwischen Stromstärke und Spannung in einem elektrischen Stromkreis, dann begeben wir uns in Gefahr. Das Beste, was wir wirklich sagen könnten ist, daß „dies eine Art ist, die Dinge zu sehen, und hier ist noch eine andere Art, wie man die Dinge sehen könnte". Diese Bereicherung der Wahrnehmung hat ihren Wert, jedoch ist es nicht der Wert einer dogmatischen Erklärung.

Stärken/Schwächen

Selbsterkenntnis und Selbstberichtigung

Wissen die Menschen, was sie sind? Ist das Bewußtsein über sich selbst für den Erfolg wichtig? Sollte alles natürlich fließen und sich bewegen oder sollte es ein Bewußtsein dessen geben, was vor sich geht? Alan Fine von der Inner Game Organisation hat darüber seine eigenen Ansichten: „Was wir in führenden Positionen zu tun versuchen ist, Menschen ihren Zielen näher zu bringen, ganz gleich wie diese Ziele aussehen. Also besteht unser Ansatz darin festzustellen, welche Hemmnisse sie in ihrem Inneren haben könnten und ihnen dann zu helfen, diese zu beseitigen. Dabei gilt nicht unsere Einschätzung dieser Hemmnisse, sondern die Einschätzung der jeweiligen Person. Wenn Sie beispielsweise ein Squash-Meister wären, und Sie hätten einige Schwierigkeiten, und Sie glauben, Sie könnten Nummer eins in der Welt werden, jedoch sind Sie es nicht, so wäre für Sie der erste Schritt herauszufinden, worin die Hindernisse bestehen. Selbst wenn ich sehen kann, welcher Art diese Hindernisse sind, so könnte ich Ihnen alles darüber erzählen, bis mir die Luft ausgeht, und dennoch würde es nicht den geringsten Unterschied ausmachen, weil Sie sich selbst nicht dessen bewußt sind, worin diese Dinge bestehen. Der erste Schritt für Sie muß sein zu entdecken, worin so etwas besteht. Dann können wir nach Lösungen suchen, um Umwege zu finden. Wir versuchen, den Leuten bewußter zu machen, was sie tun. Um ihr

Bewußtsein zu schärfen, lassen wir sie zunächst einen ganz spezifischen Bereich näher untersuchen. Wenn man jemandem eine Frage stellt, so sieht er sich die Sache näher an, um die Antwort zu bekommen. Das ist also eine Möglichkeit. Wenn jemand Probleme hat, beispielsweise mit seiner Angst vor jedem Spiel, so könnte ich ihn darum bitten, während eines mehrwöchigen Zeitraumes eine Art Fieberkurve darüber zu führen, wie groß die Angst jeweils ist – etwa auf einer Skala zwischen eins und zehn für jedes Spiel. Dann bekommen wir eine Kurve und wir erhalten einen ersten Eindruck von dem, was vor sich geht. Bis dahin ist alles, was der Betreffende weiß, daß er durcheinander gerät. Es ist nützlich zu wissen, wie sehr man aus dem Konzept kommt, damit man anschließend weiß, wieviel es zu korrigieren gibt.

Während des ersten Termins setze ich mich und frage den Betreffenden ‚was wünschen Sie?‘ – ‚Ich möchte weltweit die Nummer eins werden‘, oder was immer es ist. ‚Der Beste in meinem Club‘, – ‚nun gut, was hindert Sie Ihrer Meinung nach daran, Nummer eins in der Welt zu werden?‘ Darauf wird geantwortet: ‚Also, ich glaube, es ist dies und dies.‘ Wenn dann irgend etwas nicht zusammenpaßt oder ich glaube, ich bin nicht ganz bis auf die Grundursache irgendeiner dieser Kategorien vorgestoßen, so grabe ich ein bißchen tiefer. Und das ist dann mein Ausgangspunkt. Es ist eigentlich eher ein organischer Ansatz, als ein systematischer. Wichtig ist, daß mein Gegenüber den größten Teil des Programms selbst entwickelt. Ich spiele die Rolle einer Hilfseinrichtung. Für alle Schwierigkeiten, die der Betreffende hat, ist bereits eine Lösung vorhanden. Ich könnte sie kennen, der Betreffende könnte nichts darüber wissen, aber die Lösung existiert. Meine Aufgabe besteht also darin, diese Lösung ins Licht zu rücken, damit man erkennen kann, worin sie besteht. Wenn ich sie bereits kenne, so existiert sie. Es gibt eine Lösung. Manchmal weiß ich nicht, worin diese Lösung besteht (besonders dann, wenn ich nicht im Tennisbereich arbeite). Dann besteht meine Aufgabe darin, so lange Fragen an den Betreffenden zu richten, die ihm helfen, einen ganz bestimmten Gesichtspunkt näher zu beleuchten, bis er daraus dann eine Lösung entwickeln kann. Wenn Sie also in dieses Programm einsteigen, so konzipieren Sie es mit. Sie sind die Experten. Alles was ich zu tun habe ist, das Ganze in eine bestimmte Form zu bringen. Wenn man dies dann betrachtet, so denken viele ‚Mein Gott, was soll ich bloß tun? Es sieht aus, als ob es viel zu schwierig wäre‘. Also versuche ich, die Aufmerksamkeit meines Gegenübers auf bestimmte Bereiche zu konzentrieren. Wenn sie dann darin etwas erreichen, so sind sie schon viel aktiver. Wichtig an der Selbstentdeckung ist der Aufbau des Selbstvertrauens. Man muß lernen, die Verantwortung übernehmen zu können. Wenn man lernen kann, Verantwortung zu tragen, so wird man noch stärker als der Spielertyp, der stets auf seinen Trainer angewiesen ist. Mein Ziel ist es, mich selbst überflüssig zu machen. Dinge die man selbst tut, tut man um so gründlicher."

Hier sehen wir, wie die Selbstprüfung uns zu drei Dingen hinführt: Die Erkenntnis der Hemmnisse, ein Erfolgs-Überwachungssystem und Selbstvertrauen. Im Grunde genommen beginnt der Betreffende, sich selbst beinahe so zu betrachten und zu behandeln, als ob sein eigenes Selbst Teil der äußeren Umwelt wäre. Das ist möglich, solange das zugrundeliegende, eigene Ich intakt ist. Wenn die Selbstprüfung jedoch die Grundfesten des eigenen Ichs völlig zerrüttet, dann kann niemand Fortschritte erzielen. Bis zu einem bestimmten Punkt ist die Selbstprüfung nützlich. Über diesen Punkt hinaus kann sie zerstörerisch wirken (und kann dazu führen, daß das zerstörte Ich von seinem Zerstörer abhängig wird).

Obwohl die Untersuchung des Ichs in der Psychologie bis zum Punkt der Zerstörung vorangetrieben werden kann (in der Hoffnung, daß die wieder zusammengesetzten Stücke zu einem besseren Ergebnis führen werden), sind die durch Selbstprüfung verfolgten Ziele meistens sehr bescheiden. Im Grunde genommen gibt es gewöhnlich zwei Ziele. Das erste besteht darin, die Hemmungen und Mängel bewußt zu machen, um die Dinge dann in Ordnung zu bringen. Das zweite Ziel besteht darin, sich seines eigenen Stils bewußt zu werden und (möglicher) Beschränkungen. Das erste Ziel liegt in der Korrektur. Das zweite Ziel ist der Realismus.

Hemmungen erkennen

Bis zu welchem Grade kann eine erfolgreiche Person außerhalb ihres Selbst stehen, um zu beobachten, was vor sich geht? Virginia Wade, Tennisspielerin: „Wenn ich jemand anders beobachte, so bin ich in der Lage, ihm gute taktische Ratschläge zu erteilen, und der Trick ist, in der Lage zu sein, aus sich selbst herauszugehen und von außen zu arbeiten und sich selbst wie ein Beobachter zu betrachten. Dies bedeutet, wirklich kühl und gefaßt, ruhig und gesammelt zu bleiben und sich von Emotionen freizuhalten. Das ist eines der wichtigsten Dinge überhaupt. Man muß in der Lage sein, sich selbst einzuschätzen und in Bereichen an sich arbeiten, wo man nicht so stark ist. Dies ist etwas, was ich lernen mußte, weil ich stets viel zu emotionell auf dem Tennisplatz reagierte. Sobald eine wirklich heiße Phase erreicht wurde, geriet ich in Panik. Das waren also die Bereiche, wo ich wirklich hart an mir arbeiten mußte. Ich besaß zwar immer überdurchschnittliches Talent, jedoch war ich geistig-seelisch zu wenig widerstandsfähig und hatte in gewisser Weise nur ein schwaches Selbstbewußtsein."

Sting: „Ich habe festgestellt, daß ich meine Sachen viel einfacher schreiben kann, als ich sie spielen kann. Ich war stets mehr ein Komponist, als ein Musiker. Die beiden Dinge scheinen ganz getrennt voneinander zu sein. Ich selbst sage mir, daß die analytische Seite meines Verstandes ein Instrument spielen kann, und die andere Seite des Verstandes sagt dem Instrument, was es spielen soll. Meine Fähigkeit, eigenständig Dinge zu schaffen, löste die technische Fähigkeit, in einer Band zu spielen, ab. Heute, wo sich meine kompositorischen Fähigkeiten verbessern, lassen sie meine musikalische Virtuosität weit hinter sich. Deshalb habe ich auch in letzter Zeit damit begonnen, musikalische Arrangements zu schreiben."

Persönliche Grenzen erkennen, Sicherstellen des Erfolges

Bevor Mark McCormack Manager der Sportler Arnold Palmer, Jack Nicklaus und Gary Player wurde, war er selbst Golfspieler. „Ich war zwar gut genug, um an Meisterschaften teilzunehmen, jedoch sicherlich nicht gut genug, sie zu gewinnen. Ich versuchte, mein Golfspiel zu verbessern, und es enttäuschte mich, daß ich nicht besser war. Aber dann sagte ich mir wieder, wie gut ich wirklich war, und ich war schon ziemlich gut. Nimmt man Millionen von Golfspielern, so befand ich mich in der kleinen Spitzengruppe. Aber ich wußte, ich konnte niemals einen großen Erfolg auf Profi-Ebene erreichen."

Jackie Stewart, ehemaliger Rennweltmeister: „Das persönliche Wissen um seine eigenen Fähigkeiten (die zum Teil darin bestehen, andere Leute hochzunehmen, aber sich nicht selbst etwas vorzumachen) beinhaltet auch die Erkenntnis seiner eigenen Grenzen. Und das ist sehr wichtig. Man muß ehrlich sein. Dies schafft man durch Erfahrung, aber auch durch Selbstanalyse. Worin besteht der Sinn, seinen Kopf in den Sand zu stecken? Durch so etwas bin ich nicht alt geworden. Ich halte es für ungeheuer wichtig, seine eigenen Grenzen erkennen zu können. Ich habe eine ganze Menge Künstler im freien Fall gesehen, die in Situationen hinein- und aus diesen wieder herausgestolpert sind, und man kann das vielleicht einige Male machen, aber man wird dabei ertappt. Man ist kein Steher – das ist es. Es gibt eine ganze Menge Leute, die vier, fünf oder zehn Jahre lang erfolgreich gewesen sind, aber man lebt in dieser Welt für 70 oder 80 Jahre, und da wollen wir einmal sehen, welche Menschen während dieser ganzen Zeitdauer erfolgreich waren. Man kann jeden möglichen Weg und jede Richtung einschlagen, und man wird sie sehen. Die Steher. Es ist sehr einfach, etwas zu erreichen – dieses Ziel zu erreichen ist einfach, weil man in der Mehrheit dieser Fälle nur gegen die Mittelmäßigkeit konkurriert. Es ist sehr leicht, nach oben zu kommen – etwas zu erreichen. Es ist aber viel schwieriger, den Erfolg zu abonnieren."

Auslegung von Stärken und Schwächen

Wir neigen dazu, ganz feste Vorstellungen über Stärken und Schwächen zu haben. Aber in vielen Fällen hängt es viel zu sehr von Zusammenhängen ab, und wie man sie betrachtet. Malcolm Forbes, millionenschwerer Herausgeber des Forbes-Magazins, macht diesen Punkt sehr deutlich:

„Was in einem bestimmten Zusammenhang als Stärke gilt, kann in einem anderen Zusammenhang Schwäche darstellen. Ich bin ausdauernd und zielstrebig – du bist stur. Ich bin flexibel – du bist schwach. Ich bin praktisch – du bist opportunistisch. Wenn ich ausdauernd bin, so ist das dasselbe, wie stur zu sein. Ich bin flexibel – du gibst nach. Es hängt vom Zusammenhang ab."

Dies führt uns zu einem sehr wichtigen Punkt. Wer will beurteilen, was Schwächen und was Stärken sind? Der normale Sprachgebrauch und die gewöhnlichen Erfahrungen drängen einem dabei bestimmte Annahmen auf: Entschiedenheit ist besser als Wankelmut; Zielbewußtsein ist besser, als sich treiben zu lassen; Wissen ist besser als Ignoranz. Aber, wie Malcolm Forbes so richtig betont, vieles hängt vom Kontext ab. In einer etablierten Branche zielstrebig zu sein ist eine Sache. In einer im Umbruch stehenden Branche zielgerichtet zu sein, kann schlicht und einfach bedeuten, daß man sich in einem Ziel verfangen hat, das bereits überholt ist: Man muß vielleicht ständig um sich schauen und die Bereiche feststellen, wo Gelegenheiten auftauchen.

Im gewöhnlichen Sprach- und Denkgebrauch sind wir viel zu freigebig mit absoluten Kategorien. Das Sprichwort „Schau hin, bevor du springst", ist sinnvoll. Ebenso sinnvoll ist das genau diesem widersprechende Sprichwort „Wer zögert, ist verloren". Das Sprichwort „Viele Hände bereiten der Arbeit ein schnelles Ende" stimmt auch. Genauso richtig ist auch das nächste: „Viele Köche verderben den Brei." Es hängt immer von den jeweiligen Umständen ab.

Genauso ist es mit dem Wert der Selbsterkenntnis. Sie kann nützlich sein, sie kann aber auch zerstören. Sie kann nützlich sein, wenn sie andere Perspektiven und Gesichtspunkte eröffnet. Sie kann nützlich sein, wenn es um

Hemmungen und Schwächen geht. Sie kann nützlich sein, wenn man Entscheidungen über seinen persönlichen Stil trifft und seine Grenzen ermittelt. Sie kann aber zerstörerisch wirken, wenn sie versucht, die Persönlichkeit zu verändern, statt sie nur geringfügig abzuwandeln. Sie kann zerstörerisch sein, wenn die Analyse sich nur mit den einzelnen Elementen beschäftigt, und nicht mit dem Gesamtsystem. Sie kann zerstörerisch sein, wenn sie dogmatisch wird.

Erfolgstaktik

1. *Glauben Sie nicht, daß immer mehr Selbstanalyse auch immer besser und besser ist.*
2. *Zweck der Selbstprüfung ist es, versuchsweise eine neue Wahrnehmung zu schaffen, nicht dogmatische Erklärungen festzuschreiben.*
3. *Es ist nützlich, sich über seinen persönlichen Stil klar zu werden.*
4. *Es ist nützlich, sich in realistischer Art und Weise seiner Grenzen bewußt zu werden, solange dieses Bewußtsein danach nicht zu einer Ausrede wird.*
5. *Es ist nützlich, auf seine Hemmungen und Schwächen zu achten, um sie auszuräumen.*
6. *Wenn man seine Persönlichkeit auseinandernimmt, so gibt es keine Garantie dafür, daß die anschließende Neuzusammensetzung auch eine Verbesserung darstellt.*
7. *Man lasse immer genug von seiner Persönlichkeit unanalysiert übrig, damit dieser Teil die Analyse des verbleibenden Rests übernehmen kann.*
8. *Beachten Sie, daß die Analyse durch Aufteilung in Einzelelemente Werte zerstören kann, die sich nur aus dem Ganzen ergeben.*

Setzen Sie sich selbst ein Ziel

Die einfachste Form eines Ziels besteht in der Annahme einer Herausforderung. Im Sport kann diese Herausforderung ganz spezifischer Art sein und sich von selbst definieren: In Wimbledon gewinnen, eine olympische Goldmedaille zu erringen, eine Meile in weniger als 4 Minuten zu laufen. Sportler und Sportlerinnen können als Alternative dazu auch ein mehr allgemein gehaltenes Ziel aufstellen: Jedes Rennen zu gewinnen. Im Bereich der Kunst könnte man ganz allgemein den Ehrgeiz haben, der Beste zu sein, jedoch sind die Ziele eigentlich schwieriger zu definieren. Es ist wahrscheinlich eine Frage der Weiterverbesserung und des Bestrebens, jedes künstlerische Potential voll auszuschöpfen (Selbstverbesserung und Selbstverwirklichung könnten dafür die besten Definitionen sein).

Wir müssen einen klaren Unterschied zwischen den spezifischen Zielen und den allgemeinen, zweckgebundenen Zielen machen (siehe auch Seite 124).

Jackie Stewart: „Es ist die Befriedigung, etwas wirklich sehr gut zu machen . . . Daß ich beispielsweise weiß, ich habe etwas besser getan, als ich es jemals vorher gemacht habe oder als ich es tun könnte. Ob es sich dabei um eine Rede, ein Interview oder um einen Fernseh-Werbespot handelt oder um eine bestimmte Folge von Fahrsituationen, wenn ich es besser getan habe, als vorher – Mensch, dann fühle ich mich gut.“

Mittelpunkt: Die Herausforderung

Die Konzentration auf nur eine Sache erlaubt das optimale Zusammenspiel von Energie und Denken.

Gerade dieses Leitmotiv, immer besser zu werden, kann auch das Ziel vieler erfolgreicher Unternehmer in der Geschäftswelt sein. Diese Ansicht stimmt damit überein, daß es Zeiten gibt, wo man nur „Wasser tritt“, bis sich die nächste Gelegenheit und die nächste Herausforderung ergibt, wenn der Unternehmer sich voll dafür einsetzt.

Robert Holmes à Court: „Ich glaube, man muß beachten, wie wichtig es ist, das Ziel, auf das man zuarbeitet, zu finden, zu erkennen und zu sehen. Viel zuviel Leute haben überhaupt kein klares Ziel. Sie arbeiten sehr viel und fleißig, können jedoch das Ziel nicht formulieren, das sie anstreben (sie arbeiten vielleicht für andere Zwecke, um die Leute in ihrer Umgebung zu beeindrucken, ihre Kollegen, ihre Vorgesetzten). Wenn man ein Ziel klar und eindeutig definiert, so hat man es schon halb erreicht.

Mein Ziel ist es, Geschäfte zu machen. Ich sehe das nicht als ein Fernziel. Es ist recht begrenzt. Es hat nichts mit Politik zu tun. Es ist keine wissenschaftlich-forschende Philosophie, es ist eine ganze Menge Dinge nicht. Aber es ist eine Sache: Geschäft. Ein Einzelhändler weiß nicht, welcher Kunde morgen als erster seinen Laden betreten wird, aber er weiß, daß er die Absicht hat, mit Gewinn Handel zu treiben: Mit anderen Worten, erfolgreich. Aber es ist für mich nicht wichtig, welche Art von Geschäft und welcher Kunde es ist."

Dies ist eine ausgezeichnete Definition eines Allzweck-Zieles. Das Ziel ist, die Fähigkeiten, Gewohnheiten, Praktiken und Prinzipien des Geschäftslebens weiterzuentwickeln. Das umfaßt ein gründliches Management ebenso wie das Entdecken von Gelegenheiten, diese einzuschätzen und entsprechend dieser Einschätzung zu handeln. Vielleicht besteht hier eine Ähnlichkeit zu dem Allzweck-Ziel eines Athleten oder sogar eines Opernsängers: Zunächst gut und dann immer besser zu werden.

Ein solches Allzweck-Ziel ist sehr wichtig, nützt jedoch niemandem etwas, der gerade beginnt. Holmes à Court hat ein Geschäft zu leiten. Gelegenheiten werden sich ihm bieten. Dies passiert aber nicht notwendigerweise auch jemandem, der gerade erst beginnt. Also muß es auch Ziele geben, die viel spezifischerer Natur sind.

Wahl des Betätigungsfeldes

Manchmal wird das Betätigungsfeld schon durch ein Talent gefunden, welches man früh genug in jungen Jahren feststellt und dann fördert. Dies könnte beispielsweise der Fall bei musischen oder athletischen Begabungen sein.

Hans Eysenck: „Ich habe die Dinge schon immer in wissenschaftlicher

Weise betrachtet. Ich erinnere mich, daß vor vielen Jahren, als ich noch zur Schule ging, ein Lehrer sagte: ‚Alle Juden sind Feiglinge.'

‚Nun', dachte ich, ‚er könnte recht haben'. Ich wußte es nicht. Ich dachte: ‚Wie würde ich das beweisen?' Nun also, wie erkennt man Mut? Einfach dadurch, daß man jemandem das Eiserne Kreuz verleiht? Also dachte ich bei mir: ‚Wollen wir mal in die Bücher schauen und feststellen, wievielen Juden im Ersten Weltkrieg das Eiserne Kreuz verliehen wurde. Ist es ein niedrigerer Prozentsatz?' Das war es aber nicht! Tatsächlich fand ich heraus, daß Juden mehr Eiserne Kreuze bekommen hatten, als ihr Anteil an der Bevölkerung ausmachte. Also ging ich zurück und erzählte es diesem Lehrer, und er geriet außer sich vor Wut! Wissen Sie, ich habe die Dinge schon immer auf diese Weise betrachtet. Statistisch, mathematisch, analytisch und wissenschaftlich."

Für andere Menschen mag sich eher beiläufig und ziemlich selbstverständlich die Wahl einer Karriere anbieten. Jedoch viel interessanter als die vorangegangenen Einflußfaktoren ist die völlig zufällige Art und Weise, in welcher viele erfolgreiche Menschen ihr Betätigungsfeld gefunden haben. Es kann ein zufälliges Ereignis oder ein zufälliges Zusammentreffen sein. Wir vergessen eigentlich oft, daß es stets der erste Schritt auf einer Straße ist, ganz gleich wie lang sie ist, der darüber entscheidet, ob wir gerade diese Straße oder eine andere nehmen.

Eine ganz offensichtlich zufällige Wahl des Betätigungsfeldes scheint die Annahme zu bestätigen – die viele erfolgreiche Leute selbst ebenfalls unterstützen – daß, abgesehen einmal von fehlendem Talent in besonders begabungsintensiven Bereichen, ein erfolgreicher Mensch in jedem Bereich erfolgreich sein kann, den er sich aussucht. Wenn das in der Tat so wäre, dann könnte die Wahl des Betätigungsbereiches ebensogut willkürlich erfolgen.

Ich bin mir nicht sicher, daß ich mit dieser Ansicht übereinstimme. Ich glaube aber fest, daß es ganz allgemeine Merkmale für den Erfolgreichen gibt (Selbst-Image, Unabhängigkeit, Entschlossenheit, Bestreben, Dinge in Gang zu setzen usw.) und daß in einigen Fällen diese Merkmale so einflußreich sind, daß sie dieser Person in jedem beliebigen Feld Erfolg bescheren würden. Im anderen Extremfall kann es auch Kombinationen von Zeitwahl und Glück sowie der gewählten Strategie geben, wo gerade alles zufälligerweise zusammenpaßt. Zwischen diesen Extremen glaube ich, daß das gewählte Betätigungsfeld eine sorgfältige Überprüfung lohnt. Hierfür gibt es zwei Gründe: Erstens: Der persönliche Stil eines Menschen kann für ein bestimmtes Betätigungsfeld passend sein. Zweitens: In einigen Bereichen ist es schwieriger, erfolgreich zu sein (oder sichtbar erfolgreich zu sein) als in anderen.

Es ist interessant festzustellen, daß viele Leute von einer Karriere auf eine andere umsteigen. Beispielsweise begann Sir Terence Conran als Konstrukteur und wurde dann Einzelhandelskönig. Daraus ließe sich folgern, daß persönlicher Stil und persönliche Neigungen sehr wichtig sind, und daß die Wahl des Betätigungsfeldes nicht völlig auf Zufälligkeiten beruht. Selbst im Geschäftsleben ist es wahrscheinlich, daß die Wahl des Bereiches durch die Persönlichkeit des Betreffenden festgelegt wird. Dabei braucht die Wahl des Bereiches zwar nicht immer von der Persönlichkeit bestimmt zu werden, jedoch hängt der Erfolg innerhalb dieses Bereiches davon ab, ob die Persönlichkeit und deren Stil dazu passen. So gibt es beispielsweise Menschen, die Freude an den Risiken der Immobilienwirtschaft haben, und andere, die stetig Dinge aufbauen wollen. Es gibt Leute, die Spaß daran haben, etwas zu verkaufen und mit anderen Menschen zu verhandeln, und dann gibt es wieder andere Menschen, die allein für sich arbeiten möchten und mit Zahlen auf dem Investitionsmarkt jonglieren.

Wenn wir uns mit dem Erfolg beschäftigen, so sollten wir niemals vergessen, daß wir immer erst im Nachhinein darauf zurückblicken: Wir schauen rückwärts aus der Sicht eines erfolgreichen Menschen. Also können wir immer nur die Momente und Augenblicke betrachten, wo das Betätigungsfeld, der Stil und die Strategie letztlich zum Erfolg geführt haben.

Da es in den meisten Schulsystemen keinen direkten Zugang zu einer Karriere im Geschäftsleben gibt (zumindest nicht in Großbritannien), haben wir es nachher meist mit Leuten zu tun, die scheinbar nur deshalb in die Wirtschaft verschlagen wurden, weil sie kein Talent oder keine Neigung für eine der Karriererichtungen gezeigt haben (im akademischen oder beruflichen Bereich), die tatsächlich in der Schule angeboten und vertreten werden. Dies muß zu einem ziemlich verzerrten Bild führen. Hochtalentierte junge Leute werden durch ihren frühen Erfolg in der Schule gewissermaßen „in die Falle gelockt", und dadurch entscheidet sich ihre vorgezeichnete Karriere in der akademischen Welt und in sonstigen Berufen. Wenn Wirtschaft und Industrie auch in der Schule schon als ernsthafte Wahlmöglichkeit in Betracht gezogen würden, so glaube ich, daß ein anderer Menschentyp im Geschäftsleben vorherrschen würde. Zur Zeit brauchen wir noch jemanden, der sehr ehrgeizig ist, hohe Risiken eingeht und dabei in jungen Jahren zu den Unangepaßten gehörte. Kurz gesagt, im gegenwärtigen Ausbildungssystem müssen wir es mit einer riesigen Verschwendung von Geschäftstalenten zu tun haben.

Verschiedene erfolgreiche Menschen weisen auf eine Vielfalt von formenden Einflüssen hin, die nach und nach ihre Karrierewahl in eine Bahn gelenkt haben.

Wie macht man Karriere?

Viele erfolgreiche Karrieren begannen mit einem zufälligen Zusammentreffen günstiger Gelegenheiten. Das bedeutet nicht, daß die Karriere nicht ohne dieses zufällige Zusammentreffen ebenfalls erfolgreich gewesen wäre. Nichtsdestoweniger setzte dieses Zusammentreffen eine Kette von Ereignissen in Bewegung. Dies passierte beispielsweise Jarvis Astaire, dem sehr erfolgreichen Landentwicklungs- und Immobilienmakler: „Durch einen meiner Onkel hatte ich einen Posten in einer Firma für chirurgische Geräte bekommen. Nach dem Krieg wurde ich Exportleiter einer Firma für chirurgische Instrumente . . . Dann heiratete ich.

Die Familie meiner Frau war vom Leben in Amerika sehr, sehr begeistert. Ich war 23 Jahre alt und entschloß mich zögernd, mit der amerikanischen Lebensweise einen Versuch zu machen. Ich knüpfte Verbindungen zu einer wichtigen Firma für chirurgische Ausrüstungen in Amerika. Meine Frau genoß Amerika nicht mehr so sehr, wie sie es als College-Mädchen getan hatte. Wir kehrten nach England zurück und ich beschloß, daß ich mich im Geschäftsleben selbständig machen wollte. Ich wollte nicht wieder in die chirurgische Ausrüstungsbranche. Das war ein Geschäft für große Firmen und es bedurfte großer Investitionen. Also sah ich mich nach einem Geschäft um. Zu dem Zeitpunkt war ich beim Wingate Football Club sehr engagiert. Ein ebenfalls für den Club tätiger junger Mann arbeitete in einem Filialgeschäft für Herrenoberbekleidung. Nachdem wir nach dem Fußballspielen miteinander ins Gespräch kamen, entschlossen wir uns, uns zusammenzutun und eröffneten ein Herrenmodegeschäft. Das Geschäft war in Bournemouth, weil wir dort ein Ladenlokal bekommen konnten und mein Partner (der einige Branchenkenntnisse hatte) der Ansicht war, daß die Konkurrenz in London bereits zu stark geworden war.

Wir vergrößerten uns dann und eröffneten bald einen weiteren Laden in Poole. Es lief eigentlich alles recht gut, bis wir eines Sommertages in Bournemouth, wo ich gerade Tennis spielte (meine Schwägerin und ihr Mann waren für einige Zeit zu uns auf Besuch gekommen), einen Mann trafen, den ich flüchtig aus der Zeit meiner Mitgliedschaft im Jugendklub kannte. Während wir Tennis spielten, teilte er uns mit, daß er Immobilienmakler sei, und er sprach über ein bestimmtes Grundstück, das in Edgware angeboten würde. Mein Schwager und ich dachten, wir sollten einmal zusehen, was wir in dieser Sache unternehmen könnten. Das Bürogebäude, das wir darauf errichteten, stellte sich nachher als eine derart erfolgreiche Unternehmung heraus, daß er und ich uns entschlossen umzusteigen, da das Immobilien- und Grundstücksgewerbe weit mehr Möglichkeiten boten als die jeweiligen Branchen, in denen wir uns derzeit betätigten (er war Textilfabrikant).

Also spezialisierten wir uns darauf und gehörten bald zu den Pionieren der Supermarktentwicklung in England. Ich ging nach Amerika hinüber und verbrachte dort sechs Monate, um alles zu lernen, was man als Betreiber von Supermärkten wissen mußte, und wir gingen dann hier in Großbritannien eine Partnerschaft mit einem der bedeutenderen Supermärkte ein. Dies war Anfang bis Mitte der fünfziger Jahre, als es noch mehr unbebaute Grundstücke gab als heute. Nachdem wir erst einmal in Fahrt gekommen waren, ging alles ab wie eine Rakete."

Aus dieser anscheinend rein zufälligen Karrierewahl sind einige wichtige Punkte zu entnehmen. Der erste betrifft die Bedeutung zufälliger Zusammentreffen und Kontakte – und die Bereitschaft, dementsprechend zu handeln (mit einem feinen Gespür für Gelegenheiten). Der zweite Punkt ist die rasche und richtige Einschätzung, daß der Immobilienbereich viel bessere Erfolgsaussichten bot als die Herstellung von Waren oder der Einzelhandel. Ein dritter Punkt ist die Bereitschaft, „sich voll einzusetzen" sowie Zeit und Mühe darauf zu verwenden, die Grundlagen des Geschäftes zu erlernen. Ein vierter Punkt ist die Bereitschaft, mit anderen Leuten in einer Partnerschaft zusammenzuarbeiten. Als fünften Punkt könnte man die Erkenntnis hinzufügen, daß der Bereich der Supermärkte im Begriff war, zu einem großen Geschäft zu werden (wiederum ein Gespür für Gelegenheiten). Als sechster Punkt ist die Bereitschaft zu nennen, etwas aufzugeben, was zwar ein annehmbar erfolgreiches Geschäft war, um dadurch die Möglichkeit zu haben, etwas Besseres zu versuchen – Risikobereitschaft.

Bürokratischer Irrtum

Manchmal können durch einen Fehler hervorgerufene Umstände (durch eigene Fehler oder die von jemand anderem) Richtungen eingeschlagen werden, denen man andernfalls nicht gefolgt wäre. Wir müssen uns dann immer fragen, ob dieselben Talente, wenn sie auf einem anderen Wege eingesetzt worden wären, nicht vielleicht noch erfolgreicher geworden wären. Im umgekehrten Falle könnte der Fehler auch eine äußerst geeignete Richtung ausgewählt haben, die in keiner anderen Art und Weise eingeschlagen worden wäre.

Der Psychologe Hans Eysenck: „Als ich mit etwa 18 Jahren nach England kam, sollte ich mich an der Universität London immatrikulieren. Also wählte ich die Fächer, die mir am leichtesten fielen. Das waren Latein, Mathematik usw. . . . Deutsch und Englisch. Als ich dann jedoch eingeschrieben werden wollte, sagte man mir: ‚Sie haben die verkehrten Fächer gewählt.‘ Dies war typisch für die Universität London: eine fürchterlich bürokratische Institution.

Also sagte ich: ‚Was soll ich machen?‘ Man antwortete mir: ‚Kommen Sie nächstes Jahr wieder und wählen Sie dann die richtigen Fächer.‘ Darauf erwiderte ich: ‚Ich habe leider kein Geld, also kann ich das nicht machen. Gibt es nicht irgendein Fach, das ich mit dem studieren kann, was mir zur Verfügung steht?‘ Darauf sagten sie: ‚Oh ja, . . . Es bleibt immer noch die Psychologie.‘ Darauf sagte ich: ‚Was zum Henker ist Psychologie? Nie davon gehört.‘ Also nahm ich ein Psychologiestudium auf.‘‘

Dies ist wirklich eine bemerkenswerte Geschichte von jemandem, der in der Psychologie solche Erfolge errungen hat und gleichzeitig jemand ist, der völlig von der genetischen Übermittlung von Fähigkeiten überzeugt ist. Es könnte ein Beispiel von „allgemeiner Fähigkeit“ sein, nämlich insofern, als Eysenck vielleicht in jedem anderen Bereich, in dem er sich betätigt hätte, gleichwertige Erfolge errungen hätte (oder auch in jedem anderen wissenschaftlichen Bereich). Es kann aber auch ein gutes Beispiel von passender Wahl sein. An anderer Stelle in diesem Buch wurde gezeigt, daß Eysenck von Natur aus dazu neigt, sehr exakt zu sein und alles zu messen. Seine Karriere in der Psychologie gründete sich darauf, daß er stets darauf bestand, alles genau zu messen und die Ergebnisse auf Statistik zu gründen. Dies versetzte ihn in die Lage, sich in einem Bereich einen hervorragenden Ruf zu erwerben, wo die Interessen gewöhnlich eher der Theorie und der Spekulation galten, und wo es unmöglich sein mag, Dinge (in einigen Bereichen) zu messen. Hätte er seine Neigung zu messen auf andere Bereiche übertragen (Wirtschaft, Physik usw.), so wäre seine passende Wahl vielleicht viel weniger wirksam gewesen, weil er von Leuten umgeben gewesen wäre, die ebenfalls gerne Dinge messen. Wir können dieses Argument auch umkehren, indem wir sagen, daß Eysenck in einem anderen Bereich festgestellt hätte, daß vielleicht irgendeine andere Qualität viel wichtiger gewesen wäre (vielleicht etwa die Umsetzung in Begriffe), und daß starke Konzentration auf das Messen in der Psychologie nur darauf zurückzuführen war, daß dieser Bereich so dringend darauf angewiesen war. Rückblickende Spekulationen ermöglichen sehr viel Für und Wider. Klar ist, daß die ursprüngliche Wahl eines Bereiches nicht auf der Grundlage sorgfältiger Abwägung und Untersuchung der Möglichkeiten erfolgt ist.

Heather Jenner, Gründerin der ersten Heiratsvermittlung: „Mein Vater war im Kriegsamt beschäftigt und wurde nach Ceylon geschickt, beziehungsweise Sri Lanka. Ich war etwa 19 Jahre alt und begleitete meine Eltern. Natürlich war das wunderbar. Das Ende der langweiligen Tage! Dort kamen etwa 40 Männer auf eine Frau. Es blieb gar nicht aus, daß man die Schönheitskönigin jedes Balles war (denn wahrscheinlich war man dort die einzige Frau). 1938 kehrte ich von dort zurück, während ich jedoch dort gewesen war, sagten alle ledigen und dort zurückbleibenden Männer: ‚Wenn ich im Urlaub nach Hause fahre, werde ich heiraten.' Und ich dachte, das könnte interessant sein. Ich wußte, daß eine Menge meiner Freundinnen in England tatenlos herumsaßen, und ich dachte, ‚vielleicht könnte ich etwas unternehmen, damit sie sich treffen.' Ich fuhr mit dem Schiff zurück nach Sri Lanka. Auf dem Schiff traf ich Mary Oliver, die dieselbe Idee hatte. Also waren wir sehr vorsichtig und erzählten auch unseren Eltern nichts davon. Jenner war nicht mein echter Name, und sie hieß auch nicht Oliver. Wir dachten, es könnte jemand versuchen, uns davon abzuhalten."

Hier haben wir es mit einer guten Idee zum richtigen Zeitpunkt zu tun und (wie wir später sehen werden), man ging mit Naivität und Begeisterung ans Werk. Es waren also Gelegenheit, Gespür und die Bereitschaft vorhanden, anzufangen und etwas zu tun.

Wie immer stellte sich die Schlüsselfrage: Wie sehr ist jemand dazu bereit, dem schwachen Schimmer einer Chance zu folgen? Man kann Gelegenheiten im Umfeld des „ich auch" und im Kielwasser anderer ausmachen (was leichter ist), und man kann Gelegenheiten finden, die erst im Verstand einer Person entstehen (wie es mit Heather Jenners Idee der Fall war).

Versuch, Irrtum und Ausdauer

Mike Brearley, ehemaliger Mannschaftskapitän des englischen Cricket Teams, jetzt Psychoanalytiker: „Alles, was mit Taktik zu tun hat – Fachsimpeleien über Taktik, Strategie und Politik – hat mich immer interessiert. Auch mein Vater, der ebenfalls ein guter Cricket-Spieler war, interessierte sich für die taktische Seite vieler Angelegenheiten. Beispielsweise habe ich mich von Anfang an, schon in sehr jungen Jahren, für die richtige Plazierung auf dem Feld, für Außenschwung-/Innenschwung-Bälle, Wechsel der Ballwürfe und ähnliche Dinge interessiert.

Im Nachhinein erscheint das Muster meiner Karriere deutlicher. Ich habe sehr viel Zeit in Ungewißheit darüber verbracht, was ich eigentlich tun wollte. Ich wechselte die Studienfächer an der Universität von klassischer Literatur zu Philosophie. Ich bestand ein Examen für den Öffentlichen Dienst, jedoch trat ich nicht in den Öffentlichen Dienst ein. Ich dachte daran, professionell Cricket-Spieler zu werden, probierte das ein Jahr lang aus und entschied mich dagegen. Ich forschte und hielt Philosophievorlesungen an der Universität von New Castle. Dann beschloß ich, daß ich nicht mein ganzes Leben lang ein Philosoph oder Universitätsdozent sein wollte. Nebenbei spielte ich noch ein bißchen Cricket. Man sollte in Middlesex wissen, daß ich noch daran interessiert war (Mannschaftskapitän zu sein). Sie befanden sich gerade in großen Schwierigkeiten. So paßte dies zeitlich ganz gut zusammen. Ich entschied, daß ich nicht in erster Linie ein Intellektueller sei. Ich interessierte mich nicht für intellektuelle Probleme. Sicherlich, ich interessierte mich für die Theorie der Dinge, aber ich interessierte mich auch für die Praxis, sei es im Cricket oder für die Praxis der zwischenmenschlichen Beziehungen in der Psychoanalyse.

Dann hatte ich mit dieser Klinik für verhaltensgestörte Jugendliche zu tun und half dort aus, und allmählich interessierte ich mich zunehmend für das Unbewußte und für die Psychotherapie. Jetzt setze ich mich für das, was ich tue, voll ein."

Hier haben wir eine ausgezeichnete Illustration für eine Kombination aus zwei Tätigkeitsbereichen: menschliches Verhalten und Cricket. In derartig ungewöhnlichen Kombinationen steckt sehr viel Kraft, weil sie schon dem Begriff nach sehr selten sein müssen. Genauso finden wir beispielsweise bei Sir Terence Conran diese Kombination aus Spürsinn für Design und Unternehmertalent. Man kann für eine spezielle Karriere trainieren, jedoch ist es praktisch ausgeschlossen, durch Ausbildung eine außergewöhnliche Kombination von Fähigkeiten zu erreichen. Ich weiß nicht genau, wie der Erfolgsweg eines brillanten Kochs aussähe, der gleichzeitig ein Computerfachmann ist, aber die Kombination wäre äußerst ungewöhnlich – und wertvoll. Hieraus läßt sich für den Leser ein praktischer Aspekt entnehmen. Es lohnt sich immer, ungewöhnliche Befähigungskombinationen zu fördern. Der weitere interessante Punkt an Mike Brearleys Geschichte ist die immer wiederkehrende Unzufriedenheit mit verschiedenen, aufeinanderfolgenden Tätigkeitsbereichen, und die konstante Suche nach dem, was er wirklich wollte. Diese Rastlosigkeit und Bereitschaft zum Wechsel ist auch ein Merkmal erfolgreicher Leute. Sie scheinen nicht damit zufrieden zu sein, das Beste aus dem zu machen, was man ihnen bietet.

Ein Gefühl der Gemeinschaft

Wenn alle Dinge gleich erscheinen – oder gleichermaßen wenig Anziehungskraft besitzen – so kommt das persönliche Element hinein. Es könnte jemand auftauchen, mit dem man weiterkommen und zusammenarbeiten möchte. Dies war der Ausgangspunkt für James Rogers, dem Manager des Investitions-Sicherungsfonds: „Ich gehörte zum Abschlußjahrgang während meines letzten Universitätsjahres und ich hatte mich für weiterführende Ausbildung in Wirtschaft, Recht und für einen Graduierungskurs angemeldet. Ich war ein sehr verwirrter junger Mann. Ich wußte nicht, was ich einmal tun sollte, wenn ich erwachsen wäre. Als ich zur Universität kam, traten die Unternehmen an uns heran und befragten die Abschlußjahrgänge, ob sie Interesse hätten, für sie zu arbeiten. Ich wußte nicht, was ich tun wollte, aber ich wollte einmal die Erfahrung einer solchen Befragung erleben, und ich sprach also mit diesen Leuten. Eine der dort vertretenen Firmen war eine Börsenmaklerfirma aus New York. Damals wußte ich überhaupt nichts über Börsenmakler. Ich wußte noch nicht einmal, was die Wall Street bedeutete, obwohl ich schon davon gehört hatte. Der Firmenvertreter und ich kamen recht gut miteinander aus, was wohl darauf zurückzuführen war, daß er in einem Stadtteil von New York aufgewachsen war, den man als ‚Teufelsküche' bezeichnete, was im Grunde genommen ein Slum war – aber er war zur Harvard-Universität gegangen! Von dort aus nach Harvard zu kommen ist etwa das gleiche, wie aus einer Kreuzberger Hinterhofkaserne nach Oxford zu gelangen. Ihm war dies tatsächlich gelungen. Und ich war in den Hinterwäldern von Alabama aufgewachsen und nach Yale gegangen, was vielleicht soviel ist, wie von Kreuzberg nach München zu kommen.

Um die Geschichte abzukürzen, als ich später ein Stipendium für Oxford erhielt, rief ich ihn an und sagte: ‚Ich gehe nächstes Jahr nach Oxford, also kann ich nicht für Sie arbeiten, jedoch könnte ich vielleicht während der Sommerferien für Sie arbeiten.' Normalerweise stellten sie keine Saison-Mitarbeiter ein, jedoch sagte er, ‚in Ordnung, kommen Sie zu uns und arbeiten Sie bei uns den Sommer über'. Also ging ich zur Wall Street und arbeitete für sie in einer ziemlich untergeordneten Art Position, halb als Auszubildender, und ich fühlte mich – nun, es war das Wundervollste, was ich je erlebt hatte: Leute bezahlten mich dafür, daß ich in die Wall Street ging und Geld investierte! Was ich daran besonders mochte, war nicht so sehr, Geld zu investieren (weil ich zur damaligen Zeit gar keines besaß), sondern daß man mit etwas Klugheit, und wenn man seine Sinne richtig einsetzte und auf die Welt achtgab (und zur damaligen Zeit interessierte ich mich außerordentlich für alles, was auf der Welt vor sich ging, und ich verschlang jede Art von Lektüre), wenn man also nur ein wenig von der Welt verstand, so war das alles, was man zu tun hatte. Man brauchte nicht die richtigen Krawatten zu tragen, man brauchte nicht Mitglied im Country-Club zu werden, man brauchte nicht in die Elternpflegschaft einzutreten. Man konnte machen, was man wollte, und niemanden störte das, und man wurde dafür auch noch bezahlt. Ich glaube, dies war das Aufregendste, was ich je gesehen hatte.

Im nächsten Sommer kehrte ich zurück und arbeitete wieder dort. Zu dem Zeitpunkt stellte ich fest, daß mir der internationale Finanzmarkt ganz besonders lag. Ich wollte einer der Gnome von Zürich werden! Ich hatte immerhin Oxford besucht und hielt mich für den größten internationalen Intellektuellen, also sagte ich: ‚Ich möchte ein Gnom von Zürich werden, und ich möchte internationale Investitionen tätigen.‘ Und zum damaligen Zeitpunkt wußte ich genug über die Wall Street, um zu wissen, daß die beste Art, in der Wall Street Geld zu verdienen darin bestand, einen sogenannten Investitionssicherungsfonds zu gründen oder sich daran zu beteiligen. Mit diesem Investitionssicherungsfonds kann man kaufen und verkaufen, und auch ohne Deckung verkaufen. Ohne Deckung (leer) zu verkaufen, nur um es einmal zu erklären, bedeutet, daß man bestimmte Aktien verkauft, wenn man glaubt, daß ihr Kurs zusammenbrechen wird. Da man das Startkapital nicht hat, leiht man es sich aus; bevor der Kurs dann zusammenbricht, verkauft man sie beispielsweise bei 100. Wenn er dann zusammenbricht, so kauft man sie beispielsweise bei 50 zurück. Jetzt werden Sie sagen ‚wie kann man bei 100 verkaufen, wenn man diese gar nicht hat?‘ Und ich antworte Ihnen, ‚ich leihe mir das Aktienkapital von meinem Börsenmakler. Ich verkaufe es bei 100, und wenn es bis auf 50 sinkt, so kaufe ich es und bezahle auch meinen Börsenmakler. Es ist ein Verfahren, um Geld an Kurseinbrüchen zu verdienen.“

Hier sehen wir den Wert persönlicher Beziehungen. Jim Rogers folgte dem, was er instinktiv über den Firmenvertreter fühlte, und als unmittelbares Ergebnis gelangte er an die Wall Street (ein Bereich, über den er absolut überhaupt nichts wußte, in welchem er jedoch sein Vermögen verdiente). Und zweitens entwickelte er bald eine sehr starke Vorstellung davon, was er sein wollte. Und schließlich fand er sehr rasch den Bereich der Deckungsgeschäfte, in dem es möglich war, ein Vermögen zu verdienen (Definition der günstigen Gelegenheit).

Reformeifer

Es kommt vor, daß zunächst ein starkes „Sendungsbewußtsein" die Antriebs-kraft darstellt. Sir Peter Parker, der Chef des großen Eisenbahnnetzes der „British Rail" war, wurde in ganz ungewöhnlicher Weise von seinem Sen-dungsbewußtsein beeinflußt.

Sir Peter Parker: „Ursprünglich stellte ich mir unter Industrie vor, dort zu sein, wo etwas los war. Industrie war für mich das noch wilde und unerschlos-sene Neuland. Im Verlaufe des Krieges war ich zu einer ziemlich linken Grundhaltung gelangt – die auf meinen Erfahrungen als Kind in China beruhte. Ich hatte wirklich außergewöhnlich viel Glück: Meine Eltern waren sehr mobil, also hatte ich eine wenig förmliche Erziehung. Und mein Vater ging ständig an irgendwelche Orte, die ‚in die Luft gingen'. Aus englischer Sicht ging Frankreich durch die Wirtschaftskrise kaputt. Also gingen wir nach China. China ging 1937 im Mandschurischen Krieg gegen Japan kaputt. Daher erinnere ich mich, wie das Vermögen meiner Familie zweimal zusam-menbrach. Dadurch wurde mir eine Art Abwechslung des Lebens bewußt. Ich war mir auch der Armut bewußt. Ich sage wohl kaum etwas schrecklich Neues, wenn ich hier erzähle, daß ich erkannte, daß etwas in der Gesellschaft nicht stimmte. Und damit wuchs ich als Junge auf. Dann kam der Krieg, und als der vorbei war, sagte ich zu mir: ‚Wie schafft man den Krieg ab? Wie wird man mit der Armut fertig?'"

„Solche Dinge berührten mich wirklich zutiefst. Der Krieg hatte meiner Familie großen Schaden zugefügt. Ich hatte meine beiden älteren Brüder verloren. Und das hinterließ eine tiefe Wunde. Nach diesen Erfahrungen dachte ich also: ‚Nun, wohin soll ich mich wenden, wo politische Entschei-dungen getroffen werden?' Und ich dachte an die Industrie – sie hatte die industrielle Revolution hervorgerufen. Sie hatte auch unsere eigenen Angele-genheiten mitbestimmt. Also ging ich mit fast so etwas wie Reformeifer in die Industrie."

Dieser „Reformeifer" scheint ein äußerst ungewöhnlicher Grund für die Entscheidung für eine Industriekarriere zu sein. Der Eifer muß mit Gewiß-heit auch von beträchtlichen Führungsqualitäten begleitet gewesen sein. Rein äußerlich betrachtet scheint der „Reformeifer" genau der falsche Grund für jemanden zu sein, sich für diesen Bereich zu entscheiden. Dennoch wissen wir, daß viele Leute, die ihre Überzeugung über alles andere gestellt haben (wie Quäker, Mormonen usw.), häufig im Geschäftsleben sehr erfolg-reich gewesen sind. Auf den ersten Blick könnte man den Eindruck haben, daß Geschäftsinteressen und die Interessen dieses „Reformeifers" in entge-gengesetzte Richtungen auseinanderstreben. Was aber tatsächlich passiert, ist, daß das Bestreben, „ein Geschäft so gut wie möglich zu betreiben" zu einer Manifestation dieses Eifers wird, so ist diese Energie eigentlich eher „synergistisch" (zusammenwirkend, einander ergänzend) als widersprüchlich. Der sehr praktische Gesichtspunkt dabei ist, daß man ein Eiferer sein mag und trotzdem einen erfolgreichen Karriereweg verfolgen kann. Es ist nicht notwendig, sich mit der ganzen Welt anzulegen.

Sterngucker

Eine große Zahl Menschen wählt eine bestimmte Karriere, weil sie dadurch mit der schimmernden und glänzenden Seite des Lebens in engeren Kontakt kommen. Nicht viele schaffen den Sprung hinüber auf die andere Seite. Verity Lambert gelang es.

Verity Lambert: „Ich begann als Stenotypistin. Ursprünglich arbeitete ich halbtags, aber sprechen wir zunächst über meine Fernseherfahrung. Ich begann, als Sekretärin für Granada zu arbeiten und wurde nach ungefähr sechs Monaten hinausgeschmissen. Bis dahin war mein Interesse am Fernsehen jedoch schon geweckt. Ich glaube, die einzige bewußte Wahl, die ich traf, war, daß ich nicht eine Art Tätigkeit ausüben wollte, wo ich nur Empfängerin von Informationen war. Einige der Halbtagstätigkeiten, die ich ausgeübt hatte, wie etwa die Arbeit in einem Rechtsanwaltsbüro oder das Tippen französischer Speisekarten für das De Vere Hotel, fand ich geradezu nervtötend und schrecklich – sie konnten mich ganz sicherlich in keiner Weise vorwärtsbringen. Wenn ich Ehrgeiz hatte, so glaube ich, daß dieser in dem Wunsch bestand, meine Tage zumindest mit etwas anzufüllen, was mich mehr interessierte, und nicht nur schlapp zusammengesunken vor einer Schreibmaschine zu sitzen.

Ich belegte einen Sekretärinnenkursus, weil meine Mutter glaubte, es wäre etwas, worauf man immer wieder zurückgreifen kann. Ich brauchte 18 Monate, um einen Dreimonatskurs zu absolvieren, so sehr verabscheute ich das. Ich war vorher zur Universität gegangen. Ich hatte in fünf Fächern die Note ‚0‘ und in einem die Note ‚A‘. Ich war ein Jahr lang an der Sorbonne in Paris gewesen, wo ich einigermaßen fließend Französisch gelernt hatte. Das Ganze sah jedoch so aus, als ob ich mir nur die Zeit vertrieb, bis ich heiraten würde. Also wurde ich wahrscheinlich deshalb aus meiner Stellung bei Granada rausgeschmissen, weil ich keine gute Sekretärin war. Allerdings hatte ich mich zu diesem Zeitpunkt für das Fernsehen interessiert – für die Grundkonzeption. Es sah aus, als ob es Spaß machen könnte. Ich war völlig auf die

Stars abgefahren, und alles erschien so glänzend, und es mußte einfach Spaß machen, da etwas zu tun, und es wäre immer noch besser, als eine Vorstadt-Hausfrau zu werden. Ich beschloß, daß ich eine sogenannte Produktionsassistentin werden wollte. Das ist eigentlich die nächste Stufe aufwärts von der Stellung einer Sekretärin. Es war nicht einmal sehr ehrgeizig, eher logisch. Um dies aber zu tun, mußte ich wieder zurückgehen. Also ging ich wieder zurück und wurde nochmals Stenotypistin. Ich bekam eine Anstellung im Büro des Verwaltungsdirektors der ABC-Television, die damals eine kleinere Firma war, und jetzt das halbe Themseufer einnimmt. Ich war Sekretärin der Sekretärin des Leitenden Direktors, und sie brachte mir wirklich bei, eine gute Sekretärin zu sein. Nun, wofür ich mich in der Schule wirklich interessiert hatte, war englische Literatur. Ich hatte außerordentlich gute Lehrer gehabt und hatte gerne Theaterstücke gelesen und sie analysiert – diese Dinge eben. Schließlich bekam ich einen Job als Sekretärin für den Leiter der Abteilung Drama – das war ein Platz zum Wohlfühlen, weil ich dabei auch mit den Stücken, den Schauspielern und den Proben zu tun hatte. Und ich glaube, das war der Moment, wo ich mich wirklich für einen speziellen Gesichtspunkt des Fernsehens interessierte. Ich begann, ziemliches Wissen anzusammeln.

Zunächst, als ich neu zur Produktionsassistentin befördert wurde, arbeitete ich nicht in der Abteilung Drama, ich arbeitete bei Rateshows. Schließlich verschob sich der Schwerpunkt jedoch in Richtung Drama, und glücklicherweise arbeitete ich dann für einen außerordentlich talentierten, sehr auf Individualität bedachten Regisseur, der in der Meinung einiger Leute als Monstrum galt. In Wirklichkeit war er schlicht und einfach sehr unbeständig, ein interessanter Mann, der mich zum Lesen und zum Äußern von Meinungen ermutigte. Er gehörte nicht zu denen, die die Ansichten wichtiger Leute übernehmen, es sei denn, er glaubt, daß sie ihm etwas zu bieten hätten. Er hörte mir zu."

Dieses Zitat bringt den praktischen Gesichtspunkt mit sich, der so häufig (und zu Recht) von den Feministinnen angeprangert wird. Dieser praktische Gesichtspunkt besagt: „Geh und fang als Sekretärin an, und dann zeig, wie gut du bist." Feministinnen glauben, daß es für die Frauen herabwürdigend ist, wenn sie sich zunächst als Sekretärinnen beweisen müssen, wenn sie gleichberechtigt mit den Männern in einem bestimmten Bereich Fuß fassen wollen. Sie wollen in der Personalabteilung als künftige leitende Angestellte befragt werden, nicht als Sekretärin. Damit stimme ich überein. Ich glaube außerdem, daß Frauen sogar einen zusätzlichen Vorzug gegenüber den Männern haben, der darin besteht, daß sie auch als Sekretärinnen in einen bestimmten Bereich vordringen können und somit eine Chance haben, ihre allgemeinen Fähigkeiten zu zeigen, die sich in Qualifikationen aufgrund eines erworbenen Abschlusses oder während eines Einstellungsgespräches vielleicht nicht gezeigt haben. Sehr häufig ist es diese Vielseitigkeit der Befähigung, die von größter Wichtigkeit ist. Natürlich wird auch argumentiert, daß jemand, der als Sekretärin beginnt, immer in dieser Kategorie bleiben wird. Unglücklicherweise kann dies auch zutreffen. Im Idealfalle sollten alle Sekretärinnen als mögliche leitende Angestellte betrachtet werden. Welche Vorzüge diese Argumentationsweise auch immer haben mag, es stimmt, daß in vielen Fällen eine talentierte Person über die „Sekretärin" oder über „Assistentin" (im Fernsehen) einen Zugang gefunden hat und dann an viel größere Aufgaben herangekommen ist. Es ist wirklich sehr wichtig, anwesend zu sein und eine Chance zu haben, seine Fähigkeiten zu zeigen.

Gibt es den perfekten Job?

Wieviel von dem, was Sie tun, tun Sie wirklich gern? Gibt es bei erfolgreichen Leuten Unterschiede in dieser Relation? Mögen Sie immer alles, was Sie tun? Häufig heißt es, daß sie das gern tun, was sie machen – aber es gibt erschwerende Umstände, wie es Malcolm Forbes, Herausgeber des Forbes-Magazins andeutet: „Nicht einmal in einem ganzen Jahrtausend existiert der perfekte Job, der überhaupt keine Probleme bietet. Ich glaube nicht, daß irgend jemand erfolgreich sein kann, der das, was er tut, nicht mag und ein ebenso wichtiger Gedanke ist, daß man eigentlich keine Aufgabe hat, falls es keine erschwerenden Umstände gibt. Es ist kein Job, wenn es keine Herausforderung darstellt. Es ist nichts damit los, wenn es keine Probleme gibt. Wenn die Tätigkeit sich immer wiederholt, mechanisch ist . . . langweilig, muß man einfach kämpfen. Es gibt immer irgendwo einen Nachteil, oder es wäre kein richtiger Job. Es gibt ihn nicht in einem Jahrtausend, aber der wesentliche Bestandteil ist es, zu mögen, was man tut."

Sir Mark Prescott: „Erfolg ist etwas sehr Persönliches. Hierin folge ich gern Henry Longhurst's Rat (des Golf-Kommentators): ‚Finde heraus, was du am besten tun kannst, und dann finde jemanden, der dich dafür bezahlt, daß du es tust.' Ich glaube, ich habe das gefunden."

Gelegenheiten ausschöpfen

Der Immobilien- und Grundstücksbereich war schon immer ein klassisches Feld, um ein Vermögen zu machen. Das Risiko, die Marktbewegungen, das „Übersetzungsverhältnis" (investiertes Geld gegenüber geliehenem Geld), die Gelegenheit, Geschäfte und Abschlüsse zu tätigen, der Wert persönlicher Kontakte, der Wert des Spürsinns – haben den Immobilienbereich zum idealen Betätigungsfeld für jedermann gemacht, der ein Vermögen verdienen (oder verlieren) will. Die großen Geldsummen, die dabei im Spiel sind, bedeuten, daß dabei genügend Gewinn abfallen kann, um ein großes Vermögen zu begründen. Auf dem Immobilienmarkt liegt der Wert allein im Auge des Betrachters – des Käufers also. Es gibt Zeiten der Flaute und Zeiten übertriebener Bautätigkeit. Dann gibt es wieder Zeiten, wo Eingriffe der Regierung den Markt zum Erliegen bringen (wie im Falle der Mietenkontrolle), jedoch war dieser Bereich stets gut für solche Leute, die den Erfolg suchten. Vor allem ist es ein Feld, in welchem eine Einzelperson mit nur sehr wenigen Mitarbeitern sehr große Geschäfte abschließen und dabei rasche Gewinne erzielen kann.

John Ritblat hatte noch während seiner Schulzeit ein bißchen an der Börse spekuliert. Er ging davon aus, daß hier seine Berufskarriere liegen würde. Beim Wechsel zum Immobilienmarkt stellte er fest, daß die Zeitwahl und die Befolgung von Ratschlägen Dritter sehr wichtig waren. „Damals, zu Anfang der fünfziger Jahre, erschien jedes Maklergeschäft ungeheuer aufregend, als Firmen wie Great Universal Stores und Charles Clore in großem Stil begannen, Firmen zu übernehmen. Aber ich dachte, daß ich noch etwas mehr Beratung gebrauchen könnte. Ich stand im Grunde genommen noch völlig außen – ich verfügte seitens meiner Familie über keinerlei geschäftlichen Hintergrund. Also besuchte ich einen Onkel, der ein sehr erfolgreicher Immobilienanleger war, und auch ein Immobilienmakler von einigem Ruf. Dann und wann fanden sich sehr viele führende Unternehmer in seinem Büro ein. Er lud mich zum Mittagessen ein und sagte: ‚Warum möchtest du Börsenmakler werden?' Ich antwortete ihm: ‚Nun, weißt du, ich halte es für ziemlich reizvoll. Es scheint interessant zu sein.'

Und er sagte: ‚Gut, ich sage dir einmal, was wir machen. Wir gehen mal hinunter in die Bond Street.'

Und wir gingen die Bond Street hinunter zum Berkley Square, wo er seine Büros hatte. In der damaligen Zeit bekam man noch keine Baugenehmigungen – man benötigte dafür eine Regierungsgenehmigung – und so sahen wir damals, 1951, überall die unbebauten Grundstücke. Er sagte zu mir: ‚Du glaubst doch nicht im Ernst, daß wir London so lassen, wie es jetzt aussieht?

Es muß zu einem enormen Aufwind im Bereich der gewerblichen Immobilien kommen.' Damals standen die Mieten still, sie stiegen nicht, und es war ein schlafendes Geschäft. Aber er sagte: ,Ich würde dir raten, ins Immobiliengeschäft einzusteigen.' Und er fuhr fort: ,Gegenüber der Börse hat es sehr viele Vorteile. Wenn du Börsenmakler wirst, so weißt du absolut überhaupt nichts über das Immobiliengeschäft. Gehst du aber in das Immobiliengeschäft, so kannst du dich auch weiterhin auf dem laufenden halten und dich als Börsenfachmann betrachten.'

Wissen Sie, ich glaube, das war ein sehr guter Rat. Er stellte mich Edward Erdman vor, der ziemlich bekannt war, obgleich er sein Büro noch vor dem Krieg gegründet hatte, und er hatte bis zur Gründung seiner eigenen Firma für meinen Onkel gearbeitet. Er sagte: ,Nun, wir haben zwar nicht viel Platz für Bürojungen', denn sein Büro war nicht so groß, ,aber wir stellen dich ein'. Dann fügte er hinzu: ,Aber ich nehme dich nur gegen Lohn, weil ich glaube, daß du sehr energisch aussiehst – da ist so ein Funkeln in deinen Augen.' So fing ich an."

Genauso machten es einige der führenden Immobilienmakler Londons, und selbst jemand, der sich später nur noch mit Hotels, Gaststätten, Tanzsälen und Brauereien befaßte, wie der verstorbene Sir Maxwell Joseph es mit seiner Firma Grand Metropolitan tat, war der Ansicht, daß seine frühen Tage in einer Immobilienagentur wie Golders Green ihm gut anstanden, wenn es um Preisangebote für die Übernahme ging. Deshalb war Sir Maxwell auch bereit, den Ruin zu riskieren, indem er ein alle Rekorde brechendes Angebot von 594 Millionen Pfund für die Brauerei Warney's machte. Später bekannte er, daß die nachfolgende Zinssteigerung ihn nahezu ruiniert hätte, aber er hielt durch.

Ein Vorteil in der Arbeit für einen Immobilienmakler liegt darin, daß man sich nicht nur eine solide Basis erwirbt, man macht auch Kontakte – ein wesentlicher Pluspunkt, wenn jemand ins Geschäftsleben eintritt. Dadurch kam auch Nigel Broackes auf den erfolgreichen Weg, der ihn schließlich zum Chef des Trafalgar House machte, die Gruppe von Immobilienfirmen, die das Ritz Hotel, die Cunard-Schiffahrt und die Baufirma Trollop & Colls kontrolliert. Für Neulinge in diesem Geschäft hält er folgenden Rat bereit: „Wenn Sie mit nichts beginnen müssen, so fangen Sie in einem guten Maklerbüro an, wie ich es tat, und lernen Sie deren Bankmanager kennen. Bringen Sie ihn dazu, Ihr Urteilsvermögen zu respektieren, aber lassen Sie ihn noch nicht sofort Ihre künftigen Pläne wissen. Machen Sie einen Schritt nach dem anderen. Unterhalten Sie sich dann vielleicht ein oder zwei Jahre später einmal mit ihm. Wenn er inzwischen einen guten Eindruck gewonnen hat und Sie ein attraktives Projekt anzubieten haben, so wird er dieses Risiko wahrscheinlich übernehmen. Suchen Sie sich für Ihre erste Unternehmung ein geeignetes Grundstück aus, und stellen Sie sicher, daß Sie genau die Art von Gebäude errichten, die sich leicht verkaufen läßt. Hängen Sie sich niemals an etwas fest, das nicht unterzubringen ist – das würde Ihrem Ruf schaden. Dies kann ich gar nicht stark genug betonen. In diesem Stadium ist Ihr Ruf das Wichtigste überhaupt, und Sie können sich einfach keinen Fehler erlauben. Machen Sie Ihre Sache einmal gut, so erhalten Sie zahlreiche Angebote – aber Sie dürfen es niemals riskieren, Ihre Glaubwürdigkeit zu verderben. Gehen Sie niemals zu kleinen Baufirmen oder zu unbekannten Architekten. Und werden Sie nicht gierig: erst als ich aufhörte, mich aufs Geldverdienen zu konzentrieren, begann ich wirklich damit, etwas zu verdienen.“

Das Ganze läßt sich folgendermaßen zusammenfassen. Lernen Sie das Geschäft kennen. Lernen Sie den Markt kennen. Lernen Sie die Leute kennen. Bauen Sie Ihre Glaubwürdigkeit auf. Glaubwürdigkeit ist in vielen Bereichen schon ein großes Kapital. Es ist schwierig, etwas aufzubauen, aber leicht, es zu verlieren. Am Ende kann die Glaubwürdigkeit als einziges darüber entscheiden, ob sich ein Geschäft in Ihrem Sinne entwickelt, oder ob Sie noch Unterstützung bekommen können, wenn Sie sie brauchen. Glaubwürdigkeit erfordert nicht notwendigerweise die Vorsicht, die überhaupt keinen Fehler zuläßt. Anleger sind gewillt, Risiken zu tragen, solange sie wissen, daß diese Risiken ordentlich gehandhabt werden.

Seien Sie bereit, Ihre Ziele zu ändern

Es gibt heldenhafte Geschichten vom Durchhaltevermögen, in denen eine ganze Reihe von Niederlagen und Zurückweisungen ganz am Ende doch noch zum Erfolg führt. Ich glaube, daß Frederick Forsyths Erfolgsbuch „Der Schakal“ von rund 35 Verlegern zurückgewiesen wurde, bevor einer es akzeptierte. Unglücklicherweise sehen wir immer noch die Erfolge, die nach geradezu märchenhaften Durchhaltevermögen auftauchen. Dabei gibt es viel mehr Leute (einschließlich der Schriftsteller), die durchgehalten und durchgehalten haben, und niemals damit Erfolg hatten. Ihre Talente und ihre Energie waren ganz in eine Richtung gezwängt und standen daher für andere, möglicherweise lohnendere Gelegenheiten nicht mehr zur Verfügung.

Sir Kenneth Cork ist der berühmteste Konkursverwalter britischer Unternehmen. Er wird gerufen, wenn sie zusammenbrechen und bankrott gehen (in Großbritannien gibt es nichts, was unserem Kapitel 11 entspräche). Er hatte mit den Flugzeugherstellern Handley Page, mit dem Imperium von John Bloom und, in jüngster Zeit, mit der Automobilfirma De Lorean zu tun. Neulingen in der Geschäftswelt gibt er den Rat, sich nicht in ihre Erzeugnisse zu verlieben. Unternehmer können vielleicht mit einem ganz hervorragenden Produkt oder mit einer brillanten Dienstleistungsidee beginnen. Dann ändern sich die Marktverhältnisse, oder es tritt ein verschärfter Wettbewerb auf (vielleicht zu niedrigeren Preisen). Der Unternehmer macht weiter. Darauf folgt die Pleite.

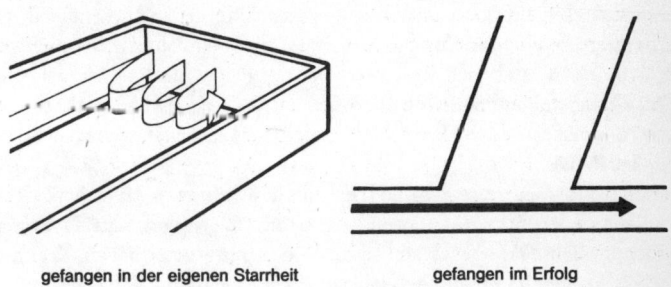

gefangen in der eigenen Starrheit   gefangen im Erfolg

In anderen Fällen investiert das Unternehmen seine gesamten Forschungs- und Entwicklungsanstrengungen und seine ganzen Absatzbemühungen auf ein neues Erzeugnis. Dieser Fall ist als „Produkt-Schub" und „Technologie-Schub" bekannt, und stellt fast genau das Gegenteil der von Robert Holmes à Court beschriebenen Zielsetzung der allgemeinen Geschäftstätigkeit dar, wo die Führungsfähigkeiten und Management-Prinzipien wichtiger sind, als das eigentliche Produkt. Das von einer energisch vorangetriebenen Idee getragene Unternehmertum kann zu brillantem Erfolg führen (wie bei Sir Clive Sinclair), es kann jedoch auch katastrophal enden.

In Zukunft wird es eine Tendenz zu flexiblen Produktionsstätten geben. Gegenwärtig sind die Werke so ausgerüstet, daß sie so rationell wie möglich ein bestimmtes Produkt herstellen können. In Zukunft wird eine viel größere Flexibilität herrschen, so daß eine Fabrik dann Jeans oder Handtaschen herstellen kann, wenn diese sich gut verkaufen lassen, so daß das Werk sich auf jedes Produkt einstellen kann. Kurz gesagt, das Geschäft und die Fertigungskapazität werden zu einem „Prozeß", den dann unterschiedliche Produkte durchlaufen können. Genau in der gleichen Art und Weise kann der Unternehmer sich ganz allgemeingültige Fähigkeiten und Kontakte aneignen und diese dann auf verschiedene Situationen anwenden. Gewiß sind Erfahrung und Kontakte in einem bestimmten Bereich sehr wichtig.

Wer von einem Bereich zum anderen eilt, riskiert, sich in den Fallstricken des Sprichworts „Von allem weiß er ein bißchen, nichts beherrscht er richtig" zu verfangen, jedoch gilt dieses Attribut eher für oberflächliche Stümper. Viele Unternehmer in Kalifornien haben sich von einem Bereich auf den nächsten verlegt, je nachdem, wo sich die günstigsten Gelegenheiten boten.

Salz in der Suppe ist bis zu einem bestimmten Punkt gut, zuviel ruiniert das Essen. Auch Mut ist bis zu einem bestimmten Punkt gut, ein Zuviel ist tollkühner Übermut. Beharrlichkeit ist bis zu einem gewissen Grade gut, ein Übermaß ist Sturheit.

Sie werden vielleicht einmal Ihre Zielvorstellungen ändern müssen, weil die Situation in einem sich schnell verändernden Bereich (wie beispielsweise in der Elektronik) ebenfalls geändert hat. Vielleicht müssen Sie auch Ihre Ziele ändern, weil es deutlich wird, daß die ursprüngliche Idee nicht funktionieren wird, oder weil das Produkt sich nicht verkaufen läßt (oder nicht zum richtigen Preis).

Wann sollte man an seinem Ziel festhalten? Wenn man das sichere Gefühl hat, daß die Idee nur ein klein wenig der richtigen Zeit voraus ist. Oder wenn sich Anzeichen der Verkäuflichkeit des Produktes gezeigt haben. Wenn die Tendenz parallel zu Ihrem eingeschlagenen Weg verläuft. Wenn das Investitionsklima zwar schlecht war, sich aber jetzt verbessert. Wie lange ist es sinnvoll, in Forschung und Entwicklung oder in den Absatzbemühungen für ein Erzeugnis auf eine günstige Gelegenheit zu warten? Es gibt keinen automatischen Anspruch auf einen Lohn der Mühe, und es gibt keine Regel, die besagt, daß irgendwann ein Durchbruch kommen muß. Vielleicht kommt er nie.

Die Eigenschaft des Beharrungsvermögens kann uns in eine Sackgasse zur Niederlage führen. Bescheidener Erfolg kann uns in eine Einbahnstraße des bescheidenen Erfolges führen. Nur wenige Menschen haben die Chance, einem bescheidenen Erfolg zu entkommen, um einen riskanten Sprung in einen anderen Bereich zu wagen, wo es zwar Möglichkeiten für größere Erfolge gibt, allerdings keine Garantien. Viele hoffnungsvolle Menschen haben solche Sprünge gewagt (wahrscheinlich zum Entsetzen ihrer Familien).

Nimmt man solche Risiken auf sich, so hängt das von folgenden Faktoren ab: Von der eigenen Einschätzung des gegenwärtig eingeschlagenen Weges und von dessen Zukunftsaussichten, von der eigenen Einschätzung der sich bietenden Gelegenheit, von der eigenen Einschätzung seines persönlichen Stils und Talents, von der Fähigkeit, Risiken zu übernehmen.

Dadurch wird Ihnen natürlich wieder der Schwarze Peter zugeschoben. Alles was ich tun kann, ist Ihnen zu zeigen, daß ein bescheidener Erfolg auch eine Art Falle sein kann – zumindest für jemanden, der noch größeren Ehrgeiz hat.

Erfolgstaktik

1. *Der alles entscheidende Faktor ist, daß Sie etwas tun sollten, was Sie wirklich gern und auch gut machen (aber – siehe unten).*
2. *Es gibt gewiß bestimmte Bereiche (wie z. B. Immobilien), in welchen man viel leichter erfolgreich sein kann, als in anderen Bereichen. Es gibt auch Bereiche, wo man mit bescheidenem Talent und harter Arbeit Erfolg erringen kann, während anderswo mehr natürliches Talent nötig ist. Dies sind nun einmal die Tatsachen des Lebens.*
3. *Die meisten erfolgreichen Leute scheinen ihr Betätigungsfeld nicht sehr sorgfältig ausgewählt zu haben – das ist noch lange kein Grund, dies nicht zu tun.*
4. *Es hat nichts Anrüchiges an sich, seine Bereiche, seine Karriere oder seine Zielsetzungen zu ändern. Viele erfolgreiche Leute haben genau dies getan.*
5. *Kontakte zu Menschen sind außerordentlich wichtig (nicht das, was Sie wissen, sondern wen Sie kennen).*
6. *Die Fähigkeit, eine Gelegenheit zu erkennen, wenn sich nur ein Schimmer zeigt oder eine zufällige Bemerkung gemacht wird, ist sehr wichtig. Ebenso wichtig ist die Fähigkeit, genau im Hinblick auf diese Gelegenheit aktiv zu werden.*
7. *Ungewöhnliche Kombinationen von Fähigkeiten und Erfahrungen können sehr wichtig sein, weil es in solchen Bereichen nur wenig Konkurrenz gibt.*
8. *In vielen Bereichen ist die Glaubwürdigkeit ein wesentlicher Pluspunkt.*
9. *Für viele erfolgreiche Leute war der erste Schritt eine Partnerschaft mit jemand anderem.*
10. *Bescheidener Erfolg kann ebenfalls eine Art Falle sein, falls man sich größeren Erfolg wünscht.*
11. *Schwierige Herausforderungen sind es wert, angenommen zu werden, wenn die ausschlaggebenden Faktoren innerhalb Ihres Einflußbereiches liegen. Sind Sie nicht steuerbar, so verschwenden Sie Ihre Zeit.*
12. *Sie können stets für sich selbst Ihre eigene Herausforderung definieren.*

7.

Suche nach Gelegenheiten

Die Beiträge:

Vereinigte Staaten: Nolan Bushnell, Harry Helmsley, Mark McCormack, James B. Rogers, Jr.

Großbritannien und übrige Länder: Jarvis Astaire, Chris Bonington, Alan Fine, Robert Holmes à Court, Verity Lambert, Lord Pennock, Lord Salisbury, Sir Clive Sinclair.

Nicht stehenbleiben!

Der nächste und der übernächste Schritt muß gemacht werden. Still zu stehen und darauf zu warten, daß das Förderband des Lebens Ihnen Ihr Gepäck anliefert, ist keine Strategie, die von erfolgreichen Leuten besonders geschätzt wird. Christian Bonington, der berühmte Bergsteiger, verdeutlicht diesen Punkt (und für einen Bergsteiger trifft dies in besonderem Maße zu, da das Besteigen eines Berges bedeutet, einen Schritt nach dem anderen zu tun): „Betrachtet man sich irgendeine Karriere, so ist dies nicht ein einzelnes Ereignis. Es gibt da eine ganze Reihe von Schritten. In meinem Fall war der erste Schritt die Besteigung der Eiger-Nordwand – die britische Erstbesteigung. Die dafür getroffene Entscheidung, und die Tatsache, daß wir dabei Erfolg hatten (im Gegensatz zu einem anderen Briten), half mir bei meiner weiteren Zukunft. Meine nächste folgenschwere Entscheidung war es, mich mit dem Bildjournalismus zu befassen, weil ich meinen Lebensunterhalt verdienen und nicht Bergführer werden wollte.

Dadurch gewann ich die Medienerfahrung, die ich für weitere Expeditionen benötigte. Meine nächste wesentliche Entscheidung war nicht etwa die Besteigung des Mount Everest, sondern der Südwand des Annapurna. Die Entscheidung, diese Expedition anzuführen – was ich zuvor noch nie gemacht hatte – war meine Feuertaufe. Keine einzige Entscheidung führt zum Stillstand. Jeder Schritt führt zu dem Punkt, an dem man sich in diesem Augenblick befindet."

Es gibt immer einen nächsten Schritt, und er sollte größer und besser sein, als der vorangegangene, genau wie der nächste zu besteigende Berg höher oder schwieriger sein muß, als der vorherige. Peter Habeler konnte bald keine Berge zum Besteigen mehr finden, also machten er und seine Begleiter sich daran, den Mount Everest ohne Sauerstoffflaschen zu besteigen. Sie schafften es.

Erfolgreiche Menschen genießen Herausforderungen und die Wahrnehmung von Gelegenheiten. Es gibt den Drang, Dinge herbeizuführen. In einem vorangegangenen Abschnitt haben wir die Rolle untersucht, die Glücksfälle beim Erfolg spielen. In einigen Fällen können sie wesentliche Faktoren sein. In anderen sind es nur zusätzliche Faktoren. Die ursprüngliche Gelegenheit kann sich durch glückliche Begleitumstände zeigen. Vielleicht erwähnt jemand ein ganz bestimmtes Immobiliengeschäft und das ist es dann – der Immobilienmakler ist auf seiner Fährte. Die Fähigkeit, Gelegenheiten zu erkennen, die Risikobereitschaft und der Wille, die Initiative zu ergreifen, die nötige Arbeit, um eine Gelegenheit in die Realität umzusetzen – all dieses schafft der unternehmerische Mensch.

Wir vergessen häufig, daß die Suche nach Gelegenheiten nicht eine natürliche Angewohnheit unseres Verstandes ist, weder bei einem Individuum, noch bei einem Unternehmen. „Den Kopf unten zu halten" und „sich durchzuschlagen" ist viel natürlicher. Der Genuß des täglichen Lebens ist ebenfalls natürlicher.

Wenn Organisationen einen bestimmten Umfang erreicht haben, so spüren sie oft den Drang, sich vom Unternehmer zu trennen, der diese Organisation ursprünglich einmal gegründet hatte. Die Schöpfung wird von der Wartung abgelöst.

Die Rolle des Managements besteht in der Pflege und Wartung, nicht in der Suche nach Gelegenheiten. Allerdings kann diese Pflege und Wartung den Drang nach Wachstum mit umfassen.

„Ich glaube, Sie müssen sich vergrößern", sagte Mark McCormack. „Es gibt keinerlei Stillstand. Wenn man einen Umsatzstillstand hat, so nehmen die Erträge wegen der Inflation ab. Zeigen Sie mir ein erfolgreiches Geschäft, das nicht expandiert hat!"

Häufig wird angenommen, daß Wachstum als natürliches Ergebnis der Marktbewegung oder des unvermeidlichen Wachstums einer erfolgreichen Organisation stattfindet. Verkaufe mehr und verdiene mehr. Werde bekannter, und steigere deinen Marktanteil. Diese Art Wachstum paßt gut zu der natürlichen Neigung und Ausbildung des Managements. Die meisten Management-Begriffe wurden in den fünfziger und sechziger Jahren entwickelt, als die amerikanische Wirtschaft stetig wuchs. In einer Wachstumswirtschaft sind nur zwei Dinge notwendig. Das erste ist eine wirksame Firmenleitung, damit man dabei bleiben und vom Wachstum profitieren kann. Das zweite ist die Fähigkeit, Probleme zu lösen, damit man mit jedem kleinen Schnupfen fertig wird und wieder ins richtige Gleis gelangt. In schwierigen Zeiten, die entweder durch eine allgemeine Rezession oder durch Wettbewerbsverschärfung entstehen, sind die verschwisterten Fähigkeiten effizienter Unternehmensführung und Problemlösung so unerläßlich wie eh und je. Unglücklicherweise reichen sie aber nicht länger aus. Heutzutage muß man weiter denken: Dieses Denken befaßt sich mit der Suche nach Gelegenheiten und dem Wechsel von Strategien.

Ist es möglich, in einem großen Unternehmen einen Geist zu finden, der nach Gelegenheiten sucht? Ich hatte einmal einen Beratungsauftrag für eine bedeutende europäische Firma zu erfüllen. Der Vorstandsvorsitzende war sich bewußt, daß es angesichts der sich ändernden Welt auf allen Ebenen mehr Unternehmergeist geben sollte. Zu den unternommenen Schritten zählte die Einrichtung eines Risikofonds, der von den Vorstandsmitgliedern als zusätzliche Geldquelle verwendet werden sollte, um einen Anreiz zum Ausprobieren neuer Ideen zu bieten. Viele Vorstandsmitglieder hatten behauptet, daß sie sich unmöglich unternehmerisch betätigen könnten, weil sie es nicht wagen konnten, etwas von ihren Betriebsbudgets für neue Risiken abzuzweigen. Ich erinnere mich an ein Gespräch mit einem Vorstandsmitglied, das Zugang zu dem neuen Risikofonds hatte. Er erzählte mir, daß er es nicht „riskieren" wolle, sich des Risikofonds zu bedienen, denn falls er einen Fehler machte und scheiterte, so würde dies seiner Ansicht nach seine Karriere bedrohen. Dies ist ein natürlicher und logischer Ausdruck für die Abneigung gegen jegliches Risiko innerhalb großer Organisationen. Ein Fehler kann eine Karriere zum Stillstand bringen, die sich ansonsten aus ihrer eigenen Schwungkraft heraus weiterentwickeln würde. Jedoch erzählte er mir, daß die bloße Anwesenheit des Risikofonds es ihm ermöglicht habe, sich in seiner Umgebung etwas näher mit möglichen Chancen zu befassen, weil er wußte, daß Geldmittel zur Verfügung stehen würden, falls er sich zum Ergreifen einer Gelegenheit entschließen sollte. Nachdem er sich also eingehend damit beschäftigt hatte, fand er heraus, daß einige dieser Gelegenheiten so attraktiv waren, daß er sie mit seinem eigenen Budget weiterbetrieb – immer noch ohne Einsatz des Risikofonds.

Die meisten Menschen in großen Organisationen sind derartig von „dringenden" Angelegenheiten vereinnahmt, daß für die „wichtigen" Angelegenheiten nur noch sehr wenig Zeit verbleibt. Dies ist einer der Gründe, warum so wenig Zeit für bewußtes oder für planerisches Denken aufgewendet wird. Stets muß irgendein Problem gelöst werden. Die Problemlösung beinhaltet auch immer die Ausräumung eines Risikos, während die Suche nach Gelegenheiten zusätzliches Risiko und zusätzliche Arbeit mit sich bringt. Es ist überhaupt nicht schwierig zu erkennen, warum das Lösen von Problemen so sehr der Suche nach Gelegenheiten vorgezogen wird. Das Management ist gezwungen, Probleme zu lösen. Niemand ist aber gezwungen, sich nach Gelegenheiten umzusehen, bis es zu spät ist. Wenn eine Organisation erst einmal dazu gezwungen ist, sich nach Gelegenheiten umzusehen, so hat sie wahrscheinlich bereits ihre besten Leute verloren, ebenso ihren Marktanteil, ihren Kredit und ihre Moral.

In großen Unternehmen gibt es hinsichtlich Veränderungen und Gelegenheiten eine unausgesprochene Einstellung: Bleibe wachsam und beobachte genau. Folge den Tendenzen lieber, als sie zu setzen. Setze Dich voll ein, um in Bereiche hineinzukommen, wenn diese sich zu entwickeln beginnen. Überlaß anderen das Anfangsrisiko, und dann gehe hinein und kaufe den ganzen Kram auf oder sieh zu, daß du so schnell wie möglich ein eigenes Produkt in diesem Bereich unterbringst. Man hat das Gefühl, daß eine große Organisation nicht überall zur gleichen Zeit sein kann. Langsame, organische Veränderung wird als weniger riskant angesehen, als größere strategische Verschiebungen. Für einige Organisationen mag dies ganz gut funktionieren. Bei anderen, wie z. B. der amerikanischen Automobilindustrie, kann es gefährlich sein. Um gerecht zu sein – in dieser Branche kann allerdings alles gefährlich sein.

Im Tennis ist die Situation ganz ähnlich, wie es Alan Fine von der Inner Game Organisation erklärt: „Manche Leute würden eine Gelegenheit nicht erkennen, wenn diese aufstehen würde und sie mitten ins Gesicht schlüge. Man legt im Tennis so viel Wert auf einen eleganten Schlagabtausch. Und ich glaube, das gilt auch für andere Sportarten. Die Leute sind so sehr darum bemüht sicherzustellen, daß sie die mechanische Seite beherrschen, daß sie im Sinne von Angriff überhaupt nicht mehr merken, wann es eine Chance gibt, einen Gegner in die Enge zu treiben. Im geschäftlichen Sinne haben wir es manchmal mit Leuten zu tun, die so sehr darauf bedacht sind, alles richtig zu machen, daß sie das eigentliche Ziel völlig aus den Augen verlieren. Das eigentliche Ziel ist es, mit einem Geschäft Einkommen zu erzielen. Dennoch habe ich Leute gesehen, die so mit dieser Art Weiterbildung plus Management beschäftigt waren, daß sie den eigentlichen Kern der ganzen Angelegenheit völlig außer Acht ließen."

Interessante Gelegenheiten

Es wird manchmal behauptet, daß ganze Serien von Gelegenheiten ständig vor den Augen jedes einzelnen vorbeiziehen, der vielleicht gerüstet ist, diese zu erkennen und zu nutzen, vielleicht aber auch nicht.

„Ich ziehe nicht los, um (nach Gelegenheiten) zu suchen. Ich jage nicht. Ich versuche alles, um sie zu erkennen, wenn sie sich bieten. Die meisten Gelegenheiten laufen zur Konjunktur genau entgegengesetzt. ACC war eine gute Gelegenheit", erinnert sich Robert Holmes à Court, „weil man alle die herkömmlichen Informationen nicht bekommen konnte – abgesehen davon waren sie es nicht wert". ACC war eine Firma, die aufzubauen Holmes à Court Jahre benötigt hätte – eine internationale Sendegesellschaft, die seiner Ansicht nach ihr Potential nicht erfüllt hatte, weil sie versäumt hatte, sich ihrer Mittel zu bedienen. „Die Managementprobleme waren erschreckend, aber ich spürte, daß es einen Ausweg gab . . . Ich fühle mich zu rückläufigen Entwicklungen hingezogen – um solche Probleme zu lösen. Also fühle ich mich zu Unternehmen in schlechtem Zustand und zu schwierigen Branchen hingezogen."

Wann handelt es sich um eine Gelegenheit?

Es ist interessant, daß Verity Lambert, die zum Zeitpunkt dieses Interviews kurz vor der Übernahme der Position der Produktionsleitung von EMI Films stand, die technischen Gelegenheiten in der Welt des Films nicht als einen Weg nach vorn ansieht:

„Es gibt viele talentierte und schöpferische Menschen in der (Film- und Fernseh-) Branche, und andererseits stehen uns technologische Veränderungen ins Haus, von denen man die Schaffung einer praktischen, realistischen Alternative zu vielen der jetzt schon nahezu überflüssigen Kinos sehen könnte: Die Erfindung der Videorecorder, die Einführung des Satellitenfernsehens usw.

Ich stimme zu, daß diese Veränderungen in der Branche alles beeinflussen werden. Aber das erste, woran ich dachte, als ich ein Angebot von EMI erhielt, war die Tatsache, daß es in diesem Land viele talentierte, schöpferische Filmleute gibt, und dennoch haben wir eigentlich gar keine Filmindustrie. Mir scheint, daß die Herausforderung, diesen Job zu übernehmen, darin lag, eine Gelegenheit zu haben, britische Talente zu ermutigen, einen Anreiz dafür zu geben, daß Filme hier gedreht werden, und somit zu versuchen, die Filmindustrie in Großbritannien neu zu schaffen. Mein erster

Gedanke war also, wie kann man die Leute wieder in die Kinos dieses Landes bringen, und wie macht man Filme, die in irgendeiner Weise zeigen, daß das britische Kino immer noch lebt und etwas darstellt?"

Seit den Tagen der *Ealing Comedy,* wo das Publikum nur so in die britischen Kinos strömte, hat jeder nach Möglichkeiten für eine Verjüngung der britischen Filmindustrie gesucht. Dabei gab es bemerkenswerte Erfolge, wie beispielsweise die mit dem Oscar prämierten Filme „Chariots of Fire" und „Gandhi". Es sieht so aus, als könnte die Technologie Mittel und Wege finden, mit Filmen die Menschen anders zu erreichen, als das herkömmliche Kino es tat.

„Man macht hierbei unterschiedliche Erfahrungen: ins Kino zu gehen und einen Film gemeinsam mit einem Publikum zu sehen, unterscheidet sich sehr davon, diesen Film zu Hause im Fernsehen zu sehen. Ich glaube, dies ist eine gute Erfahrung, vorausgesetzt, daß man die Kinos attraktiver machen kann, daß man ‚ins Kino zu gehen' etwas mehr zum Ereignis macht. Ich bitte die Leute ja nicht, jeden Abend ins Kino zu gehen."

(*Anmerkung:* Abgesehen von der Herstellung von Filmen betreibt die EMI auch eigene Kinos. Ihr gehört ABC.)

„Wenn man einen erfolgreichen Film hat, so verbessert dies alle neben- und untergeordneten Rechte (wie z. B. Kabel, Satelliten usw.)."

Was ist aber, wenn die Branche dazu gebracht wird, genau umgekehrt zu arbeiten: Wenn die Filme genau für die „untergeordneten" Medien produziert werden?

„Vielleicht bin ich hier ein wenig romantisch, aber es besteht keine Frage, daß das Kino etwas Besonderes an sich hat."

Besteht nicht eine der Besonderheiten des Kinos darin, daß es eine Menge Geld kostet?

„Es kostet in der Tat viel Geld. Im Augenblick kostet es deshalb sehr viel Geld, weil es bedrückend ist, dort hinzugehen. Als die Kinos gebaut wurden – wenn Sie sich einmal diese ärmlichen, traurigen Kinos ansehen, die jetzt schließen, zu Bingo-Hallen umfunktioniert werden, oder mit denen gar nichts mehr los ist – da wurden sie als Filmpaläste gebaut. Man nannte sie Palast, und sie waren so ausgestattet, daß die Leute gern hineingehen wollten. Und es ist interessant, daß in bestimmten Gegenden von Frankreich und Belgien, wo jetzt Kinos gebaut werden – moderne, attraktiv ausgestattete Kinos – tatsächlich das Kinopublikum wieder wächst, und nicht zurückgeht. Einer der Gründe, warum meiner Ansicht nach die Leute in unserem Lande nicht mehr ins Kino gehen, ist der – und da haben Sie völlig recht – daß es furchtbar teuer ist, und wenn man herauskommt, so möchte man sich zunächst einmal vollständig desinfizieren. Vielleicht hat man auch im Regen

Schlange gestanden, obwohl man es gar nicht nötig gehabt hätte. Es ist keine angenehme Erfahrung."

Warum versuchen Sie dann nicht, die Kinos loszuwerden?

„Nun, das werde ich bald sagen können. Ob irgend jemand auf mich hört oder nicht, das ist eine andere Frage. Und ich werde es sagen. Ich meine, es ist eine sehr einfache Angelegenheit. Warum kann man nicht anrufen und Sitze vorbestellen und die Nummer seiner Kreditkarte angeben, genauso wie man es im Theater tut?"

Aber vielleicht kommt irgend jemand in Ihrer Position daher und sagt „Okay, vergeßt das alles, wir werden alle Kinos zu irgend etwas anderem machen, oder sie alle loswerden, oder sie alle verkaufen. Wir werden viel bessere Filme machen und dann neue Wege finden, um sie zum Publikum zu schaffen."

„Durch so etwas würde ich mich in meiner Position um Kopf und Kragen reden! Ich bin bereit zuzugeben, daß ich während meiner Jugend etwa dreimal in der Woche ins Kino ging, wie die meisten jungen Leute, und ich liebte das Kino. Für mich ist der Gedanke, daß ich Kinofilme herstellen kann, irgendwie ein Traum. Vielleicht bin ich in diesem Sinne nicht sehr realistisch. Ich wuchs zu einer Zeit auf, als es das *Kinojahrbuch 1949* und dergleichen gab, als man aufschaute und sagte: „Da ist Clark Gable", oder was auch immer. Ich glaube, ich habe in der Beziehung noch eine romantische Einstellung. Die andere Sache ist aber die, daß ich einer Herausforderung nicht widerstehen kann. Ja, es wäre sehr einfach herzugehen und zu sagen: ‚Warum schließt ihr nicht einfach alle Kinos und investiert das Geld irgendwo anders? Warum macht ihr keine Filme für das Satellitenfernsehen usw.?' Ich glaube aber, der entscheidende Punkt hierbei ist – wenn man alle ABC-Kinos im gesamten Lande schließen würde – man würde tatsächlich nicht allzuviel Geld dabei herausholen, denn wer wollte sie schon kaufen? Das ist schon mal die eine Sache."

Hier sehen wir unterschiedliche Einflüsse. Das eine ist die romantische Betrachtungsweise des Kinos auf der Grundlage von kindlichen Erfahrungen. Das andere ist der pragmatische Blickwinkel, daß es kein besonders guter Gedanke ist, wenn ein Unternehmen Kinos besitzt, daß man sie veralten lassen soll. Dann gibt es den Aspekt, daß man bei der Übernahme der Leitung einer Filmabteilung nicht versuchen sollte, deren traditionelle Grundlagen zu zerstören. Keines dieser Argumente hat besonders viel Gewicht. Allerdings gibt es zwei ausdrücklich angeführte Argumente, die einen Sinn ergeben. Das erste ist, daß die Erfahrung eines Kinobesuchs sich vom Ansehen eines Videofilmes sehr unterscheidet. Die Erfahrung des „Ausgehens" ist von großer Bedeutung, und das Filmerlebnis ist (in gewissen Grenzen) zweitrangig. Es geht wieder darum, andere Kategorien derselben Sache zu verkaufen. Genauso, wie Sinclair seine Heimcomputer als „Spielzeuge" (Seite 154) anbietet, so verkaufen die Kinos jetzt „das Ausgehen". Der zweite Punkt ist, daß die in den Kinos gezeigten Filme eine viel größere Publizität erlangen als Videofilme, und die nachfolgende Publizität steigert den Wert des Films, wenn er als Videofilm verkauft wird. Genau in der gleichen Weise zieht ein in gebundener Form veröffentliches Buch viel mehr Aufmerksamkeit und Rezensionen auf sich, als wenn es gleich schon als Taschenbuch erscheint. Als Folge dieser Aufmerksamkeit lassen sich die Taschenbuchrechte weitaus teurer verkaufen.

Opportunismus

Man kann Gelegenheiten suchen, man kann sie finden. Das Auffinden von Gelegenheiten bezeichnen wir häufig als „Opportunismus". Warte, bis die Gelegenheit sich eindeutig ergibt, und dann spring auf. In dieser Beziehung ist die amerikanische Industrie ganz ausgezeichnet, sie ist jedoch beim Aufbau von Gelegenheiten nicht so gut wie die japanische. Dies kann das Ergebnis von Kulturunterschieden sein, oder auch durch den Druck der Aktienanalyse auf der Grundlage vierteljährlicher Ertragszahlen zurückzuführen sein, woher sich die Notwendigkeit ergibt, Gelegenheiten lieber zu nutzen, als sie zu schaffen.

Harry Helmsley: „Also, ich brauche wirklich nicht nach Gelegenheiten zu suchen, weil sie mir zufliegen. Das Wichtigste ist, sie zu analysieren und zu

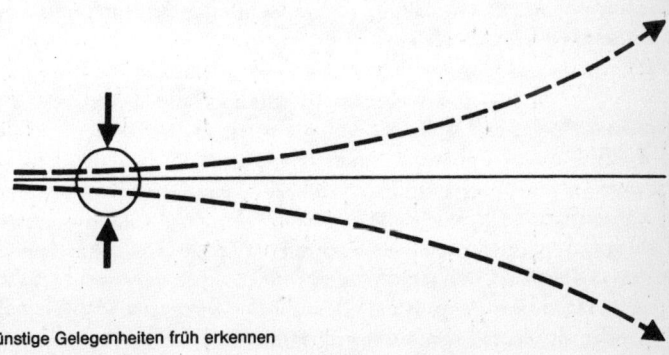

günstige Gelegenheiten früh erkennen

sehen, ob sie dem Maßstab gerecht werden, und dann tiefer zu schürfen, um festzustellen, ob man mir die richtigen Informationen gegeben hat."

Gelegenheiten zu sondieren ist schon in Ordnung – allerdings könnte die Gelegenheit bis dahin auch schon von anderen erkannt worden sein.

Gelegenheiten schaffen

Gelegenheiten zu schaffen setzt ein spezielles Konzept voraus (im Gegensatz zum Auffinden einer Gelegenheit). Eine Marktchance zu erkennen kann zwar immer noch die Entwicklung eines Konzeptes beinhalten, um von dieser Gelegenheit zu profitieren. Manchmal ist dieses Konzept bereits fertig, jedoch die Gelegenheit, es auszuprobieren, taucht eine Zeitlang nicht auf. Dies war der Fall mit Jarvis Astaire und seinem TV-Konzept.

Jarvis Astaire führte den Gedanken der begrenzten Fernsehübertragung zur Förderung von Boxveranstaltungen in Großbritannien ein. „Ich war damals nicht besonders einflußreich im Boxsport. Ich war jung – im Vergleich zu den Leuten, die in diesem Bereich führend waren.

Worauf es wirklich ankam, war, daß die Leute an der Spitze das Fernsehen bekämpfen wollten, und ich war bereit, mit dem Fernsehen zu meinen Bedingungen eine Ehe einzugehen. Die anderen leisteten nur Widerstand, Widerstand, Widerstand. Ich sagte, wenn wir mit dem Fernsehen zusammenarbeiten, so können wir großen Nutzen aus Boxveranstaltungen im Fernsehen ziehen. Als Ergebnis begann ich damit, meine Idee in die Tat umzusetzen, Schaukämpfe zu arrangieren, die ohne Befürchtungen in der folgenden Nacht über Fernsehen gesendet werden konnten. Dies führte schließlich zum Kabelfernsehen, worüber ich fünf Jahre lang versucht hatte, mit irgend jemandem von der Postverwaltung (die in Großbritannien für Leitung und Kabel zuständig ist) zu sprechen.

Wie viele andere Ideen auch, kam mir diese bestimmte Idee um 6 Uhr morgens. Wir wollten die Weltmeisterschaft im Halbschwergewicht zwischen Terry Downs und Willy Pastrami veranstalten. Zu dem Zeitpunkt, als Pastrami bereit war herüberzukommen, um seinen Titel zu verteidigen, war in ganz London kein Austragungsort zu bekommen. Der einzige Veranstaltungssaal war das Belle Vue in Manchester. Dies war natürlich wieder für Downs kaum ideal, denn er war ein bekannter Londoner Boxer. Anscheinend hatten wir keine Wahl. Wir taten alles, was wir konnten, um etwas zu finden, und dann wachte ich morgens um sechs auf und sagte: „Dies ist genau die Gelegenheit, auf die ich schon immer gewartet habe!"

Ich ging zur Post und sagte, wir haben hier diesen Londoner Boxer, der in Manchester um die Weltmeisterschaft kämpfen wird. Tausende von Leuten sind seit Jahren seine Anhänger. Er war auch schon einmal Mittelgewicht-Weltmeister, verlor den Titel dann aber und wechselte zum Halbschwergewicht über. Um Ihnen eine Vorstellung davon zu geben, wie der Verstand solcher Staatsdiener arbeitet, nachdem man fünf Jahre lang nicht einmal in der Lage gewesen war, bei der Postverwaltung jemanden zu finden, der mit mir darüber sprechen wollte, so stimmten sie jetzt unverzüglich einem Experiment zu.

Nun mußte ich für die Übertragung einen Vorführsaal finden. Von den Leuten der Kinobranche wollte mir keiner zuhören. Dann traf ich eines Tages durch puren Zufall im Restaurant Mirabelle einen Mann namens Leslie Macdonell. Er fragte mich, was ich so täte. Ich erzählte es ihm. Er kam aus der Theaterbranche – damals leitete er das Moss Empire – und er hielt meine Idee für großartig. Er rief mich noch um 4 Uhr am selben Nachmittag zurück und bot mir das Phoenix Theater an. Dadurch kam das erste ‚Intercity-Sportereignis' in diesem Lande zustande."

Die Gelegenheit

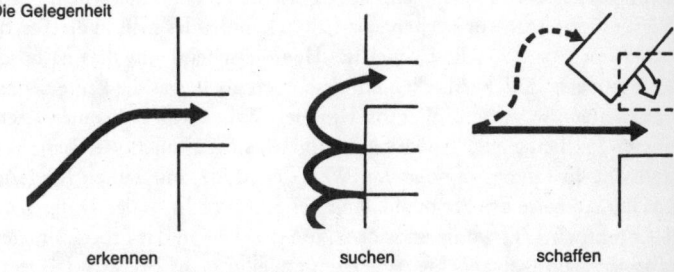

erkennen   suchen   schaffen

Astaire ergriff den richtigen Moment beim Schopfe, und eins zog das andere nach sich. „Wie das Glück es wollte, war es ein großartiger Kampf. Alles verlief bestens. Wir hatten einen wunderbaren Sportkommentator – David Coleman (die BBC verbot ihm nachher, für mich zu arbeiten, weil sie ein bißchen nervös wurden). Und wirklich, am nächsten Tag erhielt ich einen Anruf von Rank Organisation, und somit war das Kabelfernsehen geboren. Danach hatte ich die Idee – wenn erst einmal der erste Satellit oben wäre – einen Kampf per Satellit zu übertragen, und das fand mit Cassius Clay und Floyd Patterson im November 1965 von Las Vegas aus statt. Ich brachte die erste interkontinentale Satelliten-Show. Wir nahmen dafür das Odeon am Leicester Square. Ich machte mir zwar Sorgen, ob die Leute mitten in der

Nacht aufstehen und kommen würden. Tatsächlich zerbrachen die Leute aber beim Versuch hineinzugelangen, die Türen. Ich erinnere mich noch, daß am nachfolgenden Tage eine Veranstaltung für die Königlichen Befehlshaber dort stattfinden sollte, und es entstand eine entsetzliche Aufregung darüber, ob man das Glas wieder rechtzeitig in die Türen einsetzen könnte. Aber sie schafften es!"

Die schöpferische Gelegenheit: Dem Trend entgegen

Marktbewußtsein und Marktforschung gelten gewöhnlich als absolut unerläßlich bei der Entwicklung von Geschäften. Doch scheint es im Zeitalter der neuen Technologien ganz überraschende Ausnahmen zu geben.

Für Erfinder wie Sir Clive Sinclair kann es niemals absolute Gewißheit geben, außer vielleicht zu ihren eigenen Bedingungen und aus ihrem eigenen Blickwinkel, daß es einen Markt für ein durchaus revolutionäres Konzept gibt. Sinclair behauptet allerdings, einen Bedarf auch dann erkennen zu können, wenn dies niemand sonst gelingt.

Beispielsweise die Taschenrechner. „Es erschien mir immer als eine ganz nette Idee, wenn man ein Rechengerät haben könnte, das man in die Tasche stecken kann", sagt Sir Clive Sinclair. „Heute erscheint uns dies natürlich völlig selbstverständlich. Aber ich erinnere mich noch, was die Leute sagten, als wir ihn herausbrachten: ‚Wer um Himmels Willen will denn einen Rechner in der Tasche haben?'" Identifiziert Sinclair sich, ähnlich wie Diana von Fürstenberg, in ihrer völlig anderen Welt der Mode, mit seinen Käufern? „Nicht immer, nein. Ein Personal Computer gehört nicht zu den Dingen, die ich haben möchte. Er wurde entwickelt, um den Leuten das Programmieren beizubringen, und ich möchte das Programmieren nicht erlernen. Ich kann aber feststellen, daß viele andere Leute dies möchten. Wichtig daran ist, das es Personal Computer bereits gab, als wir in dieses Geschäft einstiegen. Wir waren Radio-Elektronik-Konstrukteure, und wir entwickelten gerade so etwas, jedoch wollte die NEB nicht damit weitermachen. Ich glaubte jedoch, daß dafür ein Potential vorhanden war. Ich wußte, daß es im Hobbybereich einen Markt für preiswerte Personal Computer gab, und ich glaubte, es würde ihn auch in der Allgemeinheit geben – und daß dies der Fall sein könnte, war noch nie gezeigt worden.

Ich glaubte jedoch, daß es nur dann klappen würde, wenn man es zu einem Preis schaffen könnte, der unterhalb all dessen läge, was es zur damaligen Zeit gab. Als wir in dieses Geschäft einstiegen, kostete ein Computer etwa tausend Pfund. Vielleicht hätte man auch einen für fünfhundert Pfund kaufen können. Aber Forschung läßt sich auf dem Markt nicht absetzen. Ich glaube nicht, daß man dies in diesem Stadium tun kann. Man kann nicht einfach zu jemandem auf die Straße gehen und sagen ‚hier ist ein Computer für hundert Pfund‘. Er würde gar nicht darüber nachdenken – wahrscheinlich würde er losflitzen, um seine Frau vor diesem Verrückten zu schützen!"

Eine ziemlich unerwartete Erklärung für dieses Phänomen ist, daß Sinclair eigentlich gar nicht in der Elektronikbranche als solcher ist, sondern vielmehr im „Spielwarengeschäft". Die Leute kaufen Taschenrechner und Personal-Computer nicht, weil sie sie brauchen, sondern als unterhaltsames Spielzeug. Die Psychologie des Spielzeugkaufs unterscheidet sich sehr vom Kauf einer Schreibmaschine. Wenn man die „günstigen" Gelegenheiten bewertet, so ist die „Käuferkategorie" von immenser Bedeutung. Sie entscheidet über Kaufverhalten und Preisebene.

Manchmal gibt es auch dann, wenn sorgfältige Marktforschungen vorausgegangen waren, keine Garantie dafür, daß ein neues Produkt oder eine neue Gelegenheit zum Erfolg führt. Nolan Bushnell erinnert sich: „Wir stellten etwas her, was sich Videomusic nannte, und es war etwas, das man an sein Stereogerät oder sein Fernsehsystem anschließen konnte, und das dann hübsche Bilder erzeugte, während man die Musik hörte. Es wurde durch einen Mikroprozessor gesteuert: ein kleines Ding, das ganz oben auf dem Gerät saß. Ich bezweifle nicht, daß Sie nie davon gehört haben. Wir führten Marktuntersuchungen durch, und es sah so aus, als ob es sich um ein annehmbares Produkt handelte, und wir bestellten die Teile für eine Stückzahl von etwa 25 000, und bauten letzten Endes etwa 10 000 Stück davon, bevor wir die Show begannen und es abzusetzen versuchten. Es war furchtbar! Als wir noch von einem Einzelhandels-Verkaufspreis von etwa 150 Dollar ausgegangen waren, verkauften wir rund 20 Geräte. Wir senkten die Preise auf 99 Dollar und verkauften weitere 20 Stück. Wir gingen weiter bis auf 49 Dollar herunter und verkauften vielleicht 50 Stück. Schließlich machten wir mit dem verdammten Ding einen Ausverkauf bei 39,95 Dollar. Es stellte sich heraus, daß die meisten Menschen ihre Stereoanlagen niemals im selben Raum haben wie ihren Fernseher. Das geschah noch damals bei Atari (die Bushnell gegründet und später für 28 Millionen an Warner verkauft hatte), und es war wirklich schon ein mittelschweres Fiasko."

In der Finanzwelt kann der von ganz persönlicher Eigenart geprägte Weg zur günstigen Gelegenheit zum Erfolg führen. Jim Rogers: „Andere Leute in unserer Branche sagen von uns, daß wir sehr eigenartig oder exzentrisch seien, oder gegen den Trend angingen. Es ist ungeheuer einfach, der Masse in allem zu folgen, ob es nun um Hamburger, Autos, Bücher oder sonst etwas geht – es ist das Einfachste in der Welt, dem Trend zu folgen, jedoch ist es auch der schnellste Weg zum Bankrott. Niemand wird dadurch reich, daß er dem Trend folgt. Es ist natürlich sehr ehrenhaft, und jeder sitzt irgendwie in der Kneipe herum und sagt, ‚ich mache dies‘, und du sagst dann, ‚oh ich mache dies auch‘, und der Dritte sagt ‚das mache ich auch‘. Das ist aber keine Art, reich zu werden, es ist ein schneller Weg in den Bankrott, ganz egal, um welchen Bereich es sich handelt.

Meine Ideen bezog ich hauptsächlich aus dem, was ich las, und aus meinem eigenen Urteilsvermögen. Ich sah mir die Dinge an, und sagte mir: ‚So spielt es sich in der Wirklichkeit nicht ab.‘

Die Art, wie ich verschiedene Firmen erwarb, war gewöhnlich recht zynisch. Ich kann mich noch erinnern, wie ich 1972 Ölaktien kaufte, genau genommen Bohraktien (von Firmen, die die Bohrgeräte haben und damit nach Öl bohren). Diese Branche hatte seit rund 15 Jahren ständig abgebaut, und ich erinnere mich noch, wie dieser Mann sagte: ‚Wir wissen zwar nicht, wie lange die Lage sich noch verschlechtern wird, aber wir versuchen, bis zum Ende dabei zu bleiben.‘ Und ich sagte: ‚Das sind die besten Nachrichten, die ich je gehört habe.‘ Wenn das Geschäft sich schon seit 15 Jahren ständig verschlechtert, so bedeutet dies entweder, daß sie niemals wieder nach Öl suchen können, oder aber die Sachen werden über kurz oder lang wirklich ganz ausgezeichnet stehen. Aus einer ganzen Reihe von Gründen konnte ich feststellen, daß bald das Erdgas ausgehen würde.

Jeder verfügte über dieselben Tatsachen wie ich. Es war nicht so, als hätte ich einen direkten Draht in den Himmel gehabt. Ich konnte sehen, daß der Grund für die Energiekrise nicht in der OPEC lag. Die OPEC hatte seit 15 Jahren versucht, die Preise anzuheben, und niemand hatte sich je darum gekümmert. Die OPEC-Mitglieder trafen sich jedes Jahr, und sagten: ‚Leute, dieses Jahr werden wir die Preise anheben‘, und jeder pflegte zu sagen: ‚Okay, freut uns zu hören‘, und die Verkaufspreise blieben genau dort, wo sie waren.

Was dann tatsächlich passierte war, daß die amerikanische Regierung in den fünfziger Jahren – eigentlich durch den Obersten Gerichtshof – eine Entscheidung traf, daß die amerikanische Regierung die Preise für Erdgas festsetzen durfte. Die Regierung setzte den Preis für Erdgas so unglaublich niedrig fest, daß ein Verkauf sich nicht lohnte."

„Wenn ich als junger Mann durch Texas fuhr, so sah ich nachts immer diese riesigen Fackeln. Wenn man in den fünfziger Jahren in Amerika Ölbohrungen niederbrachte, so pflegte man das Öl herauszupumpen, und Gas kam dabei auch mit herauf. Da die Regierung es jedoch nicht zuließ, das Gas zu einem wirtschaftlichen Preis zu verkaufen, mußte es verbrannt werden. Sie verbrannten es, um es loszuwerden, weil es billiger war, es zu verbrennen, als es zu verkaufen, weil das Verkaufen Geld gekostet hätte. Also verbrannten sie in den fünfziger und sechziger Jahren enorme Mengen Erdgas, und das Ergebnis war, daß zu Anfang der siebziger oder gegen Ende der sechziger Jahre alle diese Gasunternehmen plötzlich kein Erdgas mehr hatten. Zur gleichen Zeit sagten sich mein Partner und ich: ‚Nun, wenn sich niemand um Gas kümmert, weil Gas nicht wirtschaftlich ist, dann muß irgendwann der Erdgaspreis doch steigen (irgendwann wird irgend jemand irgend jemandem den Preis bezahlen müssen, um das Erdgas zu bekommen, welches das Land benötigt).‘ Dann entdeckte ich (ich erinnere mich noch genau an den Tag) … ich erinnere mich, wie ich einen Jahresbericht von einer der Bohrgesellschaften las, in dem es hieß – Leute, die Sache wird schwierig, hier ist ein Diagramm, aus dem hervorgeht, daß eine Anzahl von Leuten nach Erdgas sucht, und daß der Verleih von Bohrgeräten seit 1956 rückläufig ist (wir schrieben das Jahr 1971) und daß er bereits seit 15 Jahren rückläufig ist. Und ich sagte mir ‚das klingt gut; hier sind wir also mindestens 15 Jahre näher an der Talsohle des Marktes, als wir es einmal waren. Vielleicht ist es noch nicht die Talsohle, aber wir nähern uns ihr und kommen wahrscheinlich sogar sehr nahe.‘ Also ging ich los, um all diese Leute im Bohrgeschäft kennenzulernen. Sie sagten: ‚Es ist hoffnungslos; noch viel mehr Firmen werden bankrott gehen.‘ Ich ging zurück und sagte: ‚Die Welt hat bald kein Erdgas mehr, weil sie es einfach verbrennen. Der Preis ist zu niedrig. Die Leute verlieren ihre Geschäfte, und das muß anders werden.‘ Also kauften wir 1971, 72 und 73 enorme Mengen Erdgasaktien und Bohraktien. Und siehe da, schließlich versuchte die OPEC es 1973 noch einmal mit dem Preiskrieg, und es funktionierte auch! Und das lag nicht daran, daß die OPEC dies tat, sondern weil die Welt dafür reif war. Es gab keinerlei Erdgas mehr.“

„Dies ist ein klassisches Beispiel, sowohl für die auf einem ‚Klimawechsel‘ beruhende Gelegenheit als auch für die Gelegenheit in Zusammenhang mit einem ‚unterbewerteten‘ Aktivposten. Manchmal wird ein Aktivposten angesichts der bestehenden Technologie zwar korrekt bewertet, jedoch kann ein technologischer Wandel diesen Wert erheblich steigern. Als der Goldpreis stieg, lohnte es sich plötzlich, die Abraumhalden der alten Goldminen mit der neuen Technologie noch einmal durchzuarbeiten, die Gold auch noch aus dem gewinnen konnte, was man als Abfall betrachtete. In den dreißiger Jahren gründete C. J. Levine an der Börse von Adelaide ein Unternehmen, das Gold aus nicht brauchbarem Gelände in Neuguinea gewinnen wollte. Das Gelände war wertlos, weil es keine Möglichkeit gab, dort eine Goldwaschausrüstung hinzuschaffen. Levines Idee bestand darin, hierfür das neue Junkers-Flugzeug zu benutzen. Die Bagger waren so konstruiert, daß sie sich in kleine Teile auseinandernehmen ließen, und jedes Einzelteil wurde in einer Junkers-Maschine zum Gelände herausgebracht. Der Plan wurde ein

Riesenerfolg. Ein Blick dafür, was durch Technologie ermöglicht wird, ist nicht dasselbe wie ein Blick für die neue Technologie selbst als eine Gelegenheit. Letzteres kann ein Bereich sein, der mit hohen Risiken verbunden ist, ersteres ist jedoch sicher, weil der Markt bereits bekannt ist."

Warum etwas ganz anderes versuchen?

Fast das genaue Gegenteil jeder Neuerung ist der Trend „Lassie's Sohn". So gibt es also Airplane II, Superman II und Superman III. Bekannt ist auch die Geschichte von dem Fernsehprogramm-Einkäufer, der auf den Tisch klopfte und sagte: „Was wir wirklich brauchen, sind einige brandneue Platitüden." Diese Einstellung enthält sogar zwei logische Ansätze. Der erste logische Ansatz: Wenn man die richtige Zusammensetzung bereits kennt, dann sollte man die Formel erneut verwenden. Der zweite Ansatz: Das Publikum weiß, was es bekommt. Als David Puttnam versuchte, finanzielle Unterstützung für sein Projekt „Local Hero" zu erhalten, nachdem er mit „Chariots of Fire" Oscars gewonnen und viel Geld verdient hatte, fragten die amerikanischen Anleger: „Warum wollen Sie jetzt etwas anderes machen? Wie wäre es mit ‚Chariots of Fire II?'" Die Gegenposition wird von Verity Lambert, Produktionsleiterin bei EMI beigesteuert: „Beginnt man erst einmal, anhand einer Formel zu produzieren, so maximiert man in Wirklichkeit das Risiko." Ich halte dies nicht immer für richtig. Der am längsten anhaltende Erfolg im Verlagswesen findet sich in der romantischen Belletristik. Hier wurde die Formel äußerst gründlich ausgearbeitet (in vielen verschiedenen Kategorien). Das Publikum kauft diese Bücher. Manchmal wünschen die Leute Neuigkeiten, manchmal wünschen sie Trost. Im Garten und im Wohnzimmer findet man Komfort, und keine Neuigkeiten. Manchmal möchte man auch neue Leute treffen, und ein andermal möchte man lieber alte Freunde sehen.

Für Designer oder Stilisten liegt stets ein Gewinn darin, den Leuten das zu geben, was sie erwarten, es ist aber gefährlich zu stagnieren.

Die „Ich-auch"-Philosophie

Lord Sainsbury revolutionierte den Einzelhandel dadurch, daß er dem Beispiel anderer andernorts folgte. „Ich war alt und hatte einen weiten Überblick, so habe ich revolutionäre Veränderungen im Lebensmitteleinzelhandel heraufkommen sehen", gab er gegenüber der Zeitung Observer zu. Seit dem letzten Weltkrieg haben wir eine enorme Steigerung des Lebensstandards erlebt, und eine ungeheure Zunahme der Lebensmittelvielfalt, wodurch es für den alten Tante-Emma-Laden schwierig war, eine ausreichend große Auswahl bereitzuhalten.

„Die Leute kauften gewöhnlich dreimal wöchentlich ein, weil sie keine Kühlschränke hatten, von Gefrierschränken ganz zu schweigen. Jetzt kauft man den größten Teil am Freitag oder Samstag ein. Die Veränderung begann 1949, als ein Kollege und ich in die Vereinigten Staaten reisten, hauptsächlich um die Entwicklung der Tiefkühl-Lebensmittel zu beobachten, die noch in den Anfängen steckte. Wir besichtigten eine riesige Anzahl von Supermärkten in New York, Boston, Buffalo, Philadelphia und kamen dabei beide zu der Schlußfolgerung, daß dies das Muster der Zukunft sei.

Einer der Gründe, warum ich mich mit 60 Jahren zur Ruhe setzte, war die Überzeugung, daß man sich mit zunehmendem Alter auch immer mehr gegen Veränderungen wehrt, weil man das Ergebnis nicht mehr sehen möchte."

Als Rubiks Würfel ein großer Hit war, sprangen alle möglichen Leute auf den rollenden Karren auf, um denselben oder etwas andere Würfel zu produzieren. Als elektronische Spiele ihren Erfolgszug hielten, stellten sich die meisten Spielzeughersteller so schnell wie möglich um. Wenn ein Pharma-Unternehmen mit einem Medikament erfolgreich ist, so versuchen alle anderen Pharma-Hersteller, ihre eigene Version davon zu produzieren (beispielsweise bei den Beta-Blockern).

Nischenstrategie

Das Gegenteil der „Ich-auch"-Strategie ist die „Nischen"-Strategie. Finde einen kleinen Bereich und mache Deine Sache so gut, daß niemand sich versucht fühlt, in diesen Markt einzudringen (der Markt ist immer noch zu klein, und es wäre zu teuer, Ihren Vorsprung aufzuholen). In der Lage zu sein, unterbewertete Aktivposten aufzuspüren (wie in der Slater-Strategie), ist ebenfalls eine klassische Methode – besonders für Finanziers.

Jim Slaters Technik wurde schon auf die verschiedensten Arten beschrieben, jedoch ist seine eigene Version wohl die anschaulichste. Er nannte es das „Zulu-Prinzip". Nicht viele Leute wissen sehr gut über die Zulus Bescheid, pflegte er festzustellen. Jedoch machen es sich viele Menschen zur Lebensaufgabe, alles zu wissen, was es beispielsweise über England oder über Amerika zu wissen gibt. Daher ist es natürlich sehr schwierig, viel Eindruck als Experte über eines jener Länder zu machen. Wenn man aber in der Lage wäre, auch nur einige wichtige Informationen über die Zulus herauszufinden, so könnte man möglicherweise der führende Fachmann der Welt auf diesem Gebiet werden. Sie verstehen, hier findet ja viel weniger Wettbewerb statt. In Slaters Fall handelte es sich bei den „Zulus" um obskure kleine Firmen, die von der Börse ignoriert wurden, jedoch über ein verborgenes Potential verfügten. Seine Waffen waren Bilanzen und statistische Auszüge, die von Extel veröffentlicht wurden.

Die Pergamon Press wurde wiederum auf einer bewußt geschaffenen Reihe von Monopolen aufgebaut. Robert Maxwell, ein exzellenter Linguist, stellte fest, daß die Wissenschaftler, mit denen er gern zu tun hatte, nur über wenige Kommunikationsmöglichkeiten mit ihren Kollegen und wissenschaftlichen Gegnern in der ganzen Welt hatten. Zwei Leute könnten vielleicht Anspruch auf dieselbe wissenschaftliche Forschungsarbeit erheben, weil niemand sicher sein konnte, wer ursprünglicher war. Also veröffentlichte er eine Reihe von Magazinen über die abgelegensten wissenschaftlichen Themen. Dies war eine Variante von Slaters „Zulu-Prinzip". Jedes dieser Magazine wurde zum weltweiten Forum für einen eng begrenzten Themenbereich. Alle Akademiker in einem bestimmten Bereich drängen sich danach, ihre Artikel von Pergamon veröffentlicht zu sehen, häufig ohne Autorenhonorar. Allein die Veröffentlichung verschafft ihnen innerhalb ihrer Bezugsgruppe Ehre und Ansehen. Umgekehrt muß praktisch jede Universität, an der über ein im Pergamon-Journal behandeltes wissenschaftliches Thema Lehre und Forschung betrieben wird, beim einzigen Vertrieb dieser Art ein Abonnement beziehen: bei Pergamon. Maxwell stellt dafür sehr hohe Gebühren in Rechnung, in einigen Fällen mehr als 1000 Pfund pro Jahr, für nur wenige Ausgaben einer bestimmten Publikation. Die Auflage ist dabei relativ begrenzt, doch trotzdem sind die Gewinnspannen ganz erheblich. Und jede Institution, die sich mit einem wissenschaftlichen Tätigkeitsfeld innerhalb der Reichweite von Pergamons Veröffentlichungen befaßt, muß auch nachträglich die bisherigen Veröffentlichungen von Maxwell kaufen.

Jim Slater entwickelte eine schriftliche Strategie für Opportunismus. Ganz grob betrachtet, Slater suchte nach unterbewerteten Firmen – wie es die meisten Anleger an der Börse ebenfalls zu tun glauben. Es ist jedoch eine Tatsache, daß Firmen plötzlich einen Aufschwung nehmen, und es kann Monate dauern, bevor sich diese Tatsache in den Aktienkursen zeigt, wenn die Kunde von diesem Aufschwung allmählich durch die Stadt sickert. Slater versuchte, ein System zu entwickeln, welches es ihm ermöglichte, solche Gelegenheiten sofort herauszufinden. Auf der Suche nach dem Stein der Weisen verfeinerte er seine Suchmethode, indem er neun Regeln aufstellte zur Erkennung von Unternehmen, deren Aktienkurse anziehen würden. Nach Charles Raw, dem Verfasser von „Slater Walker: An Investigation of a Financial Phenomenon", waren es die folgenden Regeln:

1. Die Dividendenrendite mußte mindestens vier Prozent betragen.
2. Die Kapitalerträge mußten innerhalb der vergangenen fünf Jahre wenigstens vier Jahre lang zugenommen haben.
3. Die Kapitalerträge mußten sich innerhalb der letzten vier Jahre zumindest verdoppelt haben.
4. Der letzte Geschäftsbericht des Vorstandes mußte optimistisch sein.
5. Das Unternehmen muß sich in einer ausreichend liquiden Situation befinden.
6. Das Unternehmen darf durch außergewöhnliche Faktoren nicht verwundbar sein.
7. Die Aktien müssen einen vertretbaren Anlagewert haben.
8. Das Unternehmen darf nicht als Familienbetrieb geführt sein.
9. Die Aktien müssen stimmberechtigt sein.

Bei den Punkten fünf bis sieben handelt es sich ganz offensichtlich um Ansichtssachen, obwohl Slater selbst es gern sah, wenn die Unternehmen je Aktienanteil einen Anlagewert repräsentierten, der beträchtlich höher lag als der Marktkurs der Aktien. Dieser Gesichtspunkt trat in den Vordergrund, als er sich vom Aktienkauf auf den Kauf von Unternehmen umstellte, weil er häufig Überschußanlagevermögen der von ihm übernommenen Firmen verkaufte, wobei er nur die ertragreichen Geschäftsbereiche behielt. Diese Technik trug ihm den Vorwurf der Firmenausplünderung ein.

Spielen Sie Ihr eigenes Spiel

Die meisten erfolgreichen Leute neigen nach einiger Zeit dazu, nach Gelegenheiten in Bereichen zu suchen, mit denen sie vertraut sind. Lord Pennock, Vorstandsvorsitzender der BICC, und ehemaliger stellvertretender

Vorstandsvorsitzender der ICI, sucht sich seine Gelegenheiten vorsichtig, jedoch sehr bewußt im Bereich technologischen Aufschwungs aus: „Man darf nicht stillstehen. Entweder man bewegt sich nach oben, oder es geht bergab. Der Nachteil an Großbritannien ist, daß die Leute folgendermaßen empfinden: ,Im Augenblick ist die Lage zwar unangenehm, aber zumindest haben wir es geschafft. Und jetzt, wo wir es in Ordnung gebracht haben, wird es wieder funktionieren.' Das Leben ist ganz anders. Es ändert sich von Tag zu Tag, und man muß ständig ein wenig den Veränderungen voraus sein. Wenn man allerdings diesen Veränderungen zu weit voraus ist, so schafft man ein Durcheinander. Dabei kann man seinen Kopf verlieren. Wenn man sich aber auf den Wandel nicht einstellt, so verliert man ebenfalls seinen Kopf.

Auch die neuen Chancen müssen immer auf das Geschäftsleben bezogen sein, und auf die Dinge, von denen man etwas versteht. Als ich hier anfing (bei der BICC), wurde der Vorschlag gemacht, eine ansehnliche Elektronik-firma aus Amerika zu erwerben, über die wir allerdings sehr wenig wußten, weil wir Kabelhersteller waren. Ich sagte, ,paßt auf, ich möchte euch einmal eine Geschichte von den zwölf größten Fehlern erzählen, die wir bei ICI gemacht haben . . .' Und diese bezogen sich auf Dinge, über die wir nichts wußten, und von denen wir dachten, daß wir sie besser beherrschten als die Leute, die jahrelang in diesen Bereichen tätig waren . . . Also, es kann ja alles stimmen, was ihr über diese Elektronikfirma sagt – sie hat Wachstumsraten von 15 Prozent usw. – aber wenn das alles von zwei Leuten abhängt, die die Firma aus dem Nichts aufgebaut haben, was passiert, wenn die ihre Firma verlassen?' – ,Oh', sagten sie, ,wir können uns ein paar andere gute Leute nehmen. Wir können immer Manager kriegen.' Aber gibt es tatsächlich jemanden, der die Leitung übernehmen könnte? Niemanden. Also sagte ich, ,vergeßt es'."

„Aber sofort darauf sagten wir dann – wir müssen uns mit Sachen beschäf-tigen, die wie das Elektronikgeschäft zwar schnell wachsen, jedoch eine Grundlage haben, über die wir etwas wissen. Was machen wir denn? Wir stellen Kabel her. Also sagten wir uns nun, ,wie sieht es denn mit den Bautei-len am Ende eines Kabels aus, bevor es in den Computer gelangt? Wie sieht es mit den Anschlüssen aus? Und mit den Stromversorgungsgeräten?' Die Umformung von Strom – bevor er in den Elektronikbereich eintritt. Das ist also ein Geschäft, über das wir etwas wissen. Auf der einen Seite hätten wir den Vorteil, ebenso schnell zu wachsen wie das Computergeschäft, denn jeder Computer muß diese Dinge haben. Andererseits würde es nicht die ungeheuer umfangreiche Forschungsarbeit auf dem Gebiet der Computer-Elektronik mit sich bringen, von der wir sowieso nichts verstehen. Also, wir engagieren uns in einem Geschäftsbereich, der ebenso schnell wächst wie die Elektronik, über die wir etwas wissen, und der keinen riesigen Forschungsaufwand verlangt. Dieselben Techniker, die jetzt schon bei uns beschäftigt sind, werden damit zurechtkommen. Und genau das haben wir getan. Im vergangenen Jahr haben wir in Amerika zwei Firmen im Bereich der Steckverbinder und der Stromversorgungsgeräte erworben, und sie haben sich sehr gut entwickelt. Aber man muß Gelegenheiten ergreifen – man darf nicht stillstehen. Hätten wir uns nur gesagt, ‚Gut, das Kabelgeschäft läuft sehr zufriedenstellend‘, so wären wir gescheitert. Man muß sich mit den neuen Gelegenheiten beschäftigen, aber sie müssen etwas mit den Dingen zu tun haben, von denen man etwas versteht. Das Geschäft muß immer dynamisch sein. Man muß sich dem Wandel stellen. Im allgemeinen lieben die wenigsten Nationen und die wenigsten Menschen Veränderungen, aber in Großbritannien widerstehen wir dem Wandel ganz besonders stark. Wir haben eine großartige Geschichte, und daher möchten wir lieber in der Vergangenheit leben. Wir geben beispielsweise vier Millionen Pfund dafür aus, um ein Schiffswrack aus dem 16. Jahrhundert vom Meeresgrund des Ozeans zu bergen, und das ist dann wochenlang Tagesgespräch im ganzen Lande. Berühmte Leute wie der Earl of Mountbatten und Winston Churchill planen beispielsweise ihre Beerdigungen schon fünf Jahre bevor sie sterben, nur um sicherzustellen, daß der Tradition Genüge getan wird: Wir sind eben eine Nation, die einfach liebt, daß die Dinge immer so sind, wie sie waren.“

Als Mark McCormack durch seine Managertätigkeit für Sportstars und sonstige Persönlichkeiten in den Medien bekannt wurde, bot man ihm die Gelegenheit, während des Papstbesuches in England tätig zu werden. „Das hieß also, sich mit einem ganz anderen Bereich auseinanderzusetzen, mit ganz anderen Menschen zu tun zu haben, mit einem völlig anderen Niveau von Menschen, einer anderen Art von Herstellern. Einige Prinzipien blieben sich gleich, doch es war ein harter Job. Der Vatikan wünschte sich etwas Kommerzielles. Sie wollten mit viel Geschmack, aber professionell, Geld verdienen, sie wollten, daß dies entsprechend gesteuert und überwacht würde, und wollten sichergehen, daß es richtig getan würde. Wenn man eine relativ kurzfristige Verpflichtung übernimmt, wobei man seine eigene Kapazität und die der Mitarbeiter für etwas völlig einsetzt, was einmal ein Ende hat, so muß man sich fragen, ob die langfristigen Vorteile einer solchen Ausnahme die Nachteile wieder wettmachen können.“

Nachfolgend eine wahre Begebenheit von einem Pokerspiel im Jahre 1977, wo einer der Spieler eine günstige Gelegenheit in einem offensichtlich artverwandten, in Wirklichkeit jedoch völlig verschiedenen Spiel suchte. John Graham: „Es begann als eine ruhige Abendgesellschaft, wir waren nur sechs Personen, als dann einer der Gäste eine freundschaftliche Partie Poker vorschlug, nur geringe Einsätze, mit wachsendem Limit. Der entscheidende Punkt war, daß wir nach ‚Art des Gebers‘ spielten. Das bedeutet, der Geber konnte jeweils seine Lieblingsvariante des Pokerspiels mit ‚Draw‘ oder ‚Stud‘ (entweder man zieht eine Karte aus einem Stapel oder einer Box, oder bei ‚Stud‘ werden die Karten gegeben) bestimmen. Wir spielten einige Stunden lang, ohne besonders große Einsätze, und dabei gab es keinen besonderen Gewinner oder Verlierer. Irgend jemand führte mit vielleicht 40 Pfund, jemand anderem fehlte genau diese Summe. Einige Leute gingen nach Hause, und nach Mitternacht blieben nur noch drei von uns übrig. Wir spielten ein Pfund im voraus, zwei Pfund Ersteinsatz, und die Höchstgrenze wurde bis zum halben Wert des Gesamteinsatzes im ‚Topf‘ festgesetzt. Bis dahin hatte der größte Betrag im ‚Topf‘ ca. 30 bis 40 Pfund betragen.

Das Spielglück wechselte zwischen uns dreien hin und her, und dann schlug einer der Spieler eine ‚Stud-Variation‘, die als 7-27 bekannt ist, vor. Er kannte das Spiel (natürlich) und auch ich. Der dritte Spieler kannte es nicht . . .

Bei 7-27 bekommt man eine verdeckte Karte und kann dann immer einzeln soviele Karten nacheinander offen ziehen und hinlegen, wie man möchte, wobei zwischen jedem erneuten Ziehen gesetzt wird. Ziel ist es, so nahe wie möglich insgesamt entweder an 7 oder an 27 heranzukommen. Bilder zählen dabei einen, Asse jeweils einen oder elf Punkte. Gewöhnlich gibt es zwei Gewinner: Den der Sieben am nächsten gelegenen und den der 27 am nächsten gelegenen Spieler. Der entscheidende Unterschied zwischen dieser ‚Stud-Variante‘ und jeder anderen liegt darin, daß man eine Unzahl Möglichkeiten zum Erhöhen hat. Das Spiel ist erst dann zu Ende, wenn allen Spielern noch das Ziehen einer Karte angeboten wurde und sie abgelehnt haben. Ein Spieler, der zunächst eine Acht und einen König (insgesamt achteinhalb) bekommen hat, wird häufig versuchen weiterzumachen, um auf 27 Punkte zu kommen, und wenn die Bilder nur einen halben Punkt zählen, so kann er dafür zehn oder mehr Karten benötigen.

Was dann passierte, war elektrisierend. Ich erhielt ein verdecktes As und eine offene Sechs. Perfekt. Ich war unschlagbar. Ich werde die Hälfte dieses Topfes gewinnen, ich lasse aber auch die anderen noch erhöhen. Der Geber zeigte eine offene Neun und der dritte Spieler hatte einen König.

Der Geber begann sofort zu ziehen und versuchte, 27 zu erreichen. Der Dritte kaufte keine weitere Karte. Nach neun weiteren Runden des Erhöhens zeigte der Geber (?-9 K-A-D-2-4-J-D-8), was insgesamt 26 Punkte plus einer verdeckten Karte ergab. Der dritte Mitspieler hatte beim Erhöhen den meisten Einsatz beigetragen, jedoch setzte der Geber jetzt das Maximum, und wir zogen jetzt alle mit. Der Topf war jetzt etwa 600 Pfund wert, und der dritte Mitspieler befand sich in ernsthaften Schwierigkeiten.

Er sah mich an (6 plus eine verdeckte Karte) und sah dann auf sein eigenes Blatt (das aus einer verdeckten Karte, einer Sieben und einem König bestand) und dann sah er den Geber an (26 plus eine verdeckte Karte). Er machte einen schlimmen Fehler und fing an, selbst Karten zu ziehen, wobei er den Versuch aufgab, einen niedrigen Gewinn einzustreichen und statt dessen auf die 27 spekulierte. Er ging davon aus, daß die letzte Acht den Geber bereits kaputt gemacht hatte, und daß eine Punktzahl irgendwo zwischen 25 1/2 und 28 1/2 gewinnen müßte. Vielleicht hatte er nicht darauf geachtet, daß der Geber den Höchsteinsatz gesetzt hatte. Wahrscheinlich jedoch interpretierte er dies als einen Bluff, um ihn schneller auszuschalten. Der Geber hätte leicht annehmen können, daß der dritte Mitspieler und ich gemeinsam auf ‚Tief‘ (also auf die Sieben) spekulierten, und daß er im Bereich ‚Hoch‘ (also um 27) unangefochten wäre.

Also zog der dritte Spieler weiterhin Karten, wobei zwischendurch jedesmal der Einsatz erhöht wurde, und als der Nebel sich schließlich verzog, war er bereits weit über die Spitze hinausgeschossen. Ich würde mit Sicherheit bei ‚Tief‘ gewinnen, und der Geber hatte wahrscheinlich noch ein As im Ärmel, um perfekt auf 27 Punkte zu kommen. Zwischenzeitlich müssen wir wohl wenigstens zwanzigmal den Einsatz erhöht haben (im Vergleich zu nur zwei Runden beim ‚Draw-Poker‘, und vielleicht vier oder fünf Einsatzerhöhungen bei den meisten ‚Stud-Varianten‘), und der Topf stand inzwischen bei 6000 Pfund! Nachdem er zuvor niemals mehr als insgesamt zehn Pfund in jedem einzelnen Topf während der vergangenen drei Stunden gesetzt hatte, verlor der dritte Spieler jetzt in einer Runde 2000 Pfund auf einmal. Warum? Weil er ein Spiel spielte, das seine beiden Gegner kannten, er jedoch nicht.

Natürlich hatte ich Glück, daß man mir ein brauchbares Blatt gegeben hatte, ich kannte jedoch das tückische Wesen von 7-27, und ich hatte mich bereits dafür entschieden, genau eine einzige Karte zu ziehen, und nur auf die Sieben zu spekulieren. Wäre ich mit drei Karten mehr als einen halben Punkt von der Sieben entfernt gewesen, so hätte ich auf der Stelle gepaßt.

Ich freute mich dann sehr, als ich folgendes in einem wunderbaren Buch las, welches unter dem Titel *Play Poker to Win* von ‚Amarillo Slim‘ Preston, dem ersten Poker-Weltmeister, verfaßt worden war: ‚Wenn man nicht genau bei sieben steht, dann sollte man das Blatt hinschmeißen, es sei denn, man sieht sich am Spieltisch um und stellt fest, daß die aufgedeckte Karte jedes anderen Mitspielers mindestens sieben oder mehr Punkte zeigt . . . Viele Leute, die an der Sieben bereits vorbei sind, versuchen, die 27 zu erreichen. Ich meine aber, das ist etwas für Anfänger . . .

Wenn du eine Sieben hast, verrate nichts über dein Blatt: Wenn die Mitspieler setzen, ziehe nur gleich, und wenn die Mitspieler erhöhen, so übertrumpfe sie nicht – ziehe nur gleich – denn dies ist gerade einer der Fälle, wo man ein todsicheres Blatt hat. Es gibt keinen Grund, jemanden aus dem Rennen zu werfen, der vielleicht noch ziehen möchte . . .

Meiner Ansicht nach ist allerdings gerade dieses Spiel am besten für alte Damen und kleine Kinder geeignet."

„Auch meiner Ansicht nach findet man wohl kaum ernsthafte Pokerspieler, die 7-27 spielen. Es ist gut zu wissen, daß ich mein Blatt genauso gespielt habe, wie Slim es gespielt hätte . . . Wenn ich dies nur auch über alle anderen Blätter in meinem Leben sagen könnte."

Wenn wir ein Problem haben, so suchen wir eine Lösung: Haben wir eine Gelegenheit, so suchen wir einen Nutzen. Also ist die Einschätzung des Ertrages oder des Nutzen von wesentlicher Bedeutung. Der zweite Aspekt ist die Durchführbarkeit. Durchführbarkeit führt wiederum zu zwei Fragen: Ist es möglich? Entspricht es unseren Mitteln? Wir könnten ein Wortspiel machen und sagen, daß es in jedem Fall „bekömmlich" sein muß (man muß daraus einen Nutzen bekommen, und es muß unseren Mitteln bekommen).

Sich nach Gelegenheiten umzusehen bedeutet, dafür Zeit und Mittel aufzuwenden. Verfolgt man gute Möglichkeiten, so bringt dies das Risiko des Scheiterns mit sich. Eine ganz bestimmte Gelegenheit zu verfolgen bedeutet, daß andere Gelegenheiten nicht wahrgenommen werden könnten. Es kann vorkommen, daß eine Einzelperson oder eine Firma zu dem Urteil kommt, daß man durch immer größeren und immer härteren Einsatz in einer bestimmten Richtung am Ende doch nichts erreicht. Daher muß man eine neue Richtung finden, eine neue Gelegenheit.

Ein anderes Mal scheint ein konjunktureller Aufschwung auf dem Markt überall Gelegenheiten zu bieten, und man wünscht sich, dort einzusteigen und mitzumachen. Eine Einzelperson rechnet sich dabei vielleicht aus, den gewünschten Weg zum Erfolg zu finden.

Damit aus einer guten Gelegenheit auch etwas wird, muß alles stimmen. Das bedeutet, daß es um so besser ist, je mehr Dinge bereits stimmen. Also sind bereits vorhandene Märkte und eingerichtete Vertriebskanäle sehr hilfreich. Es sollte so wenig wie möglich „wenn und aber" geben. Viel „wenn" macht aus einer Gelegenheit eine hauchdünne Chance, und dadurch wird sie sehr riskant (wie es häufig mit Chancen passiert, die auf neuer Technologie gegründet sind). Je mehr Dinge man beim Wahrnehmen einer Gelegenheit unter Kontrolle hat, um so besser ist es. Ein Finanzier, der an der Börse spekuliert, kann seine An- und Verkaufsentscheidungen treffen, wie er möchte. Jemand, der eine Fabrik in Kalifornien plant, muß vielleicht erst

Dutzende von Genehmigungen erhalten, bevor er überhaupt damit anfangen kann (und jede von diesen Genehmigungen kann wieder ungewisse Zeit in Anspruch nehmen).

Also läuft es auf die Durchführbarkeit und das Verhältnis der eingesetzten Mittel zum erwarteten Gewinn hinaus. Diese beiden Faktoren werden wieder durch die Frage des Risikos beeinflußt. Beispielsweise könnte Ungewißheit über die Durchführbarkeit bestehen. Die zu erwartenden Gewinne könnten ebenfalls unsicher sein. Erst die Bereitschaft zur Risikoübernahme entscheidet darüber, ob jemand eine Gelegenheit wahrnimmt.

Erfolgstaktik

1. *Keine Firma ist dazu gezwungen, sich um günstige Gelegenheiten zu kümmern, bis es zu spät dazu ist.*

2. *Bei einem Problem sucht man nach einer Lösung; bei einer Gelegenheit sucht man nach dem Verdienst.*

3. *Die beiden Schlüsselkriterien bei der Einschätzung einer Gelegenheit sind: Gewinnmöglichkeiten und Durchführbarkeit.*

4. *Jede Art von Gelegenheiten birgt 2 Arten von Risiken in sich: Ungewißheit über die Durchführbarkeit und Unsicherheit über die zu erwartenden Gewinne.*

5. *Man kann sich im Hintergrund halten und darauf warten, daß eine Gelegenheit auftaucht und dann rasch darauf zugreifen und sie zu nutzen versuchen, aber dann werden dort auch schon andere Leute sein.*

6. *Die sicherste Art Gelegenheit ist eine Sache, die bereits erfolgreich ist, die sich nachahmen und dabei verbessern oder verbilligen läßt. Dafür existiert bereits ein Markt und ein Käuferverhalten.*

7. *Manchmal besteht eine Gelegenheit auf dem Markt, die nur auf die Entwicklung des richtigen Konzeptes wartet, um erfolgreich zu sein.*

8. *Die einfachste Form der Gelegenheit besteht darin, etwas zu einem Preis zu kaufen, der unterhalb des Warenwertes liegt, und dann diese Sache entweder selbst zu betreiben, oder zu ihrem wahren Wert wieder zu verkaufen.*

9. *Unternehmensführung und Problemlösung sind Funktionen der Wartung und Instandhaltung. Sie reichen in einer sich wandelnden und auf Wettbewerb orientierten Welt nicht mehr aus. Man benötigt zusätzlich noch planerisches Denken.*

10. *Es gibt Gelegenheiten, die jedem offenstehen und es gibt solche, die ganz speziell Ihrem Stil und Ihren Mitteln entsprechen.*

8.
Ideenfindung

Die Beiträge:

Vereinigte Staaten: Nolan Bushnell, Dr. Nathan Kline, Alex Kroll, Mark McCormack, Jerald Newman, James B. Rogers, Jr.

Großbritannien und übrige Länder: David Bailey, Lord Robens, Sir Clive Sinclair, Sting.

Für Sir Clive Sinclair ist die Ideenfindung kein Problem: „Ich habe immer meine Vorstellungen davon, was ich alles machen könnte (z. B. ein senkrecht startendes Auto, das ich im Garten parken kann, aber ich weiß noch nicht genau, wie die Konstruktion aussehen soll). Und eines Tages sage ich mir: ‚Das ist es!‘ Und dann mache ich es so. Vielleicht hat die Wissenschaft bis dahin etwas Neues entdeckt; oder ich mache aus zwei alten Ideen eine neue; oder ich habe einen echten Durchbruch! Vielleicht kommt auch ein ganz neues Material auf den Markt, oder man hat ein ganz neues Verfahren entwickelt. Man muß ständig alle Möglichkeiten im Auge behalten und immer neue Kombinationen durchprobieren."

Wie wichtig sind Ideen für die Erfolgreichen? Wie entstehen sie? Was ist Kreativität?

Es gibt Leute, die ihren Erfolg einer einzigen, brillanten Idee verdanken, bei anderen bildete ein ganzes Feuerwerk von Ideen die Erfolgsbasis (wie bei Sir Clive Sinclair). Mancher hat zwar keine direkt neue Idee, aber ein Problem auf nahezu geniale Weise gelöst. Es gibt auch solche, bei denen Kreativität überhaupt keine Rolle gespielt zu haben scheint: sie sind auf einem bestimmten Gebiet, das logisches Denken erfordert, nach einer logischen Methode vorgegangen.

Kreativität erregt Aufmerksamkeit, meistens auch Bewunderung. Der wohl ungeeignetste Weg zum Erfolg besteht darin, untätig auf einen Geistesblitz zu warten, der Ihnen das erhoffte Glück beschert. Dieser Weg ist sehr verlockend, denn die Idee muß so gut sein, daß sie Sie von jeder Mühe und Arbeit entbindet. In der Realität kommt das allerdings kaum vor. Die Idee ist möglicherweise wirklich außergewöhnlich, aber niemand erkennt ihre Brillanz. Der Erfinder von „Monopoly" hatte es zunächst schwer, seine Idee zu „verkaufen". Eine Idee kann phantastisch sein, aber aus irgendeinem Grund läßt sie sich nicht gut vermarkten (mangelnde Übersicht, harte Konkurrenz usw.). Eine gute Idee zu haben ist nur ein Weg zum Erfolg. Sicher hört man immer wieder Geschichten von „gewöhnlichen" Menschen, die mit einer außergewöhnlichen Idee ein Vermögen gemacht haben. Das gibt es wirklich. Aber darauf sollte man sich nicht verlassen. Oft reicht es ja nicht einmal zu der außergewöhnlichen Idee!

Manche Leute haben einen relativ einfachen Einfall, der nicht einmal neu sein muß, aber sie setzen ihn so gekonnt in die Realität um, daß er zum Erfolg wird. Oder sie wagen sich ohne eine neue Konzeption auf ein bestimmtes Fachgebiet, haben aber eine gesunde Strategie und die Gabe, sie geschickt anzuwenden. Dann gibt es noch die Art der Kreativität, die zwar keine brillanten Ideen, aber originelle Reaktionen und Antworten hervorbringt.

Kreativität gilt oft als notwendige Voraussetzung für den Erfolg, weil man dadurch leichter die Erfolgreichen von den Erfolglosen unterscheiden kann: Beide sind vielleicht gleichermaßen begabt; nur – der eine hat Erfolg, weil er eine zündende Idee hatte. Allerdings gehört zum Erfolg weit mehr als eine zündende Idee, und deshalb sind die Fähigkeiten eines Menschen in ihrer Gesamtheit ein besseres Unterscheidungsmerkmal als eine kreative Idee.

Es gäbe ja schließlich auch keinen Wald, wenn vorher nicht aus jedem Samenkorn ein Baum entstanden wäre; ein Sack Samenkörner macht noch keinen Wald aus.

Es ist genauso wichtig, eine Idee zu verwirklichen wie sie zu haben.

Eine kreative Idee kann eine Erfolgschance darstellen, genauso wie eine gesunde Strategie zu entwickeln und durchzusetzen, eine Chance zu erkennen, angeborenes Talent, Glück, das Zusammenspiel von ästhetischem Empfinden und Führungsqualitäten, Verhandlungsgeschick, die Fähigkeit, ein gutes Team zusammenzustellen, zu motivieren und vieles andere.

Da wir nun die Kreativität in die richtige Perspektive gerückt haben, können wir uns anschauen, wie Ideen entstehen.

Im Geschäftsleben gilt die Nachahmung als unerschöpfliche Ideenquelle. Viele europäischen Unternehmer haben ein Vermögen verdient, indem sie in den USA studiert haben, was sich dort in einer bestimmten Branche tut (siehe Kapitel 7, „Suche nach Gelegenheiten", S. 144). Ein weiteres Beispiel für die Nachahmung ist der „Kielwassereffekt". Wenn jemand mit einem Produkt Erfolg hat, kommen andere hinzu und kopieren es, um sich auch eine Scheibe vom Kuchen abzuschneiden. Vom kreativen Standpunkt aus gesehen mag die Nachahmung uns verachtenswert erscheinen – aber das Prinzip funktioniert! Die Leute, die Ferienhäuser vermieten, Schnellimbißketten eröffnen oder auf ein vielschichtiges Marketing umstellen, haben oft mehr

Geld damit verdient als die, deren Idee es ursprünglich war. Versicherungen waren einmal eine ganz neue Serviceleistung, mit der sich auch heute noch Profit machen läßt. Mancher kopiert eine Idee und verbessert sie dabei, gibt ihr vielleicht einen ganz neuen „Touch" oder sucht einen anderen Vertriebsweg. Er nimmt vielleicht nur das „nackte Gerüst" und spricht einen ganz anderen Verbraucherkreis an. Vorstellungskraft, Urteilsvermögen und unternehmerische Effizienz entscheiden über Erfolg oder Mißerfolg. Hätten Sie vielleicht Lust, das Alleinverkaufsrecht für Spaghetti-Sandwiches zu übernehmen?

Nachdem wir jetzt wissen, welchen Wert es hat, Ideen zu kopieren, zu übertragen, zu verändern oder zu verbessern, möchte ich nun zeigen, wie wirklich neue Ideen entstehen.

Wie neue Ideen entstehen

Es gibt kreative Menschen, die vor neuen Ideen geradezu sprühen. Schon als Jugendliche mußten sie immer etwas Neues ausprobieren, haben Erfindungen und das Unmögliche möglich gemacht. Sie glichen, im Hinblick auf ihre geistige Verfassung, der Karikatur des „Verrückten Professors". Viele kreative Menschen sind tatsächlich wenig flexibel und nicht gewillt, die Dinge auf andere (als ihre eigene) Weise zu betrachten. Solche Menschen sind entweder geniale Erfinder oder hoffnungslose Dilettanten, die sich in immer neuen Projekten verzetteln.

Diese Karikatur stellt den Extremfall dar. Viele kreative Menschen sind wesentlich konzentrierter und praktischer veranlagt, als hier impliziert wird. Damit will ich sagen, daß die Motivation für die Kreativität in der menschlichen Natur zu finden ist.

Es gibt auch Menschen, deren Kreativität stiller ist. Sie zeichnen sich weniger durch sprühende Ideen aus, sondern durch ihre Fähigkeit, in jeder Situation nach Alternativen zu suchen, sich Vorschläge anzuhören und eingehend zu prüfen. Sie versuchen, ein Problem auf konstruktive Weise zu bewältigen.

In unserer breitgefächerten Skala der Kreativen dürfen auch die nicht fehlen, die den Wert der Kreativität erkannt haben und nur allzu gerne kreativ sein möchten, denen es aber nicht gelingt, den „zündenden Funken" zu finden oder auf die Ideen anderer kreativ zu reagieren. Der Wille ist zwar vorhanden, aber es mangelt ihnen an angeborenem Talent und Übung.

Dann gibt es noch die Menschen, für die Kreativität keinen Wert darstellt. Sie sehen nicht, wozu sie dienen sollte. Erfolg hat in ihren Augen nur der, der etwas richtig und gut macht.

Schließlich findet man noch den Typus, dem es allein bei der Erwähnung des Wortes Kreativität schon graut. Er verbindet damit automatisch Anmaßung, Unlauterkeit, Unzuverlässigkeit und Schlamperei. Wer so denkt, hat kein Verständnis für die Ambivalenz der Kreativität. Für ihn sind Logik und Präzision ausreichend – und eher überprüfbar.

Solange wir Kreativität als Eigenschaft betrachten, die sich zu gleichen Teilen aus Widerspruchsgeist und Inspiration zusammensetzt – solange wird es auch Menschen geben, die sie nicht verstehen, schätzen oder nutzen.

Erst wenn wir Kreativität als einen logischen Prozeß sehen, kann sich das ändern. Darum geht es mir in meinem Buch über das laterale Denken. Wenn wir die Beschaffenheit des „Informations-Kosmos", in dem Kreativität entsteht, verstehen, können wir die Logik, die dahinter wirksam wird, erkennen, und Mittel und Wege suchen, um sich dieser Logik zu bedienen. Das Problem dabei ist nur, daß der Informations-Kosmos, in dem sich kreative Prozesse (und menschliche Wahrnehmungen allgemein) vollziehen, von den uns bekannten Informationssystemen, beispielsweise der Mathematik, der Logik oder der Computer, völlig verschieden ist. Der Kosmos der Wahrnehmung besteht aus Systemen für die eigenen Gesetzen unterworfene Konzeption und Nutzung spezifischer Schemata. An diesen Systemen ist nichts Geheimnisvolles. Man kann sie beschreiben und ihre Arbeitsweise vorherbestimmen (wie in meinem Buch *The Mechanism of Mind*, erschienen 1969). Bei der Wahrnehmung können, ausgelöst durch eine bestimmte Aufeinanderfolge von Erfahrungen, Schemata entstehen, die künftige Erfahrungen kanalisieren. Zu oft geben wir uns mit Einsichten oder Konzeptionen zufrieden, die sich nur unzureichend des Erfahrungspotentials bedienen. Wir brauchen Mittel und Wege, bestehende Denkmuster zu „zerschneiden" um neue bessere zu finden (daher der Name „laterales" Denken).

Die Bedeutung einer neuen Perspektive

Einige Aspekte und Abläufe des lateralen Denkens werden von manchen kreativen Menschen instinktiv beachtet. Die meisten haben erkannt, wie wichtig es ist, eingefahrene Bahnen zu verlassen und etwas aus einer ganz anderen Perspektive zu betrachten oder Abstand zu einem Problem zu gewinnen.

Nolan Bushnell: „Manchmal bin ich morgens, und manchmal abends besonders aktiv. Am Abend bin ich meistens kreativer, während ich morgens ungeheuer aktiv bin und vieles erledigen kann. Im Urlaub oder auf Geschäftsreisen habe ich oft die besten Ideen. Im Arbeitsalltag reagiere ich oft wie ein Automat. Aber wenn ich zum Beispiel in Frankreich bin, habe ich trotz Sprachschwierigkeiten, Ärger mit dem Hotel oder Taxifahrern genug Muße. Das Telefon klingelt nicht pausenlos, und ich werde nicht dauernd von Leuten gestört, die etwas von mir wollen. Vielleicht liegt es auch an der ungewohnten Sprache, daß man sich mit ganz anderen Dingen beschäftigt. Wenn man Sprache als Medium der Gedanken betrachtet, könnte man meinen, die uns fremde Sprachstruktur trage dazu bei, bisher blockierte Gehirnzellen freizusetzen – oder andere Sinne anzusprechen. Man verhält sich nicht wie sonst und sieht und formuliert gewisse Dinge ganz anders. Vielleicht liegt es auch einfach nur daran, daß man die Umgebung gewechselt und eine neue Perspektive hat, oder den Wald plötzlich aus tausend Meter Entfernung betrachtet."

Die Kreativität der Unschuld

Es ist nicht von der Hand zu weisen, daß Unerfahrenheit auf einem bestimmten Fachgebiet einem Unternehmer großen Mut verleihen kann. Unerfahrenheit führt oft zu einer ganz bestimmten Form der Kreativität. „Manche meiner frühen Bilder sind genauso gut, ja, sogar besser als jene, die ich heute mache; sie sind einfach naiver, unschuldiger. Ich habe mir schon oft überlegt, ob ich heute nicht mit zuviel Überlegung fotografiere." (David Bailey)

Erfahrung hat viele Vorteile, aber auch einen großen Nachteil: den Verlust der Unschuld. Es gibt zwei Arten der Kreativität, die eine ist die der Unschuld. Weil Sie nicht wissen, wie man etwas tun sollte, sind Sie in der Lage, etwas auf ganz ungewöhnliche Art zu tun.

Branchenneulinge haben nicht selten diese Kreativität, die die Unschuld verleiht, denn sie sind noch nicht mit den Problemen konfrontiert worden, die später unweigerlich auftauchen.

Lord Robens, ehemaliger Vorsitzender der Britischen Kohlenbehörde: „1960 arbeitete man im Bergbau noch mit Hacke und Schaufel, zehn Jahre später waren 98 Prozent der Arbeiten mechanisiert. Ich war in meinem Element! Es gab viele, die etwas vom Kohlebergbau verstanden. Aber man brauchte die Außenseiter, die die Kohle nicht ‚im Blut' hatten, und die Dinge in die richtige Perspektive rücken konnten."

Ein innovativer Mensch erkennt schnell, wenn aufgrund der geschichtlichen Entwicklung nicht effektiv genug gearbeitet wird. Die Eisenbahngesellschaften mußten (laut Auflage der Gewerkschaften) noch lange eine Feuerungsvorrichtung einbauen, obwohl man inzwischen von Dampf auf Elektrizität umgestellt hatte. Innovation ist auf solchen Gebieten, insbesondere im Servicebereich, ein fast todsicherer Weg zum Erfolg. Und erfolgreiche Innovationen werden, natürlich, schnell kopiert.

Dr. Nathan Kline: „Ich habe ohne jede Vorbereitung mit dem Medizinstudium angefangen. Damals hatte man gerade ein Experiment gestartet und ließ auch Studenten der letzten Semester Geisteswissenschaften ohne medizinische Vorkenntnisse zum Studium zu. Keiner, der seine Sinne beisammen hatte, hätte sich darauf eingelassen. Manche meiner Kommilitonen hatten sich schon ‚seit dem Kindergarten‘ mit Medizin beschäftigt. Ich bestand mein Staatsexamen, gehörte allerdings zu den Schlechtesten meines Semesters. Aber das Ganze hat sich schon allein deshalb gelohnt, weil ich erkannte, daß ich medizinische Probleme auf, sagen wir, unkonventionelle Weise angehen konnte. Ich wußte gar nicht, daß es ungewöhnlich war, weil ich die konventionelle Art und Weise nicht kannte. Es hatte sich bewiesen, daß ich Konzeptionen und Bezugsschemata von philosophischen, psychologischen und sprachwissenschaftlichen Abhandlungen übertragen und ihnen eine andere völlig andere Gestalt geben konnte.“

Oft kennt der Außenseiter oder Branchenneuling nicht nur die Regeln nicht – er kann sich auch nicht vorstellen, warum etwas unmöglich sein soll. Viele Konstrukteure und Luftfahrt-Experten waren der Ansicht, Fliegen sei unmöglich, weil die von Menschen erzeugten PS nicht ausreichend seien, um ein Flugzeug zu starten. Paul MacCready war das nicht bekannt, also versuchte er es – mit Erfolg!

Sir Clive Sinclair erklärte mir, wenn er sich auf „Neuland“ wage, würde er nur gerade soviel darüber lesen, daß er eine ungefähre Vorstellung habe. Bei einer intensiveren Beschäftigung mit der Materie würden die vorhandenen Konzeptionen und Richtlinien ihn nur behindern, und Innovation (und Unschuld) unmöglich machen. Deshalb ziehe er es vor, weniger zu lesen und statt dessen selbst nachzudenken.

Damit stehen wir vor einem anderen Dilemma. Wieviel Erfahrung ist notwendig, und wann wird sie zum Hemmschuh? Man braucht unbedingt ein gewisses Maß an Erfahrung, um die Faktoren zu kennen, mit denen man „spielt“; aber zuviel Erfahrung führt zu Sterilität – es sei denn, sie ist mit besonders großer Kreativität gekoppelt. Es gibt zwei Kategorien der Kreativität: Die erste ist die Kreativität der Unschuld: wenn man etwas auf ganz neue Art und Weise tut, weil man die alte nicht kennt. Zweitens, die Kreativität der Loslösung: Wenn man etwas auf ganz neue Art tut, weil es gelungen ist, sich von der alten zu trennen – so auch durch bewußt laterales Denken.

Die Kreativität der Loslösung

Die zweite Form der Kreativität ist die der Loslösung. Wir wissen, wie etwas gewöhnlich getan wird, aber wir schaffen es, uns davon freizumachen. Für diesen Loslösungsprozeß sind Herausforderung und andere Verhaltensweisen und Methoden des lateralen Denkens erforderlich. Für die Kreativität der Unschuld genügt es, unerfahren zu sein. Leider ist Unschuld oft mit Dummheit, Ignoranz, Naivität und anderen wenig erstrebenswerten Eigenschaften gepaart. Groucho Marx hat dazu einmal zusammenfassend gesagt, sein Bruder sei ein Amateur-Gehirnchirurg. Manche Künstler haben das Staunen noch nicht verlernt, das ihnen ermöglicht, Erfahrung und Unschuld fruchtbringend zu verbinden.

Kreativität der Loslösung bedeutet, sich freizumachen von der üblichen Art etwas zu tun oder zu betrachten.

Sting: „Ich glaube, Leute, die im Wirtschaftsleben stehen, können und müssen kreativ sein. Unsere Gesellschaft sollte kreativ sein. Ich finde, sie sollte wahrgenommen und nicht gesteuert werden. Meistens beschränken sich die Spielregeln der Gesellschaft darauf, die Kreativität des einzelnen auf eine bestimmte überschaubare Ebene zu beschränken, und nur ganz selten gelingt es jemandem, aus dieser Eingrenzung auszubrechen."

James B. Rogers, Jr.: „Ich habe neulich gehört, wie jemand von mir sagte: ‚Er schwimmt immer gegen den Strom, das ist sicher nicht einfach.' Einfacher ist es, immer mit der Herde mitzulaufen, egal ob es sich um Hamburger, Autos, Bücher oder sonst etwas handelt. Das ist die einfachste Sache der Welt, aber auch der sicherste Weg zum Bankrott. Niemand wird reich, wenn er stur dem Trend folgt. Natürlich ist es bequemer, sagen zu können: ‚Ich mache das', und alle anderen erklären, sie machen genau das gleiche, aber so bringt man es zu nichts. Wenn die Leute mir eine bestimmte Aktie anpreisen, denke ich: ‚Moment mal, da stimmt doch etwas nicht – da ist doch der Wurm drin!' Wenn alle dasselbe mögen, bedeutet das für mich, daß etwas teuer oder sonst irgendwie faul ist. Und wenn Sie mal genau hinsehen, dann stellen Sie vielleicht fest, ‚Aha, das haben Sie nicht bemerkt.' ‚Wie im Fall Sotheby's: Die Geschäfte gingen blendend, und dann meinte der Vorstand, noch mehr expandieren zu müssen. Überall auf der Welt entstanden neue Filialen. Man hat enorme Summen ausgegeben und Personal eingestellt, als gäbe es kein Morgen. Die Leute hätten sehen können, daß das zur Katastrophe führen mußte, und ihre Aktien schleunigst verkaufen sollen. Aber Sotheby's galt als ‚geheiligte' Institution, das Beste seit der Erfindung der Brotmaschine. Na, ich habe meine Aktien Gott sei Dank rechtzeitig abgestoßen!"

Jerald Newman: „Ich glaube, kreativ zu sein und über die, sagen wir, bekannten traditionellen Grenzen hinaussehen zu können, ist enorm wichtig. Es kommt oft vor, wenn ein Problem an mich herangetragen wird, daß die Leute einfach das Gefühl haben, in einer Sackgasse gelandet zu sein. Sie wissen nicht mehr, was sie tun sollen; sie drehen sich immer nur im Kreis, sind aber nicht in der Lage, außerhalb des Kreises nach Problemlösungen zu suchen.

Ich möchte Ihnen folgenden Rat geben: Wenn Sie Erfolg haben wollen, sollten Sie sich dort umsehen, wo es hohe Gewinnspannen gibt. Sie können fast sicher sein, daß sich dadurch in der Branche seit langem nichts Neues getan hat. Steigen Sie deshalb dort mit einer zündenden Idee ein."

Wie man sich löst

„Ein Schlüsselfaktor des lateralen Denkens ist, daß sich Konzeptionen, Wahrnehmungen und Strukturen über einen bestimmten Zeitraum hinweg herauskristallisieren und eher ein Ergebnis der historischen Entwicklung als eine ‚Blaupause' für die Zukunft darstellen. Das liegt zum Teil an der autonomen Arbeitsweise unseres Gehirns, das ein Schemata bildender und erkennender Mechanismus ist. Deshalb müssen wir möglicherweise bestimmte Denkmuster zurechtschneiden oder aus ihnen ausbrechen, um die Dinge neu zusammenzusetzen. Die Herausforderung ist ein wichtiger Bestandteil des lateralen Denkens, und es gibt verschiedene spezifische Techniken wie etwa das Brainstorming (das heute weltweit von vielen großen Werbeagenturen angewandt wird)."

Die Logik der Herausforderung zeigt ganz klar den Unterschied zwischen dem normalen Informations-Kosmos und dem Informationsgefüge des schematischen Systems. In unserem normalen Kosmos hat man meistens einen Grund dafür, etwas zu sagen oder ein Zeichen an eine bestimmte Stelle auf dem Papier zu machen. Bei einer Herausforderung ist das anders. Ich habe den Begriff Herausforderung so definiert: „Es muß nicht unbedingt einen Grund dafür geben, etwas zu sagen – bis es gesagt ist."

Die Herausforderung bietet eine ganz andere Einstiegsmöglichkeit und ermöglicht daher die Anwendung eines völlig anderen Schemas. Der Nutzeffekt dieses Schemas rechtfertigt wiederum die Herausforderung.

Ich habe dafür den Begriff „Provokativer Impuls" (PI) geprägt: Das bedeutet, daß eine Provokation um ihrer selbst willen erfolgt. Was damit gemeint ist, zeigt der folgende Bericht von Sting. Der Titel des Liedes ist der provokative Impuls, der in diesem Fall rein zufällig gegeben wurde. Manchmal wird eine Herausforderung auch vorsätzlich angewandt.

„Um ein Lied zu komponieren, brauche ich Inspiration. Ich kann mich nicht um neun Uhr morgens ans Klavier setzen und komponieren. Ich warte, bis sich die kreative Seite meines Gehirns regt und mir eine Melodie oder eine Zeile einfällt. Ich schreibe ‚rückwärts‘, gehe meistens vom Titel aus. Normalerweise wird eine markante Zeile des Liedes der Titel. ‚Don't stand too close to me‘ (‚Komm mir nicht zu nahe‘) ist mir bei einem Spaziergang eingefallen. Der Titel kam mir plötzlich in den Sinn und paßte außerdem ganz gut zu dem Thema ‚Sex im Klassenzimmer‘, das mich schon seit einiger Zeit beschäftigte – und zu Nabokovs *Lolita,* das zu meinen Lieblingsbüchern gehört; so verschmolzen drei verschiedene Ideen zu einer.“

„Ich glaube, unser Gehirn durchläuft verschiedene Phasen. Der bewußte Teil arbeitet formal; hier machen die Ideen sich nicht selbständig; sie ‚kleben‘, bleiben sozusagen in einer bestimmten ‚Schublade‘. Wenn man entspannt ist, übernimmt das Unbewußte und stellt bestimmte Verbindungen her, wie etwa im Traum. Dann kann ich etwas von Anfang bis Ende durchdenken und es macht ‚klick‘. Ideen, die vorher in keinem Zusammenhang standen, ordnen sich von selbst zu einer neuen Form. Ich hatte damals also drei verschiedene Ideen gleichzeitig im Kopf und so eine Art elektrische Ladung hat sie zusammengeschweißt.“

„Natürlich gibt es bei mir, wie bei jedem Komponisten, Zeiten, wo ich eine Sperre habe. Ich habe gelernt, damit fertigzuwerden. Wenn man sich darüber Sorgen macht, wird alles nur noch schlimmer. Ich habe bestimmte Input- und Output-Phasen. Im Moment bin ich in einer Input-Phase (was andere Sperre nennen). Das Unbewußte in mir absorbiert alles, was um mich herum vorgeht. Das Gehirn hat ja zwei Hälften: die eine befaßt sich vornehmlich mit der Analyse, der Logik und formalen Dingen; die andere ist die kreative Seite. Dort entsteht eine Idee. Die eigentliche Arbeit kommt später. Ich setze mich ans Klavier mit meiner Idee und füge alle Elemente zusammen; das ist ganz schön mühselig.“

Dr. Nathan Kline, der bekannte amerikanische Psychologe, erklärte: „Wenn ich mein Ziel nicht auf direktem Weg erreiche, muß ich vielleicht einen Zickzack-Kurs einschlagen oder ein Problem überspringen. Die großen wissenschaftlichen Veränderungen sind nur selten auf eine besondere Entdeckung, sondern viel öfter auf eine bloße Veränderung des Bezugsrahmens zurückzuführen – auf die Fähigkeit, den Dingen eine neue Gestalt zu geben, sie spielerisch zu erforschen – wie man Spielregeln ändert und etwas auf ganz neue Weise spielt. Das verstehe ich unter der Verlagerung des Bezugsrahmens. Daß es sich dabei um ein Gedankenspiel handelt, bedeutet nicht, daß die Konsequenzen nicht zählen oder man sich nicht viel Mühe zu geben braucht. Aber wenn es um ein ‚theoretisches Gerüst' geht, werden viele etwas wunderlich."

Den Bezugsrahmen verlagern bedeutet, das Wahrnehmungssystem zu verändern. Das läßt sich schwer durch einen reinen Willensakt erreichen. Manchmal ist ein Experiment, eine Bemerkung oder Ereignis am Rande der Auslöser. Wenn wir darauf nicht warten wollen, können wir es mit dem Mittel der bewußten Provokation versuchen (auch auf die Gefahr hin, als wunderlich zu gelten, wie Dr. Kline es nennt).

Fehler sind ebenfalls eine Quelle der Kreativität. Sie stellen eine Art der Herausforderung dar. In jedem Fall geht es dabei primär darum, bewußt ein Moment der Unsicherheit herbeizuführen, das den Anlaß darstellt, zu einer neuen Art der Wahrnehmung oder Vorstellung zu gelangen.

Alex Kroll: „Ich habe mein eigenes Rechensystem, das niemand sonst versteht. Es gibt dabei kein bestimmtes Lösungsschema. Wenn andere addieren, subtrahiere ich. Wenn sie dividieren, multipliziere ich, aber ich komme zum gleichen Ergebnis!"

Ein Witz läuft nach den gleichen Gesetzmäßigkeiten ab wie laterale Denkprozesse. Die Logik des Witzes basiert auf der Logik der Schemata. Der Gag läßt sich mit der Provokation vergleichen, der Inhalt mit der Einsicht in den lateralen Denkstil. Computer können nicht lachen, weil sie nicht als schemabildende Systeme strukturiert sind.

Humor und Kreativität gehen Hand in Hand. Humorvolle Menschen sind bereits deshalb kreativ, weil sie in der Lage sind, das Unwahrscheinliche und die Umkehr der Logik zu erkennen. Sie sind es, nach denen wir eigentlich suchen. Denn von Menschen mit einem ausgeprägten Sinn für Humor kann man am ehesten Kreativität erwarten.

Unser Gehirn verarbeitet die Informationen aus der Außenwelt selbständig zu Mustern, die den künftigen Input und somit unsere Einstellungen kanalisieren. Das ist für unser Alltagsleben von immens großer Bedeutung: Das menschliche Gehirn arbeitet hier auffallend unkreativ. Unsere normalen Wahrnehmungen basieren auf Beurteilungen: es wird beurteilt, welches Schema im Augenblick angemessen ist und ob das, was wir wahrnehmen, in ein bestimmtes Schema paßt. So sollte es auch sein. Beim lateralen Denken handelt es sich um ein anderes Prinzip, das der Bewegung. Bewegung ist nach vorne, Beurteilung rückwärts auf vorhandene Muster gerichtet. Normalerweise prüfen wir eine Idee und entscheiden, ob sie realisierbar ist oder nicht. Bewegung heißt, wir prüfen eine Idee um zu sehen, wie sie uns weiterbringen kann – und hoffen dabei, daß sie uns zu einer brauchbaren Idee führt.

Wenn ich vorschlagen würde, viereckige Autoräder zu konstruieren, halten Sie das sicher für eine ziemlich dumme Idee. Aber wenn ich gemäß PI, also herausfordernd, sage: „Auoräder sollten viereckig sein!", fühlen Sie sich vielleicht provoziert und versuchen, mit Hilfe der „Bewegung" weiterzukommen. Sie könnten zum Beispiel denken: „Wenn sich das Rad dreht und auf den Ecken läuft, wird die Fahrt ganz schön holprig. Aber mit Hilfe einer hydraulischen Hebevorrichtung ließe sich das ausgleichen. Die Idee mit der Hydraulik bringt uns auf eine andere Idee: wir stellen uns ein Fahrzeug mit drei Paar Rädern vor. Die Vorderräder dienen als Fühler, die Bodenunebenheiten abtasten. Die Informationen werden in einen Mikrochip eingegeben, der auch die Geschwindigkeit des Vehikels berechnet. Kommt eines der Räderpaare an eine Bodenwelle, schaltet sich automatisch die Hydraulik ein und gleicht die Höheneinstellung der einzelnen Räder aus.

Jetzt haben wir ein Auto, das „fließt", wodurch die Fahrt ruhiger (wie bei Waffensystemen) und wirtschaftlicher wird; während eine konventionelle Hydraulikvorrichtung das ganze Fahrzeug anhebt, passen sich jetzt nur die entsprechenden Räder an.

Die Verschmutzung unserer Gewässer als Herausforderung zu formulieren, wie: „Fabriken sollten flußabwärts gebaut werden" führt zu der Einsicht, daß bei einer solchen Auflage die Industrieunternehmen es mit der Abwässerreinigung wesentlich genauer nehmen würden.

Es gibt viele Möglichkeiten, mit Hilfe einer Idee für „Bewegung" zu sorgen; sie gehören zu den Techniken des lateralen Denkens.

Nehmen wir ein typisches Beispiel für einen Loslösungsprozeß: Von einem Wachhund erwarten wir, daß er bellt und beißt. Nehmen wir an (PI), ein Wachhund bellt nicht. Was für einen Nutzen hätte ein solches Tier? Wir kennen alle den Spruch: „Hüte dich vor Hunden, die nicht bellen." Sie können gefährlich werden, weil sie ohne Warnung angreifen. Und nehmen wir weiter an, daß unser Wachhund auch nicht beißt. Er ist vielleicht so ‚schwach', daß er vor einem Eindringling flieht und sich in seiner Hütte versteckt. Wozu soll so ein Hund gut sein? Am Boden der Hütte könnte zum Beispiel eine Alarmanlage installiert sein, die durch das Gewicht des Hundes ausgelöst wird. Jetzt merken wir, daß unsere Aufmerksamkeit sich vom Output- auf den Input-Wert (Verhalten, Geruchssinn, Wachsamkeit, Beweglichkeit usw.) verlagert hat. Jetzt müßten wir dem Hund nur noch ein wirkungsvolles Output-System geben. An diesem Punkt unserer Überlegungen sollten wir den Hund einen Augenblick vergessen und statt dessen an Versuchstiere, wie Mäuse, denken, die gelernt haben, in einer bestimmten Situation einen Hebel herunterzudrücken, wodurch ein bestimmtes System aktiviert wird.

In der pharmazeutischen Industrie werden auch Medikamente hergestellt, die beim Patienten einen bestimmten Zustand herbeiführen oder bekämpfen sollen.

Dr. Nathan Kline, der ein äußerst wirksames Antidepressivum entwickelt hat, beschreibt, wie es zur Entdeckung dieses Präparates kam: „Das Medikament war bekannt, aber kaum noch in Gebrauch, weil die Tuberkulose-Patienten, denen es verordnet wurde, sich so wohl zu fühlen begannen, daß sie sich nicht länger an die Therapie hielten. Wir alle haben nur auf die Fakten geachtet. Erst als ich an meine frühen Tierversuche damit dachte, merkte ich, was dieser Effekt in einem anderen Zusammenhang bedeuten und das Mittel als Antidepressivum eingesetzt werden konnte. Jetzt mache ich so etwas rein routinemäßig. Ich schau' mir genau die Nebenwirkungen eines Medikamentes an und frage mich, ob es nicht Hauptwirkungen sein könnten. Läßt es sich zur Behandlung anderer Krankheitssymptome einsetzen? Sie sehen, der Bezugsrahmen wird einfach verschoben."

Daran sehen wir, wie aus einem vorhandenen Denkmuster eine kreative Strategie werden kann: man muß die Nebenwirkungen auf ihren Nutzen hin prüfen. Das steht in völligem Gegensatz zur Technik der Herausforderung. Hier handelt es sich darum, bestimmte Denkmuster und Techniken zu erwerben und bewußt anzuwenden. Bei der lateralen Denkmethode hätte man gesagt: „Ich behaupte, daß die Nebenwirkungen die eigentlich nutzbringenden sind."

Clive Sinclair: „Ich arbeite gerade an der Entwicklung eines Elektroautos. Im House of Lords wurde oft behauptet, es sei unwirtschaftlich. Ich glaube, daß – interessanterweise – viele Experten, die derartige Berichte verfaßt haben, fest von ihrem Standpunkt überzeugt sind. Aber sie könnten sich irren. Wenn man vom augenblicklichen Wissensstand ausgeht, haben sie vielleicht recht, aber das sollte man eben nicht! Dann müßte man nämlich, um etwas länger damit fahren zu können, riesige Batterien haben." Wie denkt Clive Sinclair darüber? „Ich kann Ihnen im Moment noch nicht viel dazu sagen, nur, daß man lateral denken muß. Man darf sich einfach kein Auto im üblichen Sinn vorstellen, dann geht es. Irgendwann hat jemand vielleicht einmal eine Bemerkung gemacht und plötzlich weiß man ... Aber es ist noch zu früh, darüber zu reden."

Oft hält man etwas für unmöglich, weil man es sich nicht vorstellen kann. Man hat einmal errechnet, daß eine Rakete Millionen Tonnen wiegen müsse, um den Mond zu erreichen. Man hatte das Prinzip der Stufenrakete eben nicht in Betracht gezogen.

„Akzeptieren Sie nicht, daß etwas immer so bleibt, weil es immer so war", meint Mark McCormack.

Wenn wir die Arbeitsweise der Denkschemata verstehen, erkennen wir auch, daß bestimmte Systeme für den normalen Denkablauf absolut notwendig und ungeheuer wertvoll sind. Und es wird uns klar, daß wir Gefangene dieser Systeme sind, die eine Summe unserer bisherigen Erfahrungen darstellen – Erfahrungen, die als Grundlage für die Entwicklung neuer Ideen dienen können.

Ich will nicht behaupten, daß Kreativität immer auf unbewußte oder bewußte laterale Denkprozesse (wobei sich eine unbeabsichtigte Provokation mit der Brainstorming-Technik vergleichen läßt) zurückzuführen ist. Zur künstlerischen Kreativität gehören sicher noch viele andere Elemente. Ich möchte damit lediglich zum Ausdruck bringen: Wenn wir die zur Schematabildung neigende Beschaffenheit menschlicher Wahrnehmungen erkannt haben, kann es uns gelingen, Konzeptionen und Wahrnehmungen bewußt zu verändern. Eine dafür geeignete formale Methode ist, neben anderen (wie Analyse, Logik und Mathematik), das laterale Denken.

Erfolgstaktik

1. *Eine brillante neuartige Idee ist nicht der einzige oder sogar beste Weg zum Erfolg.*
2. *Gute Erfolgschancen bietet Innovation auf einem bestimmten Sektor. Laterales Denken ist eine Methode, die Kreativität bewußt zu fördern.*
3. *Es gibt die Kreativität der Unschuld und die Kreativität der Loslösung. Die erstgenannte ist nur wirksam, wenn Sie keine fachbezogene Erfahrung besitzen.*
4. *Es ist schwieriger, eine Idee zu realisieren als sie zu finden.*
5. *Die „Logik" des lateralen Denkens ergibt sich aus der Beschaffenheit der menschlichen Wahrnehmung, die als eine Aktivität im Rahmen eines autonomen Informations-Kosmos zu betrachten ist. Sie läßt sich mit der Logik des Humors vergleichen.*
6. *Bei der Herausforderung besteht der Grund dafür, etwas zu sagen, erst dann, wenn es gesagt ist. Provokation läßt sich nicht in das vorhandene Wahrnehmungsreservoir einordnen, sondern führt zu neuen Wahrnehmungen.*
7. *Laterales Denken führt zu „Bewegung" statt zur Beurteilung. Die Bewegung dient dazu, vom provokativen Impuls ausgehend zu neuen Wahrnehmungen oder Konzeptionen zu gelangen.*
8. *Eine Verlagerung der Perspektive oder des Bezugsrahmens kann zu neuen Ideen und Einsichten führen.*
9. *Wenn man ständig auf Druck und dringliche Probleme reagieren muß, ist es schwer, kreativ zu denken (es sei denn, man löst dieses Problem).*
10. *Laterales Denken sollte zum integrierten Bestandteil unseres Denkstils werden.*
11. *Achten Sie auf Wirtschaftsbereiche, die traditionsgemäß hohen Gewinn abwerfen und versuchen Sie, mit Hilfe innovativer Denkmethoden, an denen hier sicher ein Mangel herrscht, ihr Glück.*

9.
Muß man ein Risiko eingehen, um Erfolg zu haben?

Die Beiträge:

Vereinigte Staaten: Roy Cohn, Werner Erhard, Malcolm Forbes, Harry Helmsley, Antonio Herrara, Herman Kahn, Dr. Nathan Kline, Morgan Maree, Diana von Fürstenberg.

Großbritannien und übrige Länder: David Bailey, Christian Bonington, Lord Pennock, Jackie Stewart, Sting, Mark Weinberg.

Sind erfolgreiche Menschen risikofreudig?

Risikobereitschaft und Spekulation sind zweierlei. Das läßt sich klar aus der Einstellung erfolgreicher Leute zum Risiko erkennen und diese Einstellung bringen sie ebenso klar zum Ausdruck. Wir vermuten immer, daß sie Risiken eingegangen sein müssen. Sie selbst sehen das jedoch oft ganz anders.

„Pokern gehört nicht zu meinen Lieblingsspielen. In meiner Position spielt man lieber etwas anderes", so Antonio Herrara.

„Jedes Geschäft beinhaltet ein Risiko. Aber sie müssen wissen, wie groß es ist, und dafür braucht man ein gutes Gespür. Man trifft keine Entscheidung nach dem Motto: ‚Wie gewonnen so zerronnen.' In jeder Branche kommt der Moment, wo es um's Geld geht, und dann müssen Sie genau wissen, was Sie tun. Als ich meine Firma gerade eröffnet hatte, ging es einmal um ein ganz großes Geschäft: wir wollten einen Gebäudekomplex kaufen. Wir hatten einen genauen Plan ausgearbeitet und Hypotheken und Kredite sichergestellt. Alles sah prima aus, bis einer der Geldgeber plötzlich sagte: ‚Die Zeiten haben sich geändert.' Das bedeutete, wir mußten zwei oder drei Millionen Dollar auf die Schnelle beschaffen, das war ein hartes Stück Arbeit." (Harry Helmsley)

„Wenn man nicht bereit ist, ein Risiko einzugehen, hat man auch weniger Erfolgschancen," sagt Dr. Nathan Kline. „Ich brauche die Spannung, die das Risiko mit sich bringt, sie ist meine Triebfeder."

„Man läuft immer Gefahr zu verlieren, das Verhältnis Risiko/Erfolg bestimmt Ihre Handlungsweise. Gleich wie Sie sich entscheiden – ein gewisses Risiko läßt sich einfach nicht ausschließen. Zum Beispiel könnte ich Sie fragen: ‚Wollen Sie Geld in mein Projekt investieren und die Hälfte des Gewinns einstreichen, oder ist es Ihnen lieber, mir das Kapital zu leihen, wenn ich Ihnen die Rückzahlung plus Zinsen garantiere? Dann fragen Sie sich: ‚Wie hoch könnte der Gewinn sein?‘, ‚Kann ich es mir leisten, auf den riskanten Vorschlag A einzugehen?‘ oder ‚Sollte ich mich, weil ich anderen gegenüber Verantwortung trage, für den konservativen Vorschlag B und den niedrigeren Gewinn entscheiden?‘ Man muß jeden Tag aufs Neue für sich selbst entscheiden, wie groß das Risiko sein darf, auf das man sich einläßt. Das Maß dafür ist der eigene Mut.“ (Morgan Maree)

„Ich bin bereit, ein Risiko auf mich zu nehmen, wenn es notwendig ist. Der Gedanke schreckt mich nicht. Ich gebe Ihnen ein Beispiel: Einer unserer Klienten unterhielt ein Eisenbahnstreckennetz in New Jersey, und er war trotz enormer Verluste vom Gericht gezwungen worden, das Streckennetz weiter in Betrieb zu halten.

Ich glaube, kein Gericht hat nach unserer Verfassung das Recht, Sie dazu zu verurteilen, finanzielle Einbußen hinzunehmen. Nachdem mein Klient schon zehn Anwälte in New Jersey bemüht hatte, habe ich ihm geraten, das Streckennetz einfach zu schließen. Er meinte: ‚Dafür kann ich aber ins Gefängnis gehen!‘ Ich habe ihm geantwortet: ‚Okay, wenn Sie nervös sind, machen Sie ein paar Wochen Urlaub in der Karibik, aber ich glaube nicht, daß Sie sich Sorgen machen müssen.‘ Natürlich lief alles wie vorhergesehen. Die Strecke wurde geschlossen, das Gericht hat seine Anordnung widerrufen und die Energiekommission entschieden, daß die Streckenschließung rechtmäßig gewesen sei.“ (Roy Cohn)

Jeder, der die Initiative oder eine Chance ergreift, geht ein Risiko ein. Vielleicht haben amerikanische Geschäftsleute deshalb so großen Pioniergeist gezeigt, weil schon ihre Vorfahren, die europäischen Einwanderer, ein großes Risiko eingegangen waren, als sie ihre Heimat verließen um ein unbekanntes Land zu erobern. Die, in deren Erbanlagen das Sicherheitsbedürfnis dominierend war, zogen es vor, zu Hause zu bleiben.

So mancher hat einen sicheren Arbeitsplatz aufgegeben oder seinen Besitz mit Hypotheken belastet, um eine eigene Firma aufmachen zu können. Auch das sind Risiken, die nicht jeder in Kauf zu nehmen bereit ist (nicht nur um seiner selbst, sondern auch um seiner Familie willen). War es für sie wirklich ein großes Risiko – oder waren sie so sehr von ihrer Idee überzeugt, daß es ihnen gering erschien?

David Bailey ist es mit der Erfindung des Minirocks gelungen, die Mode zu revolutionieren und über Nacht berühmt zu werden. „Zunächst war es natürlich ein Risiko, vor allem mit Jean Shrimpton. Ich arbeitete gerade ein Jahr für *Vogue,* als ich dieses wunderbare Modell sah. Sie machte gerade mit einem anderen *Vogue*-Fotografen, ich glaube, er hieß Duffy, Werbeaufnahmen für Kellogs. Ich habe *Vogue* gebeten, sie mir zu überlassen, was allerdings zuerst abgelehnt wurde, weil ich angeblich ein Verhältnis mit ihr hatte (was zu dem Zeitpunkt allerdings nicht stimmte). Dann haben sie mir doch das Modell und vierzehn Seiten gegeben, was damals – *Vogue* war ja noch viel kleiner – eine Sensation war. Danach ging alles nach dem ‚Schneeball-Prinzip‘. Jean und ich haben drei Jahre lang zusammengearbeitet. „Der Minirock war geboren!" Ich fand, Jean hatte gute Beine. Ich hab' mich nie viel um Mode gekümmert und die Röcke nur wegen der Mädchen, die drinsteckten, fotografiert. Bei jedem Foto habe ich Jean's Rock ein bißchen höher geschoben – und *Vogue* hat ihn wieder heruntergezogen. Je mehr sie ihn herunterzog, desto höher schob ich ihn wieder hinauf, bis es schließlich ganz in Ordnung war, daß er gerade noch das Höschen bedeckte."

Glücksspiele

Sind erfolgreiche Menschen Hasardeure? Waren sie deshalb so erfolgreich, weil sie ein Risiko eingegangen sind und gewonnen haben? Denn die, die dabei weniger Glück hatten, sieht man nicht. Ist das Verhältnis zwischen Erfolg und Risiko genauso wie zwischen Erfolg und Glück? Zählt nur der gute Ausgang? Glauben alle Erfolgreichen, daß sie ein Risiko auf sich genommen haben?

Mark Weinberg, Hambro Life: „Ich mag den Nervenkitzel nicht. Ich halte nichts von Spekulationen. Auch wenn Jim Slater eine Phase hatte, wo er das Risiko braucht – ich habe das nie so empfunden. Wir beide treffen uns oft im Club zum Essen, und eines Abends kam noch der Kasinobesitzer John Aspinall dazu. Er schwärmte uns von der Spielleidenschaft vor, von dem Gefühl, 1000 Pfund zu setzen und zu beobachten, wie daraus 2000, 4000 und 8000 Pfund werden. Für ihn bestand der Unterschied zwischen einem echten Spieler und einem Nichtspieler nur darin, daß der Nichtspieler den Einsatz verdoppelt, wenn er glaubt, eine Glückssträhne zu haben. Ich hielt das für völlig irrational und vertrat den Standpunkt, man müsse dann aufhören können. Jim Slater gab mir zwar im Prinzip recht, aber er ist doch mehr eine Spielernatur. Er genießt die Spannung und würde vielleicht weitermachen, sich aber bestimmt die Frage stellen, ob es Zeit ist, aufzuhören. Er ist ein leidenschaftlicher Backgammon-Spieler. Manche brauchen, glaube ich, diesen Nervenkitzel (wegen des Adrenalinstoßes) und leben gerne damit. Ich bin viel zu vorsichtig und ziehe Sicherheit vor."

Der Kontrast zwischen Weinberg, Jim Slater und John Aspinall zeigt deutlich, wie unterschiedlich die Risikobereitschaft des einzelnen ist. Das eine Extrem ist Aspinall, der die Spannung des Spiels, die Erregung vor Beginn, die Aussicht auf den Gewinn, den Reiz des Unvorhersehbaren, Action usw. braucht. Auf der anderen Seite steht der Planer Weinberg, der rationaler denkt und so wenig wie möglich dem Zufall überläßt. Er würde einen Zufallsgewinn nicht aufs Spiel setzen, sondern festhalten und anderweitig anlegen. Dazwischen steht Jim Slater, der etwas durchdenken möchte – und seine Einstellung hier und der Aufstieg und Fall der Firma Slater Walker zeigen, daß er eher ein Stratege als ein Spekulant ist – für den der Reiz des Spiels eine große Versuchung darstellt. Ein Theaterdirektor weiß, daß die meisten seiner Stücke am Broadway durchfallen, aber ein paar werden genug Erfolg haben, um ihn für die Fehlinvestitionen zu entschädigen. Eine Ölfirma weiß, daß viele Bohrstellen trocken sind, aber daß sie dann und wann doch fündig wird. Ein Börsenspekulant weiß, daß er nicht die ganze Zeit gewinnen kann. Ein Grundstücksmakler weiß, daß er auch einmal Pech hat. Jeder von ihnen muß damit rechnen, auch einmal zu verlieren. Hier gilt der Spruch: „Wer wagt, gewinnt." Im Einzelhandel oder in der Versicherungsbranche (Mark Weinberg) ist das anders. Es kommt hier zwar auch gelegentlich zu Fehlschlägen und Enttäuschungen, aber das Ziel ist stetiges Wachstum. Man probiert auch etwas aus, weil es, nach dem aktuellen Stand des Wissens, eine günstige Gelegenheit und nicht ein Spiel ist. Es besteht keinerlei Bedürfnis, im eigentlichen Sinn des Wortes, etwas ‚aufs Spiel zu setzen'. Beim Autofahren läßt sich ein gewisses Risiko oder Maß an Unsicherheit nicht ausschließen (besonders im Hinblick auf die anderen Verkehrsteilnehmer), aber der Fahrer selbst ist sich des Risikos nicht bewußt, weil er ja gut und vernünftig fährt.

Was hält Jackie Stewart, Ex-Weltmeister in der Formel-I-Klasse vom Risiko? „Absolut nichts, ganz im Gegenteil, ich brauche es überhaupt nicht. Bei vielen meiner Kollegen ist das anders. Ich hasse es, ein Risiko einzugehen, Angst haben zu müssen. Mir bedeutet der Nervenkitzel nichts. Jochen Rindt war da anders: Er fuhr Ski und Motorrad wie der Teufel. Ich fahre Ski und Motorrad wie eine alte Frau. Ich habe einfach keine Lust, mir die Beine zu brechen. In dieser Hinsicht bin ich ein ganz atypischer Rennfahrer. Mir fehlt die ‚auf-Teufel-komm-raus'-Mentalität, die Jochen Rindt oder Piers Courage hatten. Viele meiner Kollegen rasen gerne mit einem schnellen Motorboot übers Wasser oder fliegen in Minimumhöhe durchs Gebirge; ich habe immer nur an das Risiko gedacht und mit dem Unberechenbaren gerechnet.

Wenn die überflüssigen Risiken ausgeschaltet waren, habe ich die verbleibenden einzuschätzen versucht. Ich habe mich intensiv mit den Sicherheitsvorkehrungen an der Strecke und der Sicherheit des Rennsports überhaupt beschäftigt, und viel Zeit investiert, um mit Hilfe der Medien zu erreichen, daß der Rennsport in Zukunft sicherer wird. Ich habe zu jedem Rennen auf eigene Kosten einen Arzt mitgenommen, einen Chirurgen, der sich auf acht verschiedene Fachgebiete spezialisiert hatte und als hervorragender Anästhesist galt. Bei einem schweren Unfall wäre er der wichtigste Mann gewesen. Kein ‚Knochenflicker‘, Neurochirurg oder orthopädischer Chirurg, sondern ein Anästhesist, der mich im Notfall am Leben erhalten kann, dafür sorgt, daß mein Herz weiterschlägt und mein Gehirn weiter durchblutet wird. Er war so eine Art Sicherheitspolizist für mich. Ich gehe kein Risiko ein.“

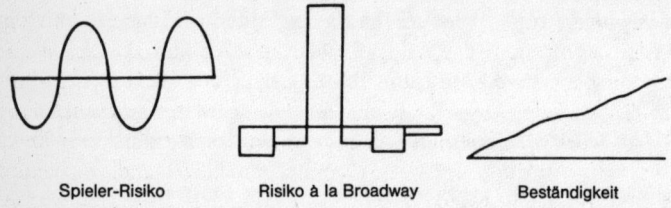

Spieler-Risiko   Risiko à la Broadway   Beständigkeit

Jackie Stewarts Geständnis ist interessant; seine Einstellung zum Risiko paßt zu seiner besonnenen Art.

Der ordensgeschmückte General, der stolz darauf ist, kein Risiko gescheut zu haben, gilt vielleicht als Held, hat aber möglicherweise auch viele Menschenleben vergeudet und Gelegenheiten verpaßt. Risikominderung ist überdies nicht dasselbe wie Risikoscheu. Risikoscheu bedeutet, gar nichts zu tun, weil man das für die beste Taktik hält, dem Risiko aus dem Weg zu gehen. Die Bereitschaft zu handeln und Risiken dabei soweit möglich zu reduzieren, scheint vernünftiger. Das kommt wohl auch auf den Aktionsbereich an. Jackie Stewart könnte sein Metier entweder mit der Broadway-Produktion oder mit der auf Sicherheit bedachten Branche vergleichen. Da für eine Leiche das Rennen gelaufen ist, sei es für ihn eindeutig ein „Broadway-Risiko“ – behauptet er.

Risikominderung

An der Realisierung der Entscheidung arbeiten

Bei den meisten Entscheidungen läßt sich das Risiko nicht ganz ausschließen; es gibt Faktoren, die man nicht beeinflussen kann. Aber oft steht die Größe des Risikos in direktem Verhältnis zu den Bemühungen, eine Entscheidung zu realisieren. Lord Pennock: „Die Durchführbarkeit einer Entscheidung ist manchmal wichtiger als die Entscheidung selbst. Viele begehen den Fehler und glauben, wenn sie zu einem Entschluß gekommen sind, ‚Das wär's dann'. Aber das ist oft erst der Anfang."

„BICC hatte sich vor zwei Jahren entschieden, in das Glasfasergeschäft einzusteigen (das für das Kabelfernsehen einmal enorm wichtig sein wird). Angefangen hatte das Ganze schon in den siebziger Jahren, als Corning, ein amerikanischer Glashersteller, auf diesem Gebiet intensive Forschung betrieb. Wir in der Kabelbranche stellten fest, daß besonders im Telekommunikationsbereich – bei den Telefonkabeln – andere Materialien nötig sein würden. Das Leben wird eben immer komplexer (besonders auf einer Insel wie der unsrigen, die so dicht bevölkert ist und wo es so viele hochtechnisierte Geräte gibt). 1972 kam es zu einer Zusammenarbeit zwischen Corning und BICC: Wir waren der größte Kabelhersteller in Großbritannien und Corning führte in der Erforschung neuer Materialien auf dem Telekommunikationssektor.

Aber die wichtigste Entscheidung fiel 1980, als ich gerade dort anfing. Wir hatten inzwischen ein paar brauchbare und praktisch auswertbare Ergebnisse und sagten uns: ‚Wir sollten mit der Glasfaser-Produktion beginnen, dann sind wir der Konkurrenz um Nasenlängen voraus.' Nachdem der Aufsichtsrat zugestimmt hatte, glaubten die meisten: ‚Okay, das war's dann.' Aber ich warf ein: ‚Das ist weiß Gott nicht alles! Und die, die anderer Meinung sind, fallen sich selbst in den Rücken. Das ist erst der Anfang. Die Produktion muß erst einmal richtig anlaufen.' Eine Entscheidung praktisch umzusetzen ist genauso wichtig, wie die richtige zu treffen."

Es gibt vier Möglichkeiten, ein Risiko zu mindern: 1. Man sollte die Situation analysieren und sich für oder gegen das Risiko entscheiden. 2. Man tut gut daran, ein Risiko gegen das andere abzuwägen, wie im Devisenhandel oder bei der antizyklischen Konjunkturpolitik. 3. Man kann ein Sicherheitsnetz einbauen, wie man zum Beispiel auch einen Fallschirm beim Fliegen hat. 4. Gibt es Maßnahmen, um eine Entscheidung zu modifizieren oder besser umsetzen zu können, die man auch, nachdem die Entscheidung gefallen ist, ergreifen kann. Und vergessen Sie nicht, daß auch die Umwelt und die Effizienz dessen, der das Risiko eingeht, ein Risiko darstellen.

Veränderungen in unserer Umwelt (in der Gesetzgebung, Zinspolitik, im politischen Klima, im Krieg) lassen sich nicht mit absoluter Sicherheit voraussagen – wie klug die Leute auch im Nachhinein gewesen sein wollen. Wenn mehrere Experten verschiedene Prognosen stellen, hat fast immer einer von ihnen – in der Retrospektive – recht gehabt. Wenn wir uns nur daran erinnern, wann jemand recht gehabt hat, und vergessen, wann er sich geirrt hat, erwirbt der Betreffende leicht den Ruf, ein Hellseher zu sein. Die Umstände können sich ändern und auch die besten Pläne vereiteln. Wie gut jemand in seinem Fach ist, wird oft daran gemessen, wie er sich aus einer Krisensituation herauswindet.

Der Immobilien-Magnat Harry Helmsley beschreibt einen solchen Fall: „Ich hatte mich auf ein Geschäft eingelassen, für das ich enorm hohe Bankkredite brauchte. Als ich das Geld endlich beisammen hatte, trat in der Wirtschaft eine drastische Wende ein: die Zinsen kletterten in astronomische Höhen. Ich hätte meinerseits die Zinsen und den Anlagegewinn erhöhen müssen. Ich mußte schnell eine Entscheidung treffen. Ich verhandelte also mit den Kapitalanlegern und beschloß, die Finger davon zu lassen. So habe ich es geschafft, mit heiler Haut davonzukommen. Man hat nicht immer Erfolg – dazu gibt es viel zuviele Risiken – und man ist auch nicht immer erster. Aber man muß mit einer Situation fertig werden, sich herauswinden können, versuchen, sich vom Angelhaken zu befreien!"

Geld, Zeit oder Arbeit zu investieren ist fast immer ein Risiko, weil man zuerst geben muß, um etwas zu bekommen. Die Output-Mechanismen werden oft falsch beurteilt (die Idee ist schlecht oder man hat kein Gefühl für den Markt), oder die Umstände ändern sich so drastisch, daß sogar eine erstklassige Idee keine Chance mehr hat. Es gibt Investitionen (in den USA etwa die steuerfreien Kommunalobligationen) bei denen das Risiko von Haus aus geringer, aber der Gewinn auch weit weniger attraktiv ist. Vielleicht sollte man bei erfolgreichen Menschen überhaupt weniger darauf achten, wie bewußt sie ein Risiko eingehen, sondern vielmehr darauf, wie bewußt sie eine Chance wahrnehmen. Wenn Sie das Gefühl haben, daß Ihre Idee einfach einschlagen *muß*, ist die Motivation, sich für den risikoreichen Weg zum Erfolg zu entscheiden, viel geringer.

Das Risiko der Innovation

Nicht nur Investitionen, sondern auch Innovationen enthalten gewisse Risiken: es ist fraglich, ob das Vorhaben überhaupt durchführbar ist; ob das Projekt sich überhaupt lohnt; ob sich ein Absatzmarkt findet; ob die Produktion anlaufen kann; ob der Preis stimmt; ob die Konkurrenz nicht genauso schnell oder schneller ist. Bei so vielen Risiken muß man sich wundern, daß es überhaupt zur Einführung von Neuerungen kommt.

Manche Erfinder treffen Entscheidungen, die einem Außenstehenden völlig verrückt erscheinen. Herman Kahn erklärte: „Risikobereitschaft ist die Essenz der Innovation." Als Clive Sinclair den Taschenrechner herausbrachte, glaubten die meisten, das sei eine Fehlinvestition, weil niemand daran interessiert sei, einen Rechner in der Jacken- oder Brieftasche mit sich herumzutragen. Sir Terence Conran, Diana von Fürstenberg und diverse andere Geschäftsleute halten nichts von Marktforschung; sie behaupten, der Kunde wisse gar nicht, was er wolle.

„Als Modemacherin spreche ich hauptsächlich Frauen an, und als Frau fällt es mir leicht, den Geschmack meiner Kundinnen zu treffen. Ich brauche keine Marktforschung. Ich bin bisher ganz gut damit gefahren, auf mein eigenes Urteil zu vertrauen, wohl auch deshalb, weil ich als Frau etwas für Frauen tue, versuche, ihr Leben angenehmer und ästhetischer zu gestalten. Für mich ist das eine Frage des richtigen Instinkts." (Diana von Fürstenberg)

Sind Menschen, die für die Bedürfnisse anderer eine Art intuitives Gespür haben, mit einer besonderen Gabe ausgestattet? Viele sind davon überzeugt. Sting: „Wenn Sie mit Ihrem Publikum auf der gleichen Wellenlänge sind, wecken Sie eigentlich das kollektive Unbewußte. Rock-and-Roll ist so eine Art vertonter Code. Dieser Code ist in mir, und es ist ein tolles Gefühl, wenn man sieht, daß 20 000 Menschen genauso darauf reagieren. Ich glaube, die Fähigkeit, so etwas auszulösen, ist einem gegeben oder nicht. Im Geschäftsleben kommt das genauso vor – manche haben die Fähigkeit zu erkennen, auf was es ankommt. Dazu gehört außerdem eine gehörige Portion Selbstvertrauen."

Der Mut, mit dem Risiko zu leben

Risikobereitschaft (im Gegensatz zur Tollkühnheit) gilt oft als die Fähigkeit, sich besonderen Anforderungen zu stellen (vor allem auf dem Schlachtfeld).

Der verstorbene Herman Kahn leitete am Hudson Institut ein Experten-Team, das daran gewöhnt war, den Kopf – allerdings auf einem ganz anderen

Gebiet – hinzuhalten. Sie befaßten sich mit Informationsanalysen und Prognosen, gelegentlich ging es sogar um so wichtige Dinge wie die Zukunft unserer Welt. Er hat festgestellt, daß es in seinem Arbeitsbereich einen direkten Zusammenhang zwischen Mut und Integrität gibt. „Wir können uns leisten, ehrlich zu sein, wenn wir wollen. Wir müssen nicht auf Vorurteile und Ideologien Rücksicht nehmen (obwohl die wenigsten von diesem Privileg Gebrauch machen)." Kahn spricht in diesem Zusammenhang von „Integrität" ohne den moralischen Aspekt überzubewerten. Er benutzt den Begriff vielmehr im Sinne von Werner Erhard, der glaubt, daß wir Menschen unabhängig vom Geschlecht, zu bestimmten Zeiten lernen müssen, mit dem Risiko zu leben. Erhard meinte dazu: „Immer, wenn ich etwas Wichtiges getan habe, habe ich aus einer exponierten Situation heraus gehandelt und einen Standpunkt vertreten, den ich nicht hätte rechtfertigen oder erklären können oder für den es keine Strategie oder Vorschrift gab."

Mut, Unerschrockenheit und Risikobereitschaft gehören insofern zum Erfolg, als daß der Erfolgreiche bereit ist, etwas (oft Neues) in Gang zu setzen.

Wagnis/Abenteuer

Millionär Malcolm Forbes ist nicht nur Herausgeber des Forbes-Magazins, sondern auch ein begeisterter Ballon- und Motorradfahrer. Auch wenn wir seine Hobbies für gefährlich halten – er betreibt sie nicht wegen des darin enthaltenen Risikos, sondern wegen des Abenteuers, das sie für ihn darstellen. Ist Abenteuerlust fester Bestandteil des „Unternehmergeistes"?

„Die Risikobereitschaft gehört zweifellos dazu, wenn man Erfolg haben oder ein interessantes Leben führen will. Man kann sein ganzes Leben lang seine Chancen verpassen und hinterher jammern: ‚Hätte ich doch nur das und das gemacht . . .' Sie haben Ihre Zeit vergeudet, wenn Sie es nicht getan haben. Ich gehe kein Wagnis ein, aber ich liebe das Abenteuer; und weil ich gerne lebe, versuche ich immer, das Risiko möglichst auszuschalten. Mit anderen Worten: Ballonfahren ist nicht riskant, wenn es mit Verstand und Vorsicht betrieben wird. Motorradfahren ist nicht gefährlich, wenn Sie ein besonnener Fahrer sind. Kurz und gut: das Risiko an sich reizt mich nicht, aber ich will mein Leben genießen, solange es geht. Ich muß mich selbst beweisen können, aber ich habe keine Lust, zu ‚pokern'! Es war früher riskant genug, mit dem Heißluftballon zu fahren, und so habe ich versucht, die Risiken zu verringern. Ganz ausschalten kann man sie nie! Wenn man etwas erreichen will, muß man auch mit dem Risiko rechnen."

Die Lust am Abenteuer scheint für viele erfolgreiche Unternehmer charakteristisch zu sein. Sie kommt wohl ihrem Hang entgegen, den Stein ins Rollen zu bringen. Wie Malcolm Forbes schon sagte, ist diese Eigenschaft nicht mit Spielleidenschaft zu verwechseln. Der Risikofaktor ist vielleicht vorhanden, steht aber nicht im Mittelpunkt, sondern das Bedürfnis etwas auszuprobieren, etwas ganz Neues zu tun, das Gegenteil von Langeweile und Stagnation. Es besteht ein gravierender Unterschied zwischen einem, der erfolgreich sein und Geld verdienen will, um sich damit Abenteuer zu leisten, und dem, der sich auf ein Wagnis oder Abenteuer einläßt, bei dem sich nebenher noch Geld verdienen läßt. Vielleicht liegt es an der Abenteuerlust, daß viele Prominente ihre Ehepartner so oft wechseln?

Jede Herausforderung stellt ein Abenteuer dar, wenn man genug Selbstvertrauen hat, sich ihr zu stellen.

Chris Bonington meint dazu: „Bergsteigen ist kein Glücksspiel sondern ein wohlkalkuliertes Risiko. Die Erregung, die es mit sich bringt, richtet sich auf die Gefahrensituation und Ihre eigene Fähigkeit, eine Gefahr abzuwenden." Während der Everest-Expedition wollte Monzino sich mit dem Hubschrauber über einen Eisfall wegfliegen lassen – aber Bonington entschloß sich, ihn zu Fuß zu durchqueren. Wo ist der Punkt, an dem Erregung und Abenteuerlust schwächer sind als das Bedürfnis, einer unnötigen Gefahr aus dem Weg zu gehen? „Das kommt auf die ethische Haltung des einzelnen an. Beim Bergsteigen gibt es eine Reihe ungeschriebener Gesetze, die von den Bergsteigern selbst eingeführt worden sind, um einen gewissen Grad an Unsicherheit beizubehalten. Es gab eine Zeit, wo man an einer steilen Felswand mit dehnbaren Steighaken arbeitete. Aber man hat ziemlich schnell herausgefunden, daß man auch ohne dieses Hilfsmittel an jeder Wand hochkommt, wenn man genug Kraft und Geduld hat. Mit der Unsicherheit in diesem Punkt ist es seither vorbei."

Erfolgstaktik

1. *Jeder erfolgreiche Mensch hat sich für die Aktivität und gegen die Passivität entschieden. Wenn man die Initiative oder eine Chance ergreift, läßt sich der Risikofaktor nie ganz ausschließen.*

2. *Es gibt „Spielernaturen" und „Broadway-Taktiker", die wissen, daß sie da etwas gewinnen und dort etwas verlieren können. Entscheidend ist nur, im Spiel zu bleiben.*

3. *Es gibt außerdem diejenigen, die eventuelle Risikofaktoren soweit wie möglich auszuschalten versuchen, weil es in ihrer Branche nicht auf das Risiko, sondern vielmehr auf stetiges Wachstum ankommt.*

4. *Potentielle Risiken und Gefahrenmomente einzuschätzen kennzeichnet eine realistische Einstellung. Die Gefahrenpalette ist breit gestreut, und Sie bestimmen den Zeitpunkt, an dem Sie sich unwohl zu fühlen beginnen.*

5. *Dinge, die außerhalb Ihres Einflußbereichs liegen, können eine unerwartete Entwicklung nehmen. „Erfolg" hat dann nur derjenige, der auf bestmögliche Art auf die veränderte Situation reagiert.*

6. *Risiko und Gewinn sollte man gegeneinander abwägen und das Für und Wider bedenken. Solche Vergleiche erleichtern die Entscheidungsfindung.*

7. *Investitionen wie Innovationen bergen gewisse Risiken. Beides ist wichtig. Deshalb sollte man versuchen, das Risiko zu verringern und den Anreiz zu verstärken.*

8. *Der Reiz des Abenteuers ist vielleicht der Grund für viele erfolgreiche Leute, ein Risiko auf sich zu nehmen, wobei die meisten versuchen, das Risiko soweit wie möglich zu reduzieren.*

9. *Erfolgreiche Menschen scheinen gerne Dinge zu tun, die als risikoreich gelten. Da sie das Risiko nicht des Risikos wegen eingehen, liegt ihnen viel daran, es möglichst gering zu halten.*

TEIL III

ERFOLGE SCHAFFEN

10.
Strategie

Die Beiträge:

Vereinigte Staaten: Malcolm Forbes, Herman Kahn, Morgan Maree.

Großbritannien und andere Länder: Heather Jenner, Robert Maxwell, Miyomoto Musashi, Sting, Mark Weinberg, Charles Williams.

Es kommt gelegentlich vor, daß sich eine Idee „selbständig" macht.

„Ein Jahr lang", erinnert sich Heather Jenner, die als erste ein Ehevermittlungsbüro eröffnete, „haben wir uns die Köpfe zerbrochen, wie wir es am besten anpacken. Es ging uns irgendwie gegen den Strich, mit dem Slogan ,Bezaubernde junge Frau sucht älteren gutsituierten Herrn', zu werben".

„Zuerst sind wir zu einem Anwalt gegangen; aber der war uns ein bißchen zu konservativ. Mary (ihre Geschäftspartnerin) ging er furchtbar auf die Nerven, und als er dann noch wissen wollte, wieviel Eigenkapital wir beide hätten, meinte sie: ,Wie steht's mit dir, Herzchen? Wieviel hast du inzwischen ,angeschafft'? Wir beide haben nur noch gekichert und sind gegangen. Ich hab' mich an einen jungen Anwalt erinnert, den ich, bevor ich nach Sri Lanka ging, kennengelernt hatte, Michael Eddows ist sein Name. Er hat verstanden, worum es uns ging und hielt das auch für eine prima Idee. Er hat uns ein paar juristische Ratschläge gegeben und gezeigt, was bei den Fragebögen für unsere Klienten zu beachten ist.

Dann haben wir bei all unseren Freundinnen und Bekannten das Interviewen geübt und alles gelesen, was es über das Thema gab. Nebenher haben wir beide noch gearbeitet, um das nötige Startkapital zusammenzukriegen (ich als Modell und Mary als Gesellschafterin, obwohl die arme Frau Mary wohl kaum zu Gesicht bekommen haben dürfte). Als wir der Meinung waren, wir wüßten jetzt genug um anzufangen, haben wir uns nach einem Büro umgesehen und auch gleich eines in der Bond Street, direkt neben unserem heutigen Gebäude, gefunden. 55 Shilling die Woche hat es gekostet – inklusive Telefon, Möbel und Miete. Es war zwar ein bißchen verstaubt und verwohnt, aber wir haben es gelb angestrichen. Ab und zu kamen unsere Freunde, um nachzusehen, ob wir noch nicht wegen ,Sklavenhandel' eingesperrt seien.

Nur einer hatte mehr Verstand und fragte uns, ob wir schon wüßten, wie wir uns überhaupt bemerkbar machen wollten. Wir hatten vorgehabt, eine Annonce aufzugeben, aber er meinte: ‚Das ist nicht genug. Ihr solltet euch an die Zeitung wenden!' Das war kurz vor Kriegsausbruch, und die Zeitungen hatten ‚alle Hände voll zu tun', etwas zu bringen, was nichts mit Krieg zu tun hatte. Wir haben dann in alphabetischer Reihenfolge alle Zeitungen abgeklappert, und schließlich erklärte sich Godfrey Wynne vom *Sunday Express* bereit, uns in der Sonntagsausgabe eine ganze Seite zu widmen, das war natürlich ein toller Einstieg.

Am 17. April 1939 eröffneten wir unser Büro – wir konnten kaum die Tür aufmachen, so viele Briefe lagen da! Damals war die Post viel schneller. Plötzlich klopfte es, und Mary ging hin, um zu öffnen. Mit schreckgeweiteten Augen kam sie zurück und stöhnte: ‚Da steht ein *Mann*, der *vermittelt* werden möchte.'

Wir haben ausgelost, wer sich um ihn kümmern sollte, und das Los traf natürlich mich. Wir hatten uns vorgestellt, daß unsere Klienten in unserer Altersgruppe sein würden, aber der Mann war erst Ende Dreißig und in der Armee. Er hat mir das Interview wirklich leicht gemacht. Ich hatte zwar noch keine Partnerin für ihn, aber er zahlte die 5 Pfund Gebühren und ich nahm seinen Fragebogen in die Kartei auf. Ich war fest überzeugt, daß wir ihm das Geld am Ende der Woche zurückschicken würden. Aber es ging den ganzen Tag so weiter! Alle möglichen Leute, mit denen wir nie im Leben gerechnet hatten, suchten uns auf. Wir rasten zu Harrods, um eine Schreibmaschine zu kaufen, und Mary stürmte aufs Arbeitsamt und engagierte eine Sekretärin. Gegen Ende der Woche hatten wir ein wenig Ordnung in das Durcheinander gebracht und auch eine Partnerin für unseren ersten Kunden gefunden. Einem oder zwei Klienten konnten wir nicht helfen, also schickten wir ihnen das Geld zurück – mein Gott, waren wir naiv! Wir hatten schließlich eine riesige Papiertüte voll mit 5-Pfund-Scheinen, und ich meinte, wir sollten sie auf die Bank bringen. Also ging ich in die erste Bank, die ich sah – die Royal Bank of Scotland, auf der anderen Straßenseite, und sagte: ‚Sehen Sie, wir haben hier soviel Geld; vielleicht müssen wir einiges davon zurückgeben; wir wissen nicht genau, was wir damit tun sollen!' Der Mann am Schalter hat mich angeschaut, als ob ich den Verstand verloren hätte und holte den Manager. Und dieser Engel, Mr. Reynolds, hat mich angelächelt und gemeint: ‚Das geht schon in Ordnung. Sie brauchen zwei Konten: auf das eine zahlen Sie das Geld ein, das Sie eventuell zurückgeben müssen, und das andere Konto ist für diverse andere Zwecke. Er war richtig süß! Als ich Stephen Potter geheiratet hatte, gingen wir gemeinsam dorthin – und stellten fest, daß er Stephens Onkel war, und außerdem noch sein Bankmanager. (Ich glaube, er fühlte sich erst dann richtig wohl, wenn etwas Komisches passierte.) Nach einem Monat riet er uns, eine Firma zu gründen. Heute haben wir zwei Unternehmen, eine Holdinggesellschaft ist noch dazu gekommen. Ja, wir mußten den harten Weg gehen."

Heather Jenner hatte eine großartige Idee aber keinen Plan, sie in die Praxis umzusetzen. Daß es keine vorgefertigte Strategie gab, spielte in diesem Fall keine Rolle, weil sie ihre Vorstellungen mit Energie und einem ganz persönlichen Stil zu verwirklichen versuchte. Es gab überhaupt keine Konkurrenz auf diesem Gebiet, und sie hatte außerdem das große Glück, auf vertrauenswürdige und phantasievolle Menschen zu treffen. Und ob hinter ihrer „Hilflosigkeit" nicht doch die Strategie einer cleveren Geschäftsfrau steckt, kann wohl niemand genau sagen!

Eine Strategie entwerfen

Bei einer Strategie wird bestimmten Faktoren mit viel Sorgfalt und Überlegung der richtige Platz zugeordnet. Das Gegenteil ist abzuwarten, bis etwas geschieht, oder etwas übereilt und unüberlegt in Angriff nehmen. Viele erfolgreiche Menschen haben einen ausgeprägten Sinn für Strategien (obwohl man sich manchmal fragen muß, ob es sich nicht gelegentlich auch um reines Glück gehandelt hat, für das man im Nachhinein eine rationale Begründung brauchte). Robert Maxwell, der das größte Kopierunternehmen Europas praktisch aus dem „Nichts" schuf, ist als hervorragender Stratege bekannt.

Robert Maxwell: „Stellen Sie sich das bitte nicht so vor, als würde ich morgens beim Aufstehen sagen: ‚Heute sollten wir dem und dem ein Angebot machen.' Es kommt schon einmal vor, daß ein Schuß aus der linken Ecke direkt ins Tor geht, wie bei Oxford United (Maxwell wurde die Präsidentschaft über diesen Fußballverein angetragen). Aber im großen und ganzen ist jeder Schritt in unserer Branche zeitlich genau festgelegt und geplant."

Sting: „Zu allem, was man in unserem Beruf tut, gehört ein gewisses Maß an Inspiration und Freude; das ist der eigentliche Motor des Ganzen, aber es muß auch das, was man Strategie nennt, dazukommen. Man beobachtet den Markt und sieht, was gefragt ist oder welches Image ankommt. Bis zu einem gewissen Grad muß man sich da anpassen . . .

„Zur Zeit hat die Punk-Welle die Fachwelt total verunsichert. Viele Musikexperten konnten sich diesen Trend nicht erklären, und so manch einer muß um seinen Job bangen. Viele waren einfach zu alt und hatten kein Verständnis für die heutige Zeit und dieses Phänomen.

Wir sind erst spät in die Szene ‚eingestiegen‘ (typische Opportunisten) und waren auch weniger progressiv als andere. Wir haben uns unter dem Motto verkauft: ‚Wir kommen an, auch wenn wir Teil dieser musikalischen Revolution sind! Und wenn wir Erfolg haben, profitieren Sie auch davon!‘ Und genauso war's: Innerhalb von drei Jahren wurden wir zum größten ‚Verkaufsschlager‘ der Welt.

Damit will ich nicht sagen, daß wir nur kommerzielle Musik machen. Heute haben wir völlig freie Hand bei der Wahl unserer Songs. Überlegen Sie doch einmal, welche Ironie darin liegt, heute ein Lied von 1930 mit dem Titel ‚Spread a Little Happiness‘ aufzunehmen. Es ist völlig gegen den Trend, wurde aber Nummer Eins der Hitliste! Ich finde es toll, daß wir heute so etwas machen können, aber zu Beginn unserer Karriere hätten wir damit keine Chance gehabt."

Generelle Strategie

Ein Maler legt die Grundkomposition eines Bildes, also die Anordnung von Figuren und Formen auf der Leinwand, fest, bevor er zu malen beginnt.

Im Krieg wie auch im Geschäftsleben wird die Festlegung einer bestimmten Verhaltensweise Strategie genannt. Es gibt zwei Arten von Strategie: die eine nennen wir generelle Strategie: Sie besteht aus einer Reihe von Prinzipien und Richtlinien, die sich auf jede Situation anwenden lassen. Bei der Auswahl seiner Mitarbeiter könnte sich ein Arbeitgeber an die generelle Strategie halten, nur die zweitbesten Bewerber einzustellen. Ihre Leistungen lassen sich durchaus mit denen der Besten messen, aber sie haben noch keine Starallüren.

Ein Effektenhändler entscheidet sich vielleicht für die generelle Strategie, immer das Gegenteil von dem zu tun, was ratsam erscheint: wenn man sich verspekuliert, verliert man nicht viel, aber wenn man den richtigen Riecher hat, kann man viel verdienen.

Morgan Maree empfiehlt zwei Strategien: „Man kann sich gegen Fehlschläge absichern, indem man soviele Sicherheiten wie möglich einbaut, um den Verlust gering zu halten; oder man versucht, die Erfolgschancen zu vergrößern." Für viele Erfahrene und Erfolgreiche ist die Strategie schon so lange fester Bestandteil ihres Lebens- und Geschäftsstils, daß sie nur mehr gesunden Menschenverstand darin sehen. Lord Forte: „Ich habe nur bestimmte Richtlinien und Grundsätze befolgt und auf meinen gesunden Menschenverstand vertraut. Ich würde das als ‚Management mit gesundem Menschenverstand‘ bezeichnen. Das ist ein Führungsprinzip, bei dem man nie auslernt." Was Lord Forte ‚gesunden Menschenverstand‘ nennt, beinhaltet wahrscheinlich ein paar fundierte Geschäftsgrundlagen (wie fähige Mitarbeiter suchen, sie anständig bezahlen und ihnen freie Hand lassen).

Detaillierte Strategie

Die zweite Art der Strategie ist für einen spezifischen Zweck bestimmt. Wellington folgte in der Schlacht bei Waterloo, außer seiner allgemein üblichen, auch noch einer ganz bestimmten Strategie.

Zu Beginn seiner Unternehmerkarriere versuchte Sir Clive Sinclair noch, viele Artikel in eigener Produktion herzustellen. Dann entschied er sich für eine andere, erfolgversprechende, detailliertere Strategie: „Eine kleine Gruppe von Designern als ‚Zulieferer‘ unter Vertrag nehmen – ihre Entwürfe in Produktion geben – per Versandhandel auf den Markt kommen (wodurch man den Cash Flow verbessert, die Gewinnspannen erhöht und gleichzeitig durch die Werbung auf das Produkt aufmerksam macht); dann sollte man sich an den Einzelhandel wenden (und darauf achten, vorteilhafte Verträge auszuhandeln, weil sich ja inzwischen erwiesen hat, daß das Marktpotential vorhanden ist)." Er hat auch eine Preisstrategie ausgearbeitet: „Den Preis (für den Computer) so niedrig zu halten, daß man auf dem Inlandsmarkt mit ‚Spontankäufen‘ rechnen kann (Eltern für den Eigenbedarf und für ihre Kinder)."

Eine Strategie könnte auch so aussehen: „Der Konkurrenz den Vortritt lassen; warten, bis Trends sich klar abzeichnen, dann mit besserem Management, besserer Qualität und dem besseren ‚Namen‘ auf den Markt gehen." Das ist die sogenannte ‚Trittbrett-Strategie‘, die zwar wenig kreativ, aber recht erfolgversprechend ist. Sie funktioniert am besten, wenn sie auf spektakuläre Weise von einem Unternehmen angewandt wird, das für die Qualität seiner Produkte bekannt ist. So hat IBM gewartet, bis andere den Personalcomputer entwickelt hatten. Dann brachten sie urplötzlich ein solides (aber technisch nicht unbedingt besseres) Gerät heraus und sicherten sich einen beachtlichen Marktanteil. Vielleicht handelt es sich hier nicht um eine geplante Strategie, aber es könnte eine sein.

Eine Strategie festlegen

Der Samurai-Krieger Miyamoto Musashi: „So wie der Zimmermann eine Bauzeichnung braucht, benötigt der Krieger eine strategische Planung. Ein Warlord weiß: Um ein Ziel zu erreichen, braucht man einen Plan, der wie eine auf dem Boden ausgebreitete Landkarte ist." Musashi empfiehlt seinen Schülern, die Absichten des Gegners zu erraten, die für die Durchsetzung der eigenen Strategie notwendigen Fähigkeiten zu erkennen, die Strategien auf die vorhandenen Ressourcen abzustimmen, Männer mit völlig konträren Eigenschaften zu verpflichten, sich ihrer Stärken und Schwächen bewußt zu sein und sie zu motivieren, mit ganzer Kraft die angestrebten Ziele zu verwirklichen.

Die Absichten des Gegners zu erkennen kann für den Erfolg einer Strategie zum Schlüsselfaktor werden, wie man am Beispiel des Wachsfigurenkabinetts der Madame Tussaud gesehen hat: hier ist die Unfähigkeit, den plötzlichen Sinneswandel der Opponenten zu erkennen und entsprechend zu parieren sowohl im Hinblick auf die eigene Strategie wie auch auf die Bewahrung der Eigenständigkeit dem Unternehmen zum Verhängnis geworden.

1978 sah sich S. Pearson und Söhne, der Konzern, zu dem auch die *Financial Times,* Weingut Château Latour, Ölquellen in Amerika und Royal Doulton-Porzellan gehören, nach einem Unternehmen um, das den Chessington Zoo in Surrey übernehmen wollte, den sie als Teil eines anderen Geschäftsabschlusses mit kaufen mußten. Das Management von Pearson hatte weder genug Zeit noch Erfahrung, den Zoo, zu dem außerdem noch ein kleiner Jahrmarkt und ein Freizeitpark gehörten, richtig zu führen. Madame Tussaud's, eine öffentliche unabhängige Einrichtung, die neben dem Wachsfigurenkabinett auch noch den Wookey Hole Ferienpark im Westen Englands und noch einige weitere Touristenattraktionen unterhielt, war interessiert. Im Laufe der Verhandlungen merkte Pearson, daß Tussaud's samt Chessington eigentlich ein Prunkstück für das eigene Unternehmen wäre. Das war weiß Gott nicht das, was sich die Tussaud-Direktoren vorgestellt hatten, und sie versuchten mit allen zu Gebote stehenden Mitteln, die Übernahme zu verhindern – vergebens, Pearson blieb Sieger.

Malcolm Forbes beschreibt, was mit dem Magazin *Nation's Heritage* geschah, als es ihm nicht gelang, seine Strategie auf seine Ressourcen abzustimmen: „Es war ein finanzielles Desaster; nach einem Jahr mußten wir aufgeben. Ich glaube, der Zeitpunkt war schon richtig, aber uns fehlte das Geld, um durchzuhalten . . . Ich hatte einfach die Verkaufs- und Versandkosten nicht einkalkuliert. Viele Leute haben gute Ideen für eine neue Zeitung. Aber die wenigsten machen sich Gedanken über den Kostenaufwand, der notwendig ist, um Abonnenten zu bekommen; der ist nämlich drei- oder viermal so hoch wie der für den redaktionellen Teil und den Druck ... Mir blieb einfach nicht mehr genug Geld übrig für den Verkauf, und meine Firma war damals nicht groß genug (1948–49) um sich diesen ‚Geschäftszweig‘ ‚leisten‘ zu können.“

Strategien sollten immer der Möglichkeit, daß unvorhergesehene Probleme auftauchen, Rechnung tragen. Oft braucht die Produktentwicklung mehr Zeit als geplant und gleicht einem Hürdenlauf.

Wie starr sollte eine Strategie sein?

In einer Welt, die sich ständig verändert, ist es für einen Geschäftsmann besonders schwer zu erkennen, wann er an einer Strategie festhalten und wann er sie ändern sollte. Strategische Rigidität kann genauso katastrophale Folgen haben wie das Fehlen einer Strategie.

Herman Kahn: „Wir hätten eigentlich viele Strategien, aber wir benutzen sie nur selten an unserem Institut. Es gibt einfach zuviele unbestimmbare Faktoren. Planung erübrigt sich, weil man nicht weiß, welche der vielen möglichen Entwicklungen eintreten, welche Faktoren dominieren und ihre schöne, langfristige Strategie vernichten können!“

Diese Klage ist im amerikanischen Wirtschaftsleben immer häufiger zu

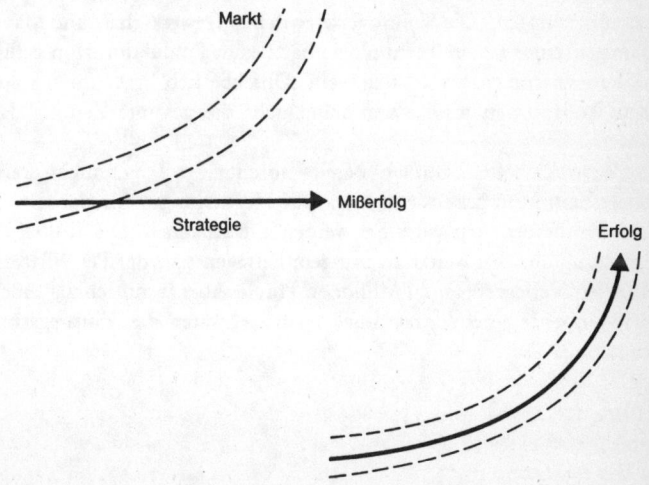

hören: Es gibt so viele Risikofaktoren und neue Entwicklungen, daß jede langfristige Strategie schon von vornherein zum Scheitern verurteilt ist. Dagegen ist zu sagen: Erstens: Ihre Strategien sollten flexibel sein, wenn Ihr Ziel nicht kurzfristig verwirklicht werden kann; und zweitens müssen wir zwischen einem Plan und einer Strategie differenzieren.

Eine Strategie sollte sich der Zeit anpassen

Eine Strategie sollte genug Raum für alternative Optionen bieten, denn gerade in einer so unsicheren Zeit wie der unsrigen muß man immer mit Risikofaktoren rechnen.

Robert Maxwell schildert, wie er seine Strategie den gegebenen Umständen angepaßt hat, um sein langfristiges Ziel, sich in der Fleet Street einen Namen zu machen, zu verwirklichen: „Ich wollte eigentlich immer eine Zeitung, um unser Land aufrütteln zu können und darauf aufmerksam zu machen, daß wir seit langem nicht mehr vorwärts, sondern rückwärts gehen. Aber seit ich älter werde (ich bin vor ein paar Wochen 60 geworden) meine ich, daß ich sowohl der Zeitung als auch meinem Land (ebenso wie meinen Mitarbeitern und Aktionären) vielleicht den größten Dienst erweise, wenn ich eine Art ‚Vertrags-Druckerei‘ gründen würde . . . die Verlagsaktivitäten vom Druckereibetrieb getrennt wären.

Dann müßte sich die *Financial Times* nicht mit ihren derzeitigen Problemen herumschlagen. (Die Kontroverse zwischen Gewerkschaft und Management wegen einer neuen Technologie hatte zum Produktionsstop geführt.) Das könnte nicht passieren, wenn ein ‚Druckbetrieb‘ mit einem solchen Problem konfrontiert wäre; dann wäre nicht die gesamte Zeitung davon betroffen.

Die Gewerkschaften können bereits absehen, daß es immer weniger nationale Zeitungen geben wird, wenn die Herstellungsmethode, so wie sie zur Zeit ist, beibehalten wird. Sie werden alle eingehen. Die Kosten, eine neue Zeitung auf den Markt zu bringen, betragen (aus der Perspektive des potentiellen Verlegers) ca. 20 Millionen Pfund. Aber wenn ich als Möchtegern-Herausgeber eine Vertragsdruckerei hätte, wären die ‚Einstiegskosten‘ relativ gering.“

Wie unterscheidet sich eine Strategie von einem Plan?

Für viele Unternehmen unterscheidet sich ein Plan kaum von einem erweiterten Budget, eine Strategie nur wenig von einem breitgefächerten Plan. In Wirklichkeit handelt es sich aber um ganz unterschiedliche Konzeptionen und Einsatzmöglichkeiten.

Der Handelsbank-Direktor Charles Williams vergleicht die Strategie mit einem riesigen Puzzle: „Es gehört mit zu unserer Geschäftsphilosophie, daß wir den diversen Dienstleistungen, die wir anbieten, den richtigen Platz zuordnen, so daß sich das Ganze zusammenhängend überschauen und steuern läßt. So betreuen wir Schiffsmaklerfirmen, Versicherungen, Banken und verschiedene andere Geschäftszweige. Sie sind nicht nur miteinander verflochten – die Bank bietet z. B. den Versicherungen für ihre Versicherungsnehmer spezifische Dienstleistungen an, genauso wie der Schiffsmaklerfirma usw. – sondern wir stehen auch in einer Wechselbeziehung hinsichtlich bestimmter Kundengruppen: Einer unserer größten Aktionäre ist ein bekanntes Handelsunternehmen, so daß wir auch eng mit diesem Haus und seiner Klientel zusammenarbeiten.

Wenn ich mich in unserer Branche umsehe, muß ich feststellen, daß wohl niemand (ich möchte keine Namen nennen) eine so klar definierte Strategie hat, wie wir. Bei den meisten handelt es sich um reines ‚Stückwerk‘ . . . Nun, man sagt, Hambro Life habe die Handelsbank Dunbar für zehn Millionen Pfund übernommen, und das gehöre zur Unternehmensstrategie‘. Am besten fragen Sie Mark Weinberg, ob er eine zusammenhängende Strategie hat, vielleicht gibt es sie ja wirklich. Vielleicht kann *er* nicht erkennen, was wir für eine Strategie haben. Aber ich kenne kein vergleichbares Unternehmen, das nach einer ähnlichen Strategie wie wir vorgeht. Meine Vorstellungen sind das Ergebnis meiner Erziehung und Ausbildung. Ich mag es nicht, wenn etwas dem Zufall überlassen bleibt.“

Hier sehen wir die Wechselbeziehung zwischen Persönlichkeit und Unternehmensstrategie. Dabei handelt es sich um etwas ganz anderes als Charisma oder persönliche Führungsqualitäten. So wie jemand die Einrichtung und Dekoration seines Hauses seinem Geschmack entsprechend aussucht, paßt der gute Stratege die Struktur einer Situation seiner Persönlichkeit an.

Wie eine Strategie Pläne beeinflußt

Mark Weinberg: „Einmal im Jahr setzen wir uns einen Tag lang zusammen, um langfristige Ziele festzusetzen. Wir haben fünf oder sechs verschiedene Themen zur Auswahl, die sich jedes Jahr wiederholen. Manchmal opfern wir sogar ein ganzes Wochenende dafür, aber meistens schaffen wir es in 12 bis 15 Stunden. Jeder von uns hat sich vorher mit den Themen beschäftigt. Wir legen bei diesem Meeting die ungefähre Richtung fest. Dabei lassen wir bewußt genügend Spielraum, um flexibel zu bleiben und eine günstige Gelegenheit ergreifen zu können, wenn sie sich bietet. Ein Beispiel dafür ist die Übernahme von Dunbar (die Handelsbank)."

Zunächst wollte Dunbar ein paar von Weinbergs Spitzenkunden unter ihre Fittiche nehmen. Weinberg sah anfangs wenig Vorteile für sein Unternehmen darin; erst im Hinblick auf Hambro Lifes Gesamtstrategie entwickelte er einen ganz anderen Plan:

„Schon seit Jahren war ich der Meinung, daß die Versicherungsbranche, wie andere Dienstleistungsbetriebe, die mit finanziellen Transaktionen befaßt sind (Bank- und Börsengeschäfte, usw.), ihr Programm breiter auffächern müsse. Die Schranken zwischen den einzelnen Sparten würden irgendwann fallen und das Ganze als ein Dienstleistungssektor betrachtet werden. Das war nur so eine vage Vorstellung von mir, wenn Sie so wollen. Aber wir beschlossen, diese Entwicklungsmöglichkeit weiter im Auge zu behalten und in unserem Bereich das Serviceangebot immer ein bißchen weiter aufzufächern, um sicherzugehen, daß wir mit dieser potentiellen Entwicklung Schritt halten konnten.

Anfangs tat sich nicht viel. Erst nach mehreren Geschäftsreisen in die USA (wo die Probleme in unserer Branche weit gravierender und fortgeschrittener waren als in Großbritannien), kam ich zu der Überzeugung, daß uns sehr bald ähnliche Schwierigkeiten drohten, wenn wir uns nicht um Diversifikationsmöglichkeiten und den Abbau der Schranken zwischen den einzelnen Sparten unserer Branche kümmern würden. Zu der Zeit arbeitete ich außerdem gerade an einer Serie über den ‚Kommissions-Krieg' in Großbritannien und warnte darin vor den negativen Auswirkungen auf unseren Wirtschaftszweig. Auch dabei stellte ich fest, daß es mir in erster Linie um das Problem insgesamt ging und weniger um den ‚Kampf um Provisionen'.

Deshalb habe ich einige ernsthafte Überlegungen angestellt, und sie mehreren Leuten vorgetragen. Eines meiner Argumente war: ‚Merken Sie nicht, daß die Banken langsam in unsere Branche vorstoßen? Wir arbeiten, im Gegensatz zu ihnen, sehr kostenintensiv!' Das alles hat mich beschäftigt, als ich David Backhouse, den Direktor von Dunbar, kennenlernte.

In Amerika machte sich eine ähnliche Entwicklung bemerkbar – obwohl dort die Börsenmakler auf progressive Veränderungen drängten und die Versicherungsbranche sich passiv verhielt. Ein Unternehmen, Merrill Lynch (das sich von uns allein dadurch unterscheidet, daß es 9000 Vertreter beschäftigt und wir nur 3000 und außerdem von einer Aktien-, nicht von einer Versicherungsbasis aus operiert wie wir), begann zu diversifizieren. Und wenn die aus einer Aktien- eine Versicherungsbasis machen konnten, sollte uns eine umgekehrte Auffächerung doch wohl auch gelingen.

Ich könnte heute nicht einmal mehr genau sagen, wann es passierte: wahrscheinlich hat mein Marketing-Direktor Mike Wilson gesagt: ‚Würde Dunbar nicht gut zu uns passen?‘ Gleichgültig, was im Einzelnen geschah – meine Einstellung zu Dunbar änderte sich vollständig innerhalb einer Woche. Wir hatten uns ganz schnell entschlossen. In derselben Woche trafen Mike Wilson und ich uns ohne Wissen des übrigen Managements mit David Backhouse zum Essen, und ich sagte ihm: ‚Sehen Sie, wir würden gerne mit Ihnen zusammenarbeiten, aber das ist – wenn wir ganz realistisch sind – nur möglich, wenn wir Ihre Bank übernehmen.‘ Und ich erklärte ihm, wie ich mir das vorstellte: daß unser Verkaufsteam im Mittelpunkt steht und eine breite Palette der verschiedensten finanziellen Dienstleistungen anbieten solle, mit Dunbar als Bindeglied. David Backhouse ließ sich von unserer Begeisterung anstecken.“

Wie die Strategie das „Ambiente“ eines Unternehmens bestimmt

J. Sainsbury und Marks & Spencer, zwei der erfolgreichsten Einzelhandelsketten der Welt, teilen eine ähnliche Strategie: Sie versuchen, die Kosten niedrig zu halten; verkaufen Artikel, für die es immer einen Absatzmarkt gibt; sind flexibel genug, um mit der Zeit zu gehen und – ein oftmals unterschätzter Faktor – gelten als angenehme Geschäftspartner. Interessanterweise haben M & S und Woolworth ihre Ware anfangs zu extrem niedrigen Preisen verkauft: In den ersten M & S-Geschäften kostete alles einen Penny; Woolworth brüstete sich damit, keinen Artikel, der mehr als zehn Cents kosten würde, im Sortiment zu haben. Aber Woolworth mußte in Großbritannien von einem anderen Konzern übernommen werden, während M & S floriert.

Als der Lebensstandard stieg, war M & S klug genug, seinen Artikeln den Hauch von Qualität zu geben, der die Treue der Kunden gewährleistete, auch wenn es sich dabei, wie ein Käufer uns anvertraute, nur um ein anderes Muster auf der Tasche eines Damenkleides handelte. Ende 1970 beging M & S den Fehler, den Kunden zu weit „vorauszueilen", indem es Mäntel, die mehr als 100 Pfund kosteten, einführte. Dieser neue Kurs fiel mit der steigenden Inflationsrate und der wachsenden Arbeitslosigkeit zusammen und wurde schleunigst wieder aufgegeben. Aber das eigentliche Geheimnis von M & S besteht in seinem Verhältnis zu den Zulieferbetrieben, die dafür sorgen, daß die Filialen schnell auf Trendwenden in punkto Mode oder Geschmack reagieren können.

Die Hersteller reißen sich geradezu darum, M & S zu beliefern. Allein der Name bringt ihnen schon weitere Aufträge, und da M & S über 250 Filialen hat, ist ihnen eine langfristige Produktionsauslastung sicher. Als Gegenleistung verlangt – und erhält – M & S absolute Priorität: alle Artikel werden mit der M & S-eigenen Musterbezeichnung versehen, vom Schuh bis zum Joghurtbecher. Außerdem gehen M & S-Mitarbeiter in die Fabriken, um die Herstellung zu überprüfen. Man muß wohl nicht extra erwähnen, daß M & S knallhart ist, wenn es darum geht, Preise auszuhandeln, besonders wenn es in den Filialen eine psychologische Preisgrenze, etwa 4,99 Pfund , nicht überschreiten will. Gelegentlich läßt man einen Zulieferer fallen, was für diesen eine Katastrophe bedeutet, denn manche verkaufen mehr als die Häfte ihrer Gesamtproduktion an M & S. Aber da der Gigant wenig Wert auf negative Publicity legt, wird der Pechvogel meistens ganz allmählich abgeschoben. Es gibt auch Hersteller wie Clifford Dairies, eine Joghurt-Firma, die ihr Geschäftsvolumen mit M & S absichtlich niedrig hält, um nicht zu abhängig zu werden und bei der Preisgestaltung ein wenig Spielraum zu haben. Vielleicht verhält sich der Bekleidungsbetrieb im Norden unseres Landes noch geschickter: Jeden Samstag müssen ein paar Mitglieder der Belegschaft in den M & S-Filialen feststellen, was besonders gut geht. Dann weiß man am Montag-Morgen bereits, welche Aufträge geändert werden könnten.

Eine Strategie, die M & S anwendet, scheint ganz einfach zu sein: man achtet auf Qualität und guten Service. Viele erfolgreiche Geschäftsleute behaupten, keine besondere Strategie zu haben, aber bei allem, was sie tun, ihr Bestes zu geben. Im Fall M & S gibt es neben Qualität und Service noch viele untergeordnete Strategien: Es gibt Regeln und Richtlinien für den Verkaufs- und Personalbereich. Manche sind vielleicht schon in der Stunde Null festgelegt worden, andere haben sich im Laufe der Zeit entwickelt. Zusammengenommen stellen sie das „Ambiente" eines Unternehmens dar. Ein anderes Unternehmen mit einem ausgeprägten Ambiente ist IBM. (Der Begriff „Ambiente" ist wesentlich subtiler, komplexer und umfassender als das Wort Strategie. Ambiente beinhaltet charakteristische Merkmale, Erwartungen und moralisches Verhalten, Image, und, was ganz besonders wichtig ist, das Selbstverständnis, sowohl des Unternehmens als auch der Belegschaft. Das Ambiente bestimmt die Entscheidungen im gleichen Maße, wie die Strategie sie beeinflußt.) IBM hatte sich lange Zeit geweigert, Preisnachlässe zu gewähren, weil sie als „IBM" der Meinung waren, es stünde dem Kunden frei, ihre Maschinen zu kaufen oder nicht zu kaufen. Heute sind sie flexibler; bei größeren Bestellungen kann man auch schon einmal mit einem Rabatt rechnen. Es gehört zum Ambiente von IBM, realistisch und flexibel zu sein und die Strategie zu ändern, wenn es der Markt verlangt.

Erfolgstaktik

1. *Brauchen Sie eine Strategie? Wenn Sie auch ohne Strategie Erfolg haben, brauchen Sie vielleicht keine. Andernfalls sollten Sie sich eine zulegen.*
2. *Eine Strategie gibt Ihnen einen Grund, die Initiative zu ergreifen, etwas in Gang zu setzen, aktiv zu werden.*
3. *Eine Strategie vergrößert ihre Zukunftsperspektive und die Bereitschaft, ein Risiko einzugehen oder Dinge zu tun, die kurzfristig keinen Sinn ergeben würden.*
4. *Eine Strategie beinhaltet Richtlinien für die Entscheidungsfindung und führt zu der Frage: „Paßt das in meine Strategie?"*
5. *Es gibt spezifische Strategien, die die einzelnen Schritte auf dem Weg zum Erfolg festlegen. Sie gleichen einer bestimmten Strategie im Schach.*
6. *Es gibt auch generelle Strategien, die aus Richtlinien und Prinzipien bestehen und auf jede Situation angewendet werden können.*
7. *Individueller Stil, Persönlichkeit und Urteilsvermögen können wie eine Strategie eingesetzt werden; aber man sollte sich nur darauf verlassen, wenn der Erfolg garantiert ist.*
8. *Eine Strategie ist kein detaillierter Plan (den Sie vielleicht außerdem noch brauchen), sondern eine umfassende Übersicht.*
9. *Von Zeit zu Zeit sollte man seine Strategien überdenken, gewissenhaft überprüfen und sich notwendige Änderungen und Veränderungen bewußt machen.*
10. *Zu einer Strategie gehört nicht nur der richtige Einsatz, sondern auch die richtige Entwicklung der Ressourcen.*

11.
Team-Strategie

Die Beiträge:

Vereinigte Staaten: Alex Kroll, Norman Lear, Jerald Newman.

Großbritannien und übrige Länder: Christian Bonington, Mike Brearley, Robert Holmes à Court, Verity Lambert, Sir Peter Parker, Jackie Stewart, Sting, Mark Weinberg, Charles Williams.

Optimaler Einsatz der Ressourcen

Generäle sind in erster Linie Männer, die es verstehen, Divisionen und Angriffe zu lenken. Jedem Angriff liegt dabei eine bestimmte Strategie zugrunde, ebenso wie dem Rückzug. Es gehört zu einer geschickten Strategie, die verfügbaren eigenen Ressourcen zu entwickeln.

König Gustav Adolf II von Schweden (1594–1632) gilt als der Feldherr, der den Übergang von der mittelalterlichen zur modernen Kriegsführung bewirkt hat. 1611 übernahm er die Herrschaft seines Landes. Schweden befand sich seit seiner Geburt fast ständig im Krieg; deshalb verfügte der junge Monarch schon über beträchtliche strategische Erfahrungen. Schweden war ein armes Land mit einer relativ geringen Bevölkerungsdichte und somit nicht in der Lage, ein schlagkräftiges Heer aufzustellen. In den ersten zehn Jahren seiner Regentschaft führte Gustav Adolf einige Veränderungen ein, um das Beste aus seinen begrenzten Möglichkeiten zu machen. Er war der erste, der die zahlreichen autonomen Kompanien in seinen Streitkräften zu Bataillonen und die Bataillone zu Brigaden zusammenfaßte – eine Struktur, die bis zum heutigen Tage erhalten geblieben ist. Dadurch entstand eine Befehlshierarchie; die Anzahl der rangniederen Offiziere, die einem Kommandeur unterstanden, wurde reduziert und die Flexibilität der Truppe im Einsatz erhöht.

Dann änderte er die damals übliche Aufmarschstellung, eine Formation, die man die „Spanische Falle" nannte: dabei wurde zwar die Truppe in ihrer gesamten Stärke aufgeboten, aber die mitgeführten Waffen kamen nicht optimal zum Einsatz, weil nur eine begrenzte Zahl von Soldaten unmittelbaren Feindkontakt hatte. Gustav Adolf ließ seine Männer in breiter Front aufstellen. Seine Musketiere sollten feuern, sich dann in hinterster Linie erneut formieren und nachladen.

Auch bei der Kavallerie führte er Verbesserungen ein. Anstelle der ungeordneten Massenattacke sollte auch hier der Angriff in einer Linie erfolgen. Die erste Reihe feuerte die Gewehre ab, die nachfolgenden Reihen kämpften mit dem Säbel und benutzten das Gewehr nur im Notfall. Auch hier galt das Prinzip, das menschliche Potential optimal zu nutzen.

Gustav Adolf veränderte auch die Waffen, mit denen seine Armee ausgestattet war. Das Gewicht der Musketen wurde von elf auf fünf Kilogramm reduziert, wodurch der Musketier beweglicher wurde und sein Platz von weniger mobilen Truppenteilen eingenommen werden konnte. Die Pike wurde mit einem längeren Eisenschaft versehen und bewährte sich hervorragend im Kampf gegen das Schwert des Feindes. Die Artillerie wurde rationalisiert, es blieben nur noch drei schwere Geschütze auf dem Schlachtfeld. Das leichteste Geschütz mit 1,3 Kilogramm schweren Kugeln wurde dem Fußvolk und den Kavallerieregimentern zugeteilt; das erhöhte die Mobilität der Artillerie beträchtlich und ermöglichte einen blitzschnellen Angriff der Infanterie.

Zum ersten Mal in der Geschichte setzte ein Heerführer die einzelnen Elemente seiner Streitmacht ihrer Eignung entsprechend ein, um seine taktischen Ziele zu erreichen.

Für einen Unternehmer ist es genauso wichtig, seine Ressourcen optimal zu nutzen. Seine Hilfsmittel sind Menschen und Geld; seine Waffen – Ideen. „Das sind die wesentlichen Bestandteile, die man zusammenfügen muß, wobei man nicht vergesen darf, sich Mitarbeiter zu suchen, die selbst gute Ressourcen darstellen", sagt Robert Holmes à Court.

Der richtige Umgang mit den Mitarbeitern

Ein wesentlicher Unterschied zwischen einem cleveren Kriminellen und einer Führungskraft besteht darin, daß der Verbrecher nicht gewillt ist, sich von Investoren oder Marktkräften abhängig zu machen. Er legt großen Wert darauf, alle unter Kontrolle zu haben. Davon abgesehen sind für beide Pläne, Strategien und Investitionen notwendig. Obwohl der Verbrecher nicht von Investoren, Kunden oder Arbeitskräften im weitesten Sinne abhängig sein will, ist er (oder sie) in den meisten Fällen doch auf sie angewiesen. Hinter vielen raffinierten Verbrechen steckt eine Tätergruppe, und in diesem Fall ist die Wahl der richtigen Leute und der Umgang mit ihnen wichtiger als in einem Durchschnittsunternehmen. Der richtige Umgang ist von eminenter Bedeutung, will man Erfolg haben.

„Es gibt meiner Meinung nach niemanden, der heutzutage erfolgreich ist, und von sich behaupten könnte, es ganz alleine geschafft zu haben", behauptet der Rennfahrer Jackie Stewart. „Keiner kommt ohne sein Team aus. Wer alles selbst machen will und sich nicht auf die Helfer im Hintergrund, die menschliche Maschine sozusagen, verläßt, hat wenig Chancen, glauben Sie mir. Das kristallisiert sich ganz schnell heraus. Sie haben unweigerlich mal einen Tiefpunkt und keine Reserven mehr; dann brauchen Sie die Energie der anderen, die Sie wieder aufbauen. Oder es gibt finanzielle Probleme: Sie sind viel zu exponiert und können sowieso nicht alles selber in die Hand nehmen. Man kann einfach nicht gleichzeitig telefonieren, zur Toilette gehen, Schecks ausschreiben, Briefe tippen und die Tür öffnen. Deshalb muß man bestimmte Aufgaben delegieren. Wirklich erfolgreiche Leute haben meiner Meinung nach immer gewußt, wer für sie von Nutzen ist und wem sie ihr Vertrauen schenken dürfen. Sie haben dafür gesorgt, daß jeder sieht, wie groß ihr Vertrauen in ihre Mitarbeiter ist."

Wie man die besten Mitarbeiter auswählt

Im großen und ganzen haben erfolgreiche Leute die Gabe, gute Mitarbeiter zu finden. Ihr ausgezeichnetes Urteilsvermögen scheint ihnen angeboren zu sein.

Jerald Newman: „Ich glaube, das gehört – wenn ich so sagen darf – wohl zu meinen wichtigsten Attributen. Manchmal kommt einer meiner Abteilungsleiter mit der Bitte zu mir, ein Einstellungsgespräch mit jemandem zu führen oder kurz zuzuhören. Wenn ich dann sage ‚Den sollten Sie nehmen' oder ‚Ich glaube, der paßt nicht zu uns', und sie fragen ‚Warum?', dann kann ich nur antworten: ‚Ich habe einfach so ein Gefühl.' Da meldet sich mein Instinkt. Und in neun von zehn Fällen sind diese Leute nach einem Jahr nicht mehr bei uns oder fangen gerade an, zum Problem zu werden."

Es gibt kaum jemanden, der nicht stolz darauf ist, gute Menschenkenntnis zu besitzen. Schließlich wählt man ja auch seine Freunde aus, oder?

Kann man sich bei einer intuitiven Beurteilung täuschen? Vielleicht stellen wir jemanden ein, der sympathisch wirkt, sich aber später als völlig unbrauchbar erweist. (Dann stellt sich wohl die Frage, wieviel Schaden hat er angerichtet, bevor er entlassen wird?) Eine noch größere Gefahr besteht, glaube ich, darin, Leute mit hervorragenden Qualifikationen abzuweisen, weil man sie auf Anhieb unsympathisch findet. Aber es ist wahrscheinlich weniger sinnvoll, mit jemandem zusammenzuarbeiten, den man nicht mag, auch wenn er sehr tüchtig ist.

Loyale Mitarbeiter einstellen

Einige erfolgreiche Leute legen Wert darauf, daß ihre künftigen Mitarbeiter bestimmte Eigenschaften haben. Für Verity Lambert ist z. B. die „Begeisterungsfähigkeit" von großer Bedeutung.

Verity Lambert: „Bei Herstellern und Mitarbeitern sind zwei Dinge für mich wichtig: Zunächst einmal zählt natürlich die Berufserfahrung (obwohl ich dafür plädiere, den Leuten eine Aufstiegschance zu geben). Und dann zählt auch, mit wem ich gerne zusammenarbeiten möchte. Das bedeutet nicht, daß diese Leute immer meiner Meinung sein müssen. Ich suche begeisterungsfähige Mitarbeiter, weil ich glaube, daß Begeisterungsfähigkeit Einsatzbereitschaft nach sich zieht, und daß Leute, die sich für eine Idee begeistern können, sich auch hundertprozentig dafür einsetzen, sie zu realisieren. Eins ergibt sich aus dem anderen: Begeisterungsfähigkeit, Einsatzbereitschaft, Loyalität."

Ja-Sager meiden

Politiker umgeben sich gerne mit Jasagern, um sich stets vergewissern zu können, daß ihre gemeinsamen Ansichten die richtigen sind. Im Geschäftsleben ist das weniger ratsam.

Sir Peter Parker: „Man wird mit komplizierten Situationen nicht fertig (wenn man nur Leute beschäftigt, die stets der gleichen Meinung sind). Blake würde sagen: ‚Im Widerspruch zeigt sich wahre Freundschaft.' Und wir Führungskräfte sollten uns von dem Gedanken trennen, daß das Management auf Mitarbeiter verzichten kann, die nicht mit dem eigenen Stil oder der Tradition übereinstimmen. Vielleicht brauchen wir gerade diesen Gegenpol. Das ist für viele Führungskräfte und Wirtschaftsschulen schwer zu verstehen."

Dieser Punkt ist wichtig. Welchen Wert haben konträre Ansichten, Meinungsunstimmigkeiten, Widerspruch und das gesamte System der Meinungsvielfalt, das sich in unserem westlichen Kulturkreis so großer Beliebtheit erfreut, denn nun wirklich? In den meisten meiner Bücher habe ich zum

Ausdruck gebracht, daß sie in meinen Augen wenig konstruktiv und nur dazu da sind, den Status quo zu erhalten, anstatt die Veränderungen herbeizuführen, die die stets im Umbruch befindlichen Bedingungen und Umstände erfordern. Sie haben einen nur geringen kreativen Gehalt und bewirken lediglich, daß beide Seiten sich nur noch fester an ihre Positionen klammern.

Wie läßt sich diese Ansicht mit der von Sir Peter Parker in Einklang bringen? Oder handelt es sich hier um eben die Art der Meinungsverschiedenheit, die Sir Peter propagiert?

Ich sehe das anders. Es gibt etwas, das ich „kreative Meinungsverschiedenheit" nennen möchte. Es kann durchaus unterschiedliche Erklärungen für bestimmte Ergebnisse bei wissenschaftlichen Experimenten geben. Daraus resultieren vielleicht alternative Hypothesen und wissenschaftlicher Fortschritt. Meines Erachtens besteht ein deutlicher Unterschied zwischen den Begriffen „Alternative" und „Widerspruch". Alternativen beinhalten verschiedene Auffassungen, verschiedene Perspektiven, verschiedene Strategien, verschiedene Prioritäten, die erklärt und diskutiert werden. Sie bilden den Kernpunkt kreativen Denkens (siehe Kapitel 8, S. 168).

Beim Widerspruch geht es nicht in erster Linie um Klärung und Alternativen, sondern darum zu beweisen, daß ein Standpunkt falsch ist. Ich bin dafür, daß Mitarbeiter ihren Standpunkt erklären und rechtfertigen. Aber das ist nicht dasselbe wie eine Kontroverse. In der Kontroverse (wie in der Politik) kommt es darauf an zu beweisen, daß der eigene Standpunkt richtig und der des Kontrahenten falsch ist.

Der richtige Mann am richtigen Platz

Um an die Spitze zu gelangen, kann eine Führungskraft auf bestimmte Eigenschaften, die sie vielleicht braucht, wenn sie ihr Ziel erreicht hat, verzichten oder sie gut verbergen. Als aufstrebender Manager muß er vielleicht ein exzellenter Problemlöser sein, damit seine Firma weiterbestehen kann und man auf ihn aufmerksam wird. Ist er erst einmal an der Spitze, können Problemlösungen delegiert werden; dann ist strategisches, konzeptionelles Denken gefragt – und das ist etwas ganz anderes.

Wer einen Rennwagen entwickelt, muß nicht unbedingt ein guter Rennfahrer sein. Wer ein Unternehmen konzipiert, ist nicht zwangsläufig der beste Geschäftsführer.

Damit will ich andeuten, daß es nur ganz selten ein wirkliches „Allround-Talent" gibt, das in jedem Metier gut ist. Es gibt verschiedene Begabungen, und eine spezifische Situation erfordert vielleicht auch ganz spezifische Fähigkeiten. Schwierig wird es, wenn jemand, der sein Geschick auf einem bestimmten Gebiet bewiesen hat, in einen Aufgabenbereich „aufsteigt", in dem diese Fähigkeiten nicht gefragt sind (ich spreche hier nicht von Inkompetenz und dem Peter-Prinzip*)... Ein Verkäufer muß nicht unbedingt ein guter Verkaufsleiter sein, genauso wenig wie sich eine Führungskraft aus dem mittleren Management zum Topmanager eignen muß... Was zu der schwierigen Frage führt: rekrutieren wir künftige Spitzenführungskräfte oder Leute für die momentan anfallende Arbeit? Wenn Sie nur künftige „Spitzenkräfte" einstellen, werden Sie feststellen müssen, daß diese Sie schon bald wieder verlassen, um anderswo noch „höhere Gefilde" zu erreichen.

Unternehmer Max Weinberg erklärt die Notwendigkeit, verschiedenartige Menschen in verschiedenartigen Positionen einzusetzen, an einem Beispiel: „Zu mir kam mal jemand, der einen Minikugelschreiber entwickelt hatte. Das Marketing wollte er auch noch übernehmen! Er war zwar in mancher Hinsicht ein Genie, aber er hatte kein Organisationstalent und wenig echte Überzeugungskraft. Er hielt sich für einen guten Verkäufer, weil er die Leute für die Idee als solche gewinnen konnte, aber das war auch alles. Man kann sich tatsächlich auf Anhieb für diesen Kugelschreiber begeistern, wenn einem erklärt wird, welche Vorzüge er hat, aber dann fragt man sich doch: ‚Wozu brauch' ich den eigentlich, zum Teufel?' Der Erfinder war ein ziemlich impulsiver Mensch; ich habe ihm geraten – und dieser Rat gilt, glaube ich, für jeden von uns – herauszufinden, auf welchem Gebiet seine Stärken und Schwächen sind, und sich einen Partner zu suchen, der die Aufgaben übernimmt, die ihm weniger gut liegen. Man sollte nie versuchen, etwas zu tun, was man nicht kann."

„Ich habe die Abbey Life, eine Versicherungsgesellschaft, ganz allein aufgebaut, aber am Anfang war mein Unternehmen auch noch klein. Hambro Life wäre keinesfalls, zumindest nicht so schnell, ohne guten Verkaufsleiter so erfolgreich geworden. Ich habe gute Ideen, kann mit meinem Verkaufsleiter reden und eine Art ‚Blitzableiter' für ihn sein, aber ich habe weder hervorragende Führungseigenschaften noch bin ich ein besonders erfolgreicher Verkäufer; ich kann die Leute einfach nicht so ohne weiteres ansprechen. Deshalb brauche ich einen Verkaufsleiter. Verwaltungs- oder Routinearbeiten gehören auch nicht gerade zu meinen Stärken, denn dazu müßte ich mich über einen längeren Zeitraum mit der gleichen Sache beschäftigen. Ein ehemaliger Kommilitone ist eine Koryphäe auf diesem Gebiet, deshalb habe

---

*Anm. d. Übers., nach L. J. Peter: In einer Hierarchie tendiert jeder Beschäftigte dazu, im Laufe seines beruflichen Aufstiegs an die Grenzen seiner Kompetenz zu stoßen.

ich ihm die ganze Verwaltung hier überlassen. Der Erfolg von Hambro Life beruht hauptsächlich darauf, daß sich die Mitarbeiter hervorragend ergänzen: Ich mache die Dinge, die ich gut kann und lasse die Finger von denen, die ich nicht kann. Ich glaube, ich kann eine Idee ganz gut ausarbeiten und zusammenfassen, auch die Konzeption von Broschüren oder sonstigem Anschauungsmaterial. Diese Aufgabe würde ich nie delegieren. In den wenigen Fällen, wo ich es wider besseres Wissen gemacht habe, mußte ich einen Reinfall erleben.«

»Deshalb habe ich auch dem Mikrokugelschreiber-Erfinder gesagt: ‚Wenn Sie einmal genau darüber nachdenken, werden Sie feststellen, daß Sie verdammt kreativ sind – aber lassen Sie um Gottes Willen die Hände weg vom Marketing. Da sind Sie lange nicht so gut, wie Sie denken. Sie glauben vielleicht, es genügt, daß der Kunde die eigene Begeisterung spürt, aber so etwas hält nicht lange an. Sie sollen Ihren Aufgabenbereich einschränken und Mitarbeiter suchen, mit denen Sie ein echtes Team abgeben.‘ Wenn jemand diesem Mann eine Million zur Verfügung gestellt hätte, wäre das Geld in sechs Monaten weg gewesen und er selbst hätte sich für einen Versager gehalten.«

Darüber hinaus scheint es im Augenblick gerade Mode zu sein, die Ansicht zu vertreten (und sie ist in mancher Hinsicht gar nicht so unsinnig), daß bei kreativen Menschen die rechte und bei methodisch und linear denkenden die linke Hirnsphäre besonders ausgeprägt sei. Das kann im Extremfall sogar zu einer Art von intellektuellem Rassismus führen: »Den kann ich für diesen Job nicht gebrauchen; bei ihm ist die falsche Hirnhälfte dominierend.«

Alex Kroll, Spitzenmanager bei Young und Rubicam: »Ich glaube, ich habe ein gutes Gespür dafür, die richtigen Leute am richtigen Platz einzusetzen. Damit Sie verstehen, wie ich das meine: ich kann mir fast räumlich vorstellen, wie meine Leute in ein bestimmtes ‚Beziehungsgeflecht‘ hineinpassen. Das klingt vielleicht verrückt, aber man muß einfach in der Lage sein, verschiedene geometrische Figuren in Gedanken auszubalancieren. Das kann ich. Das gehört vielleicht nicht zu meinen schwierigsten Aufgaben, aber bestimmt zu den wichtigsten.«

Ein ausgewogenes Team zusammenstellen

Die Zusammenstellung eines guten Teams, gleich zu welchem Zweck, erfordert eine ausgeklügelte Konzeption. Man wirft nicht einfach alle verfügbaren Talente ins Spiel. Eine Kricketmannschaft muß ausgewogen sein, meinte

Mike Brearley: „Wenn man ein Team zusammenstellt, muß man zuerst sechs Positionen klar besetzen. Dabei ist das Gleichgewicht wichtig: Man kann nicht zwei Spieler hinten gebrauchen, die nicht schlagen können – und man benötigt ganz vorne mindestens vier, wenn nicht sogar fünf gute Werfer. Man muß auch für Variationsmöglichkeiten sorgen. Man kann nicht nur mittelstarke Werfer aufstellen. Bei den Internationalen Kricketmeisterschaften 1982 in Lords hatten wir vier mittelstarke Werfer. Absoluter Unsinn! Das Spiel bot wenig Abwechslung und der einzige, der wirklich weit warf, war Botham, und der wurde bei zwanzig Würfen hintereinander eingesetzt. Man sah ihn nur noch werfen, und deshalb unterschied er sich kaum von den anderen.

Ideal ist es, wenn die Schläger auch charakterlich verschieden sind. Man braucht Leute, die wie ein ruhender Pol wirken, die sich durchbeißen, wenn's Schwierigkeiten gibt, die den Ball sicher ins Spiel bringen und sich nicht nervös machen lassen, wenn sie in der Klemme stecken ... Sie finden immer einen Weg, sie sind die geborenen Überlebenskünstler. Und man braucht Leute, die den Gegner verunsichern. Gooch und Boycott waren ein gutes Gespann."

Hier sehen wir, daß die Aufstellung der Spieler einem minutiös ausgearbeiteten Konstruktionsplan gleicht. So sorgfältig, wie ein Maler seine Farben wählt und anordnet, um den gewünschten Effekt zu erzielen, stellen Alex Kroll und Mike Brearley ihr Team zusammen. Das Beispiel Kricket ist deshalb so gut, weil die Situation und die Bedürfnisse klar definiert sind. Das gilt in noch stärkerem Maße im Geschäftsleben, wo man häufig glaubt, ein „Allround-Talent" könne jede beliebige Rolle spielen.

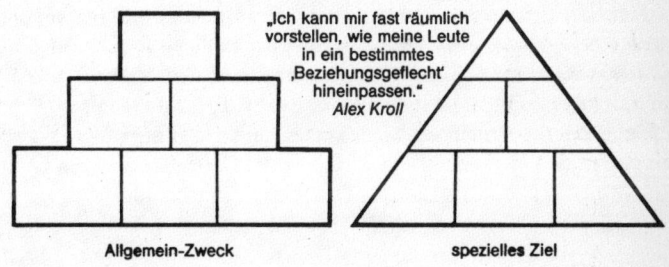

„Ich kann mir fast räumlich vorstellen, wie meine Leute in ein bestimmtes ‚Beziehungsgeflecht' hineinpassen."
Alex Kroll

Allgemein-Zweck   spezielles Ziel

Charles Williams, leitender Direktor der Handelsbank Ansbacher, war Kapitän der Kricketmannschaft an der Universität von Oxford und spielte von 1953–1959 für Essex-County. „Ich glaube, der Vergleich (zwischen Kricket und Geschäftswelt) ist deshalb so treffend, weil man als langjähriger

Kapitän einer Kricketmannschaft, wie ich es in Oxford war, planen muß, welche Positionen mit welchen Spielern besetzt werden sollen und welche Charaktermerkmale dabei gefordert sind. Ein Team wird wie ein Mosaik zusammengesetzt – und wenn man ein Unternehmen aufbaut, wie ich, muß man die gleichen Überlegungen anstellen. Wie beurteile ich Menschen? Zunächst einmal sollte man feststellen, welches Profil ein Mitarbeiter in einer bestimmten Situation haben sollte. Sie müssen erkennen, daß Sie jemanden für eine ganz bestimmte Situation brauchen – das ist ungeheuer wichtig. Viele Leute gehen durch's Leben und merken gar nicht, daß da eine Lücke ausgefüllt werden müßte. Sie müssen zunächst einmal feststellen, wo die Lücke ist: Wann Sie einen ‚dritten Schläger‘ brauchen, weil Ihr ‚dritter Schläger‘ zur Zeit nicht in Form ist, und ob es nötig ist, das Management Ihrer Maklerfirma auszuwechseln, weil es sich als inkompetent erwiesen hat. Erst dann sollten Sie – im Idealfall – überlegen, wie derjenige beschaffen sein sollte, der diese Lücke schließt.“

Es lassen sich auch Parallelen zur Zusammenstellung einer Bergsteigermannschaft ziehen. Chris Bonington erklärt: „Wenn man eine Mannschaft zusammenstellt, muß man sich zuerst darüber im klaren sein, was man eigentlich vorhat. Dann entscheidet man, wie man vorgehen will. Diese Überlegungen sind ausschlaggebend dafür, wieviele und was für Leute man braucht und welche Fähigkeiten sie haben müssen. Dann setzt man sich hin und versucht, die richtigen Leute am richtigen Platz einzusetzen! Das klingt zwar alles ganz selbstverständlich, aber es ist erstaunlich, bei wievielen Expeditionen (und ich meine, auch in anderen Bereichen) diese simplen Regeln nicht beachtet werden.

Dann ist es natürlich schwierig, sich vorzustellen, wie die Zusammenarbeit aussehen soll. Es ist wesentlich einfacher, wenn man vorher schon einmal miteinander einen Berg bestiegen hat. Aber bei größeren Expeditionen muß man diesen Kreis zwangsläufig ein wenig erweitern. So hatten wir beschlossen, einen jüngeren Bergsteiger auf die Everest-Expedition mitzunehmen, und wir hatten die Namen von sechs Leuten auf unserer Liste. Wir, das heißt der harte Kern – bestehend aus Doug Scott, Dougal Haston und mir – konnten uns einfach nicht einigen. Dann kam Peter Boardman zu mir. Ich kannte ihn nicht. Wir gingen ein Wochenende zusammen in die Berge; er ist ein prima Kerl und deshalb nahmen wir ihn mit – wir haben unsere Entscheidung nie bereut.

Bei der Mitarbeiterbeurteilung gibt es, anders als beim Bergsteigen, keine ausreichende Bedenkzeit: es dauert oft ziemlich lange, herauszufinden ob man die richtige Wahl getroffen hat (man sollte auf jeden Fall beobachten, wie jemand auf Streß und Probleme reagiert). Die Persönlichkeit läßt sich mitunter relativ schnell einschätzen. Robert Holmes à Court hält sehr viel von der Zusammenarbeit auf Probe:

„Ich kann zwar nicht mit absoluter Sicherheit voraussagen, wie jemand in einer bestimmten Situation reagiert, aber ich sehe bald, ob er oder sie etwas taugt oder nicht. Ich habe einmal drei Leute gleichzeitig in der Buchhaltung eingestellt. Ich brauchte nur zuzusehen und zu warten, wer stolpern würde; der dritte ist heute noch bei uns. Ich gebe meinen Leuten die Chance, etwas zu leisten und eine Arbeit ordentlich zu machen, denn das ist meiner Meinung nach das A und O. Ich gebe jemandem eine Aufgabe, die ihn fordert und ‚in Trab hält‘. Ich freue mich mit ihm, wenn er es schafft; aber es ist auch meine Aufgabe dafür zu sorgen, daß ein Pferd aus dem Rennen genommen wird, wenn es ungeeignet ist für den Parcours. Man kann Menschen nur schwer im voraus beurteilen. Man kann einfach nicht vorhersehen, was sie leisten. Deshalb setze ich sie am Arbeitsplatz voll ein und probiere sie ‚aus‘. Ich gebe ihnen völlig freie Hand, ihren eigenen Stil zu entwickeln und ihre Vorstellungen, an eine Aufgabe heranzugehen, zu verwirklichen.“

Einen Katalysator einbauen

Manchmal geht es nicht nur darum, die Schwachstellen oder Qualifikationslücken in einem Team zu erkennen, sondern man muß sich auch klarmachen, daß man einen Katalysator braucht. Das bedeutet, ein Gespür dafür zu entwickeln, wie Individuen aufeinander reagieren, wie sie sich gegenseitig ergänzen.

Norman Lear, der bekannte Fernsehautor, ist davon überzeugt, daß sein Erfolg größtenteils seinen Mitarbeitern zuzuschreiben ist. „Simmons und Bud Yorkin waren für mich sehr wichtig. Ich will mein Licht keineswegs unter den Scheffel stellen, aber ich bin ein Mensch, der die Zusammenarbeit mit anderen braucht, auch wenn ich vieles allein mache. Zu meinen Stärken gehört, daß ich gut mit anderen zusammenarbeiten und ihnen helfen kann, ihr Bestes zu geben, wohl auch deshalb, weil ich mich selbst voll einsetze und dasselbe von ihnen verlange.“

Der Manager der Pop-Gruppe Police, Mile Copeland, hat versucht, den internationalen Markt mit einer ausgeklügelten, sorgfältigen Planung zu erobern. Sting, ein Mitglied von Police, meint dazu: „Wir ergänzen uns großartig – wie die beiden Seiten einer Münze. Ich bin der kreative Teil. Miles ist schrecklich korrekt, konservativ und sehr direkt. Diese Zusammenarbeit (wir haben auch manchmal völlig konträre Ansichten, aber verfolgen immer das gleiche Ziel) ist der Schlüssel zu unserem Erfolg. Miles hat einfach die bessere Übersicht."

Spielt er den General? „Mehr noch – er ist der absolute Herrscher, obwohl ich mich nicht als Marionette bezeichnen würde, das bin ich ganz und gar nicht. Es gibt bei uns kein Feudalsystem."

Diese Art der „Partnerschaft mit starker Rückendeckung" findet man oft bei erfolgreichen Leuten. Dann gibt es noch den Menschen, der andere anspornt, inspiriert und ermutigt. Diese Art der Interaktion zwischen den „Erfolgsgewohnten" und ihren wichtigsten Mitarbeitern ist von großer Bedeutung. Es geht dabei gar nicht so sehr darum, die Erfolgschancen zu erhöhen, sondern vielmehr darum, das richtige „Klima" zu schaffen, in dem sich die Talente eines „Erfolgsmenschen" voll entfalten können.

„Ohne Hammett hätte ich wohl nie eine Zeile geschrieben", sagt Lillian Hellman.

12.

Team-Motivation

Die Beiträge:

Vereinigte Staaten: Nolan Bushnell, Roy Cohn, Werner Erhard, Rafer Johnson, Herman Kahn, Billie Jean King, Alex Kroll, David Mahoney, Jerald Newman.

Großbritannien und andere Länder: Prof. John Adair, Mike Brearley, Sir Terence Conran, Mickey Duff, Hans Eysenck, Alan Fine, Lord Forte, Robert Holmes à Court, Robert Maxwell, Sir Peter Parker, Lord Pennock, Ron Pickering, John Ritblat, Lord Robens, Margaret Thatcher, Mark Weinberg, Charles Williams, Bob Willis.

Mitarbeiter geschickt „nutzen"

Manche Menschen sagen ohne Umschweife, was sie denken. Das kann man sich z. B. gut bei Roy Cohn, dem knallharten Staranwalt, vorstellen, der rundheraus sagt, wie Menschen benutzt werden: „Wir sollten uns über eins im klaren sein: Im Leben beruht alles auf Gegenseitigkeit. Das Wort benutzen klingt vielleicht ein wenig hart, aber es ist, zumindest in der Politik, treffend."

Sir Terence Conran: „Es ist sehr wichtig, jedem zu gestatten, sich zugehörig zu fühlen. Ich halte das für sehr effektiv und nützlich. Wir haben damit vor sieben oder acht Jahren angefangen. Man sollte niemandem Anlaß geben zu glauben, er oder sie würde ‚benutzt' oder ausgenutzt. Andererseits muß man dafür sorgen, daß angeborene und erworbene Fähigkeiten ‚genutzt' werden. Menschen, deren Begabung verkümmert, fühlen sich desillusioniert und innerlich zerrissen."

Hier haben wir eines der zahlreichen Probleme, die unsere Sprache aufwirft: Das Wort „nutzen" hat viele Bedeutungen; die Begriffe „ausnutzen", „manipulieren" und „benutzen" haben alle einen negativen Beiklang. Sie deuten an, daß Menschen wie Marionetten, Sklaven oder Automaten behandelt werden – und nur die habgierigen, kapitalistischen Ausbeuter einen „Nutzen" davon haben. Sir Terence weist darauf hin, daß das Wort aber auch einen ganz anderen Sinn haben kann: nämlich jemanden an einem für ihn optimalen Platz einsetzen, damit er seine Fähigkeiten voll entfalten kann und Anerkennung findet.

Die Einsatzbereitschaft wecken

Es gibt viele erfolgreiche Leute, die entweder ganz alleine oder mit nur wenigen zusammen arbeiten. Und es gibt andere, die sich erst in einem großen Unternehmen richtig in ihrem Element fühlen. Für sie ist es von essentieller Bedeutung, daß ihre Mitarbeiter sich engagieren und ausreichend informiert sind.

„Für das Management ist es wichtig, daß die Angestellten, vor allem die in leitenden Positionen, bereit sind, sich für eine Sache voll einzusetzen und die Fakten, die die wirtschaftlichen Belange eines Unternehmens betreffen, kennen und verstehen. Ich bin schon mindestens zweimal in meinem Leben mit Problemen konfrontiert worden, die zum Bankrott meiner Firma hätten führen können", erinert sich Lord Rennick. „In beiden Fällen mußte ich sehr hart arbeiten – nicht einen Tag, eine Woche oder einen Monat, sondern zwei, drei, vier Jahre lang, bis ich sicher sein konnte, daß meine Verkaufsabteilung das Problem verstand und half, es zu lösen. Lassen Sie mich ein Beispiel nennen:

1965 wurde ich Präsident der landwirtschaftlichen Abteilung von ICI. In den drei vorangegangenen Jahren waren fünf Fabriken, die 30 000 Tonnen Kunstdünger hergestellt hatten, geschlossen und dafür zwei neue, die 200 000 Tonnen produzieren konnten, in Betrieb genommen worden. Drei 300 000 Tonnen-Fabriken waren noch im Bau. Das alles spielte sich innerhalb von vier Jahren ab. Als ich meinen Posten übernahm, waren sie gerade fertiggestellt worden, aber die Produktion lief nicht. Unser Problem war immens groß, wie Sie sich sicher vorstellen können. Das Unternehmen war mit 400 Millionen Pfund kapitalisiert worden und warf nur einen Gewinn von vier Millionen Pfund ab – eine Katastrophe war das! Ich hatte ganze achtzehn Monate Zeit, um einige drastische Veränderungen vorzunehmen: das offensichtlich unfähige Management loszuwerden und mir ein fähiges zu suchen, gleichzeitig wußte ich aber, daß der Schaden nicht im Handumdrehen behoben sein würde. Dann mußte ich die Leute in der Verwaltung auf meine Seite bringen. Ich habe ihnen gesagt: ‚Wenn Sie nicht erkennen, wie groß unsere Schwierigkeiten sind, und uns helfen, wo Sie nur können, dann müssen wir unsere Fabrik, obwohl sie die größte in Europa ist, schließen!' Ich habe 35 Mitarbeiter auf die Aussichtsplattform in unserer Zentrale in Billingham geschleppt und ihnen gesagt: ‚Schauen Sie sich alles genau an. Das ist die größte chemische Fabrik Europas, und ich prophezeie Ihnen, daß wir in zwei Jahren bankrott sind (wie kurze Zeit vorher Rolls Royce), wenn wir – sie und ich – nicht etwas unternehmen!'

Meine Frau wird Ihnen bestätigen, daß mich das damals physisch gesehen zehn Jahre meines Lebens gekostet hat. Aber ich hatte erkannt, daß ich jeden Mitarbeiter auf meiner Seite haben mußte – besonders die radikalen Verwaltungsleute. Und das Management mußte ich für mich gewinnen. Ich mußte ihnen das Gefühl geben: ‚Herrgott, der arme Kerl hat ja einen lausigen Job übernommen und wir sollten alles tun, was in unserer Macht steht, um ihm zu helfen (und damit auch uns allen zu helfen).‘ Ich mußte diese Gefühle wecken, ohne Panik zu verbreiten – ihre Energie freisetzen, wenn Sie so wollen.“

Mike Brearley: „Als Ian Botham gefeuert wurde und ich Kapitän beim Spiel England gegen Australien wurde, hatte die Mannschaft schon 13 Länderspiele verloren; Botham hatte in zwölf Ausscheidungen nicht mehr die 50-Meter-Marke erreicht und bei 13 Spielen, wenn er an der Reihe war, nur fünf Schläger ausmachen können. Ich wollte zuerst mal herausfinden, was die Mannschaft dachte. Ich fragte Graham Gooch, der war ein ganz vernünftiger Kerl, und ich kannte John Enbury und Mike Gatting ganz gut, so daß ich mir in etwa ein Bild machen konnte. Gooch meinte, daß wir so viele Spiele verlieren würden, weil wir Probleme mit dem Fangen hätten und daß das Fangen zu wenig geübt würde – ebensowenig, wie die Eckmänner in die richtige Position zu bringen; wir hatten auch nicht viel Selbstvertrauen. Also sagte ich, daß wir von jetzt an jeden Tag vor dem Spiel das Fangen üben würden, vor allem die scharfen Bälle, und wie man den Eckmann am besten ins Feld bringt. Dieser Trainingsteil wurde enorm wichtig. Wir hatten eine bestimmte Zeit dafür festgesetzt, 35 bis 40 Minuten vor Spielbeginn – und das war dann wichtiger als alles andere. Allmählich zahlte sich das Training aus, wir gewannen auch mal wieder und damit stieg auch unser Selbstvertrauen. Eines ergab sich aus dem anderen – man kann eigentlich nicht sagen ‚Das war besser und deshalb wurde dieses oder jenes auch besser‘. Als wir damit anfingen, hat jeder mitgezogen und schließlich wurde das Ganze einfach zur Selbstverständlichkeit.“

Motivation ist ansteckend. Sie zeigt sich anfangs vielleicht an der Spitze, breitet sich dann aber sehr schnell im ganzen Unternehmen aus. „Leute, die einmal an unserem Institut gearbeitet haben“, sagt Herman Kahn, „haben nie wieder so gut gearbeitet wie hier. Ich weiß eigentlich gar nicht, warum das so ist, irgendwie scheint es wohl an der Atmosphäre zu liegen.“

Einsatzbereitschaft zeigen

Eine Möglichkeit, sich zu engagieren, ist zu zeigen, daß man etwas aus eigener Erfahrung kennt. Eine weitere besteht darin, vorsätzlich Barrieren und Grenzen zu überschreiten, die normalerweise zwischen Chef und Untergebenen bestehen. Kahn stellt den Wert der eigenen Erfahrung in den Vordergrund: „Nehmen Sie eine Schaufel in die Hand, arbeiten Sie einmal selbst an einem Computer. Sie brauchen die eigene Erfahrung. Haben Sie die nicht, dann müssen Sie sich darüber im klaren sein, daß Ihnen etwas fehlt. Sie brauchen Vertrauen, wenn Ihre Mitarbeiter Ihnen eine Arbeit abnehmen, aber Sie wollen jemandem nicht blind vertrauen. Sie müssen verstehen, daß Ihnen etwas Wichtiges fehlt, wenn Sie auf einem bestimmten Gebiet keine eigenen Erfahrungen gesammelt haben. Dieses Wissen sollte Sie nicht lähmen, aber Sie müssen sich dieses Mangels bewußt sein."

Lord Robens, ehemaliger Leiter der Britischen Kohlenbehörde, fand es besonders wichtig, die Bergleute auch unter Tage zu besuchen, auch als er nach seinen ersten Stippvisiten wußte, wie es dort unten zuging. Wollte er sich anbiedern? Oder sich wichtigmachen? Nein, das war nicht der Grund. „Meine Hauptaufgabe bei der Kohlenbehörde bestand darin, Menschen zu führen. Ich wollte den Bergleuten die Gelegenheit geben, ihren Chef einmal kennenzulernen und zu sehen, daß er ein ganz normaler Mensch und bereit ist, sich ihre Probleme anzuhören. Ich bin nicht nur unter Tage gefahren – das habe ich morgens gemacht – sondern wir haben mittags die Repräsentanten der verschiedensten Arbeitsbereiche im Bergbau zum kalten Buffet eingeladen (zusammen mit Vertretern der Gewerkschaften oder Mitgliedern des Komitees, das für die Werkswohnungen zuständig war). Das gab mir die Möglichkeit, von einem zum andern zu gehen und mit jedem zu reden. Das haben wir uns ausgedacht, damit ich noch mehr Leute kennenlernen konnte, und ich habe dabei sehr nette Leute getroffen – Maler, Dichter, Autoren. Es waren sehr wertvolle Erfahrungen. Und ich bin auch nicht unter Tage gewesen, um neue Maschinen oder Werkzeuge zu inspizieren. Ich wollte vielmehr die Menschen kennenlernen, am Arbeitsplatz und im Privatleben; ihre Hoffnungen, Ziele und Wünsche besser verstehen und natürlich auch ihre Ängste und Befürchtungen, gerade die! Nur so konnten wir alles Menschenmögliche tun, um ihnen diese Ängste zu nehmen und ihre Befürchtungen zerstreuen."

In einem Interview mit dem *London Evening Standard* beklagte Professor John Adair, daß das Management in Großbritannien gerade in dieser Hinsicht wenig Talent zeige: „Unsere größte Schwäche sind zu viele Klassenschranken und zu viele Chefs, die nie hinter ihrem Schreibtisch hervorkommen. Joe Gormley (ehemals Vorstand der Bergarbeitergewerkschaft) hatte recht, als er in den sechziger Jahren bei einer Tagung sagte: ‚Was wir jetzt brauchen, sind Führungskräfte, und nicht Chefs!'"

Das ist nichts Neues – andere anspornen, indem man selbst mit gutem Beispiel vorangeht: schon Napoleon bediente sich dieser Taktik. Seiner persönlichen Tapferkeit, die er unter anderem dadurch bewies, daß er bei einem Angriff auf eine strategisch wichtige Brücke mit dem Bajonett in der Hand in der vordersten Linie kämpfte, verdankt er den Spitznamen „Der kleine Korporal". Sein größter Widersacher, Arthur Wellesley, der Erste Herzog von Wellington, hatte andere persönliche Vorzüge: Seine bloße Anwesenheit flößte seiner Truppe Mut und Zuversicht ein; seine Männer vertrauten ihm, weil sie wußten, bei ihm waren sie gut aufgehoben. Er vertraute ihnen, weil er genau wußte, sie würden tapfer kämpfen. Er war stolz auf sie – auch das ließ er sie fühlen.

Sympathie ist nicht alles

Charme ist ein nützliches Mittel, wenn man etwas durchsetzen will. Manchmal genügt Charme, aber er ist auch oft eine Belastung: er verhindert, daß man die Härte zeigt, die bei manchen Entscheidungen notwendig sein kann. Das Bedürfnis nach Zuneigung macht einen Führer extrem verwundbar. Sein Handeln wird dann von dem Wunsch bestimmt, sein Image zu wahren. Andererseits kann ein Führer, den man liebt, Wunder vollbringen, besonders in Krisenzeiten. Wir können dieses Dilemma mit einem Satz lösen: Ein Führer sollte sein Bedürfnis nach Zuneigung nicht zeigen, sondern sich so verhalten, daß man ihn (oder sie) liebt. Letzteres muß nicht vom ersten abhängig sein. Außerdem sollten wir das Wort Liebe durch das Wort „Respekt" ersetzen.

David Mahoney: „Ich bin nicht so unsicher zu glauben, daß das allein zählt, aber ich möchte respektiert werden. Mir liegt daran, daß man mich mag. Ich gebe mein Bestes, aber ich kann auch nicht so tun, als würde ich meine eigentliche Aufgabe nicht kennen: ich muß ein Unternehmen leiten, finanziell absichern, aus eigener Kraft; die richtigen Mitarbeiter suchen, die richtigen Ziele vorgeben und dafür sorgen, daß sie erreicht werden." Und Harold Evans: „Wenn man vergessen kann, daß man beliebt sein oder andere beherrschen möchte, ist das ganz bestimmt besser."

Ziele vorgeben

Mitarbeiter müssen wissen, was man von ihnen erwartet. Welche Rolle spielen sie in der Gesamtstrategie? Ein Grund, warum sie darüber informiert sein sollten, ist der, daß das Erreichen klar definierter Ziele per se ein primärer Motivierungsfaktor ist. Erfolg führt zu Erfolg.

Mike Brearley: „Vor dem Nachmittags-Trainingsspiel lege ich genau fest, wie wir nachher spielen, so daß die Jungs wissen, was sie zu tun haben. Wenn ich sage: ‚Ihr habt vier Würfe, und wenn ihr's nicht schafft, ist Schluß – also vier Würfe, klar?‘, wissen sie also genau, was sie machen sollen und daß sie's voll bringen müssen."

„Man muß der Mannschaft zeigen, daß man sich Gedanken über das Spiel macht, nicht einfach aufs Feld gehen und sagen: ‚Wer soll denn jetzt am besten werfen?‘ oder ‚Ah, der schlägt, stimmt's?‘. Ich hab ein angeborenes Gefühl für Strategie und Taktik und versuche, Werfern und Fängern irgendwie das Gefühl zu geben: wir haben noch ein paar Tricks auf Lager, wir sind noch nicht am Ende."

Trainer Rafer Johnson ist der gleichen Meinung, plädiert aber dafür, die Ziele mit Verstand und Fingerspitzengefühl auf die ‚Ressourcen‘ abzustimmen: „Man kann das Beste aus jemandem rausholen, wenn man ein Programm aufstellt und den Leuten sagt, welche Resultate man erwartet. Nicht zu spezifisch – sonst macht man sie nervös, ein wenig Spielraum sollte man ihnen schon lassen; Ihre Schützlinge sollten auch ihre persönliche Note miteinbringen dürfen, ihre Stärken entwickeln können; das ist besser, als sie die ganze Zeit über anzuschreien, daß sie etwas so oder so machen sollen, als sie unter Druck zu setzen. Es geht darum, daß Sie verstehen, daß Sie zwar der Trainer oder der Boss sind, aber deshalb noch lange nicht alles wissen. Sie wissen vielleicht das meiste, aber ganz bestimmt nicht, was in einem Menschen vorgeht. Sie wollen, daß jeder sein Bestes gibt. Das erreicht man nicht nur, indem man das Ziel oder die Ziele genau erklärt, sondern auch dadurch, daß man ihnen klarmacht: sie können sich selbst dazu bringen, ihr Ziel zu erreichen, ohne sich lächerlich zu machen.

Finden Sie für jeden den richtigen Platz, seinem persönlichen Leistungsniveau entsprechend, und machen Sie das Beste aus dem, was vorhanden ist."

Müssen Ziele realisierbar sein?

Das ist eine schwierige Frage, weil hier Träume und Ziele leicht durcheinandergebracht werden. Es scheint, als hätten erfolgreiche Menschen beides. In bestimmten Situationen ziehen sie jedoch Fern- oder Nahziele vor, wie beim Schießen: Die Zielscheibe muß in Reichweite sein.

Sir Peter Parker: „Ich sag' immer zu den Leuten, die mit großen Plänen zu mir kommen, ‚Wo ist das Ziel, das Sie erreichen wollen?' Wenn Sie einen Hang zur Wohltätigkeit haben, achten Sie darauf, daß er nicht zu groß wird! Zeigen Sie Ihren Mitmenschen, daß Sie Erfolg haben wollen und bereit sind, dafür auch zu arbeiten. Utopische Visionen tragen zur Verunsicherung bei. Ich bin kein Träumer sondern Pluralist. Ich will, daß meine Leute sehen, daß man sein Ziel erreichen kann."

Alex Kroll hält genausowenig von unrealistischen Zielen, aber sein Erfolgsrezept enthält die Prämisse, daß man sich bemühen muß: „Meine Ziele sind alle unbequem." Wie wir (auf S. 50) gesehen haben, stammt diese Konzeption aus seinem eigenen Erfahrungsbereich. Praktisch ist wohl eine Art Mittelweg zwischen Krolls „unbequemen" und Parkers „erreichbaren" Zielen. Zur Managementphilosophie Lord Weinstocks (Generaldirektor von GEC, Großbritanniens größtem Konzern) gehört Selbstvertrauen. Weinstock zählt zu den Einwanderern in zweiter Generation. Seine Eltern starben, als er noch ein Kind war. Sein Selbstvertrauen wurde außerdem noch durch eine zwei Jahre dauernde Evakuierung während des Krieges gestärkt. In den fünfziger Jahren schwamm Weinstock, zusammen mit seinem Schwiegervater, einem der ersten Fernsehgerät-Hersteller, auf der TV-Erfolgswelle ganz oben; seine Frau hatte er kennengelernt, als er noch im Friseurgeschäft seines Bruders arbeitete. 1960 wurde die Firma von der GEC übernommen – mit Weinstock an der Spitze, weil das GEC-Management überaltert war. Seine Zauberformel blieb „Selbstvertrauen"; er stellte alles in Frage und sorgte dafür, daß jedes Vorhaben ein Erfolg wurde, indem er seinen Führungskräften Ziele setzte (scheiterten sie, wurden sie ein paarmal gewarnt, danach hieß es „raus")! Seine Stärke war der Leitsatz: „Steck das Ziel hoch genug, um das Maximum herauszuholen, aber nicht so hoch, daß es unerreichbar ist."

Zu Krolls und Weinstocks Zielsetzungsmethode gehört, daß sie nicht bereit waren, Grenzen nach oben zu setzen: Trainer und Athleten denken ähnlich. „Ein Mensch kann nicht 100 Meter in Null Sekunden laufen, logischerweise ist da eine Grenze gesetzt", meint Ron Pickering. „Aber ich habe seit dreißig Jahren mit Sport zu tun, und ich staune jedesmal aufs neue, wie oft Rekorde gebrochen, und wie stark sie unterboten werden. Grenzen existieren in diesem Augenblick einfach nicht, zumindest nicht in den

Köpfen der Sportler. Erzählen Sie Daley Thompson nicht, daß sein Weltrekord unerreichbar ist – er weiß, daß er ihn schon morgen brechen könnte. Wenn ein Athlet fühlt, daß er's schaffen kann, dann hat er es schon geschafft."

Ziele erklären

Die Funktion der Kommunikation bei der Zieldefinition ist nicht die gleiche, die bei dem Ausspruch „Die Räder ölen, damit es wie geschmiert läuft" zum Ausdruck kommt. Ein Besucher von einem fremden Planeten, der keine Ahnung von unseren zwischenmenschlichen Beziehungen hat, aber mit den kompliziertesten Computern vertraut ist, könnte annehmen, daß es bei der Kommunikation primär um die Weitergabe von faktischen Informationen geht. Für ihn würde die Frage „Wie geht's?" eine detaillierte Antwort hinsichtlich des Gesundheitszustandes des Angesprochenen erfordern und wäre keine rituelle Begrüßungsformel, kein Tropfen sozialen Schmieröls! Da er den Unterschied nicht kennt, kann die Kommunikation total zusammenbrechen. Oskar Wilde sagte schon: „Wie langweilig, wenn jemand auf die Frage, wie es ihm geht, auch noch ausführlich antwortet!"

Für Klarheit sorgen

Auf der untersten Ebene besteht die Funktion der Kommunikation darin, Ziele zu formulieren, faktische Informationen weiterzugeben. Das ist gar nicht so einfach, wie es klingt. Es ist eindeutig erwiesen, daß die Konzentrationsfähigkeit eines durchschnittlich begabten Studenten nach zwanzig Minuten erlahmt, und daß 90 Prozent des Stoffes, der in einer Vorlesung behandelt wird, vergessen wird. Trotzdem halten viele Universitäten stur an der einstündigen Vorlesung, dem Kern der theoretischen wissenschaftlichen Ausbildung, fest. Dazu kommt noch, daß das Gesagte leicht falsch verstanden wird:

„Unsere Umgangssprache kann leicht falsch interpretiert werden", meint David Mahoney. „Das hängt auch davon ab, woher jemand stammt. Wir gebrauchen unsere Sprache viel zu schlampig! Im Amerikanischen gibt es nur ein Wort für ‚Liebe' – Man liebt seine Kinder, eine Fußballmannschaft, Apfelkuchen, die Frau, die Freundin, einfach alles! Im Griechischen gibt es etwa dreißig verschiedene Begriffe dafür und im Lateinischen ungefähr 25. Es gibt ewige Liebe, diese Liebe, jene Liebe. Und wir schmeißen ein paar Begriffe einfach aus unserem Wortschatz raus und wundern uns dann noch, warum es schwerfällt, einander zu verstehen und miteinander zu reden."

„Wir haben alle Schwierigkeiten, miteinander zu sprechen. Wissen Sie, wie meine Lautstärke auf manche Menschen wirkt? Wie Wut! Ich rede ziemlich laut, wenn ich Ihnen jetzt sage, was ich so denke. Manche Leute meinen dann: ‚Mein Gott, ist der schon wieder sauer, der spinnt ja!'"

Als Anwalt ist es für Roy Cohn absolut notwendig, richtig verstanden zu werden: „Ich versuche, mich ganz einfach auszudrücken, grammatikalisch richtig und mit simplen Worten – prägnant und wirkungsvoll. Ich habe bestimmte Schlüsselsätze und versuche auch nicht, die Geschworenen ‚unter den Tisch zu reden'."

Reaktionen auslösen

„Manchmal ist Humor am besten, um Kommunikationsbarrieren niederzureißen. „Wir verkaufen eigentlich ja Ideen", sagt Herman Kahn. „Ich verlasse mich bei meinen Besprechungen hauptsächlich auf meinen Humor und setzte ihn so ein, daß er überzeugt."

„Humor? Finde ich großartig", meint David Mahoney. „Die meisten Menschen mögen Humor nicht oder haben Angst davor. Ich habe viel Humor, obwohl ich manchmal feststellen muß, daß das, was ich amüsant finde, andere verletzt."

Dem Zuhörer „zuhören"

Um die Möglichkeit, mißverstanden zu werden, weitgehendst zu reduzieren, greift Werner Erhard zu dem Mittel, sich in seinen Gesprächspartner hineinzuversetzen: „Ich höre nicht mir selbst beim Reden zu, sondern meinem Zuhörer. Wenn ich spreche, geht es mir weniger darum, etwas präzise zu formulieren, sondern vielmehr darum, daß das Gesagte präzise ‚ankommt'."

Einen persönlichen Bezug herstellen

Wenn Sie sich ins Gedächtnis zurückrufen, was Sie vor ein paar Stunden in der Zeitung gelesen haben, werden Sie feststellen müssen, daß Sie sich an ein paar Punkte deutlich erinnern, während Sie das meiste vergessen haben. Wenn Sie dann weiterforschen und sich fragen, warum bestimmte Dinge haften geblieben sind, werden Sie darauf kommen, daß es wahrscheinlich daran liegt, daß das, an was Sie sich erinnern, für Sie eine besondere Bedeutung hat. Ein erfolgreicher Lehrer zeichnet sich auch dadurch aus, daß er seinen Schülern vermitteln kann, welchen Wert das Gelernte für sie persönlich hat.

Jerald Newman: „Zur Kommunikation gehört nicht nur das, was Sie repräsentieren, sondern auch der komplette Background des Zuhörers: sein religiöser Hintergrund, Erziehung, Erfahrungen, Elternhaus, einfach alles."

Billie Jean King über die Tennistrainerin, die sie mit sechzehn Jahren hatte: „Alice Marbles' Verdienst bestand in erster Linie darin, daß sie mich gelehrt hat zu verstehen, wie man gewinnt. Es war für mich wichtig, daß sie nicht nur als Tennisstar mit mir sprach, sondern als Frau, die ein Tennisstar war. Zum ersten Mal hatte ich das Gefühl, das ist ein Vermächtnis, das ich akzeptieren kann."

Kommunikation beinhaltet Kontext und Inhalt. Der Inhalt ist das Manuskript, und wir neigen dazu, es für den wichtigsten Teil zu halten. Wenn es um das Mitteilen von Zielen geht, ist der Kontext die Art und Weise, in der der Inhalt dargeboten wird (Worte, Ausdrucksweise, Satzfolge, Hilfsmittel) und die Disposition des Empfängers (Gefühlslage, Werdegang, Konzeptionen, Gruppenzugehörigkeit, usw.). Später, im Kapitel „Taktische Spiele", werden wir sehen, welche Rolle Image und äußeres Erscheinungsbild des Kommunikationsträgers spielen.

Vertrauen schenken

Der verstorbene Maxwell Joseph war einer der wichtigsten Mentoren des bekannten Immobilienmaklers John Ritblat: „Von ihm habe ich gelernt, daß man seinen Leuten unbedingt Vertrauen schenken und ihnen freie Hand geben muß, wenn man bestimmte Aufgaben delegiert. Wenn ich sage ‚Schenken Sie Ihren Mitarbeitern Vertrauen', heißt das nicht, daß ich mich überhaupt nicht mehr um sie kümmere oder ihnen gelegentlich über die Schulter blicke. Man muß es so einrichten, daß man immer für sie da ist, damit sie, wenn nötig, alles mit Ihnen durchsprechen können. Sie sind für Ihre Leute eine Art Trichter, genauso wie Ihre Leute für Sie. Und Sie sollten sich vergewissern, daß in Ihrem Stab Mitarbeiter sind, die methodisch vorgehen können und die Kontrolle – vor allem in finanzieller Hinsicht – über Ihre diversen Aktivitäten behalten."

„Wenn Sie die richtigen Leute um sich haben", meint Margaret Thatcher, „und sie können ungehindert zu Ihnen kommen und mit Ihnen reden, Ihnen mitteilen, was sie für Sie herausfinden sollten, schaffen Sie in dreißig Minuten, wofür Sie sonst drei Stunden gebraucht hätten." Manchmal ist es gar nicht so leicht, Mitarbeiter dahin zu bringen, Vertrauen in ihre eigenen Fähigkeiten zu haben – manche muß man sogar dazu zwingen. „Ich delegiere fast alles", sagt Mark Weinberg. „Die Verantwortung für das Verkaufsteam habe ich soweit abgegeben, daß mein Marketing-Leiter schon selbst die Initiative ergreifen muß, wenn er meine Meinung über seine Arbeit hören will. Er gehört zu denen, die sich von unten heraufgearbeitet haben; mir sind seine Stärken sicher noch mehr aufgefallen, als seinen unmittelbaren Vorgesetzten. Als er schließlich seinen Vorgänger ablöste, war er einfach daran gewöhnt, ständig Bericht zu erstatten. Anfangs kam er jede Woche zu mir und erwartete, daß ich ihm Anweisungen und Antworten auf seine Fragen geben würde. Er ist zwar sehr selbstsicher, aber er war einfach so programmiert, daß man ihm immer sagte, was er tun sollte oder seiner Art, etwas anzupacken, zustimmte. Man mußte ihm die Verantwortung direkt aufzwingen. Ich habe ihm gesagt: ,Also Mike, das ist sehr gut, ich vertraue Ihnen voll und ganz. Sie sind es, der die Entscheidung treffen muß, nicht ich.' Und dann gab es vielleicht Probleme, die wöchentliche Besprechung abzuhalten, und ich sagte ihm: ,Das macht doch gar nichts, Mike, Sie wissen, Sie haben mein Vertrauen. Ich verlasse mich auf Ihr Urteil. So wurden die regelmäßigen Meetings allmählich abgeschafft.'"

Nolan Bushnell: „Wenn Sie bestimmte Aufgaben delegieren und Ihrem Mitarbeiter keinen Entscheidungsspielraum lassen, ziehen Sie sich einen Ja-Sager heran – dann ist es billiger, sich einen Spiegel anzuschaffen. Viele Leute nehmen sich selbst zu wichtig und finden es sehr wohltuend für ihr Ego, wenn andere sie fragen: ,Also Chef, soll ich das, das und das machen?' Mir ist es lieber, meine Leute treffen eigene Entscheidungen. Sie kennen die Probleme oft besser als ich selbst, und wenn ich kein Vertrauen zu ihnen hätte, wären sie in meiner Firma absolut fehl am Platz."

Aber Delegieren bedeutet nicht, ganz auf die Kommunikation zu verzichten. Lord Forte: „Ohne zu delegieren wären wir in unserer knallharten Branche (Hotel- und Gaststättengewerbe) nicht so erfolgreich, dazu ist sie einfach viel zu komplex. Ich halte meine Leute an der langen Leine – so lang wie möglich. Natürlich behalte ich die Zügel trotzdem noch fest in der Hand und will von Zeit zu Zeit auch genau wissen, was vor sich geht." Charles Williams: „Wenn Sie die richtigen Leute haben, wissen Sie mit Sicherheit, daß Sie ungestraft delegieren können. Aber ich bleibe ganz gerne immer am Ball. Kommunikation halte ich für äußerst wichtig . . . Meine Tür steht immer offen, ein unmißverständliches Symbol dafür, daß meine Leute immer zu mir kommen und mit mir reden können."

Die Übertragung eines bestimmten Maßes an Verantwortung hängt in erster Linie von der Aufgabenstellung ab. Müssen viele relativ unbedeutende Entscheidungen getroffen werden, dürfte es leicht sein, sie zu delegieren. Bei großen, lebenswichtigen Entscheidungen, die Kreativität erfordern, ist das schon problematischer. Hier kommt es darauf an, ob der Vorgesetzte seinem Mitarbeiter zutraut, den Weisungen entsprechend zu handeln oder wichtige Entscheidungen selbst zu treffen. „Wenn ich kein Vertrauen in das Urteilsvermögen meiner Mitarbeiter habe", sagt Bushnell ganz richtig, „dann haben sie in meiner Firma nichts zu suchen." Aber liegt einem General nur daran, Truppenkommandeure einzusetzen, die sich exakt an den Einsatzplan halten – oder sind ihm solche lieber, die innerhalb der vorgeschriebenen Richtlinien selbst die Initiative ergreifen? Es gibt Situationen, in denen eigenmächtiges Handeln katastrophale Folgen haben kann; und es gibt andere Augenblicke, in denen die Unfähigkeit einer Spitzenführungskraft, die Initiative zu ergreifen, ebenso ins Verderben führt. Abschließend läßt sich sagen, daß Feedback und Kommunikation unverzichtbare Bestandteile des Delegationsprozesses sind.

Wie man Personalveränderungen herbeiführt

Die Belohnung ist ein bewährtes Mittel, Veränderungen herbeizuführen, auch wenn es mit Vorsicht einzusetzen ist. Wenn wir von Belohnung sprechen, denken wir meistens an Geld oder Geschenke. Hierbei drängt sich einem unwillkürlich der Gedanke auf, daß man durch Bestechung etwas Bestimmtes erreichen will. Leider ist die Wirkung um so geringer, je häufiger die Belohnung erfolgt. Um das gleiche Resultat zu erzielen, muß der Einsatz erhöht werden. Ein weiteres Problem besteht darin, daß der Empfänger leicht übersättigt wird. Geld kann einem Reichen genauso gleichgültig werden wie Süßigkeiten einem Kind, das satt ist. Es hat sich gezeigt, daß Belohnungen dann besonders wirksam sind, wenn sie in Intervallen gegeben werden; dadurch lassen sich die genannten Probleme weitgehend reduzieren. Eine wesentlich interessantere Entdeckung auf dem Gebiet der Lernpsychologie ist, daß z. B. Ratten und Tauben auf Nahrung als Belohnung ansprechen, während für den Menschen Zustimmung und Anerkennung einen ebenso großen Stellenwert besitzen wie Belohnungen materieller Art, auch wenn es in einem Werbeslogan heißt: „Wann haben Sie ihr das letzte Mal Blumen geschenkt?" würde ein Eheberater fragen: „Wann haben Sie ihr zuletzt gesagt, wie sehr Sie ihre Energie und ihren Humor schätzen?"

„Ich habe Angestellte mit bescheidenen Gehältern, die mit Millionen umgehen", sagt Robert Holmes à Court. „Würden sie sich verändern, wenn ihnen das Geld plötzlich gehörte? Ich bin sicher, daß die Leute am Geldverdienen interessiert sind. Aber der wirklich wichtige Faktor dabei ist, daß sie nur das wollen, was ihnen ihrer Meinung nach wirklich zusteht. Wenn ein Arbeitnehmer glaubt, es sei recht und billig, wenn er ein paar tausend Mark mehr im Jahr verdienen würde, kann es ihn ganz schön ärgern, wenn er nicht bekommt, worauf er meint, ein Anrecht zu haben – ob er das Geld nun dringend braucht oder nicht. Es geht ihm dabei vielmehr darum, wie seine Arbeit eingeschätzt wird."

Robert Maxwell: „Mein schlimmster Fehler, würde ich sagen, besteht wohl darin, daß ich mit dem Lob zu sparsam umgehe. Ich bin der Typ, der sich eher beklagt, anstatt seinen Leuten einmal dafür zu danken, daß sie sich so für die Firma eingesetzt haben."

Verschiedene Methoden bei verschiedenen Mitarbeitern anwenden

Bob Willis, Kapitän der englischen Kricket-Nationalmannschaft: „Mike Brearley ist ein harter Spieler, er kennt den Unterschied zwischen Zuckerbrot und Peitsche." Ian Botham, der wohl erfolgreichste Werfer des englischen Teams, hat die Peitsche – und mit Erfolg – früher auch oft genug zu spüren bekommen – und zwar in Form von Vorwürfen und Provokationen. „Wenn Mike mir gesagt hätte, ich spielte wie ein altes Weib", sagt Willis, „hätte ich ihm geglaubt und aufgegeben." Das Zuckerbrot – ermunternde positive Bemerkungen, wenn ein Spieler etwas richtig gemacht hat, auf ruhige und freundliche Weise vorgetragen, hat Willis für sich selbst reserviert.

„Ich bin ein Hitzkopf", gibt Ron Pickering zu, „und daß ich herumrenne, auf den Tisch haue und sagte, ‚Das kann unser Land dazu beitragen und das ist eure Aufgabe', erwartet man sogar von mir – und genau das tue ich auch."

„Das heißt aber nicht, daß die gleichen Regeln für alle gelten. Man sagt vielleicht von mir, ich motiviere meine Leute mit Worten, und glaubt, daß ich jeden unterschiedslos anschreie, ohne individuelle Eigenheiten zu berücksichtigen. Das stimmt gar nicht. Meine Art ist bis zu einem bestimmten Zeitpunkt genau richtig. Bis dahin habe ich nämlich entweder den Jungen ‚vergrault‘ oder er ist mit meiner Methode einverstanden und er macht bereitwillig mit. Dann muß ich mehr auf seine Persönlichkeit eingehen.

Das Ganze läßt sich nur schwer erklären. Mit dem einen redet man über mechanische Abläufe, mit dem anderen über physiologische, man redet eben mit jedem anders. Man versucht eigentlich, eine ganz persönliche Sprache zwischen Spieler und Trainer zu finden. Was ein Sprachwissenschaftler davon halten würde, ist dabei ganz egal. Wenn der Trainer, am Spielfeldrand steht, und einer der Jungs hat schon drei Viertel der Strecke hinter sich gebracht und hat kaum noch Reserven, und er schreit ihm zu: ‚Entspann dich!‘ dann klingt das absurd. Aber er spricht eine Sprache, die der Läufer vielleicht versteht, während Sie den Trainer beobachten und denken: ‚Der ist ja total verrückt!‘ Wenn Sie als Trainer dem Jungen sagen: ‚Geh sparsam mit deinen Kräften um, konzentriere deine ganze Kraft auf die Beine, entspann dich, Kopf und Schultern hoch!‘ – dann bewirkt das Wort entspann dich vielleicht, daß der Angesprochene genauso reagiert. Und ein Beobachter denkt vielleicht: ‚Worüber redet der Schwachkopf bloß?‘ Das verstehe ich unter einer ganz persönlichen Sprache, eine Angelegenheit zwischen zwei bestimmten Menschen.“

Pickering erklärt, wie er Lynn Davis motiviert hat, so daß er schließlich Olympisches Gold im Weitsprung gewann: „Lynn war sehr schüchtern – war wohl auf seine soziale Entwicklung zurückzuführen. Als Siebzehnjähriger – da war er schon ein ziemlich mißtrauischer Kerl – zeigte sich, daß er großes Talent beim Rugby, Soccer und in der Leichtathletik hatte. Ich hab’ ihm gesagt: ‚Willst du der beste Sportler von Wales werden? Wenn ja, mußt du folgendes tun: Du mußt härter trainieren, als sich irgend jemand auch nur vorstellen kann. Du mußt Dinge tun, an die vor dir noch nie jemand gedacht hat. Du bist ständig auf Achse, aber ich sag’ dir, du hast das Zeug, der beste Sportler zu werden, den Wales je gesehen hat. Ich fahr’ jetzt nach Hause und schreib dir einen Brief, und da steht alles drin, was du tun mußt, wenn du dich für diesen Weg entscheidest. Laß mich also wissen, ob du willst oder nicht.‘ Er schrieb mir dann zurück: ‚Sehr geehrter . . . Vielen Dank für Ihr Interesse und ich freue mich, das erste Mitglied Ihrer Mannschaft zu sein, wenn Sie nach Wales kommen.‘ Er hat sich auf sehr nette und bescheidene Art an die Aufgabe herangewagt.

Wir lernten uns näher kennen. Unsere Beziehung war sehr interessant, aber natürlich auch nicht ohne Probleme. Ich wußte, ich wäre nicht der richtige Trainer für ihn, wenn ich nicht auch auf anderen Gebieten seinen Respekt verdienen würde. Ich will damit nicht sagen, daß er in allem meine Zustimmung brauchte, ich meine damit, wir hatten ein so enges Verhältnis, daß er automatisch mit seinen Problemen zu mir kam. Tief in meinem Innern wußte ich, daß ich Lynn am besten motiviere, wenn ich für Außenstehende etwas sehr Befremdliches tun würde. Ich wollte alle Sympathien auf seine Seite bringen, aber ich würde ihn vor seinem Publikum ‚niedermachen‘ – also beschimpfen, verhöhnen und mit Strenge behandeln. Als er bei einem Bewerb sieben Meter weit sprang, was die 200 Zuschauer vorher nie gesehen hatten, erntete er donnernden Applaus. Aber ich hab' ihm gesagt: ‚Glaubst du wirklich, daß die zweihundert Leute Tausende von Kilometern gefahren sind, um so einen Mist zu sehen? Glaubst du ernsthaft, daß du Grund hast, darauf stolz zu sein? Das hast du doch schon im Training bei strömendem Regen gebracht. Jetzt scheint die Sonne und du hast Rückenwind; meinst du nicht, das Publikum hat etwas Besseres verdient?‘ Sofort waren alle Sympathien auf seiner Seite und ich war der ‚Buhmann‘. Aber er hat immer darauf reagiert. Wenn ich ihn aufs Korn genommen habe, hat er's geschafft. Er hätte jederzeit alles hinschmeißen können, aber er hat sich durchgebissen."

Mary Rand war die erste britische Athletin, die eine Goldmedaille gewann, 1964 in Tokio, wieder im Weitsprung. „Sie war eine großartige Kämpferin – Weitsprung, Hürdenlauf, Sprint und Fünfkampf waren ihre Stärke." Pickering hat Mary Rand nicht persönlich betreut – John Mazure war ihr Trainer. „Aber ich half ihr beim Gewichtheben und beim Konditionstraining. Sie war ganz schön kess, hat kein Blatt vor den Mund genommen. Wenn ich gesagt habe: ‚O. K. Du bist ja ein ganz hübscher Käfer und glaubst, alle finden dich toll und bewundern dich, aber können wir vielleicht auch mal sehen, ob du springen kannst?‘ meinte sie: ‚Du kannst mich doch mal gern haben!‘"

Mike Brearley, der dafür bekannt ist, ein Gespür für den richtigen Umgang mit seinen Mannschaftskameraden zu haben, erklärt, daß es zwischen Kapitän und Mannschaft verschiedene Arten von Beziehungen geben kann. „Es kommt nicht oft vor, daß ich mich hinsetze und mir sage: ‚Das ist bei dem die richtige Methode.‘ Ich handle da eigentlich mehr instinktiv. Wir verhalten uns nicht immer gleich, das ist von dem Menschen abhängig, mit dem wir es gerade zu tun haben. Verschiedene Menschen sprechen auch verschiedene Seiten in uns an. Manche wecken in uns Streitlust, andere Zärtlichkeit. Nicht, daß man ein Chamäleon wäre – die eigene Identität bleibt unangetastet. Aber es gibt ein breites Persönlichkeitsspektrum. Wir sind wie ein Instrument, auf dem wir selbst verschiedene Melodien spielen können (ich kann Hamlet nicht zustimmen, der sagt, wir werden ‚gespielt‘)."

„Man hofft, daß die eigene Identität als Mensch und als Mannschaftskapitän so stark ausgeprägt ist, daß man nicht allzuviel von anderen übernommen hat oder zu sehr und zu oft vom Stil eines anderen beeinflußt worden ist." Gelegentlich wendet er eine ganz besondere Taktik an: „Ich hab' so meine eigene Art, mit Geoff Boycott fertigzuwerden. Manchmal arbeitet er ganz bereitwillig mit; dann gibt es wieder Zeiten, wo er überhaupt nichts bringt, wenn ihm nicht danach ist. Dann kommt noch dazu, daß er oft klug daherredet. Er erzählt einem etwas ganz Einleuchtendes und tut so, als ob der andere nie etwas davon gehört hätte. Der kommt sich natürlich wie ein dummer Schuljunge vor. Außerdem ist er der Meinung, ihm stünde es zu, Kapitän zu sein. Nachdem ich mich mal wieder furchtbar über ihn geärgert hatte, andererseits aber wegen seiner guten ‚Mitarbeit' wieder ganz dankbar war, beschloß ich, ihm zu sagen, ‚Ich bestimme, wann du deine Meinung sagen kannst, und zwar kurz!' Gleichzeitig nahm ich mir vor, ihn bei einem guten Schlag besonders zu loben, auch wenn er so aussah, als ob er es gar nicht nötig hätte. Das war ein ganz guter Schachzug. Manchmal muß man eben herausfinden, warum etwas nicht klappt. Dann braucht man eine Strategie, die einem weiterhilft. Als Kapitän ist man besonders daran interessiert, daß die Mannschaft gut spielt. Man kann mehr oder weniger autoritär, witzig oder kameradschaftlich sein: ein Kapitän ist nun mal das Rückgrat des Teams und nicht nur einer der Mitspieler, das steht für mich fest."

Die Peitsche einsetzen

Das größte Problem bei der Bestrafung besteht wohl darin, daß diese leicht zu Verstimmung und Feindschaft führt. Das macht sich besonders in einer engen Beziehung bemerkbar: Etwa in einer gescheiterten Ehe, in der die Kommunikation fast ausschließlich negativen Charakter hat – was soweit führen kann, daß selbst ein Versöhnungsversuch zu einem nervenzermürbenden Streit ausartet. Dennoch gibt es Situationen, wo Ermahnung, Kritik und Vorwurf Hilfsmittel sind, deren Handhabung eine Führungskraft perfektionieren sollte.

Vor- und Nachteile der Konfrontation

„Es gibt Zeiten", räumt Alan Fine von der Inner Game Organisation ein, „wo ich jemanden anschreie, wenn er es braucht. Das kommt nicht oft vor. Die meisten Leute sind total verkrampft und überängstlich – so kommt es mir jedenfalls vor – und müßten sich eigentlich entspannen. Aber manchmal ist die einzige Methode, an jemanden heranzukommen, der total abgeblockt wirkt, ihn anzubrüllen."

Die Konfrontation soll bewirken, daß Einstellungen, Überzeugungen oder Verhaltensweisen des Gesprächspartners in Frage gestellt werden, so daß er zumindest eine Veränderung in Betracht zieht. Sie gehört wohl zu den Fähigkeiten im Bereich menschlicher Interaktionen, die die wenigsten perfekt beherrschen. Problematisch ist dabei, wie bereits gesagt, daß sie von manchen als Strafmaßnahmen oder persönlicher Angriff gewertet wird. Das führt zu weiterer Entfremdung. Einstellungen verhärten sich, Veränderungen werden noch unwahrscheinlicher und man erreicht im Grunde das Gegenteil von dem, was man beabsichtigt hatte.

Damit Belohnungen nicht an Glaubwürdigkeit verlieren, müssen sie mit Kritik gepaart werden. Manche Menschen haben auf dem Gebiet der zwischenmenschlichen Beziehungen so großes Geschick, daß selbst Kritik aus ihrem Munde wie Anerkennung klingt. „Sie haben mich enttäuscht. Das sieht Ihnen gar nicht ähnlich." Anerkennung kann in Form eines besonderen Lobes geäußert werden, oder man vermittelt dem Gesprächspartner ein bestimmtes „Image". Die Belohnung besteht darin, daß der Gelobte weiß, daß man ein bestimmtes Bild oder einen positiven Eindruck von ihm hat.

Es gibt Leute, die Kritik nicht vertragen können, weil sie brutal und respektlos vorgebracht wird.

Denken Sie immer daran, was Sie kritisieren. Eine bestimmte Handlung? Die Leistung insgesamt? Oder eine spezifische Einstellung?

Es ist gut, wenn man dem (oder der) Betreffenden einen Einblick in die eigenen Gedanken gibt. „Versetzen Sie sich doch mal in meine Lage, wie würden Sie denn dann Ihre Leistungen beurteilen?" oder „Wenn Sie sich die Verkaufszahlen vom letzten Monat ansehen – wie würden Sie die denn interpretieren?" Eine weitere Möglichkeit ist die Anwendung der PMI-Technik (Plus, Minus, interessant; siehe S. 95) aus den Denklektionen, die ich entwickelt habe.

Oder man setzt die Kritik stillschweigend voraus und sucht sofort nach Erklärungen: „Diese Verkaufszahlen bleiben weit hinter unseren Erwartungen zurück; lassen Sie uns doch mal sehen, was da schiefgelaufen ist und warum." Nachdem man ein paar mögliche Gründe genannt hat (keine

Entschuldigungen!), besteht der nächste Schritt darin, festzulegen, wie man in Zukunft vorgehen soll. Man kann über Strategien sprechen. Diese Diskussion basiert dann auf der Erkenntnis, daß der Status quo nicht gut genug ist.

Mitarbeiter entlassen

Ebenso, wie verschiedene Menschen unterschiedlich auf die Technik der Konfrontation reagieren, finden einige Manager es schwieriger als andere, Mitarbeiter zu entlassen, selbst wenn es absolut notwendig ist.

Robert Holmes à Court: „Es gibt Führungskräfte, die absolut nichts bringen, die einfach unfähig sind, also muß man sie loswerden."

Fällt Ihnen das leicht?

„Ja, sogar sehr."

Nach dem Motto: Geschäft ist Geschäft?

„Sie wollen Erfolg haben, und wenn Ihnen dabei jemand im Weg ist, muß er weg. Wenn Sie eine Kricketmannschaft zusammenstellen, ist Ihr Ziel, zu gewinnen. Deshalb sagen Sie zu einem schlechten Spieler: ‚Okay, ich kann dich nicht brauchen.' Wenn er mir sagt: ‚Wir kennen uns doch schon so lange, und ich spiele doch so gerne', so ist das irrelevant. Sie interessiert einzig die Mannschaft, und deshalb holen Sie sich jemanden, den Sie nicht kennen, der aber gut ist. So behandle ich meine Führungskräfte – und meine Rennpferde. Diejenigen, die gewinnen, bleiben im Rennen. Führungskräfte wechsle ich aus, ändere ihre Aufgaben, entlasse sie – das ist ein Prozeß ständiger Kontrolle und Veränderung."

Professor Eysenck: „Mitarbeiter zu entlassen gehört nun einmal zu den Aufgaben des Management. Sie haben einfach keine andere Wahl. Ich tue das nicht gerne, aber ich habe die Erfahrung gemacht, daß es für alle besser ist, eine unerfreuliche Beziehung zu beenden. Man muß manchmal grausam sein, zum Besten aller Beteiligten. Es gib nichts Schlimmeres, als Leute am falschen Platz zu lassen. Man weiß, sie haben keine Zukunft, es geht für sie nur noch bergab. Und dabei würden viele Leute in Mitleidenschaft gezogen. In der Privatwirtschaft haben Sie oft keine andere Wahl. In einem Unternehmen wie diesem, mit Tausenden von Angestellten, Aktionären, Darlehnsgesellschaften und Zulieferbetrieben aus anderen Branchen, wo vielleicht 20 000 betroffen sind, kann man sich keine Sentimentalität wegen einer Handvoll Menschen erlauben."

Lord Forte: „Es geht mir jedesmal unheimlich nahe – egal, ob es sich um gute, schlechte oder mir gleichgültige Mitarbeiter handelt. In manchen

Fällen bin ich trotzdem froh, wenn ich jemanden von ,hinten' sehe. Ich mag ihm das nur nicht selbst sagen, da bin ich ein Heuchler, das gebe ich zu. Ich kann einfach nicht sagen: ,Sie sind entlassen'. Das muß jemand anders für mich tun, und Gott sei Dank bin ich in einer Position, die mir erlaubt, so unerfreuliche Dinge anderen zu überlassen."

Halten Sie das wirklich für ein Privileg? „Ich mußte es zum Glück nur einmal in Anspruch nehmen."

Sir Peter Parker: „Ich habe einige Leute viel zu lange mitgeschleppt, auch als ich wußte, ich hatte zuviel von ihnen erwartet."

Weil Sie sich selbst Ihren Irrtum nicht eingestehen wollten?

„Genau! Das hat nichts damit zu tun, ob ich hart sein kann oder nicht. In Wirklichkeit versuche ich, mir selbst etwas vorzumachen; ich will einfach nicht wahrhaben, daß meine Entscheidung falsch war. Mir macht es nichts aus, mich von jemandem zu trennen, zu streiten oder etwas ähnliches. Ich habe festgestellt, daß ich oft die falsche Wahl getroffen und dann leider zu spät zugegeben habe: ,Da habe ich mich geirrt!'"

Nolan Bushnell: „Ich glaube, es ist besser, wenn man jemanden nicht nur einstellen, sondern auch entlassen kann. Das klingt vielleicht herzlos und brutal, aber es kommt vor, daß jemand in einem Einstellungsgespräch einen hervorragenden Eindruck macht; er kann Ihnen vielleicht wunderbare Geschichten erzählen und hat Sie mit seinem Charme völlig geblendet; aber zwei Monate später müssen Sie feststellen: ,Das ist nicht der richtige Mann!'"

Robert Maxwell: „Mir ist das Problem besonders bewußt, weil ich aus armen Verhältnissen stamme. Mein Vater war ein meistens stellungsloser Landarbeiter, und ich erinnere mich, daß ich als Kind meine Mutter einmal gefragt habe, warum mein Vater nicht arbeite. Sie hat mir geantwortet, daß es Schuld der konservativen Politiker sei, wenn es Millionen Arbeitslose auf der Welt gebe.

„Deshalb empfinde ich es besonders belastend, wenn ich jemanden entlassen muß. Aber als Unternehmer, der für, sagen wir 12 000 Menschen die Verantwortung trägt, ist es meine Pflicht, so viele Arbeitsplätze wie möglich zu erhalten. Und wenn ich dazu Leute bitten muß zu kündigen – vielmehr sie mit dem Einverständnis ihrer Gewerkschaften zwingen muß zu gehen – dann bleibt mir wirklich nichts anderes übrig. Wenn Sie, um ein Beispiel zu nennen, sich einen Finger abschneiden müßten, um einer sonst tödlich verlaufenden Krankheit Herr zu werden, würden Sie das letztlich auch tun, gleichgültig wie schmerzlich und nervenaufreibend es für alle Betroffenen ist."

David Mahoney: „Wenn Sie jemanden entlassen, hat das enorme Auswirkungen auf sein Familienleben, und in noch stärkerem Maße, auf seine psychische Verfassung, das ist mir klar. Darin liegt ein großes Risiko. Das ist wie ein Drahtseilakt, weil der Betroffene viel investiert hat; er versucht, sich auf dem dünnen Seil zu halten und stürzt ab. Niemand sieht dabei gerne zu."

Mickey Duff: „Die unangenehmste Aufgabe in unserem Sport ist wohl die, einem Boxer sagen zu müssen, es sei Zeit, aufzuhören. Das passiert nicht sehr oft, weil man den meisten einen weniger dramatischen Abgang verschaffen und dafür sorgen kann, daß er seine Selbstachtung nicht verliert – man muß ihn nur glauben machen, es sei seine eigene Entscheidung gewesen. Ich habe vor einiger Zeit ein schlimmes Erlebnis gehabt. John Conteh kam zu mir und wollte unbedingt weiterboxen. Ich sah keinen Grund, warum er das nicht sollte. Ich wußte, er würde weitermachen, weil er das Geld dringend brauchte. Aber ich hab' zu ihm gesagt: ‚Du weißt, du bekommst Probleme mit deiner Lizenz. Du hast gerade erst bei einem Interview erklärt, daß dir manchmal schwindlig wird. Du wirst es schwer haben, die Kontrollkommission zu überzeugen, daß du das damals erfunden hast, weil du auf das Geld fürs Interview scharf warst; das akzeptieren die nie. Die sagen dir, da steht's schwarz auf weiß, tun Sie was dagegen!‘

Ich hab' ihn also zum Neurologen geschickt. Als der Befund kam, hab' ich ihn umgehend an die Britische Box-Kontrollkommission geschickt. Und mir blieb die unangenehme Aufgabe, ihm zu sagen, daß er nie wieder eine Lizenz kriegen würde.

Ich mußte die ganze Zeit über daran denken, ‚Ich bin mit ihm durch alle Höhen und Tiefen gegangen, und es ist auch mein Verdienst, daß er schließlich Weltmeister geworden ist.‘ Conteh und mich verband lange Jahre so eine Art Haßliebe. Er hat sich bestimmt vier- oder fünfmal von mir getrennt, aber er ist jedesmal wieder zurückgekommen. Erstaunlich dabei ist, daß wir immer miteinander reden konnten. Es gibt einige Boxer und auch Boxmanager, von denen ich mich getrennt habe."

Mark Weinberg: „Ich gehöre nicht zu denen, die gerne herumbrüllen und Leute entlassen. Manche scheinen diesen Adrenalinstoß ja zu brauchen. Ich nicht! Zum Glück ist es mir nur zwei- oder dreimal passiert, daß ich einen Mitarbeiter kritisieren oder sogar entlassen mußte. Wenn das vorkommt, dann erledige ich das ruhig und überlegt. Ich versuche sogar, den anderen von meinem Standpunkt zu überzeugen, indem ich sage: ‚Schauen Sie, hier sind Ihre Stärken und Ihre Schwächen, und deshalb sollten wir dieses oder jenes tun. Ich sage, was ich denke, und ich glaube, das ist richtig.‘

Es gibt Leute, die sind eine Gefahr, ja fast schon eine Katastrophe für ein Unternehmen, und wenn man sich ihrer nicht entledigt, können sie großen Schaden anrichten. Andere arbeiten in einer Stellung, für die es bessere Mitarbeiter gibt (möglicherweise war der Betreffende früher sogar besser und zeigt jetzt ‚Ermüdungserscheinungen' oder langweilt sich). Und dann gibt es da noch die Mittelmäßigen.

Sie sind zwar niemandem direkt im Wege, stellen aber für einen Betrieb eine völlig überflüssige Ausgabe dar. Solche Leute loszuwerden ist oft ein emotionales Problem, weil sie meistens keinen Arbeitsplatz mehr finden. Der Mitarbeiter mit den hochfliegenden Plänen findet leicht etwas Neues. Es ist auch einfacher, jemanden auf seine Fehler hinzuweisen als ihm sagen zu müssen: ‚Sie sind gut, aber nicht gut genug.' In der Praxis sieht das so aus, daß der Betreffende dann oft auf irgendeinen Posten abgeschoben wird und meistens von sich aus kündigt. Die Kernfrage ist die, ob ein Unternehmer primär die Aufgabe hat, Gewinn zu machen, die Investoren zufriedenzustellen und im Konkurrenzkampf zu überleben, oder ob er in erster Linie als ‚Arbeitgeber' zu betrachten ist. Letzteres ist eindeutig wichtiger, kann aber meistens nur dann realisiert werden, wenn die Existenz des Unternehmens gesichert ist, und dieser Faktor ist in der Regel davon abhängig, ob das erste Ziel verwirklicht ist. Einem Konzern wie IBM ist es beinahe gelungen, das zweite Ziel zu erreichen, weil er das erste mit Bravour geschafft hat."

Erfolgstaktik

1. *Bei der Einstellung von Mitarbeitern sollten Sie sich darüber klarwerden, ob Sie ein ‚Allround-Talent' oder jemanden für eine spezifische Aufgabenstellung suchen. Geht es Ihnen um letzteres, sollten Sie festlegen, welches Profil erwünscht ist. Den richtigen Mann am richtigen Platz einzusetzen ist eine strategische Übung.*

2. *Die beste Möglichkeit, Ihren neuen Mitarbeiter zu testen, ist die, probeweise mit ihm zusammenzuarbeiten. Eine kurze Probezeit gibt Ihnen zwar Aufschluß über seine Persönlichkeit, aber erst nach einem längeren Zeitraum läßt sich mit größerer Sicherheit feststellen, wie er auf Streßsituationen und Probleme reagiert.*

3. *Gleicht Ihr Arbeitsstil dem eines Impresarios oder Zirkusdirektors, machen Sie sich diese Aufgabe zum Ziel und suchen Sie die besten Leute. Wollen Sie Ihre eigenen Ideen verwirklichen, brauchen Sie einen Mitarbeiterstab, der Sie voll unterstützt.*

4. *Denken Sie daran, daß viele erfolgreiche Menschen auf eine Partnerschaft zurückgreifen können, bei der der eine die Fähigkeit besitzt, die der andere zum Erfolg braucht.*

5. *Ein Erfolgsmensch ist fast immer auf die Mithilfe eines guten Teams angewiesen.*

6. *Delegieren ist von essentieller Bedeutung im Führungsprozeß. Sie sollten aber überlegen, ob Sie jemandem zutrauen, Ihre Vorstellungen zu verwirklichen, oder ob er eigene Vorstellungen haben sollte.*

7. *Delegieren bedeutet nicht die Verschlechterung der Kommunikation.*

8. *Mitarbeitermotivierung kann eine klare Definition von Rollen und Zielen erfordern.*

9. *Motivieren heißt, Menschen führen, ihr persönliches Engagement fördern und Leistungen anerkennen. All das erfordert eine reibungslose Kommunikation.*

10. *Lob und Anerkennung haben die gleiche Wirkung wie Anreizfaktoren materieller Art.*

11. *Tragen Sie Ihre Kritik gezielt vor, aber beziehen Sie sich dabei auf die Ausführung einer Aufgabe, nicht auf den Ausführenden.*

12. *Sorgen Sie dafür, daß Ihr Mitarbeiter seinen Fehler selbst erkennt.*

13. *Entscheiden Sie, ob Ihr Mitarbeiter den Anforderungen, die seine Position an ihn stellt, gewachsen ist. Diese Entscheidung sollten Sie streng getrennt von den Maßnahmen treffen, die Sie daraufhin ergreifen müssen.*

14. *Kommunikation umfaßt sowohl Inhalt als auch seine Präsentation. Wie man sich gibt trägt wesentlich zur Gestaltung einer dauerhaften Beziehung bei.*

15. *Jeder Mensch möchte Individuum und gleichzeitig Teil eines Ganzen sein.*

16. *Auf lange Sicht mögen menschliche Werte auch im Geschäftsleben von Nutzen sein, selbst wenn es in manchen Augenblicken nicht so scheint.*

13.

Taktische Spiele

Die Beiträge:

Vereinigte Staaten: Angelo Dundee, Harry Helmsley, Henry Kissinger, Alex Kroll, Morgan Maree, Mark McCormack, Jerald Newman.

Großbritannien und übrige Länder: Sir Ove Arup, Jarvis Astaire, Mike Brearley, Sir Terence Conran, Mickey Duff, Lord Forte, John Fowles, Margery Hurst, Lionel Murray, Lord Pennock, Baronin Seear, Jackie Stewart, Virginia Wade.

Inwieweit lassen sich taktische Regeln von einer Situation auf eine andere übertragen?

„Ich glaube, daß Management-, Planungs- und taktische Prinzipien im Grunde in allen Branchen gleich sind." (Jerald Newman, Vorsitzender der Bowery Bank)

„Ich halte überhaupt nichts von denen, die alles unter dem Blickwinkel kurzfristiger Planung und Berechnung oder wie eine bestimmte Strategie beim Fußballspiel betrachten. Dadurch wird Politik zur reinen Publikumsbelustigung abgewertet oder nur aus der ‚Brot-und-Spiele'-Perspektive gesehen." (John Fowles, Autor)

Poker wird anders gespielt als Bridge. Bridge ist nicht Schach und Schach nicht Monopoly. Ein Problem des Kalten Krieges, sagen manche, bestehe darin, daß die Russen Schach und die Amerikaner lieber Poker oder Bridge spielen. Zu jedem Spiel gehört eine bestimmte Spielart. Bridge erfordert ein sorgfältiges Abwägen der Möglichkeiten und ein gutes Einfühlungsvermögen in die Psychologie des Gegners. Poker beruht auf Bluff und kaltblütigen Reaktionen. Beim Schachspiel kommt es darauf an, auf lange Sicht eine Strategie zu entwickeln. Bei Bridge und Poker gewinnt man das eine Spiel und verliert das nächste. Eine Schachpartie dauert viel länger.

Taktiken sind die Diener der Strategie. Endziel und Richtlinien werden durch die Strategie bestimmt. Die Route zum Ziel wird durch die Strategie festgelegt. Taktiken sind extrem vielseitig: zu ihnen gehören die notwendigen und geradlinigen ebenso wie die falschen oder klugen. Als der große türkische Reformer Kemal Atatürk den Schleier abschaffen wollte, erließ er angeblich ein Dekret, in dem es hieß, alle Prostituierten müßten von jetzt an den Schleier tragen. Die Geschichte ist wahrscheinlich erfunden, aber sie zeigt, wie eine Taktik beschaffen sein und welchem Zweck sie dienen kann. Anstatt den Schleier direkt zu verbieten, erreichte er mit einer indirekten Methode sein Ziel.

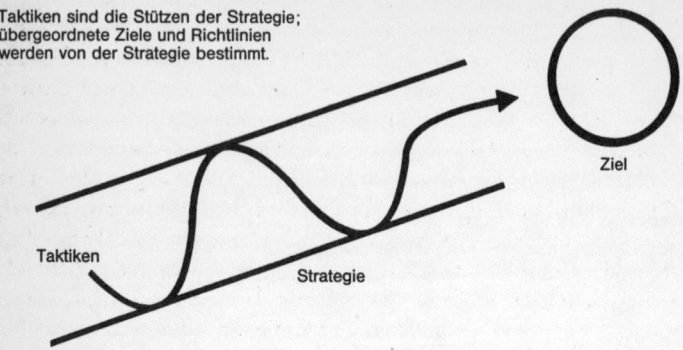

Taktiken sind die Stützen der Strategie; übergeordnete Ziele und Richtlinien werden von der Strategie bestimmt.

Geringer Einsatz bei hohem Gewinn

Mike Brearley, der Kricketspieler, erinnert sich an eine Situation im Spiel gegen Pakistan 1982, als die richtige Taktik fehlte: „Ich habe das Spiel in Lords am Fernsehschirm verfolgt. Pakistan hatte diesen Wirbelwind Qadier aufgestellt, ein toller Werfer noch dazu und außerdem ein richtiger Draufgänger. Ab und zu hat er mal Pech, weil er stark aus dem Handgelenk heraus wirft (dadurch kriegt er erst den richtigen ‚Dreh‘, für den er bekannt ist) und schon deshalb nicht so genau zielt. Mike Gatting wurde spielend mit ihm fertig; er konnte zwar nicht so viele Läufe herausholen, aber er schlug sich tapfer. Am anderen Ende des Feldes war ein Spieler, der keine Ahnung hatte, wie er mit diesem Werfer fertigwerden sollte. Gatting ‚packte‘ ihn jedesmal. Der Kapitän der Pakistani hat eine Ewigkeit gebraucht, bis er das bemerkte und Gatting mit einem langen Lauf außer Gefecht gesetzt hat; dabei kam es ihm weniger auf einen Lauf mehr oder weniger an, sondern vielmehr darauf, den jungen Schläger hinten beim ‚Wirbelwind‘ zu plazieren, davon bin ich fest überzeugt."

Auf Umwegen zum Ziel

Etwas aufzugeben, um Wichtigeres zu erreichen, gehört zu den Grundregeln einer geschickten Taktik. Ein guter Taktiker weiß, wann es Zeit für einen Rückzug ist. Das führt zu einer Frage, die auch heute noch die Moralisten unter uns quält: Heiligt der Zweck die Mittel? Wenn ein Schritt uns dem Ziel näherbringt – rechtfertigt dann der Wert des Ziels die Taktik? Generell müßte die Antwort ‚ja‘ lauten; aus der ethischen Perspektive heißt es meistens ‚nein‘. Kann man z. B. gewisse Praktiken des CIA billigen, weil das eigentliche Ziel, die Verteidigung der Freiheit, von vorrangiger Bedeutung ist? Offensichtlich muß man manchmal, wenn es Hindernisse gibt, Umwege in Kauf nehmen, um ans Ziel zu gelangen. Ein Unternehmer, der über wenig Kapital verfügt, sieht sich vielleicht gezwungen, Geld in ein teures Auto oder pompöses Haus zu investieren, um andere von seiner Kreditwürdigkeit zu überzeugen. Taktik hat viel mit dem Verhältnis von äußerem Erscheinungsbild und Realität zu tun, wie beim Bridge oder Pokern.

Im Geschäftsleben ist es nicht anders, behauptet Alex Kroll von Young und Rubicam. „Man muß den Mut haben, ungewöhnliche Wege zu gehen und etwas wagen, um zu gewinnen. Man muß wissen, daß man dabei auch einmal einen Reinfall erleben kann, aber in gewisser Weise ist es auch sehr aufregend, etwas auf ganz unübliche Weise in Angriff zu nehmen. Für mich ist das ein Riesenspaß. Aber man sollte mit Überlegung vorgehen und die Risiken abwägen. Trotzdem überwiegt dabei meiner Meinung nach der Instinkt und nicht das rationale Element."

Die Taktik der Kommunikation

Manche Leute haben überhaupt keine Probleme mit der Kommunikation. Andere wiederum beweisen dabei eine weniger glückliche Hand. Der eine kann bei seiner Arbeit auf die Kommunikation verzichten, der andere möchte seine Fertigkeiten auf diesem Gebiet gerne vervollkommnen. Kommunikation ist in der Tat eine Fähigkeit, die man erwerben kann.

Überzeugend zu wirken ist für einen Unterhändler besonders wichtig. Ob er selbst dabei von einer Sache voll und ganz überzeugt ist, fällt kaum ins Gewicht. Überzeugend zu wirken ist eine Taktik, bei der der „Gegner" schon vor Spielbeginn einen Punkt gutmachen muß.

Es kann von großem Nutzen sein, wenn man weiß, wie man überzeugend wirkt, auch wenn man selbst keineswegs überzeugt ist. Ein Schauspieler, der einen Mörder mimt, muß nicht töten; spielt er einen Liebhaber, braucht er nicht verliebt zu sein: er muß nur sein Publikum überzeugen.

Margery Hurst absolvierte die Royal Academy of Dramatic Art in London, bevor sie ihr renommiertes Arbeitsvermittlungsbüro eröffnete. Sie ist davon überzeugt, dort viel gelernt zu haben, was ihr jetzt zustatten kommt. „Ich glaube, daß meine Ausbildung als Schauspielerin mich zu dem gemacht hat, was ich heute bin. Ich bin mir selbst gegenüber absolut ehrlich und weiß genau, wie ich sein will, aber die Ausbildung als Schauspielerin hat mir erst ermöglicht, anderen Menschen das zu vermitteln. Das ist interessant und ich kann mich außerdem selbst so vorteilhaft wie möglich präsentieren."

Baronin Seear erinnert sich an die Ratschläge vieler begabter Redner bei der Cambridge Union*. Einer sagte mir einmal: ‚Werfen Sie bloß Ihre Notizen weg, die schaden Ihnen nur.' Ich habe darüber nachgedacht und seinen Rat befolgt, und ich war ihm sehr dankbar dafür. Man hat schon ein fast übertrieben großes Plus, wenn man frei reden kann. Diesen Trick habe ich auch meinen Studenten verraten. Ein Blatt Papier trennt Sie vom Auditorium. Wie kann man denn bei einer Rede sicher sein, daß das, was man übermitteln will, auch wirklich ankommt, wenn man sich hinter einem Wust von Papier versteckt? Anfangs war mir gar nicht wohl in meiner Haut. Ich kann mich erinnern, daß ich einmal total den Faden verloren hatte und mich, wie eine Platte mit einem Sprung, mindestens viermal wiederholt hatte, bis ich schließlich weiterwußte."

Das sind zwar recht banale, aber sehr effektive Möglichkeiten, den Kontext der Kommunikation zu nutzen. Für den Gewerkschaftsvorsitzenden Lionel Murray wurde das Image ein entscheidendes Element des Kommunikations-Kontextes: „Kurze Zeit nach meiner Ernennung zum Generalsekretär sagte mir jemand: ‚Du solltest dich anders anziehen, diese Anzüge und Krawatten, die du immer trägst!' Ich konnte der Idee zwar nicht allzuviel abgewinnen, in Zukunft gedeckte Krawatten oder einen Bart zu tragen – oder eine Schläger-mütze! Na ja, das gehört mit zum Geschäft und man muß eben ‚mit den Wölfen heulen'. Mir ist klar, man muß einfach überzeuend wirken."

Spielt das äußere Erscheinungsbild wirklich eine Rolle? Oder ist das nur etwas für die Presse, die damit ein Image unterstreichen will, das sich aus den verschiedensten Faktoren zusammensetzt? Am Heldengedenktag (9. November 1981) hatte der damalige Vorsitzende der Labour-Partei, Michael Ford, einen denkbar ungünstigen Eindruck bei seinem ‚Auftritt' am Kriegerdenk-mal gemacht. Die Zeitungen schrieben: ‚Er wirkte wie ein gelangweilter

---

* Anm. d. Übers.: Universitäts-Ausschüsse, die verschiedene Aktivitäten auf fachlichem, kulturellem oder sozialem Gebiet auf dem Campus arrangieren.

Tourist, der auf den Bus wartet, in seiner grünen Jacke, mit ausgetretenen Schuhen und ausgebeulten Hosen – wie ein Zirkusäffchen. Der Kontrast zu den gediegen gekleideten Zivilisten und den ordensgeschmückten Kriegsveteranen hätte nicht größer sein können. Während der Schweigeminute für die Gefallenen konnte er den Kopf nicht stillhalten, und als er an der Reihe war, seinen Kranz niederzulegen, beugte er sich nieder mit der Würde eines Landstreichers, der eine Kippe untersucht' *(Daily Telegraph)*. Rückblickend drängt sich da natürlich die Frage auf: Inwieweit hat dieses Image zu der verheerenden Wahlniederlage im Juni 1983 beigetragen?"

Wie weit sollte man gehen?

Heiligt der Zweck die Mittel? Ist der Erfolg so wichtig, daß in der Liebe, im Krieg und in der Wahl der Mittel alles erlaubt ist?

Mike Brearley: „Man will nicht um jeden Preis gewinnen, schließlich ist das Ganze ja nur ein Spiel. Normalerweise weiß ich genau, wo die Grenze ist, aber eben nicht immer."

„Wenn jemand in unser Geschäft einsteigen will, versucht er natürlich, möglichst viele Kontakte zu knüpfen, möglichst viele Boxer zu verpflichten, möglichst viel Geld zu verdienen. Aber nach zwanzig Jahren macht man nur noch aus einem Grund weiter: um mit den Leuten abzurechnen! Ich hab' versucht, so wie Eddie Walker (Manager) zu denken, wenn ich mal so richtig sauer auf jemanden war." (Mickey Duff)

Selbst berühmte Philosophen haben moralische Grundsätze nicht bedingungslos akzeptiert. Da gibt es z. B. eine Geschichte von Karl Popper, der vom Moral Sciences Club der Cambridge Universität als Gastdozent eingeladen war. Ludwig Wittgenstein, einer der einflußreichsten Philosophen in der ersten Hälfte unseres Jahrhunderts, war über Poppers Vortrag (aus der sich dann eine Diskussion über die Bedeutung moralischer Grundsätze entwickelt hatte) ziemlich verärgert; er hatte am Kamin gesessen und mit einem Holzscheit gespielt. Plötzlich sprang er auf und rief: „Nennen Sie mir doch ein Beispiel für Ihre moralischen Grundsätze!" Popper, völlig unbeeindruckt, antwortete: „Man sollte Gastredner nicht mit dem Holzknüppel bedrohen", worauf Wittgenstein das Holzstück fallenließ und aus dem Zimmer stürmte!

„Wichtig ist, sich stets vor Augen zu halten, daß man eine Orange nie zu stark auspressen sollte. Manche Leute quetschen sie so aus, daß die Kerne mit herausfallen . . . Wenn mit Ihnen kein Geld mehr zu verdienen ist, kommt der Kunde auch nicht wieder", meint Jarvis Astaire.

Es gibt Gesetze und moralische Grundsätze: beide haben durchaus ihre

Daseinsberechtigung. Es gibt verschiedene Arten der Auslegung und ungeschriebene Gesetze. Manche Dinge sind gentlemanlike und andere sind es nicht. Dieses Gebiet ist ungeheuer komplex. Auf der einen Seite geht es um Innovation und die Loslösung von tradierten Praktiken – auf der anderen Seite um Besonderheiten, die sich entwickelt haben, weil sie für einen reibungslosen Geschäftsalltag absolut notwendig sind. Es gibt Regeln, die für eine kleine Insider-Gruppe gelten und andere, die sich auf jede beliebige Wirtschaftseinheit anwenden lassen. Die Londoner Finanzwelt ist dafür bekannt, daß sie Außenseiter, die eine Bedrohung für die traditionellen Regeln darstellen, gar nicht schätzt.

Es gibt Betrüger, die ihren Vorteil aus einem bestehenden System ziehen und solche, die ohne zu betrügen ihre Chancen wahrnehmen. Frankreich kann es sich erlauben, der NATO nicht beizutreten, weil alle anderen zur NATO gehörenden Länder im Verteidigungsfall Frankreich mit schützen würden. In Italien sind pharmazeutische Präparate nicht geschützt, ein ausgezeichnetes System, solange andere Länder Patentgesetze zulassen und somit die Forschung finanzieren, von der Italien profitiert. Wann wird aus Findigkeit List und die List zum Betrug? Der Gesetzgeber unterscheidet klar zwischen Steuerhinterziehung und Steuerumgehung. In der Praxis scheint auch ein Unterschied darin zu bestehen, ob jemand rundheraus lügt oder einen Teil der Wahrheit verschweigt.

Kreativität bedeutet fast immer, daß bestimmte Regeln gebrochen und ungewöhnliche Wege eingeschlagen werden. Andererseits hat jemand, der die Regeln kennt, vielleicht eher Erfolg als einer, der sich anschickt, die Regeln neu festzulegen.

Manche Menschen stimmen zunächst prinzipiell und informell einem geschäftlichen Vorschlag zu, nehmen später dann aber ihre Zusage zurück, weil sie ihre Meinung oder die Umstände sich geändert haben. Dagegen gibt es kein Gesetz. Es gibt noch eine weitere Variante: „Das habe ich nicht so gesagt; dazu habe ich meine Zustimmung nicht gegeben!" Jede Partei kann sich auf eine falsche Interpretation oder Extrapolation berufen. Im Kontrast dazu steht der Vertragsabschluß per Handschlag oder die ‚Mein-Wort-gilt'-Ethik. Ohne sie kann das Geschäftsleben zur Tortur werden, wie etwa in den USA. Alles muß dort schriftlich fixiert und durch Anwälte abgesichert werden. Es kommt vor, daß zwei Abteilungen in einem europäischen Konzern sich einen Juristen ‚teilen'. In Amerika würde eine Abteilung gleicher Größe fünf Anwälte rund um die Uhr beschäftigen. Jedes noch so unbedeutende Detail muß aufgeführt werden, denn was nicht ausdrücklich vom Vertrag ausgeschlossen ist, gilt als enthalten. Es gibt haarsträubende Geschichten: Jemand hat den Hersteller von Mikrowellenherden verklagt, weil nicht extra erwähnt wurde, daß man in dem Ofen keine tropfnassen Pudel trocknen kann. Die Rechtsabteilungen der Konzerne machen vielleicht mehr Gewinn oder Verlust als die Produktion. Anwälte müssen schließlich auch leben und dafür sorgen, daß sie immer genug zu tun haben. Jetzt beginnt das Pendel langsam zur anderen Seite hin auszuschlagen, und dann und wann muß jemand, der mit einer absurden Klage vor Gericht geht, die Kosten selber tragen. Heute tendiert man auch dazu, einen Vermittler hinzuzuziehen oder ein ‚Mini-Verfahren‘ anzuberaumen, wobei ein Führungskräftegremium innerhalb weniger Tage klärt, wozu die Anwälte vor Gericht Monate gebraucht hätten.

Es leuchtet ein, warum ungeschriebene Gesetze und Handlungsrichtlinien so geschätzt und gehütet werden. Die schwerste Strafe besteht darin, daß jemand, der gegen die Regeln verstößt, an Glaubwürdigkeit verliert und aus der ‚Gemeinschaft‘ ausgeschlossen wird. Lloyds bekam in jüngster Zeit deshalb so immense Probleme, weil einige Mitarbeiter sich angeblich nicht an die Regeln gehalten hatten. Andererseits sollen manche Klienten den Versicherungsgiganten dahingehend übervorteilt haben, daß sie von Lloyds Devise, jedes Risiko zu versichern, profitieren konnten. Manchmal kommt es nur auf die Perspektive an: Den Versicherungsagenten von Lloyds ist es nicht gestattet, finanziell risikoreiche Transaktionen zu versichern. Stellen Computer-Leasingverträge ein finanzielles Risiko dar? Es gibt auch Schwierigkeiten, wenn die Regeln nicht mehr mit der modernen Entwicklung Schritt halten: Zum Beispiel ist die Computer-Software nicht ausreichend durch das Copyright geschützt.

Es ist nicht zu leugnen, daß Jim Slater seinen Anfangserfolg darauf zurückführen kann, daß er einige der ungeschriebenen Gesetze der Londoner Finanzwelt ignorierte, als es dann aber mit ihm bergab ging, fand er wenig Hilfsbereitschaft.

Es ist wichtig, zwischen dem Satz: „Das wird aufgrund von Überlieferung und geschichtlicher Entwicklung so gemacht" und „das muß so gemacht werden, weil diese Regeln einen reibungslosen Ablauf garantieren" zu unterscheiden. Jemand, der sich um den ersten Satz nicht kümmert, ist bei seinen Konkurrenten oft genauso unbeliebt wie einer, der den zweiten Satz für irrelevant hält, obwohl dabei ein klarer Unterschied deutlich wird. In der Versicherungsbranche war der Wettbewerb nicht übermäßig stark; ein Unternehmen hatte meistens eine solide Geschäftsgrundlage und es herrschte eine familiäre Atmosphäre. Dann kommt plötzlich jemand mit echtem Pioniergeist daher (wie Mark Weinberg) und führt eine neue oder verbesserte Verkaufsstrategie ein. Der Betreffende kann außerordentlich großen Erfolg damit haben. Eine der bedeutendsten Stiftungen in den USA (die McArthur

Foundation, Chicago) wurde von einem Mann ins Leben gerufen, der für sein Innovationstalent auf dem Versicherungssektor bekannt war.

In die erste Kategorie von Regeln fallen die moralischer oder ethischer Natur. Was Sie tun, ist vielleicht legal, aber moralisch nicht zu rechtfertigen. Vor Anbruch des Konsumzeitalters riet das Gesetz dem Verbraucher, auf der Hut zu sein (caveat emptor). Der Kunde war angehalten, zuerst die Ware zu prüfen, und dann zu kaufen. Für den Anbieter war das Geschäft vielleicht legal, aber moralisch nicht vertretbar. Wo es um den Verbraucher geht, zieht der Gesetzgeber heute wieder den moralischen Aspekt verstärkt in Betracht.

Wie ist das nun mit dem Profit? Welche Beurteilungskriterien gelten hier? Darf eine Fabrik zum sauren Regen in den USA beitragen und auch noch Kanadas Luft verpesten oder Großbritannien auf diese Weise Schweden schaden? Sollten globale ökologische Überlegungen oder finanzielle Vorteile vorrangig sein? Technologie nach Taiwan zu verkaufen, so daß die nach Großbritannien importierten Produkte billiger sind als die einheimischen – wobei Arbeitsplätze verlorengehen – ist das statthaft? Oft erhält man darauf die Antwort: „Wenn wir nicht die Technologie liefern, tut es jemand anders, und wir verlieren außerdem noch Arbeitsplätze." Ist Protektionismus vertretbar, um Arbeitsplätze in bestimmten Branchen zu erhalten, auch wenn man qualitativ minderwertige Produkte zu höheren Preisen an seine Landsleute verkaufen muß?

Als Architekt und Konstruktionsingenieur kann sich vielleicht Sir Ove Arup eine großzügige Einstellung zu diesem Thema leisten, weil sich bei seiner Arbeit der Nutzen sowieso hauptsächlich lokal auswirkt.

Sir Ove Arup erklärt: „Es ist klar, daß uns das spezifische Verhalten weniger interessiert – das kann gut oder schlecht sein – sondern vielmehr geht es um das sogenannte ‚vorteilhafte Verhalten'. Vorteilhaft für wen? Das ist eben die Streitfrage. Wer nur an den eigenen Vorteil denkt, findet wenige Verbündete. Wenn ich Vorteile für mein Land wahrnehmen will, ist das in Ordnung – aber dann haben andere Länder vielleicht Einwände. Was wir brauchen, sind Ziele, die uns nutzen, ohne anderen zu schaden, oder, noch besser, die auch für sie von Vorteil sind. Daraus folgt, daß unsere Ziele, unsere Mittel und alle Konsequenzen unseres Handelns aus diesem Blickwinkel beurteilt werden müssen."

Als er danach gefragt wurde, welchen Rat er seinem Sohn Rocco, dem mutmaßlichen Erben des väterlichen Imperiums, geben würde, antwortete der Lord: „Ich habe ihm geraten, sich absolut integer zu verhalten. Ich meine damit nicht, niemanden auszurauben, das setze ich als selbstverständlich voraus. Ich meine Integrität im Denken, in der gesamten Einstellung zum Leben. Seit seinem sechzehnten Lebensjahr habe ich ihm immer wieder gesagt: ‚Du mußt – gleich wo auf der Welt – einen Raum betreten können, ohne daß jemand mit dem Finger auf dich zeigt und dir vorwirft, du hättest ihn ruiniert!'"

Ein weniger prominenter Geschäftsmann könnte entgegnen, daß sich Lord Forte und sein Sohn natürlich ein so hohes moralisches Niveau leisten können, weil sie fest im Sattel sitzen. Aber diese Art der Integrität hat zwei entscheidende Vorteile: erstens vereinfacht sie Entscheidungen und Strategien, weil alle zweifelhaften Elemente eliminiert werden können, und zweitens stellt Glaubwürdigkeit für einen Geschäftsmann ein unschätzbares Kapital dar.

Vertragspartner wollen sichergehen, daß beide Parteien sich an die Vereinbarungen halten. In manchen Bereichen ist das die eigentliche Geschäftsbasis. So mancher geht mit einem Vertragsabschluß ein Risiko ein. Wendet sich das Schicksal gegen ihn, hat er den Schaden. Findet die erhoffte Entwicklung statt, profitiert er davon. Vor einigen Jahren verursachte die japanische Auffassung von einem Vertrag beträchtlichen Aufruhr.

Zu der Zeit, als der Zuckerpreis bei 400 Dollar pro Tonne lag, schlossen die Japaner einen Langzeitvertrag mit Australien ab, das den Zucker für 200 Dollar pro Tonne liefern wollte. Wäre der Weltmarktpreis für Zucker weiterhin so hoch geblieben, hätte Japan ein gutes Geschäft gemacht. Kurze Zeit später sank der Weltmarktpreis jedoch auf 100 Dollar pro Tonne (was auch auf die Entwicklung von Enzymen, die Stärke in Zucker umsetzen, zurückzuführen war, wobei Japan – Ironie des Schicksals – eine führende Rolle spielte. Die Japaner fochten den Vertrag unverzüglich an und weigerten sich, den Zucker zum vereinbarten Preis von 200 Dollar pro Tonne, der jetzt ja höher als der Weltmarktpreis war, zu akzeptieren. Die Australier verschifften den Zucker trotzdem.

Aus australischer Sicht hatten die Japaner gegen die Grundlagen jedes Warenvertrages (oder Geschäftsabschlusses generell) verstoßen: sie waren vertragsbrüchig geworden, als der Handel für sie unvorteilhaft wurde. Die Australier fragten sich, ob die Japaner den Vertrag genauso bereitwillig ignoriert hätten, wäre der Weltmarktpreis über 400 Dollar hinaus gestiegen. Die Japaner behaupteten, in ihrem Kulturkreis habe man eine andere Vorstellung von Verträgen. Für sie sei ein Vertrag eine Übereinkunft zwischen zwei Parteien, Geschäfte zum beiderseitigen Vorteil abzuschließen. Unter veränderten Bedingungen könne der Vertrag so abgewandelt werden, daß der Vorteil für beide Vertragspartner bestehen bleibt. Obwohl man den Verdacht nicht los wird, daß sich die Japaner vielleicht an die für sie jeweils günstigere Version halten (festgelegt oder flexibel), hat diese Konzeption auch etwas für sich – vorausgesetzt, daß beide Geschäftspartner die Grundregeln kennen.

Es geht um das Spiel

Manche Menschen haben ein so großes Bedürfnis nach Geradlinigkeit, daß sie die rituellen Spiel-Regeln des Verhandelns als unehrenhaft oder Zeitverschwendung empfinden. Für andere wiederum ist die Verhandlung eine willkommene Gelegenheit, Wertvorstellung zu formulieren und auszutauschen. „Ich erinnere mich gut an den Unterschied zwischen Hongkong und Rotchina", meint Sir Terence Conran: „Sie überqueren eine schmale Brücke und sind in einem Land, in dem jeder meint, was er sagt. Auf der anderen Seite der Brücke, in Hongkong, meint niemand, was er sagt, da zählt allein das Verhandlungsgeschick.

„Mir macht das nichts aus. Ich akzeptiere das als eine Art der wirtschaftlichen Realität. Sie müssen das Ganze als Spiel betrachten – und verlieren können. Noch schlimmer ist es in Japan, wo ein Freund von mir einmal einen Lizenznehmer für sein Produktdesign gesucht hat. Er stand mit zwei Geschäftsleuten in Verhandlung und entschied sich schließlich für einen von ihnen, worauf der andere hinging und sich umbrachte! Er konnte wohl den Gedanken nicht ertragen, sein Gesicht verloren zu haben, weil die Verhandlung gescheitert war. Dabei hatte er nicht einmal gewußt, daß er einen Konkurrenten hatte. Meinem Freund war wiederum nicht klar, daß man von ihm erwartet hätte, das zu erzählen! Ich glaube, es ist nicht unangenehm, einen kleinen Teil seines Lebens mit Verhandlungen zu verbringen; man sollte das wie ein Bridgespiel betrachten – befriedigt auch gewissermaßen die eigene Abenteuerlust. Mir hat es jedenfalls Spaß gemacht. Meistens ging es dabei um Immobilien. Gott sei Dank mußte ich nie mit Gewerkschaften verhandeln, das wäre mir wieder zu abenteuerlich gewesen, aber auch das muß sein."

Auch die Verhandlungen um den Mutterschutz waren hart. Selim Zilkha ist ja ein besonders zäher Brocken und wollte natürlich auch nicht verlieren.

„Natürlich kann man Verhandlungen auch den Handelsbanken überlassen, die Ihnen dann die Verhandlungsergebnisse mitteilen, oder Sie hören einfach nur zu und lassen andere die Verhandlungen führen. Sie legen nur den allgemeinen Kurs fest und sagen vielleicht: ‚Wenn Sie das und das im Austausch gegen dieses oder jenes anbieten, dann könnten wir vielleicht ...' Manchmal schlagen sie Ihnen auch eine bestimmte Strategie vor."

Die Verhandlung anderen zu überlassen ist eine Taktik für sich. Darin sind die Japaner Experten. Sie kommen oft mit einem ganzen Verhandlungsteam und der „einsame" Gesprächspartner aus dem Westen weiß überhaupt nicht, mit wem er eigentlich verhandelt. In kritischen Situationen ziehen sie sich einfach zur Beratung zurück oder müssen sich Anweisungen von ihren

Vorgesetzten holen. Diese Art der Verhandlung wurzelt in ihrer Kultur und ist für den westlichen Unterhändler ziemlich enervierend. Sollte man in der Landessprache verhandeln, wenn man sie spricht – oder in der eigenen Muttersprache? Manche, die fließend Englisch sprechen, arbeiten lieber mit einem Dolmetscher, was ihnen genug Zeit gibt, ihre Meinung zu ändern. Auch ein „Informationsleck" ist eine beliebte Taktik, vor allem in der Politik. Eine umstrittene Idee sickert an die Presse durch. Die Regierung leugnet zwar alles ab, beobachtet aber genau die Reaktionen. Dahinter steckt der Gedanke, eine Idee zu testen (einen Versuchsballon starten) und die Gemüter sich abkühlen zu lassen. Wenn der Widerstand zu groß erscheint, läßt man den Plan fallen. Andernfalls wird er erst dann wieder ins Gespräch gebracht, wenn das Thema jeden langweilt.

Den Gegner kennen

Will man die Stärken und Schwächen des Gegners verstehen, muß man sich in seine Lage versetzen können. Das heißt nicht, daß man mit ihm sympathisieren muß: im Gegenteil, man erkennt so besser seine Achillesferse und die Strategie, der er sich bedient, um aus einer unvorteilhaften Situation das Beste zu machen.

Virginia Wade meinte dazu: „Jeder hat seine Schwächen. Es ist nur eine Sache der Ausdauer: Wer wirklich intensiv sucht, findet auch etwas. Wenn Sie wissen, daß man von Ihnen sagt, Sie würden einen bestimmten Stil oder eine bestimmte Linie bevorzugen, sollten Sie darauf achten, schon im Anfangsstadium genau das Gegenteil zu tun. Wenn man einen Ball am liebsten geradeaus auf die Grundlinie schlägt, muß man gleich zu Beginn quer spielen. Man sollte sich in ‚voller Rüstung' präsentieren, denn wenn es brenzlig wird, greift man automatisch zu seiner bevorzugten Taktik. Wenn man dem Gegner gleich zu Anfang etwas zum Überlegen gegeben hat, fühlt er sich verunsichert. Spieler, die ständig ihre Taktik ändern, sind die schwersten Gegner!" Wen hält Virginia Wade heute für den besten Taktiker? „Ich glaube, Jimmy Mayer. Er tut zu jedem Zeitpunkt genau das Richtige; scheint ständig nachzudenken, sogar mit den Füßen. Er weiß genau, wie man den Gegner aus dem Konzept bringt. Da hat kaum jemand eine Chance. Er spielt ‚auf beiden Seiten', aber er hat auch großes Talent und bringt dich ganz schön ins Grübeln." Gibt es in dieser Hinsicht Ähnlichkeiten zwischen Tennis und Geschäft? „Ich glaube, bei beiden zählt Sensitivität – sich in den Gegner hineinversetzen können und wissen, wie man am besten mit ihm fertig wird", sagt Lord Pennock. „Ich finde es faszinierend, daß Borg immer Conners, Conners Lendl, Lendl McEnroe und McEnroe Borg schlägt. Es ist ein Kampf zwischen den verschiedenen Stilrichtungen und Spielarten, so wie im Leben. Es gibt Situationen, wo man den Gegner oder die eigenen Leute genau einschätzen muß. Man muß versuchen zu erkennen, was sie denken und wie sie reagieren, dann erst kann das Spiel beginnen. Geht der andere ‚nach vorne', oder bleibt er lieber im Hintergrund? Können Sie ihn, wenn er sich zurückhält, aus der Reserve locken? Genauso ist es im Leben."

Mark McCormack: „Ich vertraue auf meine Urteilskraft. Ich versuche, meinen Verhandlungspartner einzuschätzen. Es geht mir darum, herauszufinden, was ich will und welche Grenzen mir nach unten und nach oben gesetzt sind – nicht nur in finanzieller Hinsicht, auch bei den Verhandlungsbedingungen. Ich versuche, meinen Gesprächspartner und seinen Background kennenzulernen und zu entscheiden, welchen Punkt ich zuerst zur Sprache bringen sollte – und dabei mache ich auch Konzessionen, bevor er mir welche einräumen muß. Oder ich versuche es mit Humor, wenn ich merke, daß er Sinn dafür hat. Man muß ein Gefühl für seinen Verhandlungspartner entwickeln."

Jackie Stewart: „Wenn ich mich an ein anderes Auto herangepirscht habe, will ich die Schwächen meines Konkurrenten studieren. Ich hab' vielleicht gesehen, ob er eine Situation falsch eingeschätzt hat oder sehr gut fährt. Um ihn ‚auszubooten' muß ich ihn eine Weile beobachten und feststellen, wie er sich verhält – nicht ein, zwei oder drei, sondern fünf bis zehn Runden lang (das sind nur achtzig bis hundert Kilometer). Ich hefte mich an seine Fersen und warte ab, was passiert. Gelegentlich mache ich ein bißchen Druck, um zu sehen, wie er darauf reagiert. Dann vergrößere ich den Abstand, um ihm Selbstvertrauen einzuflößen, weil er jetzt meint, er hat mich abgehängt (oder daß er schneller wird, was in Wirklichkeit vielleicht gar nicht der Fall ist). Mit anderen Worten, er weiß nicht recht, wie er dran ist und welchen Vorsprung er hat (wenn überhaupt); deshalb ist er ein bißchen verunsichert, und dann machen die meisten Leute Fehler, weil sie unter Streß stehen (oder wenn die Anspannung nachläßt, weil sie glauben, sie hätten einen Vorteil, mit dem sie nicht gerechnet hatten)."

„Wenn ich dann wie üblich zum Überholen ansetze, habe ich den richtigen Augenblick abgepaßt und mich in Position gebracht. Hier kommt die Erfahrung dazu: man muß ganz kalt und berechnend sein und alles wie im Zeitlupentempo betrachten können. Sie müssen das Element der Geschwindigkeit und alles vergessen, womit Sie zu kämpfen haben, wie das Tempo, die Strecke, den Wagen und den anderen Fahrer (obwohl der das schwächste Glied in der Kette ist). Sie denken einfach nicht mehr an die Geschwindigkeit, so daß Sie genug Zeit haben, Ihren Wagen in die richtige Position zu bringen, eine Position, die man Ihnen nicht streitig machen kann. Manche halten das vielleicht für ein riskantes Überholmanöver, aber ich hab' meinen Konkurrenten so ins Hintertreffen gebracht! Ich hab' ihn ausgetrickst, und er kann nicht mehr da raus. Wenn es in eine Linkskurve geht, ziehe ich ein kleines bißchen links an ihm vorbei, vielleicht nur ein paar Zentimeter, aber er kann nicht mehr an mir vorbei, weil es nur einen Weg durch die Kurve gibt – sonst sind da nur Boxen, Schmutz, Sand und Gummifetzen von den Reifen. Es gibt keine feste Unterlage, viel zu schlüpfrig! Wenn man die Kurve also nur so nehmen kann, und ich überziehe an der Stelle dabei meinen Wagen, muß er hinter mir bleiben. Natürlich könnte er auf mich auffahren, aber ich hab' mich ja schon überzeugt, daß er nicht zu der Sorte von Fahrern gehört."

Sollten Sie Ihren Gegner nicht so gut kennen, dürfen Sie sich nicht wundern, wenn eine listige Taktik nicht den erwarteten Erfolg hat.

„Da wir gerade von Erwartungen und der menschlichen Natur sprechen", sagt A. Morgan Maree, „ich kenne da eine Geschichte von einem Jungen, der immer, wenn er zwischen einem Nickel und einem Dime wählen durfte, seinen Freunden den Nickel abnahm. Die lachten natürlich über seine Dummheit, bis einer Mitleid mit ihm hatte und ihm erklärte: ‚Weißt du, der Dime ist zweimal soviel wert wie ein Nickel, auch wenn er kleiner ist. Also nimm das nächste mal den Dime!' Darauf antwortete der Junge: ‚Wenn ich den Dime nehme, würden sie mir kein Geld mehr anbieten.'"

Das ist ein ausgezeichnetes Beispiel für eine gute Taktik. Der Junge, der sich für den Nickel entschied, wußte, daß er auf lange Sicht der Klügere war. Hätte er den Dime genommen, wäre er nur im Augenblick im Vorteil gewesen. Das wäre das genaue Gegenteil von einer geschickten Taktik. Wie ich zu Beginn dieses Kapitels gesagt habe, ist das Hauptziel der Taktik, die bessere Gesamtstrategie zu haben. Wenn ein Spieler eine Taktik als kurzfristiges Ziel betrachtet, verliert er leicht die Gesamtstrategie aus den Augen. Während einer normalen Verhandlung kann es vorkommen, daß beide Parteien auf bestimmte Vorteile verzichten. Sie können auch bewußt Konzessionen machen, um den Gegner in eine schwächere Position zu manövrieren. Ein General ordnet vielleicht den Rückzug an, um den Feind auf ein für ihn ungünstiges Terrain zu locken.

Sie müssen ein Gespür für die Situation und die grundlegenden Bedingungen eines Geschäftes entwickeln. „Sie müssen fühlen, wann es Zeit ist nachzugeben, und wenn Sie nachgeben, zögern Sie nicht zu lange! Dann gehen Sie zum nächsten Punkt der Tagesordnung über. Sparen Sie ihre Energie für Situationen auf, in denen Sie hart bleiben wollen." (Harry Helmsley)

Der Überraschungseffekt

Eine einfache Taktik ist die, etwas ganz Unerwartetes zu tun. Damit erzielt man einen Überraschungseffekt und verwirrt den Gegner, der herauszubekommen versucht, was da gespielt wird. Ich kann mich erinnern, daß ich als junger Student bei einer Pokerpartie zwischen einigen guten Spielern und einem Dichter zugeschaut habe. Der Dichter spielte so unorthodox, daß er immer wieder gewann. Immer wenn die „Profis" glaubten, seinen nächsten Schritt vorhersagen zu können, tat er etwas völlig Unerwartetes. Das geschah alles ganz unbewußt. Er hatte das Spiel gar nicht richtig verstanden.

In seinem Buch „Years of Upheaval" (Little, Brown and Company, 1982) erinnert sich der große Taktiker Henry Kissinger an den letzten Tag des Gipfeltreffens im Jahre 1976 zwischen Breschnew und Nixon. Breschnew zog sich abends früh zurück, weil man am nächsten Morgen abreisen wollte. „Um 22 Uhr klingelte mein Telefon", schreibt Kissinger. „Der Geheimdienst teilte mir mit, daß Breschnew noch wach sei, und sofort mit dem Präsidenten, der schon zu Bett gegangen war, zu sprechen wünsche. Das war ein eindeutiger Verstoß gegen das Protokoll – und außerdem ein sehr durchsichtiges Manöver, Nixon zu irritieren und ihn, mit ein bißchen Glück, von seinen Beratern zu trennen." Solche Tricks können mehr Vertrauen kosten als Vorteile bringen. Konzessionen, die der anderen Partei unter einem Vorwand entlockt werden, sind von nur geringem Wert; sie können nie die Basis für ein dauerhaftes, gutes Verhältnis zwischen zwei unabhängigen Staaten sein, weil sie meistens nur einmal gemacht werden.

„Wenn ich ein Einstellungsgespräch führe oder mit jemandem ein Problem diskutiere", sagt Lord Pennock, „bringe ich ihn zuerst einmal aus der Fassung. Jemand kommt herein und weiß genau, daß der andere bestimmte Fragen auf bestimmte Art stellen wird. Deshalb bringe ich zu Anfang immer etwas ganz anderes zur Sprache. So muß der Mitarbeiter sein ursprüngliches Konzept aufgeben und ich erfahre, worum es wirklich geht."

Stephan Kindel (Herausgeber des Magazins *Forbes*) war bald in der Lage, den Schachcomputer zu schlagen, indem er die Partie mit dem königsseitigen Turmbauer eröffnete. Der Computer brauchte eine Sekunde – dann war der Bildschirm dunkel. Er war programmiert, auf „vernünftige" Eröffnungszüge zu reagieren, nicht auf völlig unsinnige.

Manchmal kann man, wenn man etwas ganz Unerwartetes tut, seinen Kontrahenten aus der Fassung bringen – oder man erreicht damit, daß sich die Gesamtperspektive verschiebt. Zur Zeit des Geiseldramas in der Teheraner Botschaft hatte ich bei einer Fernsehsendung vorgeschlagen, die Geiseln mit 100 Dollar für jeden Tag ihrer Gefangenschaft zu entschädigen. So wäre ihre Zwangslage in ihren und in den Augen der Öffentlichkeit erträglicher und außerdem ein Zeichen für die Geduld der Amerikaner gewesen. Vielleicht hätte es sich dann erübrigt, die Geiseln weiter festzuhalten (man ließ sie ja schon deshalb nicht frei, weil man wußte, so konnte man die USA in Rage bringen). Der Vorschlag wurde zwar vom Senat geprüft, aber dabei übersah man, worum es eigentlich ging: man hielt das Ganze für eine normale Art der Entschädigung und wollte auch für die Zukunft kein Zeichen setzen. Übrigens wären die Kosten damals nur halb so hoch gewesen wie die eines Hubschraubers.

Zermürbungstaktik

In der Philosophie des Mittelalters gab es eine Art der Auseinandersetzung, die man „ad hominem" nannte. Das bedeutet, daß der eigentliche Inhalt einer Kontroverse unwichtig war; man attackierte ausschließlich die Person des Gegners. Da heute die meisten Meinungsverschiedenheiten auf diese Weise ausgetragen werden, erübrigt sich die Suche nach einer speziellen Bezeichnung. Es gibt ein ganzes Bündel taktischer Maßnahmen, die darauf ausgerichtet sind, den Gegner psychologisch zu zermürben. Deshalb heißt diese Taktik „Zermürbungstaktik". Stephen Potter hat über dieses Thema ein sehr amüsantes Buch geschrieben.

Die Zermürbungstaktik war in der Schachwelt schon vor mehr als einem Jahrhundert bekannt. Der junge Paul Morphy wollte während einer Europareise unbedingt gegen den weit älteren Engländer Howard Staunton, den größten Schachanalytiker und -experten spielen. Ernest Jones hat behauptet, Staunton sei für Morphy eine Art Vaterfigur gewesen; ein Sieg wäre für Morphy der Beweis gewesen, ein wirklich guter Schachspieler – und unbewußt wohl noch anderes – zu sein.

Die Situation war brisant für Staunton, den wir uns als typischen Vertreter des Viktorianischen Zeitalters vorstellen müssen – pompös, langweilig und arrogant. Morphy galt allerorts als Schachgenie, fast als unschlagbar. Er würde Staunton zwar höflich, aber unsterblich blamieren – und darauf legte ein Viktorianischer Gentleman wenig Wert. Deshalb griff Staunton zu einer sehr subtilen Taktik, die seine Befürchtungen nicht erkennen ließe und ihn außerdem noch in ein vorteilhaftes Licht rückte.

Morphy wurde ihm vorgestellt und bat natürlich sofort um ein Spiel. Staunton gab vor, bereits eine andere Verabredung getroffen zu haben. Drei Monate lang versuchte Morphy „auf die allerhöflichste Art", ein Spiel zu arrangieren, aber Staunton reagierte mit immer neuen Ausflüchten, Hinhaltemanövern, gebrochenen Versprechen und dem Vorwand, er sei gerade mit Wichtigerem beschäftigt. Dadurch sollte der Eindruck entstehen, Schach sei ein kindisches Spiel. Außerdem griff Staunton Morphy wiederholt in seiner Schachzeitschrift scharf an, bezeichnete ihn als schlechten Spieler, geldgierigen Abenteurer usw.

Das Schauspiel, das er gab, war zwar seiner nicht würdig, hatte aber im Hinblick auf sein unmittelbares Ziel durchaus den gewünschten Effekt. Auf lange Sicht war es jedoch ein Fehlschlag: Man verurteilte Stauntons Reaktion, während Morphy für die Öffentlichkeit der Held war. Aber den unmittelbaren Erfolg konnte Staunton für sich verbuchen: der arme Morphy kehrte dem Schach fortan den Rücken. Einer seiner Biographen schrieb: „Er hatte die Nase voll von den Schachzügen – außerhalb des Bretts. Ist das ein Wunder?"

Der brillanteste Schachspieler aller Zeiten kehrte nach New York zurück und kümmerte sich kaum noch um das königliche Spiel. Er lebte völlig zurückgezogen und litt zweifellos an Paranoia; ein Vierteljahrhundert später erlag er einem Gehirnschlag.

Leider hat Staunton einen Präzendenzfall geschaffen, der sich in der Schachwelt noch immer großer Beliebtheit erfreut!

Emanuel Lasker war von 1894 bis 1921 Schachweltmeister, hauptsächlich wohl deshalb, weil er es verstand, seinen gefährlichsten Rivalen aus dem Weg zu gehen. Der amtierende Weltmeister konnte damals mehr oder weniger tun und lassen, was er wollte; erst 1921 erklärte er sich bereit, gegen Capablanca anzutreten, und das auch nur, weil er 20 000 Dollar dringend brauchte, da er während der Inflation in Deutschland sein gesamtes Vermögen eingebüßt hatte.

1927 verlor Capa gegen Alexander Alekhine, einen russischen Aristokraten, der ein Meister darin war, eine Revanche zu vermeiden: „Setzte Capa den Spieltermin auf den Sommer fest, wollte Alekhine im Winter antreten. Wenn Capa nach langem Ringen endlich zusagte, sich im Winter zu treffen, konnte der Russe nur im Sommer." Die Schachwelt war brennend an einer Revanche interessiert, aber sie fand nie statt. Sie trafen sich erst bei der Weltmeisterschaft 1936 in Nottingham; Capa und Botvinnik lagen auf dem ersten und Alekhine auf dem sechsten Rang – woran man sieht, daß seine Taktik, das Spiel um den Weltmeistertitel so lange wie möglich zu verzögern, richtig war.

Alekhine führte die Schachexperten bis zu seinem Tode 1946 an der Nase herum. Das darauffolgende Interregnum sollte 1947 durch ein Schachturnier in Holland, an dem die sechs weltbesten Schachspieler teilnehmen konnten, beendet werden; aber eine holländische Zeitung warf den Russen vor, sich die Spiele gegenseitig „zuzuspielen", damit ein Russe neuer Weltmeister würde. Fischer erhob fünfzehn Jahre später, 1962, einen ähnlichen Vorwurf und nahm ihn als Anlaß, sich von offiziellen Veranstaltungen zurückzuziehen. Die Russen verlangten von der Regierung ein Dementi und drohten, die Teilnahme zurückzuziehen, wenn die Weltmeisterschaft nicht in Rußland ausgetragen würde.

Und so ging es weiter. Als die Weltmeisterschaft 1972 stattfinden sollte, wurden die Austragungsorte, die Spassky vorschlug, von Fischer abgelehnt und umgekehrt. Fischer führte eine völlig neue Variante ein, indem er dreißig Prozent der Eintrittsgelder verlangte, zusätzlich zum garantierten Preisgeld. Er stellte alle möglichen Ansprüche hinsichtlich Spielbedingungen (Licht, Tisch, Stühle usw.); nach der sechzehnten Partie beschuldigten die Russen die Amerikaner, die Kondition ihres Kandidaten mit elektronischen Geräten und chemischen Substanzen zu schwächen.

Auch nachdem Fischer und Spassky die Bühne verlassen hatten, ging die Zermürbungstaktik weiter. Der nächste Titelkampf wurde 1975 zwischen Karpov und Korchnoi ausgetragen; Korchnoi wollte einen Zuschauer entfernen lassen, der behauptete, Karpovs Parapsychologe zu sein; Korchnoi glaubte, dieser wolle seine Konzentrationsfähigkeit stören. Ob es nun stimmte oder nicht – Korchnoi war an dem Tag nicht in Höchstform. Vielleicht hatte er sich selbst paralysiert.

Einschüchterungstaktik

„Wir haben Randall beim Spiel Middlesex gegen Nottingham zweimal ,rausgebracht'", erinnert sich Mike Brearley. „Gleich zu Beginn der Spielzeit hat er den zweiten Ball – einen Springball – mit einem Hakenschlag erwischt und ins Aus befördert. Das passiert ihm öfter mal. Sonst ist er ein guter Spieler – und außerdem bin ich mit ihm befreundet. Am Montag nach dem Spiel saßen wir abends zusammen und ich habe ihn gefragt, wann wir denn wieder mit seinem ,Hakenschlag' rechnen könnten. Wieder beim zweiten Ball, oder wann? Ich hab' ihn richtig damit aufgezogen. Ich wollte damit erreichen, daß er sich ernsthaft überlegte, ob das noch einmal passieren würde. Und es passierte tatsächlich wieder, und zwar wieder beim zweiten Ball. Er wurde ausgewechselt. Das war natürlich eine List von uns. Alles nur Bluff!"

Angelo Dundee beschreibt, wie Muhammad Ali seinen Gegner Sonny Liston vor dem Weltmeisterschaftskampf beim Wiegen zu zermürben versuchte: „Ali schrie und tobte, er würde den ,großen, häßlichen Bären' auf der

Stelle fertigmachen. Es war natürlich alles nur Schau. Ich hätte Ali mit dem kleinen Finger zurückhalten können."

„Eigentlich sind wir damals zweimal in die Halle marschiert, wo das Wiegen stattfinden sollte: das erste Mal waren wir nämlich zu früh dran. Die Halle war noch leer. Also gingen wir nochmal zurück und haben gewartet, bis alle da waren. Dann sind wir erst wieder reingegangen."

„Alis Blutdruck war bestimmt auf hundertachtzig, und alle glaubten, ‚entweder hat der eine Heidenangst oder er ist total meschugge!‘ Liston sollte nicht mehr wissen, wie er dran war. Er war ein wirklich harter Brocken, ein richtiger Bulle, so einem Typen muß man eintrichtern, daß sein Gegner verrückt ist, so daß er nicht weiß, was der vorhat. Eine halbe Stunde später saß Ali übrigens friedlich auf der Treppe und spielte mit ein paar Kindern."

Muhammad Ali siegte über Liston – der sich weigerte, in die achte Runde zu gehen; er sagte, er habe eine Schulterverletzung . . .

Die natürliche Hackordnung

Die meisten Menschen halten Bluffs und Zermürbungstaktiken für unmoralisch und glauben, das lenke vom eigentlichen Wert eines Kampfes ab. Die Siegen-um-jeden-Preis-Einstellung kommt vielleicht dem Gewinner zugute, ist aber nicht unbedingt ein Gewinn für das Publikum oder den Sport selbst. Ein Tennisspieler, der seinen Rivalen dadurch stört, daß er den Schiedsrichter anbrüllt, schadet dem Tennis und lenkt von seinen eigenen Fähigkeiten ab. Wenn es um die Moral geht, streben wir nach dem, was echt und natürlich ist und verzichten auf alles, was uns falsch vorkommt. Um das „Wahre" zu entdecken, halten wir uns gerne an die Natur, weil die Verhaltensweisen hier nicht vom Menschen verfälscht sind. Zu unserem Erstaunen müssen wir dabei aber feststellen, daß auch hier Bluff und Taktik nicht unbekannt sind. Beim Kampf um die Vorrangstellung in der Herde, um das Recht zur Paarung oder das Territorium werden nicht selten Tricks angewendet. Echte Kämpfe finden hier kaum statt. Drohgebärden, einschüchterndes Gebrüll und Imponiergehabe sind vielen Arten genauso geläufig wie Signale und „Psychologie". Einer der Kämpfer weicht als erster zurück und zeigt damit seine Niederlage an. So entsteht eine Hack- oder Rangordnung. Deshalb war Muhammad Alis Verhalten ganz „natürlich". Es läßt sich unschwer erkennen, warum die Einschüchterungstaktik in der Natur so wichtig ist. Würde es jedesmal zu echtem Kampf kommen, wäre der Sieger bald erschöpft und tot. Seine wertvollen Erbanlagen würden verlorengehen. Sinn des Kampfes besteht hier darin, die besten Gene für die Paarung und somit für die Erhaltung der Art zu bewahren. Unter psychologischer Kriegsführung versteht man, daß der Held seine Überlegenheit, ohne getötet zu werden, beweisen kann. Was steckt dahinter? In unserem Gehirn finden chemische Reaktionen statt, die unsere Stimmung determinieren; zu den wichtigsten gehören diejenigen, die Angst und Aggression auslösen. Zu einem bestimmten Zeitpunkt werden die Angst auslösenden Reaktionen stärker als die Aggression auslösenden. Mensch oder Tier weichen zurück. Beim Leittier ist die Aggression meistens größer als die Angst. Diese Konzeption des „natürlichen Anführers" hat Grand Prix-Fahrer Jackie Stewart an einem Beispiel illustriert:

„Ich glaube, im Geschäftsleben oder einem anderen erfolgversprechenden Metier kommt der Zeitpunkt, wo Sie erkennen, daß man Sie als natürlichen Führer akzeptiert; wenn Sie diese Vorrangstellung erreicht haben, können Sie das „Tempo" bestimmen.

Im Motorsport habe ich dieses Phänomen erst 1968, nach dem Tod von Jim Clark, bemerkt. Damals habe ich den Grand Prix gewonnen. Ich lag im Rennen an der Spitze, aber mein Verfolger machte mir ganz schön zu schaffen. Ich konnte ihm nicht davonfahren. Ich hatte mir zwar ein „Polster" zugelegt, aber das war nicht sehr dick. Ich versuchte, den Abstand zu vergrößern, und das gelang mir wohl auch. Ich weiß nicht mehr, waren es neun oder zehn Sekunden, ich führte das Feld jedenfalls an. Als ich das merkte, wollte ich mir eine „Pause" gönnen und nur zwei Runden lang das Tempo leicht drosseln. Und plötzlich stellte ich fest, daß mein Verfolger sich meiner Geschwindigkeit angepaßt hatte – nicht schneller, sondern langsamer fuhr! Nach den zwei Runden habe ich wieder beschleunigt, und er machte das gleiche. Das ging so lange hin und her, bis zwei junge unerfahrene Fahrer herankamen und ich ihnen meine Autorität beweisen mußte, schließlich sollten sie ja nicht auf dumme Gedanken kommen!"

Illusion und Bluff

Manchmal sollen bestimmte Taktiken (besonders bei Verhandlungen) einen falschen Eindruck vermitteln. Im Zweiten Weltkrieg soll der Zauberer Maskelyne in Ägypten die Attrappe eines Hafens geschaffen haben, um die Deutschen zu täuschen, die ihn für einen Nachschubhafen halten und bombardieren sollten. Es gibt Zeiten (auch im Frieden), wo Taktik und Täuschung nahe beieinander liegen. Es ist richtig, daß etwas oft nur in den Augen dessen, der es besitzt, Wert hat, aber ist man in der Defensive, kommt es genauso oft darauf an, wie hoch der andere es einschätzt. Auch darin kann ein grundlegender Wert bestehen.

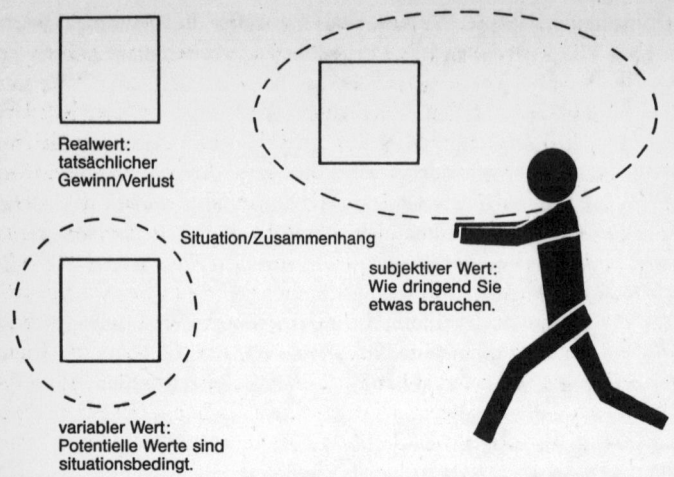

Realwert:
tatsächlicher
Gewinn/Verlust

Situation/Zusammenhang

subjektiver Wert:
Wie dringend Sie
etwas brauchen.

variabler Wert:
Potentielle Werte sind
situationsbedingt.

In einer echten Verhandlung – und in dieser Hinsicht sind Verhandlungen mit Gewerkschaften oft echter als geschäftliche – geht es um reale Werte, die beiden Seiten kennen: Das Management weiß, was ein Produktionsausfall von einem Tag kostet. Die Gewerkschaft ist sich darüber im klaren, welche Auswirkungen Lohnerhöhungen haben. Diese Werte sind allgemein bekannt. In einer Verhandlung geht es aber genauso häufig um subjektive Werte. Wenn eine Hotelkette ein weiteres Hotel übernehmen will, ist das eigene subjektive Werturteil davon abhängig, wie dringend es dieses Objekt braucht. Hier ist die Bilanz der wahre Wert.

Wenn reale Werte sichtbar gemacht werden können, lassen sie sich leicht von den subjektiven unterscheiden; bleiben sie verborgen, verliert sich der Unterschied. Poker ist ein Spiel, bei dem der reale und der subjektive Wert identisch sind. Hier kommt der Bluff „ins Spiel".

Die Spieltheorie wurde von dem großen amerikanischen Mathematiker John von Neumann in den zwanziger und dreißiger Jahren entwickelt. Das klassische Problem, das den Anlaß dazu gegeben hatte, war die Frage, ob man beim Pokern bluffen soll und wenn ja, wie oft man bei einem starken Gegner damit Erfolg hat.

Erstaunlicherweise entdeckte Neumann, daß es von Zeit zu Zeit ganz ratsam ist zu bluffen, selbst wenn der Gegner weiß, daß das zu Ihrem Repertoire gehört. Bei der Untersuchung verschiedener Strategien stellte er fest, daß der Gewinn höher ist, wenn man in bestimmten Abständen blufft, als wenn man gar nicht oder zu oft zu diesem Mittel greift. Der zweite Spieler verringert dadurch seinen Verlust, daß er, ebenfalls in bestimmten Intervallen sehen will. Verlangt er das zu oft oder zu selten, verliert er größere Summen.

Gelten die Gesetzmäßigkeiten beim Pokern auch im Geschäftsleben? Diejenigen, die kompromißlos ihr Ziel erreichen wollen, kümmern sich nicht um die Taktik des Verhandelns. Und die, deren Aufgabe darin besteht zu verhandeln, machen eigene Gesetzmäßigkeiten dabei geltend. Ist es ehrenhaft, durch geschicktes Verhandeln etwas zu einem überhöhten Preis zu verkaufen? Der Taktiker würde darauf antworten, daß der angemessene Preis nur dadurch bestimmt wird, was der Käufer dafür zu zahlen bereit ist. Er würde außerdem noch anführen, daß die angebotene Ware einen ‚potentiellen' Wert hat, der allein vom Ermessen und dem Glauben des Kunden (beeinflußt vom Verkäufer) abhängig sei. Wir halten es für äußerst unmoralisch, Blei als Gold anzupreisen. Aber es ist moralisch durchaus vertretbar, Gold teuer zu verkaufen, weil der Käufer Angst vor einer Inflation hat.

Wann ist Taktik angebracht?

Denken Sie einmal über zwei verschiedene Ansagen einer Fluggesellschaft nach, die für die auf den Start ihrer Maschine wartenden Passagiere durchgegeben wird: „Wir müssen Ihnen leider mitteilen; weil . . . weil . . . und weil . . . verschiebt sich der Abflug unserer Maschine um fünf Minuten" und die zweite: „Wir freuen uns, Ihnen mitteilen zu können, daß wir nur fünf Minuten Verspätung haben, weil . . ."

Im ersten Beispiel weiß der Passagier nicht, was nach dem Satz: „Wir müssen Ihnen leider mitteilen . . ." folgt. Es kann sich um eine große Verspätung handeln oder sogar darum, eine spätere Maschine zu nehmen. Im zweiten Beispiel wird die geringfügige Verspätung sofort bekanntgegeben. Wenn man handelt, gibt es keine neutrale Position: entweder etwas wird gut, oder es wird schlecht gemacht. Taktik kann die Kunst sein, optimal zu handeln. Aber von wessen Standpunkt aus gesehen? Eindeutig vom Standpunkt der Menschen, die sich der Strategie bedienen, aber dazu gehören ebenfalls moralisches Empfinden und Rücksichtnahme auf andere.

Die Kriegs- oder Kampfanalogie kann eindeutig zu weit führen. Man gewöhnt sich leicht an, nur noch in Gewinner-/Verlierer-Kategorien zu denken: „Ich kann nur gewinnen, wenn der andere verliert." Aber oft will man mit Verhandlungen und Taktik erreichen, daß alle profitieren, eine Gewinner-/Gewinner-Konstellation schaffen. Am Beispiel der Ansage ist zu erkennen, daß die zweite Version für alle Betroffenen besser ist. Eine äußerst wirksame Taktik besteht darin, die Interessen beider Parteien aufeinander abzustimmen, so daß die generelle Richtung eine gemeinsame ist.

Man darf auch nicht davon ausgehen, daß Taktik sich ausschließlich auf menschliche Gruppierungen beschränkt. Taktik ist ebenso notwendig, wenn man ein Unternehmen aufbaut oder ein wissenschaftliches Experiment durchführt. Taktik bezieht sich auf die Durchsetzung einer Gesamtstrategie; nicht darauf, daß man einem Gegner die eigene Überlegenheit beweist.

Ein Schlüsselelement der Taktik (aber auch ein Teil der Strategie) besteht darin, sich eine „Rückzugs-Position" offenzulassen. Was kann man tun, wenn sich die Dinge nicht wie gewünscht entwickeln? Dieser Punkt scheint im Gegensatz zu Risikobereitschaft und Engagement zu stehen, aber der Schein trügt. Je besser Sie Ihre „Rückzugsstrategie" planen, desto eher sind Sie bereit, ein Risiko einzugehen. Es gibt einen Ausspruch (der von Martina Navratilova stammen soll), daß auf einer Platte mit Rührei und Schinken, der Schinken und nicht das Schwein zu sehen ist. Ich weiß nicht recht, ob das Schwein in diesem Fall viel Vernunft gezeigt hat.

Erfolgstaktik

1. Der schnelle Sieg oder das „Nehmen-was-sich-bietet"-Prinzip ist vielleicht im Augenblick von Vorteil, läßt sich aber nur schwer konsolidieren und ist keine Basis für einen langfristigen Erfolg.

2. Integrität und Glaubwürdigkeit haben, abgesehen von ihrer Bedeutung für das eigene „Seelenleben", auch praktischen Wert. Sie vereinfachen den Entscheidungsfindungsprozeß und sorgen dafür, daß Sie „im Geschäft bleiben".

3. Lernen Sie zu unterscheiden zwischen dem, was man auf bestimmte Weise tut, weil es immer so getan wurde – und dem, was man auf bestimmte Weise tut, weil es ohne ungeschriebene Gesetze unmöglich wäre, einen reibungslosen Ablauf des Wirtschaftslebens zu garantieren.

4. Wenn es Ihnen gelingt, im Rahmen des bestehenden Systems zu operieren, erreichen Sie eher, was Sie sich vorgenommen haben, als wenn Sie sich zum Pionier berufen fühlen und die Spielregeln ändern wollen.

5. Das System zu betrügen ist weder klug noch eine Heldentat.

6. Manchmal gelangt man nur auf Umwegen zum Ziel.

7. Zu verschiedenen „Spielen" und Situationen gehören unterschiedliche Spielarten und Regeln. Versuchen Sie, sie zu erkennen.

8. In einer Verhandlungssituation gibt es neben den realen auch noch subjektive und variable Werte.

9. Psychologische Taktiken werden bei Ihnen angewandt, auch wenn Sie selbst keinen Wert darauf legen, sie bei anderen einzusetzen.

10. Geben Sie sich lieber mit weniger zufrieden, als nach dem Motto ‚Alles oder Nichts' zu spielen.

11. Eine Taktik ist nie Endziel, sondern dient nur zur Verwirklichung des übergeordneten, langfristigen Ziels.

12. Sie sollten bei einer Verhandlung darauf vorbereitet sein, Konzessionen zu machen, und versuchen, Ihren Verhandlungspartner auf ein für Sie günstigeres Terrain zu bringen.

13. In manchen Situationen gibt es Gewinner und Verlierer, in anderen eine Gewinner-/Gewinner-Konstellation. Ihr Kontrahent muß nicht unbedingt verlieren, damit Sie gewinnen können.

14. Ein unerwarteter (sogar irrationaler) Schachzug kann den anderen aus dem Konzept bringen.

15. Wenn Sie nicht weiterkommen, sollten Sie die Perspektive oder den Bezugsrahmen verschieben.

16. Entscheiden Sie sich, ob sie mit verdeckten oder mit offenen Karten spielen wollen. Beide Taktiken haben ihre Vorzüge. Finden oder wählen Sie den oder einen besseren Weg.

18. Versuchen Sie, die Initiative zu ergreifen, anstatt auf eine Situation oder Ihren Gesprächspartner zu reagieren. Seien Sie aktiv statt reaktiv.

19. Lassen Sie sich von einer Taktik nicht so in den Bann schlagen, daß Sie Ihren eigentlichen Zweck aus den Augen verlieren.

TEIL IV

ENTSCHEIDUNGSFINDUNG
UND DENKEN

14.

Denker und Macher

Die Beiträge:

Vereinigte Staaten: Roy Cohn, Harry Helmsley, Antonio Herrara, Alex Kroll, Norman Lear, David Mahoney, Mark McCormack, James B. Rogers Jr.

Großbritannien und übrige Länder: Sir Ove Arup, Sir Terence Conran, Mickey Duff, Harold Evans, Hans Eysenck, Lord Forte, Verity Lambert, Sir Peter Parker, Lord Pennock, Jackie Stewart, Sir Huw Wheldon, Charles Williams.

Ein Mann, der als Theoretiker begann und dann ein sehr erfolgreicher Praktiker wurde (der wohl berühmteste Konstrukteur), sagt über die Denker und Macher: „Der geborene Theoretiker strebt nach Perfektion, während der geborene Praktiker viel mehr erreicht, weil er schnell reagiert und sich auf seine Intuition verläßt." (Sir Ove Arup)

Das ist ein sehr tiefsinniger Ausspruch. Unterschwellig kommt hier zum Ausdruck, daß sich der eine an Darstellung, Analyse und Denken und der andere am Handeln orientiert.

Ich kann dieser Differenzierung zwischen Theorie und Praxis und der Auffassung, Denken sei der Feind des Handelns, nicht zustimmen. Nach meiner Ansicht gibt es Denkprozesse, die für die Theorie, und solche, die für die Praxis relevant sind. Ich verwende lieber einen Begriff, der das Denken als Bestandteil des Handelns definiert: „rationales Handeln". Jene Art des Denkens, die ich für besonders geeignet halte, im formalen Schul- und Ausbildungsprozeß eine Vorrangstellung einzunehmen, ist das auf das Handeln bezogene Denken.Es scheint oft so, als würden Akademiker mehr denken als handeln, und deshalb schließt man oft daraus, daß ihre Art zu denken (das Streben nach Perfektion) mit der generellenKonzeption des Denkens identisch sei. Wie wir in diesem Buch sehen, zählen auch viele Unternehmer zu den Denkern. Das kann man oft nicht auf Anhieb erkennen, weil sie primär durch ihr Handeln in den Vordergrund treten.

In Sir Ove Arups Satz wird noch etwas anderes angedeutet: daß nämlich alle wichtigen Denkprozesse ganzheitlich und unbewußt ablaufen und eine Handlung entsprechend konzipiert wird. Bewußtes Denken erschwert das Denken (wie ein Tausendfüßler, der, wäre er sich seiner Gangart bewußt, „aus dem Tritt" gerät). Hier wird impliziert, daß der Mensch von Instinkt, Stil und internalisiertem Wissen auf einem bestimmten Gebiet abhängig ist – was in manchen Fällen sicher zutrifft, gelegentlich aber auch gefährlich sein kann.

Und noch etwas klingt an: die Aufforderung, Entscheidungen zu treffen, zu handeln. Richten Sie Ihr Denken darauf aus, Ihre Entscheidungen zu modifizieren, den Gegebenheiten anzupassen und realisierbar zu gestalten. Nicht alles läßt sich theoretisch ausarbeiten; Denken und Handeln wirken ständig zusammen. Man kann den Duft einer Blume nicht aus der Ferne wahrnehmen, man muß näher herangehen, um ihn zu spüren. Auch das kann wieder gefährlich sein. Ein General, der erst im Kampf seine Strategie festlegt, verliert vielleicht gegenüber einem Gegner, der sich zuerst mit der strategischen Planung befaßt hat.

„Man muß denken, bevor man den Ball weitergibt, das ist die Hauptsache. Was willst du jetzt tun? Warum willst du das so machen! Wohin schießt du den Ball und wen spielst du dabei an? Darauf kommt es eigentlich an." (Antonio Herrara)

Wissenschaftler und Konstrukteure hatten bewiesen, daß die bemannte Luftfahrt unmöglich sei, weil der Mensch nie die Geschwindigkeit herbringen würde, die für den Start eines Flugzeugs notwendig ist. Paul Mac Cready wußte davon nichts; er versuchte es – und hatte Erfolg. Auf diese Gegensätzlichkeiten spielt Sir Ove Arup an, und in diesem Punkt, daß nämlich das Denken in eingefahrenen Gleisen nicht zu Innovationen führt, stimme ich ihm zu. Ich bin auch oft geneigt zu glauben, daß es die Kategorie der Denker und die der Praktiker gibt. Aber die Erfahrung hat mich gelehrt, daß Denkprozesse in beiden Gruppierungen stattfinden. Ich halte es für sehr bedenklich zu behaupten, der Praktiker könne auf die Theorie verzichten.

Wenn das Denken so wichtig ist – worauf kommt es dann in erster Linie dabei an?

Hans Eysenck: „Zweifellos ist der Intelligenzquotient am besten geeignet, die intellektuelle Leistungsfähigkeit vorherzusagen. Wir haben gerade erst eine Studie auf der Isle of Wight durchgeführt; auf der Isle of Wight deshalb, weil dort alle Kinder dieselbe Schule besuchen und eine einheitliche Ausgangsbasis in dieser Hinsicht haben. Wir haben den Intelligenzquotienten der Kinder im Alter von fünf und später noch einmal von sechzehn Jahren gemessen und ihre schulischen Leistungen damit verglichen. Die Validität des ersten Tests ist wirklich bemerkenswert. Sie korreliert in hohem Maße mit dem späteren schulischen Erfolg und dem zweiten IQ-Test. Die erste Auswertung ließ bereits erkennen, wie die schulischen Leistungen sein würden. Davon ist wiederum abhängig, ob sie eine Universität besuchen können und ob sie später im Beruf Erfolg haben."

Da sich die IQ-Tests primär auf die Fähigkeiten beziehen, die auch in den traditionellen schulischen Beurteilungskriterien zum Tragen kommen, überrascht es nicht, daß ein beträchtlicher Grad an Übereinstimmung zwischen Test und schulischer Leistung besteht. Wie Eysenck schon sagte, unsere Gesellschaft ist so strukturiert, daß schulischer Erfolg, Besuch der Universität und berufliche Karriere oft miteinander gekoppelt sind. Daraus könnte man wiederum schließen, daß diejenigen mit weniger guten schulischen Leistungen, die nicht studieren, „dumm" sind. Aber wenn wir uns einmal erfolgreiche Menschen näher ansehen, stellen wir fest, daß viele schlechte Schüler waren (Churchill) oder keine spezifische berufliche Ausbildung hatten (Clive Sinclair). Es ist möglich, daß für die Konstellation der für den Erfolg notwendigen Begabungen IQ-Tests und formale schulische Beurteilungskriterien, so wie wir sie kennen, nicht unbedingt geeignet sind. Eine Gesellschaft könnte Gefahr laufen, ihre besten Talente zu vergeuden, weil das System, das sie unterstützt, nur die privilegiert, die am ehesten geeignet sind, ihr dynamisches Wachstum zu fördern.

Professor Eysenck glaubt fest an die genetische Basis der Intelligenz: „Wir haben viele Untersuchungen an eineiigen Zwillingen, die in einem völlig verschiedenen Milieu aufgewachsen sind, durchgeführt. Der IQ ist in allen Fällen nahezu identisch gewesen . . .

„Juden sind hochintelligent, das haben unsere Tests immer wieder gezeigt, besonders der Klerus. Der Grund dafür ist in der geschichtlichen Entwicklung zu finden: Bei den Katholiken dürfen Priester nicht heiraten, und so gehen ihre Erbanlagen verloren. Aber bei den Juden wird der Rabbi ermuntert, so viele Kinder wie möglich in die Welt zu setzen; das gehört mit zu seinen Pflichten. Was seine Gene betrifft: der Rabbi hat eine hervorragende Erziehung und Ausbildung und verfügt meistens über große Intelligenz. Seine Erbanlagen werden vervielfältigt; für eine Jüdin aus gutem Haus gilt es als Ehre, einen Rabbiner zum Mann zu haben. Diese gezielte Art der Partnerwahl fördert natürlich die Konzentration der Intelligenz . . ."

„Obwohl die Anlage zur durchschnittlichen Intelligenz geschlechtsunabhängig ist, tendieren Männer mehr zum oberen und unteren Intelligenzniveau. Für uns ist hier in erster Linie die obere Ebene relevant. In der Gruppe der Hochintelligenten sind Männer stärker als Frauen vertreten. Und da ist noch ein Faktor, der nicht minder bedeutungsvoll ist: Für Frauen haben Familie und Familienleben einen weit höheren Stellenwert als für Männer, während ihnen wirtschaftliche oder politische Erfolge viel weniger bedeuten. Ein gutes Beispiel dafür ist der Kibbuz: Ursprünglich sollten Männer und Frauen hier absolut gleichberechtigt sein und die Frauen bestärkt werden, sich an der Verwaltung und Leitung des Kibbuz zu beteiligen und den diversen Komitees beizutreten. Es gab sogar die Bestimmung, daß sich ein Komitee zu einem Drittel aus Frauen zusammensetzen müsse."

„Trotzdem haben die Frauen ihre Chance keineswegs wie erhofft wahrgenommen. Die nächste Generation, die ja nicht dieser Umerziehung bedurfte, wollte diese Bedingung nicht akzeptieren und schaffte sie ab. Hier macht sich der genetische Faktor bemerkbar – was die Feministinnen normalerweise nicht wahrhaben wollen – aber er ist nun einmal vorhanden."

„Charakteristisch ist auch, daß der IQ bei Frauen um 15 Punkte niedriger als bei Männern liegt. Und trotz aller Hilfe, die sie zwischenzeitlich erfahren haben, verhalten sie sich noch genauso wie vor achtzig Jahren. In dieser Hinsicht hat sich nichts geändert."

Es gibt Leute, die einen völlig konträren Standpunkt vertreten und sowohl die statistischen Grundlagen dieser Behauptungen als auch die Interpretation der Daten anfechten. Ich möchte diese Kontroverse hier gar nicht weiterführen. Mir geht es vielmehr darum zu klären, ob ein hohes Intelligenzniveau (wie es in den traditionellen IQ-Tests gemessen wird) zwangsläufig zum Erfolg führt und ob für den Erfolg Intelligenz eine notwendige Voraussetzung ist.

Intelligente Menschen sind nicht immer die besten Denker

Es gibt ein Phänomen, das ich als „Intelligenzfalle" bezeichnen möchte. Das bedeutet, daß so mancher hochintelligente Mensch sich als schlechter Denker erweist. Dieses Syndrom hat viele Facetten: jemand glaubt von sich, er habe immer recht und sei der Klügste, ist aber nicht bereit, einen Fehler zuzugeben oder das intellektuelle Risiko einzugehen, das echte Kreativität beinhaltet. Hochintelligenten Menschen gelingt es oft, ihren Standpunkt überzeugend und nahtlos zu begründen. Je größer ihre Begabung, Rechtfertigungen zu finden, desto geringer ist ihr Bedürfnis, sich eingehender mit dem Thema zu befassen. Sie können ihre vorgefaßte Meinung einfach nicht aufgeben, und deshalb bleiben sie dabei.

Intelligenz läßt sich gut mit der PS-Zahl eines Autos vergleichen: Die Fähigkeit zu denken entspricht hier der Geschicklichkeit des Autofahrers. Man kann ein schnelles Auto schlecht und ein langsames gut fahren. Ein schnelles Auto ist vielleicht sogar gefährlich, weil es besondere Fahrtüchtigkeit erfordert. Ich bin der Meinung, daß die Denkfähigkeit, wie die Geschicklichkeit des Autofahrers, durch Übung und Bemühen gefördert werden kann.

Wenn wir die mathematischen Grundkenntnisse einer beliebigen Gruppe von Menschen prüfen würden, könnten wir feststellen, daß die Leistungs-skala sehr breit ist. Aber selbst die besten unter Ihren Probanden könnten sich nicht mit jemanden messen, der die speziell für die Mathematik entwik-kelten Bezeichnungen, Methoden und Systeme kennt. Da wir uns zu wenig darum bemüht haben, das Denken als eine Fähigkeit zu trainieren, müssen wir uns auf unsere nicht erlernte, natürliche Begabung verlassen. Wenn wir beginnen, das Denken als Fähigkeit zu betrachten und zu trainieren, stellen wir fest, daß die erworbene Denkfähigkeit (in gewissen Grenzen) wichtiger ist als die angeborene. So kann das Brainstorming, bewußt als kreative Technik eingesetzt, ergiebiger sein, als ein Versuch, der sich nicht dieser Technik bedient. Das Modell, Denken als Lehrfach einzuführen, ist bereits erprobt. In Venezuela wird mein Denktrainings-Programm bereits bei den Zehn- bis Elfjährigen eingesetzt, und jedes Kind muß während seiner gesamten Schul-zeit zwei Stunden pro Woche der Entwicklung der eigenen Denkfähigkeit widmen. Diese Methodik hat in Kanada, Australien, Neuseeland, Großbri-tannien, Irland und den USA zahlreiche Nachahmer gefunden. In welchem Maße davon Gebrauch gemacht wird, hängt von der Motivation der lokalen Schulbehörden und der Schulleiter ab. Ich habe auch ein Pilotprogramm für Bulgarien, Malta und Malaysia entwickelt. Das Lehrmaterial wurde in Israel bei der Lehrerausbildung erprobt. Das ist nur der Anfang. Vielleicht ist in ein paar Jahren das Unterrichtsfach „Denktraining" fester Bestandteil unserer Curricula.

Die Auffassung, Denken und Intelligenzquotient seien identisch, ist meiner Meinung nach deshalb so bedenklich, weil sie impliziert, daß a) Menschen mit hohem IQ nicht denken lernen müssen und b) Menschen mit niedrige-rem IQ nicht denken lernen können. Daraus könnte man schließen, daß dieser Zustand unabänderlich sei.

Diese Überlegungen, auch das sollten Sie bedenken, stehen keinesfalls im Widerspruch zu Professor Eysencks Aussage über die genetische Basis der Intelligenz. Sie stellen lediglich die Schlußfolgerungen, die er daraus zieht, in Frage. Um ein Beispiel zu nennen: wir stellen fest, daß in einem Land alle Häuser weiß sind; das ist ein Faktum. Aber das bedeutet nicht, daß alle Häuser weiß sein müssen. Sie sind vielleicht nur so lange weiß, bis jemand sie andersfarbig anstreicht. Die uneingeschränkte Entwicklung der Denkfähig-keit scheint für den Erfolg noch wichtiger als hervorragende Ergebnisse im IQ-Test zu sein.

Es ist möglich, daß manche erfolgreiche Mitmenschen ohne spezifi-sches Training ihren Denkstil optimal verbessert haben. Die Fähigkeit, Prioritäten zu finden und zu setzen, scheint eine der Komponenten dieses Stils zu sein.

Bewußtes oder unbewußtes Denken?

Spricht man mit erfolgreichen Leuten über die Rolle, die das Denken spielt, ist es immer wieder erstaunlich, feststellen zu müssen, wie bewußt/unbewußt sich dieser Prozeß vollzieht.

(Zufällig hat Professor Eysenck in dem folgenden Abschnitt die gleiche Analogie gewählt, die ich vorher benutzt habe – allerdings mit einer ganz anderen Absicht.)

„Ich verlasse mich im wesentlichen auf meinen Verstand, wenn ich Entscheidungen treffe. Ich stelle mir das oft so vor – und das ist ein komisches Gefühl – als wenn man in ein ganz gewöhnliches Auto einen achtzehn-Zylinder-Flugzeugmotor einbauen würde. So sehe ich mich: ich bin ein ganz gewöhnlicher Mensch, mit durchschnittlicher Begabung im Sport, etwa beim Boxen, glücklich verheiratet, mit leidlichem Wesen, der gut mit seinen Mitmenschen auskommt – aber mit einem Gehirn, das fast wie ein Fremdkörper wirkt, das mir meine Bücher diktiert und meine Forschungsarbeit lenkt – als wenn ich davon besessen wäre."

Hier klingt an, daß Eysencks Gehirn wie ein autonomer Computer das Denken für ihn besorgt. Vieles ist dabei vom Input abhängig: Konzeptionen, Bezugsrahmen, Erfahrungen usw. Wie wichtig der Input ist, betont auch Sir Huw Wheldon:

„Ich habe gelernt, daß eine Fernsehsendung nur dann gut ankommt, wenn man sich vorher intensiv damit befaßt hat. Man muß sich genau überlegen, ob man zuerst über den Baum und dann über das Gartentor spricht oder umgekehrt, oder ob man gar nicht darüber spricht, sondern beides kommentarlos zeigt. Soll der Zuschauer es sofort sehen? Oder soll er danach suchen müssen? Wie kann man die Aufmerksamkeit des Zuschauers auf das Tor lenken? Wann spricht man überhaupt von einem Tor, einem Eingang, einer Pforte?"

„Intensive Überlegung ist das A und O, glaube ich. Dann trifft man – so oder so – seine Entscheidung und zeigt Baum und Gartentor vielleicht nur flüchtig aus der Perspektive eines vorbeifahrenden Motorradfahrers. Beide sind schließlich Gegenstände geworden, die nur am Rande wahrgenommen werden sollen."

Geplantes oder intuitives Denken?

Kategorisches Denken ist weit verbreitet und beruht auf der Erfahrung, die den Input darstellt. „Meistens denken wir in Kategorien (etwa bei Pachtverträgen). Manchmal liegen dreißig oder vierzig Verträge auf meinem Tisch; ich kümmere mich nur eingehender darum, wenn sie aus dem üblichen Rahmen fallen. Mit anderen Worten: es gibt einen bestimmten Qudratmeterpreis und bestimmte Klauseln, und die müssen stimmen. Wenn etwas nicht in das Schema paßt, prüfe ich die Sache genau nach. Entscheidungen fallen mir leicht, es sei denn, es handelt sich darum, Immobilien zu kaufen. Da paßt gar nichts in ein Schema!"

Lord Pennock, der im Vorstand der ICI war, bevor er Präsident der BICC wurde: „Als ich vor 2 1/2 Jahren in das Kabelgeschäft einstieg, mußte ich mit Erstaunen feststellen, wie sehr die grundlegenden Probleme dieser Branche denen der chemischen Industrie gleichen."

Ein kreativer Mensch verachtet das kategorische Denken. Es ist für uns aber deshalb so wertvoll, weil es den Geist für kreative Denkprozesse auf wichtigeren Gebieten freisetzt. Bei vielen erfolgreichen Leuten läßt sich gleich erkennen, daß sie in Kategorien denken: sie bevorzugen bestimmte Arten von Geschäften, Investitionen, Marktstrukturen und Projekten. Ihr Denken ist darauf ausgerichtet, zu klären, ob das, womit sie es zu tun haben, in irgendein Schema paßt. Wenn nicht, bleiben ihnen zwei Möglichkeiten: darauf zu verzichten oder kreativ daran zu arbeiten.

Natürlich kann auch die Gestaltung der Denkschemata eine kreative Leistung sein. Vielleicht ist das der Grund dafür, warum erfolgreiche Menschen aus der Menge ,herausragen'.

Die Befürworter dieser ganz bewußten Denkmethode (wie auch die, deren Repertoire sich auf das kategorische Denken beschränkt) scheinen jedoch wachsende Schwierigkeiten zu haben mit den immer komplexer werdenden Problemen, mit denen sich Topmanager, Politiker und Generäle heute konfrontiert sehen. Seit Anbruch des Industriezeitalters werden die Streitkräfte immer stärker und die Waffen technisch ausgereifter. Das Schlachtfeld ist nicht nur räumlich begrenzt, sondern auch mehrdimensional.

Nicht nur ein begrenztes Areal, sondern ganze Länder und Kontinente würden in Mitleidenschaft gezogen. Die Seewege, die dem Transport des Nachschubs dienen, müssen vor Angriffen über und unter Wasser, vor feindlichen Flugzeugen oder Raketen, tausende von Kilometern entfernt gezündet und von eingebauten elektronischen Mechanismen gesteuert, geschützt werden. Das Schlachtfeld selbst gerät vielleicht unter Raketenbeschuß oder wird aus der Luft angegriffen, und die eigenen Flugzeuge und

Raketen müssen gesichert werden. Noch heimtückischer und schwerer abzuwehren sind Angriffe auf den Willen der Bevölkerung – auf Militärs wie Zivilisten – mit ideologischen Waffen: durch Subversion und Propaganda.

Kein Kommandeur kann alle Details, die in diesem komplexen Problembereich zu beachten sind, im Kopf haben. Er braucht ein Team von Spezialisten, das sich mit der Informationsbeschaffung, der Planung und den logistischen und politischen Erfordernissen der Situation befaßt. Diese Teams haben selbst eine äußerst komplexe Struktur, so daß es nicht selten zu Komplikationen und Kompetenzstreitigkeiten kommt.

Mann kann deshalb meinen, daß eine Gruppe von Menschen über die Probleme, die ein Krieg mit sich bringt, entscheiden sollte. Auf den ersten Blick scheint das ganz vernünftig zu sein. Berater-Teams bestehen aus Individuen, von denen viele über Spezialkenntnisse verfügen.

Auch Persönlichkeiten aus dem Wirtschaftsleben sind Anhänger der sogenannten „Denkpool-Philosophie", wie Sir Peter Parker. „Ich bin davon überzeugt, daß sich ein Problem eher lösen läßt, wenn man es offen auf den Tisch legen und seinen Mitarbeitern nahebringen kann. Es ist meistens nicht das Verdienst eines einzigen Menschen, daß ein Unternehmen so ist, wie es ist. Ich halte es für das Beste, wenn sich alle anstrengen. Das Leben wird dadurch natürlich komplizierter, und manchmal werde ich gefragt: ‚Kostet das denn nicht viel Zeit? Sie müssen mit Ihrer Entscheidung doch warten, bis Sie jeden Mitarbeiter gehört haben.' Ich bin der Meinung: die Konservativen – und ganz besonders unsere jetzige Regierung – halten nicht viel von dem Wunsch nach parlamentarischer Präsenz oder dem alten Republikanischen Verständnis von der ‚Meinungsvielfalt'. Die Regierung sieht nicht, welchen Wert beratende Gespräche haben, anders als japanische Industrielle, die dafür immer Zeit einräumen."

Schon an früherer Stelle habe ich Diskussionen geschildert, die erfolgreiche Leute mit ihren Kollegen geführt haben. Dabei wurden Vorschläge ausgearbeitet, oder Ideen geprüft; sie dienten dazu, die Mitarbeiter zur Zusammenarbeit zu „animieren" oder zu „informieren". In allen Fällen wurde sichtbar, daß die Verantwortung letztlich in der Hand des Unternehmers lag. Vielleicht liegt es an der dominierenden Persönlichkeit des Erfolgreichen, daß dieser Eindruck entsteht. Und dann gibt es noch die Diskussionen, die von aktiven Zuhörern beherrscht werden – oder von aktiven Rednern.

Es gibt Partner, Gruppen und ganze Firmen, die sich an der Entscheidungsfindung beteiligen. Dennoch stammt der Grundplan von einer einzigen Person; ein kreativer Prozeß entwickelt sich selten in verschiedenen Köpfen simultan. (Obwohl verschiedene Meinungen die Ingredienzen dazu liefern und für eine spätere Modifizierung sorgen können). Die Idee für eine erfolgreiche Konzeption entsteht also im Kopf eines Menschen. Ein erfolgreicher Mensch ist oft ein sehr kreativer Planer auf seinem Fachgebiet. Deshalb neigen viele dazu, Entscheidungen allein zu treffen und alleine zu arbeiten. Trotzdem ist die Kommunikation notwendig. Kommen wir noch einmal auf das Beispiel Militär zurück: Warum fällt der Krieg, trotz oder wegen seiner Komplexität, nicht in den Entscheidungsbereich eines Experten-Teams?

Expertenteams bestehen aus Individuen, die – meistens – über Spezialkenntnisse verfügen. Es ist Aufgabe des Teamleiters, die Fragen zu formulieren, die den Spezialisten vorgelegt werden; die Antworten sollen also für seine Situationsanalyse von Nutzen sein. Ein Nachteil dabei ist, daß Experten gerne ihren Beitrag und ihr Ressort in den Vordergrund stellen (vielleicht ist Präsident Galtieri im Falkland-Krieg von seinen Marine-Experten schlecht beraten worden). Dagegen spricht auch, daß der Teamleiter ein vielschichtiges Problem zum allgemein besseren Verständnis auf ein möglichst einfaches Schema reduzieren und dadurch verfälschen könnte.

Es ist manchmal unmöglich, ein komplexes System jemandem zu erklären, der nicht das gesamte „Informationsgeflecht" kennt, in das dieses System eingebettet ist. So gesehen ist es oft kaum verständlich, wie ein einzelner in dieser Situation eine Information abwägen und die richtige Entscheidung treffen soll. Wie sieht der Entscheidungsfindungs-Prozeß in der Realität aus?

Lord Pennock läßt keinen Zweifel daran, wie er ihn sieht: (Interessanterweise berufen sich sowohl Lord Pennock als auch Sir Peter Parker als Beweis für ihre völlig konträren Ansichten auf Margaret Thatcher.) Lord Forte behauptet, allerdings mit wenig Überzeugungskraft, ein Verfechter der „Denkpool-Methode" zu sein. (Lord Pennock)

„Als Präsident von CBI habe ich Margaret Thatcher ziemlich oft getroffen. Das Bild, das man sich von ihr macht, ist ganz falsch: sie ist nicht die dominierende, gefühlskalte Person, die jeden einschüchtert, sondern sie ist eine ausgezeichnete Zuhörerin; sie konzentriert sich ganz auf das, was Sie zu sagen haben, vor allem, wenn Sie Ihre Ansichten respektiert. Man muß zuhören können ... Oft hat man ein bestimmtes Gefühl und dann muß man herausfinden, ob es richtig ist. Man sollte, bevor man eine Entscheidung trifft, an all die Menschen denken, die davon betroffen sind. Man muß eine eigene Meinung haben und sie prüfen; entweder bleibt man dabei und wird von anderen darin noch bestärkt oder ändert sie. Aber letztlich sind Sie es, der die Entscheidung trifft und entsprechend handelt. Heutzutage liegt eine große Gefahr darin, daß man zuviel kostbare Zeit mit endlosen Beratungen vertrödelt. So kann ich kein Unternehmen leiten! Die Entscheidung liegt allein bei mir." (Lord Pennock)

Lord Forte: „Ich teile meine Ansichten und Gedanken lieber anderen mit. Ich mache gern Vorschläge und übertreibe dabei vielleicht auch ein bißchen, und ich bin ein guter Zuhörer. Manche sind sich ihrer Meinung vielleicht nicht ganz sicher und sagen: ‚Wir sollten es vielleicht so oder so machen!‘ Am Ende der Beratung, die zehn Minuten, eine Stunde oder auch eine Woche dauern kann, weiß ich dann ganz genau, wie ich etwas machen will. Die Amerikaner nennen diese Art ‚Gruppendenken‘. Ich bin dafür. Ich kann meine Meinung durchaus ändern.“

Trotz der Tatsache, daß Lord Forte sich auch einmal umstimmen läßt, bleibt die endgültige Entscheidung bei ihm. Obwohl es sich um eine Art „Gruppendenken“ handeln soll, klingt das ganz nach einer „Lord-Forte-Entscheidung“. Im Gegensatz dazu steht die japanische Auffassung vom „Gruppendenken“; hier hat niemand eine klare Vorstellung von der Problemlösung; jeder steuert seinen Anteil an Informationen und Erfahrungen bei. Allmählich nimmt dann ein Plan feste Formen an, als läge er ausgebreitet vor jedem auf dem Tisch. Er wird genau analysiert und in einer bestimmten Richtung weiterentwickelt. Dann fällt die Entscheidung. In der Westlichen Welt findet man einen vergleichbaren Entscheidungsfindungsprozeß vielleicht noch in Werbeagenturen. Wir haben gesehen, wie Alex Kroll spielerisch den kreativen Input fördert: „Aber wir könnten unseren Mitarbeitern noch bessere Problemlösungshilfen anbieten. Ich habe vor, ein international anwendbares „Problemverarbeitungs-System“ aufzubauen – Schulen, Trainingsprogramme usw. – so daß die Daten und Informationen besser gefiltert werden können.“

Die Daten filtern und dem „Teamleiter“ so präsentieren, daß sie zu einem wichtigen, nützlichen Element seiner Situationsanalyse werden ... Vielleicht liegt wirklich eine große Gefahr darin, daß alle Bereiche des menschlichen Lebens (Wirtschaft, Ökologie und insbesondere der Krieg) so komplex geworden sind, daß es nicht mehr in der Macht des einzelnen liegt, die richtige Entscheidung zu treffen. Vielleicht bleibt dieser Zustand so lange erhalten, bis die Computer der „fünften Generation“ das Denken für uns übernehmen. Aber eben das könnte weit größere Gefahren bergen.

David Mahoney setzt großes Vertrauen in die Fähigkeit unserer Führungskräfte, die richtigen Fragen zu stellen und den Antworten die richtige Bedeutung beizumessen.

„Ich möchte es einmal so sagen: Ich ringe mit mir, aber ich zaudere nicht. Das sind zwei ganz verschiedene Dinge. Ich schau mir eine Sache aus allen Richtungen an und versuche, die beste Lösung zu finden. Ich schieß’ nicht blind aus der Hüfte heraus.“

„Das Problem dabei ist, die Fakten zu sammeln und das Irrelevante zu eliminieren. Der schwierigste Teil der Entscheidungsfindung besteht darin, die Basis für eine Entscheidung zu schaffen – die uns nicht der Computer liefert, sondern Menschen mit völlig verschiedenen Interessen – und Ihre Mitarbeiter auf Ihr Informationsniveau zu bringen. Hier geht es um das angeborene Sicherheitsbedürfnis des Menschen. Nehmen wir einmal an, Sie erzählen mir, ‚Das ist die einzige Maschine, die so gebaut wird‘. Ich frage mich dann, ‚Weiß der überhaupt, wovon er redet? Stimmt das wirklich, was er da sagt?‘ Vielleicht fahre ich in fünf verschiedene Städte und schaue mich in fünf verschiedenen Fabriken um, um das nachzuprüfen. Meine Aufgabe besteht darin, festzustellen, ob das, was andere sagen, richtig ist und ob wir etwas auf eine bestimmte Art machen. Die Informationsauswertung gehört zu den Aufgaben einer Führungskraft. Bei manchen Mitarbeitern muß man Abstriche machen, weil sie extrem konservativ sind, andere sind als Spekulanten oder hoffnungslose Träumer bekannt. Ich gehe in Gedanken alle Möglichkeiten durch und werte sie dann aus. Das verstehe ich unter „mit sich ringen“. Das Gegenteil davon wäre zögern oder nichts tun.“

Hier sehen wir zwei wichtige Aspekte des Denkens. Der erste ist die Informationssuche und -Auswertung. Der zweite die Anfertigung einer Art perzeptorischer „Landkarte.“ Diese Landkarte zeigt Informationen, Neigungen und Unsicherheiten. Je vollständiger die Karte, desto leichter ist der Weg zum Ziel zu finden. Nach dieser Methode richten wir uns beim Denktraining in den Schulen. Wenn die Landkarte gut genug ist, fällt der eigentliche Denkprozeß bei der Entscheidungsfindung leicht, weil Sie die Route auf der Karte ablesen können. Das Problem besteht darin, daß die Karte Perzeptionen und nicht nur Informationen zeigt. So mancher könnte glauben, daß sich – wenn die Karte alle notwendigen Informationen enthält – wie beim Computer – die richtige Antwort von alleine findet. Aber die Information ist nur ein Teil des Ganzen. Viel wichtiger ist die Perzeption: die Art, wie man eine Information betrachtet. Deshalb legt David Mahoney so großen Wert darauf, ein Problem aus „allen Ecken“ zu betrachten. Es gibt nicht die richtige, sondern nur verschiedene Arten der Wahrnehmung. Sie finden ihren Niederschlag auf der Karte. Der Denker sollte lieber eine solche Karte anfertigen, als Vernunftschlüsse zu ziehen und die Zeit zu vertrödeln. Syllogismen sind angebracht, wenn es um festgelegte Begriffe oder Wortspielereien geht; in realen Situationen sind die Denkprozesse komplexer.

Jim Rogers mußte die wirtschaftliche Lage eines Unternehmens (potentielle Investition) aus dem, was er gelesen oder innerhalb und außerhalb der betreffenden Firma gehört hatte, erkennen: „Ich habe X, Y und Z aufgesucht und mit ihnen über ihre Firma geredet. Natürlich erzählt jeder nur das Positive, besonders, wenn es sich um einen außenstehenden Kapitalanleger handelt. Das verstehe ich ja – davon lasse ich mich auch nicht beirren. Aber meistens glauben diese Leute wirklich das, was sie erzählen. Dann brauchen Sie schon ein gutes Urteilsvermögen und ausreichende Informationen, müssen über eine gute Wahrnehmungsgabe und Kenntnisse verfügen, die sie vielleicht nicht von Haus aus haben. Man hat mir oft gesagt: ‚Lassen Sie bloß die Finger davon. Die Firma taugt nichts!‘ Aber ich habe nach Fakten und sachlichen Antworten auf meine Fragen gesucht. Auf diese Weise habe ich Dinge entdeckt, von denen man in dem Unternehmen selbst nichts wußte, oder ich konnte daraus, was sie nicht wußten, meine Schlußfolgerungen ziehen.“

Intuition – von der Muse geküßt?

Die Intuition verkörpert möglicherweise Abläufe, die einst bewußt waren und später internalisiert wurden. Einige meiner Gesprächspartner meinten, ihre Intuition beruhe in erster Linie auf Erfahrungen.

Zu seinen Entscheidungen auf dem Immobiliensektor, die nicht in bestimmte „Schubladen“ des kategorischen Denkens einzuordnen sind, meint Tycoon Harry Helmsley: „Dafür muß man ein Gefühl entwickeln, und ich glaube, das habe ich inzwischen. Schließlich arbeite ich seit fünfzig Jahren in der Branche. Aber ich hatte schon von Anfang an einen untrüglichen Instinkt für dieses Geschäft.“

Jackie Stewart: „Ich habe gelernt, alle visuell erkennbaren Tatsachen zusammenzutragen und zu analysieren. Mir ist es recht schnell gelungen, die unwichtigen Fakten dabei auszusortieren und mich nur auf das Wesentliche zu konzentrieren, um Vorteile, die mir eine Situation bietet, zu nutzen. Wenn vor mir ein Auto langsam fährt, sagt sich ein weniger versierter Fahrer vielleicht: ‚Der fährt aber langsam!‘ Ich stelle mir sofort die Frage: ‚Warum fährt er langsamer, hat er einen Motorschaden? (Dabei verliert man normalerweise Öl.) Wo ist das Öl? Wo war der Wagen, als das passiert ist?‘ Ich denke dann analytisch. Ich habe gegenüber anderen den klaren Vorteil, daß ich etwas sehen, analysieren, im Gedächtnis speichern und jederzeit abrufen kann. Im Rennsport werden Entscheidungen in Bruchteilen von Sekunden getroffen, ganz anders als bei einem ungeübteren Fahrer, der sich sagt: ‚Mensch, da ist was passiert!‘ So erstarrt man vor Schreck. Gute Rennfahrer erstarren nicht. Sie reagieren positiv – und sofort! Leute glauben oft, ein Rennfahrer müsse blitzschnell reagieren können. Das hat aber nichts damit zu tun, ob man einen herunterfallenden Geldschein mit Daumen und

Zeigefinger packen kann. Das kann ich gar nicht – meine motorische Reaktionsfähigkeit ist wohl nicht allzu gut."

Wenn ein Mensch seit langem seinen eigenen Denkstil hat, kann dieser Stil ebenso internalisiert werden, wie ein Computerprogramm eingespeichert wird. Denken vollzieht sich dann nicht mehr so bewußt wie früher, sondern sozusagen auf einer höheren Ebene, in spezifischen Denkmustern. Komplexe Denkmuster können genauso abgerufen werden wie Teilprogramme im Computer.

Es ist falsch anzunehmen, daß diese Art des Denkens instinktiv oder intuitiv abläuft, weil sie nicht mehr in jeder Phase bewußt ist. Ein Ziel des Denktrainings besteht darin, eben diese Denkmuster und -techniken zu internalisieren, so daß sie jederzeit abrufbereit sind. Dazu meint Jim Rogers:

„Wenn ich zwei oder drei Stunden lang alles zusammengetragen, in den ‚Computer' eingegeben habe und sagen kann: ‚So, jetzt mach' das!', habe ich meinen Kopf mit allen möglichen Dingen vollgestopft – und dabei kam dann irgendwann eine Entscheidung heraus. Sie entwickelte sich langsam, wie etwas Organisches, und ich wußte: ‚Das müssen wir als nächstes tun.' Heute ist der Input viel geringer, aber ich traue meinen Entscheidungen noch immer. Mein Instinkt beruht auf langjähriger Erfahrung, so als hätte ich acht Jahre lang Medizin studiert, und würde dann, wie ich es in der Ausbildung gelernt habe, Entscheidungen treffen. Meine Entscheidungen haben eine bessere Basis als ein Universitätsstudium, weil ich einfach mehr weiß. Mein Instinkt ist zwölf Jahre lang, zwanzig Stunden pro Tag, geschärft worden. Ich glaube nicht an ‚Vorahnungen', das führt nur zum Bankrott. Man sollte sich nicht vom reinen Instinkt leiten lassen."

Manchmal wird Intuition als ästhetischer Wert betrachtet. Man sagt sich: ‚Das sieht richtig aus!'

Sir Terence Conran: „Viele Menschen wissen nicht, was sie wollen, bis man es ihnen sagt. Deshalb ist Marktforschung in meinen Augen reine Schaumschlägerei. Ich habe ein ganz gutes Gespür für das, was ankommt. Warum das so ist, weiß ich nicht genau, aber es liegt vielleicht auch daran, daß ich viel reise, viel lese und viel fernsehe . . . mich also einer ganzen Palette verschiedenster Medien bediene. Ich sehe, höre und lausche."

In Sir Terence Conrans Augen ist Intuition eine Art komplexe Beurteilung, die unterschwellige Tendenzen, Veränderungen, Erkenntnisse, Meinungen, Erfahrungen und Erläuterungen zu einem neuen – aber nicht zu neuen – Bild zusammenfügt. Ein Bild, das von allen Elementen der Branche akzeptiert wird: vom Verbraucher, dem, der es entworfen hat und dem, der es ‚an den Mann bringt'. Man erkennt selbst einen guten Freund nicht allein anhand einer detaillierten Beschreibung seiner Nase oder Augenform. Dazu braucht man eine viel komplexere, ganzheitliche Beschreibung. Wir wissen über die Funktionsweise des menschlichen Gehirns genug, um diese Art der Beurteilung zu verstehen. Sie unterscheidet sich beträchtlich von unserer linearen Form der Logik: es handelt sich hier um die Logik von Denkmustern. Bei einem Designer kann die Intuition sich auf drei verschiedene Arten in einem Produkt (oder Trend) niederschlagen. Erstens kann das Design Ausdruck der Persönlichkeit des Schaffenden und somit auch extrem anfällig für Kritik sein. Oder das Design steht im Vordergrund, und trägt nicht den persönlichen Stempel dessen, der es geschaffen hat. Und es kann primär um die ‚Akzeptanz des Kunden‘ gehen, wobei die Wahrscheinlichkeit groß ist, daß sich das Produkt besonders gut verkauft.

Mickey Duff erinnert sich an einen seiner ganz großen, frühen Erfolge – an den britischen Champion im Schwergewicht, Billy Walker. „Ich hatte bei ihm von Anfang an ein gutes Gefühl. Man sollte nur mit jemandem arbeiten, von dem man glaubt, daß er auch beim Publikum ankommt. Ich habe ihn nie für einen der ganz Großen im Boxsport gehalten, aber er hatte das gewisse Etwas. Ein richtiger Macho, mit einer enormen Ausstrahlung. Die Wembley-Hall war elfmal hintereinander ausverkauft, als er boxte. Ich werde nie vergessen: ich fuhr mit der U-Bahn von der Baker Street dorthin, als Walker gegen Karl Mildenberger antrat. Ich las gerade Zeitung und hörte, wie sich ein paar Boxfans über den bevorstehenden Kampf unterhielten. Niemand gab Walker auch nur die geringste Siegeschance. Jemand fragte: ‚Was tun wir denn dann eigentlich hier?‘

Und ein anderer meinte: ‚Ich weiß nicht, was du hier tust, ich schau mir den Kampf jedenfalls an, ob er gewinnt oder nicht – man bekommt etwas geboten für sein Geld!‘ Er kam einfach gut an.“

Verity Lambert: „Ich verlasse mich bei einer Beschreibung oder Idee hauptsächlich auf meine Spürnase . . . Bevor ich mir die Einzelheiten anschaue, muß ich irgendwie emotional, instinktiv darauf reagieren. Das ist wichtig . . . Ich glaube, Spürsinn hat nichts mit Wissen zu tun. Ich weiß nicht, warum man ihn hat oder nicht, das läßt sich vielleicht gar nicht rational ergründen . . .“

Norman Lear: „Die meisten Schriftsteller – und Künstler überhaupt – setzen ihre eigenen Maßstäbe nach dem Gefühl.“

Harold Evans: „Mein hervorstechendstes Merkmal als Journalist ist meine Fähigkeit, mit anderen zu empfinden. Ich leide richtig mit und habe ein ausgeprägtes Gefühl für Recht und Unrecht . . . und für das Falsche. Und ich kann wütend werden. Wenn man weichherzig ist, muß man auf einem anderen Gebiet stark sein. Meine wichtigste Entscheidung war wohl, daß ich die Crossman-Tagebücher veröffentlicht und unsere Regierung damit herausgefordert habe. Sie war deshalb so gravierend für mich, weil ich, für den Fall, ich hätte etwas falsch gemacht oder meiner Zeitung geschadet, das Vertrauen von Thompson und Hamilton verloren hätte. Ich bilde mir in manchen Fällen ganz schnell meine eigene Meinung. Ich war fest davon überzeugt, daß ich die Crossman-Tagebücher veröffentlichen sollte, ohne Rücksicht auf die Konsequenzen. Das war vielleicht nur so ein Gefühl, eine Art Intuition, und ich habe hinterher erst darüber nachgedacht.

„Aber wenn es darum geht, A oder B in den Vordergrund zu stellen, zerbreche ich mir lange den Kopf . . . Bei der *Sunday Times* habe ich nach und nach gelernt zu sagen, ‚Meine Nase sagt mir – zumindest im Augenblick – wir sollten die Breshnew-Geschichte groß herausbringen‘; das konnte sich durchaus ändern, und tat es oft auch. Ich war darauf vorbereitet; aber im Fall Crossman oder Philby stand meine Meinung von Anfang unwiderruflich fest."

Alex Kroll: „Für mich sind Entscheidungen, die Führungskräfte zu treffen haben, eine Sache des Charakters. Wir setzen natürlich voraus, daß der Betreffende sonst alle erforderlichen Fähigkeiten besitzt. Die endgültigen Entscheidungen sind immer die einsamsten, die nur der ‚Mann an der Spitze‘ treffen kann, über die es kein Lehrbuch, keine Sammlung von Präzedenzfällen gibt. Und dann ist der Charakter wichtig, davon bin ich fest überzeugt."

Das Erfolgsspektrum ist breit:

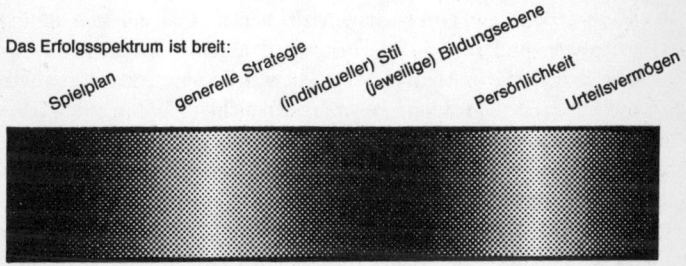

Spielplan   generelle Strategie   (individueller) Stil   (jeweilige) Bildungsebene   Persönlichkeit   Urteilsvermögen

Gibt es keinen einzig richtigen Erfolgsweg?

Stil, Ästhetik und Charakter beziehen sich in diesem Zusammenhang alle auf den gleichen Kontext. Wir haben gesehen, wie ein komplexer Denkprozeß internalisiert werden kann, so daß er wie ein Instinkt wirkt, aber dennoch ein echter Ablauf bleibt. Das kommt vielleicht dann vor, wenn Entscheidungen von Stil oder Charakter abhängig gemacht werden. Manchmal fordert auch der emotionale Gehalt einer Entscheidung die Persönlichkeit heraus, etwa wenn es um Risiko- oder Innovationsbereitschaft geht.

Ästhetik ist besonders wichtig für Designer, Künstler oder Architekten. Sir Ove Arup arbeitet als Konstruktionsingenieur auf einem Gebiet, in dem präzises Denken unerläßlich ist. Sein Team hat das Dach der Oper in Sidney gebaut – als andere an dieser Aufgabe längst gescheitert waren. Er hat die Grenzen der Logik und den Wert des „ästhetischen Input" erkannt:

„Logisches Denken allein ist nicht ausreichend. Die relevanten Daten lassen sich nie ‚total' erfassen; sie scheinen sich immer mehr und in alle Richtungen auszudehnen. Wir können nur die kurzfristigen Auswirkungen unseres Handelns einschätzen, und, noch wichtiger, entscheiden, was fester Bestandteil von Werturteilen, ethischen und ästhetischen Überlegungen und Einsichten in menschliche Bestrebungen und menschliche Verhaltensweisen ist und nicht logisch abgeleitet werden kann. Wir brauchen Intuition und Einfühlungsvermögen oder das, was wir – selbst auf das Risiko hin, bombastisch zu wirken – Liebe nennen."

Jeder hat seinen eigenen Denkstil. Verschiedene Situationen erfordern verschiedene Denkstile. Bestimmte Aktivitäten verlangen bestimmte Denkstile. Wichtig ist allein, daß man ihre Existenz anerkennt. Man sollte nicht den Fehler machen zu behaupten, daß wir über manche Dinge nachdenken und über andere nicht. Unser Verstand ist ein Mechanismus, den wir bewußt oder unbewußt steuern. Die einzige Alternative zum Denken ist blindes Handeln oder der Zufall.

Roy Cohn, der New Yorker Staranwalt, verläßt sich auf sein intuitives Urteilsvermögen und manchmal auch auf den Rat von einem oder zwei seiner Mitarbeiter, deren Meinung er schätzt. „Ich komme kaum zum Nachdenken, weil das Leben mich immer ‚in Atem hält'. Wenn mich jemand fragt, warum ich mich als New Yorker und jüdischer Demokrat Senator McCarthys Wahlkampfkomitee als Chefberater zur Verfügung gestellt habe, muß ich ihm antworten, daß ich eine Abneigung gegen Kommunismus und Faschismus habe. Wenn es um solche Dinge geht, halte ich nichts davon, Konferenzen einzuberaumen oder lange nachzudenken. Mein Beruf fordert so schnelle Entscheidungen von mir, daß ich fast instinktiv reagiere; ich denke nicht intensiv über den Weg nach, den ich einschlage: Ich werde vorwärts getrieben. Wenn sich mir eine günstige Gelegenheit bietet, halte ich kein Meeting mit fünfzig Beratern ab. Ich treffe meine Entscheidung und stehe dazu. Natürlich überprüfe ich sie. Einer meiner Partner, Tom Bolan, ist sehr klug und hat ein ausgezeichnetes Urteilsvermögen – das ist seine ganz große Stärke. Zu ihm gehe ich und frage: ‚Da ist Vorschlag A, B, C und D, was würdest du machen?' Es ist bekannt, daß wir uns hervorragend ergänzen – und das seit 25 Jahren!"

Dieses Beispiel macht zwei Dinge deutlich: Hier zeigen sich die Vorteile einer Zusammenarbeit, bei der sich die Partner in ihren Eigenschaften auf das Beste ergänzen (was ich bereits an mehreren Stellen in diesem Buch erwähnt habe). Und hier wird klar zwischen der einen und der anderen Art von Entscheidungen differenziert.

Natürlich hat Cohn seine eigenen Beurteilungskriterien, er erkennt aber auch den Wert anderer an. Ich glaube, daß in der Werbung die wahre Stärke weniger in der Ausarbeitung bestimmter Konzeptionen liegt, sondern in der Beurteilung der Wirkung, die sie haben können. Ich habe festgestellt, daß der kreative Anteil oft bemerkenswert schwach ist (verglichen mit den Ansprüchen, die gestellt werden). Vielleicht sollte man die Werbebranche in zwei Spezialgebiete unterteilen: Eines für die Designer, das andere bliebe den ‚Juroren‘ vorbehalten. Natürlich ist ein bestimmtes Maß an Interaktionen unerläßlich, weil durch die Beurteilung anderer auch Ideen entstehen oder verbessert werden können.

„In meinem Fach", sagt Charles Williams, Spitzenmanager und Präsident der Handelsbank Ansbacher, „trifft man nur zehn Prozent der anfallenden Entscheidungen alleine. Man muß sich mit diesem und jenem beraten, den einen oder anderen überzeugen, verschiedene Meinungen hören und versuchen, die Ansichten der anderen zu ‚destillieren‘. Man sollte eine eigene Meinung haben, aber flexibel bleiben. Neunzig Prozent aller Entscheidungen im Bankwesen sehen so aus, weil wir in einer risikoreichen Branche tätig sind, und niemand, der einigermaßen bei Verstand ist, würde sich allein auf seine Intuition verlassen."

McCormack über seinen Denkstil: „Manchmal (wenn ich eine Entscheidung treffe) habe ich einen ganz guten Spürsinn. Manchmal denke ich aber auch intensiv über eine Entscheidung nach. Die Methode richtet sich nach der Art der Entscheidung. Sagen wir, ich muß morgens um acht bei einem wichtigen Meeting in Paris sein; es gibt eine Maschine, die um sechs Uhr startet und um sieben Uhr landet. Nehme ich nun diesen Flug und riskiere, wegen Nebel nicht landen zu können? Oder fliege ich schon am Abend vorher? Wenn ja, verpasse ich dann etwas Wichtiges? Ich wäge genau ab."

„Es gibt in unserer Branche Situationen, die uns zu einer Entscheidung zwingen. Wenn Sie im Tennis-Management sind, brauchen Sie einen bestimmten Prozentsatz Topspieler, und zwar nicht nur für den Augenblick, sondern auch für die Zukunft. Die Art der Vorausplanung richtet sich nach der jeweiligen Situation: Beim Papstbesuch muß man sich fragen: ‚Wie kann ich meine Sache so gut machen, daß es dem Kunden, in diesem Fall dem Vatikan, auffällt? Kann ich auch nach dem Besuch davon profitieren?‘ Denn die Leute, die an dem Projekt arbeiten, sind nur daran weiterhin interessiert, wenn es sich für sie lohnt. Wenn es sich dabei nur um eine einmalige Gelegenheit handelt, muß man entscheiden: ‚Ist der Profit groß genug, daß sich der Aufwand lohnt?‘ Andernfalls wäre es vielleicht besser, an einem Projekt zu arbeiten, das langfristig vorteilhafter ist. Im Fall des Papstbesuches haben wir uns für den Einsatz entschieden – aber zu sagen, wer einmal ein guter Tennisspieler sein könnte – da gehört viel Intuition dazu."

Und bei welchen Gelegenheiten hat er großes Fingerspitzengefühl bewiesen? „Bei Borg. Ich habe mich damals in Schweden mit vielen Leuten unterhalten. Ich war zusammen mit Arnold Palmer dort. Borg war damals 15. Heute (1982) ist er 28; das ist dreizehn Jahre her, also war das 1971. Die Schweden haben mir gesagt: ‚Wir haben da ein vielversprechendes junges Talent.‘ Damals waren wir noch nicht so im Tennisgeschäft etabliert, es fehlte noch an der nötigen Struktur, und außerdem suchte ich auch gerade niemanden ... Aber sie sagten: ‚Der Junge macht wirklich einen hervorragenden Eindruck.‘ Als Gary Player Golf-Weltmeister war, wurde diese Sportart in Südafrika enorm populär. Und ich wußte auch: sollte dieser Junge eine Tenniskanone werden, würde der Tennissport in Schweden großen Auftrieb erhalten und sich phantastisch kommerziell nutzen lassen.

Der Sport, insbesondere Tennis, wurde immer internationaler, und da wir ein multinationales Unternehmen waren, war ich davon überzeugt, den Spielern aus aller Welt bessere Serviceleistungen anbieten zu können als vornehmlich national orientierte Firmen. Es war leicht, Borg zu verpflichten, weil er nur noch ein weiteres Angebot hatte, und das war nicht ernst zu nehmen. Talent läßt sich (in dieser Phase) noch nicht erkennen, nur ahnen. Ein Kind gewinnt mit elf die Juniorenmeisterschaft; dann rechnet man sich vielleicht Chancen auf einen Sieg aus, wenn es sechzehn Jahre alt ist; und wenn es dann auch gewinnt – wer weiß – vielleicht ist sogar Wimbledon drin?"

Erfolgstaktik

1. *Es gibt verschiedene Arten des Denkens: logisches und perzeptorisches Denken (und laterales) und die Intuition (wozu auch die Ästhetik, komplexe Beurteilungen und internalisierte Prozesse zählen).*
2. *Es gibt eine Art des Denkens, die auf die Theorie, und eine, die auf die Praxis (das Handeln) ausgerichtet ist.*
3. *Intuition kann zu Erfolg oder Mißerfolg führen.*
4. *Intuition beinhaltet ehemals bewußte Prozesse, die später internalisiert worden sind.*
5. *Bei der Beurteilung orientiert sich die Intuition oft an Erfahrungen und ästhetischen Kriterien (im ästhetischen Bereich) und stützt sich auf das komplexe Zusammenspiel vieler Faktoren, die nicht alle rational erklärt werden können.*
6. *Kategorisches Denken kann sehr wichtig sein. Schaffen Sie sich Ihre eigenen Kategorien und finden Sie heraus, ob die Möglichkeiten, die sich Ihnen bieten, hineinpassen.*
7. *Manchmal ist es gut, seinen Denkmechanismus mit Informationen zu füttern und abzuwarten, bis sich alles von alleine geordnet hat.*
8. *Die Anfertigung einer „Landkarte", bestehend aus Informationen und Wahrnehmungen, hat sich als Orientierungshilfe beim Denkprozeß bestens bewährt.*
9. *Zusammenarbeit kann von großem Nutzen sein, aber wenn Sie für eine Idee die Verantwortung tragen, sollten Sie sie auch selbst entwickeln.*
10. *Denken ist eine erlernbare Fähigkeit und nicht allein von der Intelligenz abhängig.*
11. *Verschiedene Situationen erfordern verschiedene Denkstile, genauso wie man beim Autofahren, der Situation entsprechend, den Gang wechselt.*
12. *Halten Sie sich vor Augen, daß der eigentliche Zweck des Denkens darin besteht, die Welt gedanklich so zu gestalten, daß unsere Handlungen und Entscheidungen transparent werden.*
13. *Trauen Sie Ihrer Intuition wie einem Freund: die Basis dafür sollten Ihre Erfahrungen und Kenntnisse der menschlichen Natur sein.*
14. *Denken ist eine Entscheidungshilfe für das Handeln, keine Entschuldigung für das Nicht-Handeln.*

Nachwort

Dieses Buch soll Sie inspirieren.

Ich spreche dabei nicht von meinem Beitrag, sondern von den Worten und Gedanken der Erfolgreichen, denen dieses Buch seinen besonderen Charakter verdankt.

Meine Absicht war, ihren Kommentaren einen adäquaten Rahmen zu geben. In ihren Gedanken spiegelt sich ihre Persönlichkeit wider, sie enthalten oft viel Weisheit, Ehrlichkeit und Verständnis.

Ich habe hier die Rolle des Impresarios übernommen – die Plattform errichtet für die Beobachtungen von Menschen, deren Erfolg nicht zu übersehen ist. Ich möchte zu einer Analogie greifen, der des Vogelbeobachters. Ein Neuling auf diesem Gebiet sieht zuerst nur ein paar Vögel herumhüpfen – nicht besonders interessant! Dann macht ihn jemand, der mehr Übung hat, auf Einzelheiten aufmerksam: „Haben Sie bemerkt, wie der Vogel vom Nest weghüpft? Haben Sie beobachtet, daß nur das Männchen die Brutpflege übernimmt? Haben Sie gesehen, wie müde der Vogel wirkt? Er ist bestimmt Tausende Kilometer weit geflogen", usw. Und so wird die Aufmerksamkeit des Novizen auf bestimmte Schwerpunkte gelenkt. Ich wollte in diesem Buch die Aufmerksamkeit des Lesers auf bestimmte Aspekte des Erfolgs lenken: auf die Risikobereitschaft, den Einfluß des Background, den Umgang mit Menschen, Verhandlungstaktiken, Erwartungen usw.

Ich würde einem eifrigen „Erfolgs-Schüler" empfehlen, das Buch immer wieder zu lesen, um die vielen Lektionen, die es bietet, zu lernen. In den Kommentaren sind manche Beobachtungen enthalten, auf die ich nicht extra hingewiesen habe. Der erfahrene Beobachter wird bald Entdeckungen machen, mit denen er seine Lehrer übertrifft.

Meinungs-Spektrum

Die Skala der Erfolgreichen, die hier zu Wort gekommen sind, ist groß. Vom größten Rennfahrer aller Zeiten (Jackie Stewart) zum gewitztesten Anwalt (Roy Cohn); von der Modezarin (Diana von Fürstenberg) zum Spitzen-Fernsehproduzenten (Norman Lear); vom erfinderischen Unternehmer (Sir Clive Sinclair) zum Immobilienmagnaten (Harry Helmsley); vom Popsänger (Sting) zum größten ‚Hotelier' der Welt (Lord Forte); vom millionenschweren Verleger (Malcolm Forbes) zu dem Mann, der die bemannte Luftfahrt ermöglichte (Paul MacCready); vom führenden Kopf in der Werbebranche (Alex Kroll) zum Verlagsgiganten (Robert Maxwell); vom bekannten Geschäftsmann (Robert Holmes à Court) bis zum Box-Promoter (Mickey Duff); vom Bankier zum Topmanager, usw.

Die Lektionen

Was können wir von den Kommentaren und Gedanken dieser Leute lernen? Eine ganze Menge, glaube ich. Es ist nicht zu übersehen, daß es viele verschiedene Erfolgsstile gibt. Der Stil hängt sowohl von der Persönlichkeit als auch, in einem bestimmten Ausmaß, vom Arbeitsbereich des Erfolgreichen ab: Beispielsweise der Ehrgeiz von Alex Kroll; das vorsichtige Herantasten, für das Robert Holmes à Court bekannt ist; die unermüdliche Energie des David Mahoney; die ‚Das-schaffe-ich-Haltung‘ eines Paul MacCready; die Findigkeit von Mark McCormack; die Zähigkeit Roy Cohns.

Für viele ist es vielleicht eine Überraschung zu lesen, daß Grand-Prix-Weltmeister Jackie Stewart haßt, ein Risiko einzugehen. Andere haben berechenbare Risiken auf sich genommen. Manche erwiesen sich sogar als echte Hasardeure. Alle waren bereit, etwas zu wagen. Wie Malcolm Forbes schon sagte: „Wenn man im Leben etwas erreichen will, kann man das Risiko nicht ganz ausschließen."

Trotz der großen Unterschiede in Stil und Methode scheinen bei allen bestimmte, grundlegende Eigenschaften besonders ausgeprägt zu sein.

Energie, Ausdauer, Entschlossenheit und Konzentration auf ein bestimmtes Ziel sind überall vorhanden.

Sie sind aktiv. Erfolgreiche stehen nicht still und warten, daß ihnen etwas widerfährt. Sie sind es, die den ersten Schritt tun, und dann den nächsten.

Sie sind absolut integer; Integrität im Umgang mit sich selbst und mit anderen ist ihnen besonders wichtig.

Sie haben eine Erfolgs-Erwartungshaltung und die Fähigkeit, umfassend zu denken.

Sie können kurz- wie langfristige Ziele definieren – und sie können träumen.

Sie beweisen ein gewisses Maß an Wagemut. Sie sind kreativ und fähig, etwas auf ganz unübliche Weise zu betrachten oder zu denken.

Sie ergreifen eine Chance, wenn sie sich bietet, aber sie schaffen auch neue Erfolgschancen.

Sie sind unermüdlich, engagiert und entschlossen, den Lauf der Dinge zu beeinflussen. Den Lohn des Erfolges schildert Diana von Fürstenberg: „Der Lohn Ihrer Arbeit oder des Erfolges ist die Wärme, die Sie dabei spüren. Sie sind ganz ausgefüllt von dieser Wärme, sind mit sich selbst zufrieden und glücklich. Sie müssen dieses Gefühl nicht einmal mit jemandem teilen; es ist auch kein ‚lautes Glück' sondern einfach eine ‚innere Wärme'."

Neue Horizonte

Haben erfolgreiche Menschen alle ihre Ziele erreicht? Oder hält die Zukunft noch Anforderungen für sie bereit?

In vielen Fällen ist der Erfolg Teil des Lebensstils geworden, und der Betreffende weiß, daß er sich auch ohne sein Zutun fortsetzt. Aber für einen Bergsteiger gibt es immer einen noch höheren Gipfel, den er stürmen will. Wie der Leser bereits weiß, habe ich Denktrainingsprogramme als Unterrichtsfach an Schulen konzipiert, und ich hoffe, daß sie eines Tages zum festen Bestandteil des Stundenplans werden. Dieses Programm hat großen Anklang gefunden: In Venezuela sind zwei Wochenstunden dafür eingeplant. Es ist inzwischen auch an manchen Schulen in Kanada, England, Irland, Australien, Neuseeland, Bulgarien, Malaysia und Malta eingeführt worden. In den USA ist ein wichtiges Pilotprojekt angelaufen, das sich vielleicht auch für andere kommunale Einrichtungen eignet. Der Anfang ist gemacht, wie geht es jetzt weiter?

Ich bin der Meinung, daß Konflikte, Krisen, Probleme und Veränderungen heute unserer ganzen Aufmerksamkeit und Denkfähigkeit bedürfen, und zwar unabhängig von nationalen, Glaubens- und ideologischen Interessen. Organisationen wie die Vereinten Nationen, die die en-bloc-Ansichten der national orientierten Abgeordneten präsentieren, sind dafür denkbar ungeeignet. Deshalb würde ich gerne eine übernationale, unabhängige Denkorganisation gründen; hier sollen gleichbleibend neutrales, unabhängiges Denken gefördert und konzeptionelle „Landkarten" erstellt werden, etwa so, wie sie ein Geograph anfertigt. Was für Konzeptionen haben wir? Brauchen wir? Was für neue Konzeptionen können wir anbieten? Ich weiß, daß die Aufgabe, die wir uns gestellt haben, schwierig und zwischen Realität und Illusion anzusiedeln ist. Der erste Schritt ist jedenfalls schon getan.